501
RUSSIAN VERBS

fully conjugated in all the tenses
alphabetically arranged

Second Edition

by

Thomas R. Beyer, Jr.

Professor and Chair of Russian
Middlebury College
Middlebury, Vermont

BARRON'S BARRON'S EDUCATIONAL SERIES, INC.

To Bernard MacQuillen of Xaverian H.S.,
Robert Lager of Georgetown University,
Joseph Conrad of the University of Kansas

and

for Dorothea, Carina, Stefanie, and Alexandra,
who give it all meaning.

All inquiries should be addressed to:
Barron's Educational Series, Inc.
250 Wireless Boulevard
Hauppauge, New York 11788
http://www.barronseduc.com

Library of Congress Catalog No. 91-30602

International Standard Book No. 0-7641-1349-6

Library of Congress Catalog Card Number 00-131721

PRINTED IN THE UNITED STATES OF AMERICA
9 8 7 6

Acknowledgments

I am indebted to the hundreds of my students whose efforts to learn Russian continually remind me how complex the verbal system is. Many other authors have prepared the way for this work. Patricia Anne Davis's *201 Russian Verbs* (© 1968, 1970, Barron's Educational Series, Inc.) has served generations of teachers and students well. I frequently have consulted the standard reference source, *A Dictionary of Russian Verbs,* E. Daum and W. Schenk, 2d ed. (© 1983, VEB Enzyklopaedie Verlag Leipzig). My own list of 501 Russian verbs was derived in part from *5000 Russian Words with All Their Inflected Forms,* Richard L. Leed and Slava Paperno (© 1986, Slavica Publishers, Inc.). I have also consulted a number of major textbooks used in American high schools and colleges at the basic, intermediate, and advanced levels. Particularly helpful was *Russian: A Practical Grammar with Exercises,* I. Pulkina, E. Zakhava-Nekrasova, 4th ed. (1988, Russky Yazyk Publishers).

Many of my colleagues at the Middlebury College Russian School, especially Robert Channon, Kathryn Henry, Alina Israeli, Olga Kagan, Maria Polinsky, and Richard Robin, have been generous with their time and constructive comments and criticism. Many improvements are the result of their efforts. Any errors are mine alone.

The original book was prepared on a Macintosh® IIsi using Microsoft® Word 4.0, Avtor © III.2, and the BiRussian © font.

In preparing this second edition of *501 Russian Verbs,* I have been guided by comments from faithful users over the past decade. I have also consulted the most popular texts for the teaching of Russian developed in the 1990s by my colleagues and friends in the field. Finally, I have tried to keep abreast of the dramatic changes in Russian life and language by following the contemporary press and, more recently, the wealth of resources on the internet.

Contents

How to Use This Book   vii

Verbal Adjective Endings   xii

The Russian Verb   xv

Alphabet and Pronunciation Guide   xxiii

Spelling Rules and Conventions for Verbs   xxv

501 Russian Verbs Listed Alphabetically, Conjugated in All the Tenses   1

Russian Verbs in the Twenty-First Century   503

Principal Parts of 100 Russian Verbs for the Twenty-First Century   505

English—Russian Verb Index   557

Index of Russian Verbs   575

How To Use This Book

On pages ix–xi, we provide examples of a transitive verb without the reflexive particle, a verb with the optional particle (-ся), and a verb of motion. The following conventions apply:

The first line contains the imperfective infinitive separated by a slash / from the perfective infinitive. When the (-ся) is optional, it is enclosed in parentheses ( ). If the parentheses are not provided, the use of -ся is required. For the verb of motion, the multidirectional imperfective form is separated by a dash – from the unidirectional imperfective form. The imperfective forms are separated by a slash / from the perfective infinitive form.

On the next line, possible translations are given. When the verb with -ся has a different meaning, it is given in parentheses ( ). If the perfective form conveys a meaning distinct from that of the imperfective, that meaning follows the slash.

The infinitives (INF.) of imperfective verbs appear in the left column, of perfective verbs in the right column. For verbs of motion, the multidirectional precedes the unidirectional; they are followed by the perfective form.

The present tense (PRES.) forms correspond to the personal pronouns, listed in the following order:

я	заменя́ю	открыва́ю (сь)	хожу́	иду́
ты	заменя́ешь	открыва́ешь (ся)	хо́дишь	идёшь
он / она / оно	заменя́ет	открыва́ет (ся)	хо́дит	идёт
мы	заменя́ем	открыва́ем (ся)	хо́дим	идём
вы	заменя́ете	открыва́ете (сь)	хо́дите	идёте
они	заменя́ют	открыва́ют (ся)	хо́дят	иду́т

The past tense (PAST) forms for both imperfective and perfective are listed in the traditional order: masculine, feminine, neuter, and plural. Sometimes more than one stress is possible in the past tense. Such cases are noted by two stress marks. In instances where the stress of the reflexive (-ся) forms differs from the normal stress of the past tense, these forms also have been supplied.

The future (FUT.) is divided into the compound future for imperfective and the simple future for perfective verbs, listed in the same order as the present tense.

The conditional (COND.) is listed by masculine, feminine, neuter singular, and plural. These forms correspond to the forms of the past tense plus the particle бы.

The imperative (IMP.) is listed in the singular, followed on the next line by the plural.

DEVERBALS (verbal adjectives and verbal adverbs) are listed as follows:

The present active verbal adjective (PRES. ACT.) of imperfective verbs.

The present passive verbal adjective (PRES. PASS.) of imperfective verbs.

The past active verbal adjective (PAST ACT.) of imperfective and perfective verbs.

The past active verbal adjective (PAST PASS.) for perfective verbs (with a few imperfectives). The long form is given. When the stress of the short forms is identical to that of the long form, the short forms are not provided. If the stress of the short form shifts from the stem to the ending, only the masculine and feminine singular forms are listed when the stress on the neuter and plural is identical to that of the feminine. If the neuter and plural forms have stress like the masculine, the neuter form is listed after the feminine to show the return of the stress to the stem.

Note: The verbal adjectives or participles, as they are called by some, are declined as adjectives, agreeing with the noun that they modify in gender, number and case. Only the masculine nominative singular form is provided. A complete set of verbal adjective endings can be found on pages xii–xiv.

VERBAL ADVERBS are listed according to their aspects. In a few instances, alternative forms of the verbal adverbs are listed.

Basic information on the cases which are governed or determined by the verbs is given at the bottom of the page. Certain verbs require specific cases of the nouns and pronouns that accompany them. Transitive verbs, for example, take a direct object in the accusative case and may have a second object in another case. Certain verbs are accompanied by nouns or pronouns in cases other than the accusative. Some verbs are normally followed by prepositions. We have used the Russian method of providing the pronouns кто — что in the appropriate case. You can identify the case required as follows:

кого — что	accusative
кого — чего	genitive
ком — чём	prepositional
кому — чему	dative
кем — чем	instrumental

	IMPERFECTIVE ASPECT	PERFECTIVE ASPECT
INF.	заменя́ть	замени́ть
PRES.	заменя́ю заменя́ешь заменя́ет заменя́ем заменя́ете заменя́ют	
PAST	заменя́л заменя́ла заменя́ло заменя́ли	замени́л замени́ла замени́ло замени́ли
FUT.	бу́ду заменя́ть бу́дешь заменя́ть бу́дет заменя́ть бу́дем заменя́ть бу́дете заменя́ть бу́дут заменя́ть	заменю́ заме́нишь заме́нит заме́ним заме́ните заме́нят
COND.	заменя́л бы заменя́ла бы заменя́ло бы заменя́ли бы	замени́л бы замени́ла бы замени́ло бы замени́ли бы
IMP.	заменя́й заменя́йте	замени́ замени́те

DEVERBALS

	IMPERFECTIVE ASPECT	PERFECTIVE ASPECT
PRES. ACT.	заменя́ющий	
PRES. PASS.	заменя́емый	
PAST ACT.	заменя́вший	замени́вший
PAST PASS.		заменённый заменён, заменена́
VERBAL ADVERB	заменя́я	замени́в

заменя́ть кого – что кем – чем, кому – чему

открыва́ть (ся) / откры́ть (ся)
to open, discover

	IMPERFECTIVE ASPECT	PERFECTIVE ASPECT
INF.	открыва́ть (ся)	откры́ть (ся)
PRES.	открыва́ю (сь) открыва́ешь (ся) открыва́ет (ся) открыва́ем (ся) открыва́ете (сь) открыва́ют (ся)	
PAST	открыва́л (ся) открыва́ла (сь) открыва́ло (сь) открыва́ли (сь)	откры́л (ся) откры́ла (сь) откры́ло (сь) откры́ли (сь)
FUT.	бу́ду открыва́ть (ся) бу́дешь открыва́ть (ся) бу́дет открыва́ть (ся) бу́дем открыва́ть (ся) бу́дете открыва́ть (ся) бу́дут открыва́ть (ся)	откро́ю (ся) откро́ешь (ся) откро́ет (ся) откро́ем (ся) откро́ете (сь) откро́ют (ся)
COND.	открыва́л (ся) бы открыва́ла (сь) бы открыва́ло (сь) бы октрыва́ли (сь) бы	откры́л (ся) бы откры́ла (сь) бы откры́ло (сь) бы откры́ли (сь) бы
IMP.	открыва́й (ся) открыва́йте (сь)	откро́й (ся) откро́йте (сь)

	DEVERBALS	
PRES. ACT.	открыва́ющий (ся)	
PRES. PASS.	открыва́емый	
PAST ACT.	открыва́вший (ся)	откры́вший (ся)
PAST PASS.		откры́тый
VERBAL ADVERB	открыва́я	откры́в (шись)

открыва́ть кого – что

X

	MULTIDIRECTIONAL	UNIDIRECTIONAL	PERFECTIVE ASPECT
INF.	ходи́ть	идти́	пойти́
PRES.	хожу́	иду́	
	хо́дишь	идёшь	
	хо́дит	идёт	
	хо́дим	идём	
	хо́дите	идёте	
	хо́дят	иду́т	
PAST	ходи́л	шёл	пошёл
	ходи́ла	шла́	пошла́
	ходи́ло	шло́	пошло́
	ходи́ли	шли́	пошли́
FUT.	бу́ду ходи́ть	бу́ду идти́	пойду
	бу́дешь ходи́ть	бу́дешь идти́	пойдёшь
	бу́дет ходи́ть	бу́дет идти́	пойдёт
	бу́дем ходи́ть	бу́дем идти́	пойдём
	бу́дете ходи́ть	бу́дете идти́	пойдёте
	бу́дут ходи́ть	бу́дут идти́	пойду́т
COND.	ходи́л бы	шёл бы	пошёл бы
	ходи́ла бы	шла́ бы	пошла́ бы
	ходи́ло бы	шло́ бы	пошло́ бы
	ходи́ли бы	шли́ бы	пошли́ бы
IMP.	ходи́	иди́	пойди́
	ходи́те	иди́те	пойди́те

DEVERBALS

	MULTIDIRECTIONAL	UNIDIRECTIONAL	PERFECTIVE ASPECT
PRES. ACT.	ходя́щий	иду́щий	
PRES. PASS.			
PAST ACT.	ходи́вший	ше́дший	поше́дший
PAST PASS.			
VERBAL ADVERB	ходя́ − ходи́в	идя́	пойдя́

ходи́ть − идти́ во что, на что, к кому − чему, за кем − чем, в чём

With an imperfective infinitive, **пойти́** can mean *start to.*

Verbal Adjective Endings

The verbal adjectives in Russian must agree with the noun they modify in gender, number, and case. In verbs with the reflexive particle, -ся is used after both consonants and vowels.

PRESENT ACTIVE VERBAL ADJECTIVE

	Singular			**Plural**
	Masculine	Neuter	Feminine	All Genders
Nom.	делающий	делающее	делающая	делающие
Acc.	делающий делающего	делающее	делающую	делающие делающих
Gen.	делающего	делающего	делающей	делающих
Prep.	делающем	делающем	делающей	делающих
Dat.	делающему	делающему	делающей	делающим
Instr.	делающим	делающим	делающей	делающими

	Singular			**Plural**
	Masculine	Neuter	Feminine	All Genders
Nom.	стро́ящийся	стро́ящееся	стро́ящаяся	стро́ящиеся
Acc.	стро́ящийся стро́ящегося	стро́ящееся	стро́ящуюся	стро́ящиеся стро́ящихся
Gen.	стро́ящегося	стро́ящегося	стро́ящейся	стро́ящихся
Prep.	стро́ящемся	стро́ящемся	стро́ящейся	стро́ящихся
Dat.	стро́ящемуся	стро́ящемуся	стро́ящейся	стро́ящимся
Instr.	стро́ящимся	стро́ящимся	стро́ящейся	стро́ящимися

PRESENT PASSIVE VERBAL ADJECTIVE

| | **Singular** | | | **Plural** |
	Masculine	Neuter	Feminine	All Genders
Nom.	дели́мый	дели́мое	дели́мая	дели́мые
Acc.	дели́мый	дели́мое	дели́мую	дели́мые
	дели́мого			дели́мых
Gen.	дели́мого	дели́мого	дели́мой	дели́мых
Prep.	дели́мом	дели́мом	дели́мой	дели́мых
Dat.	дели́мому	дели́мому	дели́мой	дели́мым
Instr.	дели́мым	дели́мым	дели́мой	дели́мыми

PAST ACTIVE VERBAL ADJECTIVE

| | **Singular** | | | **Plural** |
	Masculine	Neuter	Feminine	All Genders
Nom.	бра́вший	бра́вшее	бра́вшая	бра́вшие
Acc.	бра́вший	бра́вшее	бра́вшую	бра́вшие
	бра́вшего			бра́вших
Gen.	бра́вшего	бра́вшего	бра́вшей	бра́вших
Prep.	бра́вшем	бра́вшем	бра́вшей	бра́вших
Dat.	бра́вшему	бра́вшему	бра́вшей	бра́вшим
Instr.	бра́вшим	бра́вшим	бра́вшей	бра́вшими

| | **Singular** | | | **Plural** |
	Masculine	Neuter	Feminine	All Genders
Nom.	бри́вшийся	бри́вшееся	бри́вшаяся	бри́вшиеся
Acc.	бри́вшийся	бри́вшееся	бри́вшуюся	бри́вшиеся
	бри́вшегося			бри́вшихся
Gen.	бри́вшегося	бри́вшегося	бри́вшейся	бри́вшихся
Prep.	бри́вшемся	бри́вшемся	бри́вшейся	бри́вшихся
Dat.	бри́вшемуся	бри́вшемуся	бри́вшейся	бри́вшимся
Instr.	бри́вшимся	бри́вшимся	бри́вшейся	бри́вшимися

PAST PASSIVE VERBAL ADJECTIVE

	Singular			**Plural**
	Masculine	Neuter	Feminine	All Genders
Nom.	сде́ланный	сде́ланное	сде́ланная	сде́ланные
Acc.	сде́ланный	сде́ланное	сде́ланную	сде́ланные
	сде́ланного			сде́ланных
Gen.	сде́ланного	сде́ланного	сде́ланной	сде́ланных
Prep.	сде́ланном	сде́ланном	сде́ланной	сде́ланных
Dat.	сде́ланному	сде́ланному	сде́ланной	сде́ланным
Instr.	сде́ланным	сде́ланным	сде́ланной	сде́ланными

	Singular			**Plural**
	Masculine	Neuter	Feminine	All Genders
Nom.	откры́тый	откры́тое	откры́тая	откры́тые
Acc.	откры́тый	откры́тое	откры́тую	откры́тые
	откры́того			откры́тых
Gen.	откры́того	откры́того	откры́той	откры́тых
Prep.	откры́том	откры́том	откры́той	откры́тых
Dat.	откры́тому	откры́тому	откры́той	откры́тым
Instr.	откры́тым	откры́тым	откры́той	откры́тыми

The Russian Verb

One of the most important parts of speech in Russian is the verb. Because Russian is an inflected language, that is, the forms change to convey grammatical meaning, Russian verbs have numerous forms, all of which are presented for you in this book. The most distinguishing feature of the Russian verb, one of the major differences between it and the English verb, is **aspect.** Like English verbs, Russian verbs have **moods:** indicative, conditional, and imperative. Verbs have **tenses:** past, present, and future. Many Russian verbs can form verbal adjectives and verbal adverbs.

Aspect. All Russian verbs have aspect. The word for aspect in Russian is "вид" from the verb "видеть," meaning *"to see or view."* A Russian uses aspect to describe how he or she sees or perceives an action. There are two aspects: imperfective and perfective. You will find that Russian verbs frequently come in aspectual pairs. In our book we have listed the forms of the imperfective aspect first, followed by those of the perfective aspect. It is essential that you know to which aspect a Russian verb belongs.

The Parts of a Verb. Russian verbal forms have at least two parts: a stem and an ending. There is an infinitive (past) stem and a non-past (present/future) stem. Sometimes these stems are identical, as in the verb читать, where to the stem чита-, the infinitive ending -ть, the past tense endings -л, -ла, -ло, -ли, or the present tense endings -ю, -ешь, -ет, -ем, -ете, -ют can be added. In most cases, however, the two stems are different. To the basic verbs consisting of a stem plus endings, Russian can add prefixes such as по- to make new verbs, for example, почитать. Many perfective verbs are formed by adding a prefix such as по-, на-, про-, or с- to the imperfective verb. Russian verbs may also have suffixes such as -ыва- or -ва- after the stem but before the ending. Such verbs are most likely to be imperfective.

The Infinitive. In this book, as in most dictionaries and texts, verbs are listed in their infinitive form. You can recognize the Russian infinitive by looking at the ending. Infinitives end in -ть, ти, or -чь. The -ть or -чь usually comes after a vowel. The ending -ти comes only after a consonant. The infinitive is made up of the stem, including any prefixes, and the endings above. The infinitive (or past) stem is the basis for the formation of the past tense, the past verbal adjectives, and the perfective verbal adverb. You can obtain the infinitive stem by dropping the endings -ть, -чь or -ти. Note that some infinitive stems have a г or к in the stem that is not visible in the infinitive form, for example, мóчь, пéчь.

Infinitives are used after some verbs; in some impersonal constructions after modal words such as надо, можно; after some adjectives like рад, готов; and after some nouns like желание, умение.

The Indicative Mood—Tenses. In the indicative mood Russian has three tenses: present, past, and future.

The Present Tense is formed from imperfective verbs only. To form the present tense you need to know the non-past (present/future) stem and to which conjugation the verb belongs. In the present tense, the verb agrees with the subject of the sentence in person (first, second, third) and number (singular or plural).

The First Conjugation

The endings for the first conjugation are: -ю (-у), -ешь (-ёшь), -ет (-ёт), -ем (-ём), -ете (-ёте), -ют (-ут). The vowel letter ю is written after another vowel. The vowel letter у is written after consonants. The vowel letter ё occurs only when the ending is stressed.

я чита́ю	я узна́ю	я иду́
ты чита́ешь	ты узнаёшь	ты идёшь
он/она́/оно́ чита́ет	он/она́/оно́ узнаёт	он/она́/оно́ идёт
мы чита́ем	мы узнаём	мы идём
вы чита́ете	вы узнаёте	вы идёте
они́ чита́ют	они́ узнаю́т	они́ иду́т

The Second Conjugation

The endings for the second conjugation are: -ю (-у), -ишь, -ит, -им, -ите, -ят (-ат). The vowel letters у and а are used after the consonants г, к, ж, ч, ш, щ.

я ве́рю	я спешу́
ты ве́ришь	ты спеши́шь
он/она́/оно́ ве́рит	он/она́/оно́ спеши́т
мы ве́рим	мы спеши́м
вы ве́рите	вы спеши́те
они́ ве́рят	они́ спеша́т

Because you need to know not only the aspect, but also the conjugation of each verb, the following tips will be helpful. Most verbs whose infinitives ending in -ать, -авать, -овать, -евать, -ывать, -еть, -уть and -ти are first conjugation verbs. Most infinitives ending in -ить are second conjugation verbs.*

In the conjugation of some verbs, there is consonant mutation (the consonant at the end of the stem changes before certain endings, for example, г → ж, д → ж, з → ж, к → ч, т → ч, с → ш, х → ш, ск → щ, ст → щ). After the five labial consonants (when the lips meet or the teeth touch the lips), б, в, м, п, ф, the letter л is added in the first person singular of the present tense. In second conjugation verbs only, if consonant mutation occurs, it occurs only in the first person singular form.

The non-past (present/future) stem can be identified by dropping the -ют (-ут) or -ят (-ат) of the third person plural form. You will need to know this stem to form the imperative, the present verbal adjective, and the imperfective verbal adverb.

In both conjugations the stress may fall on the stem or on the endings or switch from the ending to the stem. Stress has been indicated throughout the book by an accent mark or the vowel ё which is always stressed.

---

* A few infinitives ending in -ать belong to the second conjugation: гна́ть, держа́ть, дыша́ть, крича́ть, слы́шать. Seven ending in -еть are second conjugation: смотре́ть, ви́деть, ненави́деть, терпе́ть, оби́деть, верте́ть, зави́сеть, and verbs formed by adding a prefix to them. One infinitive ending in -ить is first conjugation: бри́ть (ся). The verbs би́ть, ли́ть, and пи́ть are also first conjugation.

The Past Tense   is formed from the infinitive stem of imperfective and perfective verbs. In the past tense, the verbal forms agree with the subject in number (singular or plural) and gender (masculine, feminine, or neuter) in the singular. After dropping the infinitive ending -ть, чь, -ти, add -л, -ла, -ло, -ли.

я/ты/он бывáл
я/ты/она бывáла
оно бывáло

они бывáли

In some cases, the past tense stem may end in a consonant. In such instances, the -л in the masculine singular is omitted: везти → вёз. Verbs that have infinitives ending in -нуть normally preserve the -ну- in the past tense stem: отдохнуть → отдохнýл. But a few verbs, for example, привы́кнуть → привы́к, omit the -ну- in the past.

The Future Tense   has two forms in Russian. Imperfective verbs have a compound future, formed by adding the imperfective infinitive to conjugated forms of the verb быть *"to be."*

я бýду смотрéть
ты бýдешь смотрéть
она/он/оно бýдет смотрéть
мы бýдем смотрéть
вы бýдете смотрéть
они бýдут смотрéть

Perfective verbs form a simple future by using the conjugated forms without the auxiliary verb быть.

я прочитáю   я поговорю́
ты прочитáешь   ты поговори́шь
он/она/оно прочитáет   он/она/оно поговори́т
мы прочитáем   мы поговори́м
вы прочитáете   вы поговори́те
они прочитáют   они поговоря́т

Tip: If the perfective verb is formed by adding a prefix to the imperfective, both will probably belong to the same conjugation.

The Imperative Mood   is used to give commands. "Read!" "Leave!" The imperative is formed from the non-past (present/future) stem of the verb. Remember that you can identify this stem by dropping the ending of the third person plural form.

If the stem ends in a vowel add -й for the singular, -йте for the plural.

поезжа́ют → поезжа́ → поезжа́й   or   поезжа́йте
сове́туют → сове́ту → сове́туй   or   сове́туйте

If the stem ends in two or more consonants, add -и or -ите.

отдохну́ть → отдохн → отдохни́   or   отдохни́те

If the stem ends in a single consonant and the stress falls on the ending of the first person singular present/future form, add -й or -йте.

говоря́т → говор → говори́   or   говори́те
спеша́т → спеш → спеши́   or   спеши́те

If the stem ends in a single consonant, and the ending is never stressed in the present/future, then add -ь or -ьте.

гото́вят → гото́в → гото́вь   or   гото́вьте

(Perfective verbs beginning with the stressed prefix вы- constitute an exception to the above rule. Such verbs form the imperative based on the unprefixed form, while retaining the stress on the perfective prefix вы-.)

вы́разят → вы́раз → вы́рази   or   вы́разите

Infinitives with the suffix -ав- maintain the -ав- in the imperative form.

дава́ть → дава́й   or   дава́йте
узнава́ть → узнава́й   or   узнава́йте

To form the equivalent of "let's," Russians use the first person plural form of the verb.

Идём.   *Let's go.*
Почита́ем.   *Let's read a bit.*
Поговори́м.   *Let's talk.*

To express "let her/him/them..." use the form пу́сть followed by the third person singular or plural form of the present or future tense.

Пусть он чита́ет.   *Let him read.*
Пусть Ирина позвони́т.   *Let Irina telephone.*
Пусть они зае́дут.   *Let them come by.*

The Conditional Mood   is formed by adding the particle бы to the past tense form of the imperfective or perfective verb.

он бра́л бы
она брала́ бы
оно бра́ло бы
они бра́ли бы

он взя́л бы
она взяла́ бы
оно взя́ло бы
они взя́ли бы

The Particle (ся) is attached to some Russian verbs. A few Russian verbs do not have forms without (ся), whereas others never take the particle. The particle has several functions. It can give a reflexive meaning to a transitive verb; it can indicate reciprocal action; it can express the passive; or it can make a transitive verb intransitive.

In general, the participle is spelled ся after a consonant or the soft sign ь; after a vowel the participle is spelled сь. The verbal adjectives are an exception. After the active and passive, present and past verbal adjectives, the form is always spelled ся.

In this book we have indicated by use of (ся) in parentheses those verbs which can be found with or without the reflexive particle. Because the reflexive forms of several verbs are used only in the third person forms, in many of the tables reflexive forms for the first and second persons are omitted.

The Verbs of Motion are an essential part of a Russian's outlook. When describing motion, a speaker of Russian declares whether that action has one definite direction, (unidirectional) or not (multidirectional). These are also sometimes called determinate and indeterminate. Motion verbs come in pairs in the imperfective, with one multidirectional and one unidirectional verb. Some of the more common pairs are:

MULTIDIRECTIONAL	UNIDIRECTIONAL
ходи́ть	идти́
е́здить	е́хать
носи́ть	нести́
вози́ть	везти́
бе́гать	бежа́ть
лета́ть	лете́ть

In each pair, both verbs belong to the **imperfective aspect.**

A perfective verb, meaning *to begin walking, riding, running, flying,* etc., can be formed by adding the prefix по- to the unidirectional verb: пойти́, пое́хать, побежа́ть, полете́ть. Other prefixes can be added to the above pairs, forming an imperfective-perfective pair with a new meaning: приходи́ть / прийти́ *to come, arrive by foot,* убега́ть / убежа́ть *to run away.* Notice that the addition of a prefix to the multidirectional verb yields an imperfective form, while the addition of a prefix added to the unidirectional verb produces a perfective verb.*

Verbs of motion in our book are listed alphabetically under the multidirectional verb. The multidirectional and unidirectional imperfective pair and the perfective verb with the prefix по- are supplied. Other commonly used prefixed forms are listed alphabetically according to the imperfective infinitive.

The Verbal Adjective (Participle) derives from the verb, can be transitive or intransitive, and may have the particle (ся). It has aspect, and tense, can be active or passive, and governs nouns as a verb does. Like an adjective, the participle is declined and agrees with the noun in gender, number, and case.

---

* The topic of verbs of motion can and does occupy several books. This explanation provides only a few basic principles.

Present Active Verbal Adjective.   The present active verbal adjective is formed from imperfective verbs by replacing the -т of the third person plural ending with -щ- and adding adjective endings.

читáют → читáющий, читáющая, читáющее, читáющие
живýт → живýщий, живýщая, живýщее, живýщие
вéрят → вéрящий, вéрящая, вéрящее, вéрящие
спешáт → спешáщий, спешáщая, спешáщее, спешáщие

The reflexive particle for all verbal adjectives is (-ся), even when it follows a vowel letter.

занимáющийся, занимаю́щаяся, занимаю́щееся, занимаю́щиеся

Present Passive Verbal Adjective.   The present passive verbal adjective is formed from transitive imperfective verbs by adding adjective endings to the first person plural form of the verb.

читáем → читáемый, читáемая, читáемое, читáемые
стрóим → стрóимый, стрóимая, стрóимое, стрóимые

Infinitives with -ав- (давáть, узнавáть, etc.) retain that suffix in forming the present passive verbal adjective.

даём → давáемый, давáемая, давáемое, давáемые
узнаём → узнавáемый, узнавáемая, узнавáемое, узнавáемые

Past Active Verbal Adjective.   Past active verbal adjectives can be formed from imperfective and perfective verbs by adding -вш- and adjective endings to the infinitive (past tense) stem. (You can obtain this stem by dropping the -ть, -чь, -ти of the infinitive or the -л of the masculine singular past tense form).

читáл → читáвший, читáвшая, читáвшее, читáвшие
писáл → писáвший, писáвшая, писáвшее, писáвшие
поговорúл → поговорúвший, поговорúвшая, поговорúвшее,
                    поговорúвшие

When the past tense stem ends in a consonant (принёс, спас), -ший is added to the consonant.

принёс → принёсший, принёсшая, принёсшее, принёсшие
спас → спáсший, спáсшая, спáсшее, спáсшие

The particle (ся) is used throughout the declension:

открвший, открвшаяся, открвшееся, открвшиеся.

Past Passive Verbal Adjective.   The past passive verbal adjective is usually formed from transitive perfective verbs by adding -нн- or -т- to the past tense stem unless the stem ends in the vowel и or a consonant, in which case you add -енн- (-ённ-). Note that if consonant mutation occurs in the present/future, it will also occur in the past passive verbal adjective.

приговори́л → приговори́ → приговорённый
спа́с → спасённый
встре́тил → встре́ти (встре́чу) → встре́ченный

If the stem ends in a vowel other than и add -нн- plus regular adjective endings.

прочита́л → прочита́ → прочи́танный
уви́дел → уви́де → уви́денный

The suffix -т is added to stems ending in -ну-, many monosyllabic verb forms with prefixes, and a few others noted in the book.

дости́гнул → дости́гну → дости́гнутый
проби́л → проби́ → проби́тый

The past passive verbal adjective in Russian also has a complete set of short forms that agree with the noun in gender and number but are not declined. For example:

откры́тый → откры́т, откры́та, откры́то, откры́ты

They are used to form passive constructions. When the placement of stress of one or more of the short forms differs from that of the long form, these short forms are listed in the book.

The Verbal Adverb   can be transitive or intransitive, governs nouns, and has aspect. Because it is an adverb, its form does not change.
  The imperfective verbal adverb is formed from the present tense stem of imperfective verbs by adding -я after vowels and most consonants or -а after the consonants ш, щ, ж, ч.

чита́ют → чита́ → чита́я
говоря́т → говор → говоря́
спеша́т → спеш → спеша́

Imperfective infinitives with the suffix -ва retain the -ва- in the verbal adverb.

дава́ть → даю́т   but   дава́я
узнавать → узнаю́т   but   узнава́я

With verbal adverbs the reflexive particle will always be (сь) after the vowel: улыба́ясь, встреча́ясь.

The perfective verbal adverb is formed from the past stem of perfective verbs by adding -в after a vowel and -ши after a consonant.

$$откры́л \rightarrow откры́в$$
$$показа́л \rightarrow показа́в$$
$$взя́л \rightarrow взя́в$$
$$принёс \rightarrow принёсши$$

In some cases, especially for prefixed forms of verbs of motion, the perfective verbal adverb is formed by adding -я to the future tense stem:

$$приду́т \rightarrow придя́,$$
$$принесу́т \rightarrow принеся́$$

With reflexive forms the verbal adverb ending is -вшись:

$$улыбну́вшись$$
$$появи́вшись$$

Alphabet and Pronunciation Guide

The Cyrillic alphabet has thirty-three letters. Many of them will be familiar to you from English; several others resemble Greek letters. As in English, each letter is only an approximation of how a sound is pronounced. The guide below lists the letters in alphabetical order.

RUSSIAN LETTER	ENGLISH SOUND	SYMBOL	RUSSIAN EXAMPLE
а	**a** as in **A**men	A	да *DA*
б	**b** as in **b**at	B	банк *BANK*
в	**v** as in **v**ote	V	вот *VOT*
г	**g** as in **g**o	G	гол *GOL*
д	**d** as in **d**og	D	да *DA*
е	**ye** as in **ye**s	YE	нет *NYET*
ё	**yo** as in **yo**-yo	YO	полёт *paLYOT*
ж	**zh** as in a**z**ure	ZH	жена *zhiNA*
з	**z** as in **z**oo	Z	за *ZA*
и	**ee** as in b**ee**	I	ива *Iva*
й	**y** as in bo**y**	Y	мой *MOY*
к	**k** as in **k**ayak	K	касса *KAsa*
л	**l** as in **l**ot	L	лампа *LAMpa*
м	**m** as in **m**all	M	муж *MUSH*
н	**n** as in **n**ote	N	нос *NOS*
о	**o** as in hell**o**	O	но *NO*
п	**p** as in **p**apa	P	парк *PARK*
р	**r** as in **r**abbit	R	рот *ROT*
с	**s** as in **s**un	S	суп *SUP*
т	**t** as in **t**oe	T	такси *taKSI*
у	**u** as in r**u**le	U	ну *NU*
ф	**f** as in **f**und	F	фунт *FUNT*
х	**ch** as in Ba**ch**	KH	ах *AKH*
ц	**ts** as in **ts**ar	TS	царь *TSAR'*
ч	**ch** as in **ch**eap	CH	читает *chiTAyit*
ш	**sh** as in **sh**ow	SH	шапка *SHAPka*
щ	**sh** as in **sh**eep	SH	щи *SHI*
ъ	hard sign		not pronounced
ы	**y** as in hair**y**	Y	мы *MY*
ь	soft sign		not pronounced
э	**e** as in **e**cho	E	это *Eta*
ю	**u** as in **u**nion	YU	юмор *YUmar*
я	**ya** as in **ya**hoo	YA	я *YA*

Three Rules of Pronunciation

1)   In each Russian word, only one syllable is stressed or under accent. Russians pronounce the "o" sound only when it is stressed. When some other vowel is stressed in a word, the letter "o" is pronounced "a" кот *(KOT)* but котá *(kaTA)*. When the letters "e" "я" and sometimes "a" are not stressed, they are pronounced as "**i**," in the English word "it."

2)   Consonants can be hard ну *(NU)* or soft нет *(NYET)*. The soft "**n**" is like the sound in the word "onion." A consonant is hard unless it is followed by a soft vowel letter я, е, и, ё, ю or the soft sign ь.

3)   At the end of a word or before voiced consonants, б, в, г, д, ж, and з become their voiceless counterparts: б → п, в → ф, г → к, д → т, ж → ш, з → с. Examples: ход *KHOT,* баб *BAP,* ног *NOK,* автомат *aftaMAT,* водка *VOTka.*

Spelling Rules and Conventions for Verbs

Many exceptions in the conjugation system can be attributed to conventions of Russian spelling. The following guidelines may be helpful:

1) The 8-7-5 Rule

After г, к, х, ш, ж, щ, ч, and ц, Russians write a instead of я, and y instead of ю.
After г, к, х, ш, ж, щ, and ч, Russians write и instead of ы.
After ш, ж, щ, ч, and ц, where an o would be expected, you write the letter e unless the o is stressed.

2) Rules for Consonant Change

When a change or mutation takes place in the imperfective present or perfective future form, the following are the normal and predictable changes:

г → ж	помогу, поможешь
д → ж	водить, вожу
з → ж	возить, вожу
к → ч	пеку, печешь
т → ч	отвечу, ответишь
с → ш	писать, пишу
х → ш	махать, машу
ск → щ	искать, ищу
ст → щ	чистить, чищу

3) Verbal Prefixes

Verbal prefixes may differ according to the initial consonant of the verb they precede.
a) The final letter of the prefix becomes the voiceless partner in front of another voiceless letter.

без → бес	бездействовать, беспокоить
вз → вс	взбить, всходить
воз → вос	возникать, воспитать
из → ис	избегать, исполнить
раз → рас	раздавать, рассказать

b) In front of a vowel or the letters л or р, some prefixes add the letter o.

в → во	входить, войти
вз → взо	вздыхать, взорвать
из → изо	издавать, изолгать
над → надо	надеть, надоесть

об → обо	обладать, обнимать, оборвать
от → ото	отнимать, оторвать
под → подо	поднимать, подождать
пред → предо	предложить, предоставить
раз → разо	разводить, разойтись
с → со	спросить, сохранять

c) In a few instances, preceding the vowels я or е, some prefixes add the hard sign ъ.

в → въ	входить, въехать
из → изъ	изучить, изъяснить
об → объ	обнимать, объяснить
раз → разъ	разбудить, разъяснить
с → съ	сходить, съесть

4) Vowel Changes After Prefixes

Some verbs, such as играть and искать, when preceded by a prefix ending in a consonant, change their initial и to ы.

вз	взыграть, взыскать
из	изымать, изыскать
об	обыграть, обыскать
раз	разыграть, разыскать
с	сыграть, сыскать

Alphabetical Listing of 501 Russian Verbs Fully Conjugated in All the Tenses

аплоди́ровать / зааплоди́ровать
to applaud / begin applauding

	IMPERFECTIVE ASPECT	PERFECTIVE ASPECT
INF.	аплоди́ровать	зааплоди́ровать
PRES.	аплоди́рую аплоди́руешь аплоди́рует аплоди́руем аплоди́руете аплоди́руют	
PAST	аплоди́ровал аплоди́ровала аплоди́ровало аплоди́ровали	зааплоди́ровал зааплоди́ровала зааплоди́ровало зааплоди́ровали
FUT.	бу́ду аплоди́ровать бу́дешь аплоди́ровать бу́дет аплоди́ровать бу́дем аплоди́ровать бу́дете аплоди́ровать бу́дут аплоди́ровать	зааплоди́рую зааплоди́руешь зааплоди́рует зааплоди́руем зааплоди́руете зааплоди́руют
SUBJ.	аплоди́ровал бы аплоди́ровала бы аплоди́ровало бы аплоди́ровали бы	зааплоди́ровал бы зааплоди́ровала бы зааплоди́ровало бы зааплоди́ровали бы
IMP.	аплоди́руй аплоди́руйте	зааплоди́руй зааплоди́руйте

DEVERBALS

PRES. ACT.	аплоди́рующий	
PRES. PASS.		
PAST ACT.	аплоди́ровавший	зааплоди́ровавший
PAST PASS.		
VERBAL ADVERB	аплоди́руя	зааплоди́ровав

аплоди́ровать кому – чему за что

аресто́вывать / арестова́ть
to arrest, seize

	IMPERFECTIVE ASPECT	PERFECTIVE ASPECT
INF.	аресто́вывать	арестова́ть
PRES.	аресто́вываю аресто́вываешь аресто́вывает аресто́вываем аресто́вываете аресто́вывают	
PAST	аресто́вывал аресто́вывала аресто́вывало аресто́вывали	арестова́л арестова́ла арестова́ло арестова́ли
FUT.	бу́ду аресто́вывать бу́дешь аресто́вывать бу́дет аресто́вывать бу́дем аресто́вывать бу́дете аресто́вывать бу́дут аресто́вывать	аресту́ю аресту́ешь аресту́ет аресту́ем аресту́ете аресту́ют
COND.	аресто́вывал бы аресто́вывала бы аресто́вывало бы аресто́вывали бы	арестова́л бы арестова́ла бы арестова́ло бы арестова́ли бы
IMP.	аресто́вывай аресто́вывайте	аресту́й аресту́йте

DEVERBALS

PRES. ACT.	аресто́вывающий	
PRES. PASS.	аресто́вываемый	
PAST ACT.	аресто́вывавший	арестова́вший
PAST PASS.		аресто́ванный
VERBAL ADVERB	аресто́вывая	арестова́в

аресто́вывать кого – что

бе́гать – бежа́ть / побежа́ть
to run / start running

	MULTIDIRECTIONAL	UNIDIRECTIONAL	PERFECTIVE ASPECT
INF.	бе́гать	бежа́ть	побежа́ть
PRES.	бе́гаю бе́гаешь бе́гает бе́гаем бе́гаете бе́гают	бегу́ бежи́шь бежи́т бежи́м бежи́те бегу́т	
PAST	бе́гал бе́гала бе́гало бе́гали	бежа́л бежа́ла бежа́ло бежа́ли	побежа́л побежа́ла побежа́ло побежа́ли
FUT.	бу́ду бе́гать бу́дешь бе́гать бу́дет бе́гать бу́дем бе́гать бу́дете бе́гать бу́дут бе́гать	бу́ду бежа́ть бу́дешь бежа́ть бу́дет бежа́ть бу́дем бежа́ть бу́дете бежа́ть бу́дут бежа́ть	побегу́ побежи́шь побежи́т побежи́м побежи́те побегу́т
COND.	бе́гал бы бе́гала бы бе́гало бы бе́гали бы	бежа́л бы бежа́ла бы бежа́ло бы бежа́ли бы	побежа́л бы побежа́ла бы побежа́ло бы побежа́ли бы
IMP.	бе́гай бе́гайте	беги́ беги́те	побеги́ побеги́те

DEVERBALS

PRES. ACT.	бе́гающий	бегу́щий	
PRES. PASS.			
PAST ACT.	бе́гавший	бежа́вший	побежа́вший
PAST PASS.			
VERBAL ADVERB	бе́гая		побежа́в

бере́чь (ся) / побере́чь (ся)
guard, take care of (beware of)

	IMPERFECTIVE ASPECT	PERFECTIVE ASPECT
INF.	бере́чь (ся)	побере́чь (ся)
PRES.	берегу́ (сь) бережёшь (ся) бережёт (ся) бережём (ся) бережёте (сь) берегу́т (ся)	
PAST	берёг (ся) берегла́ (сь) берегло́ (сь) берегли́ (сь)	поберёг (ся) поберегла́ (сь) поберегло́ (сь) поберегли́ (сь)
FUT.	бу́ду бере́чь (ся) бу́дешь бере́чь (ся) бу́дет бере́чь (ся) бу́дем бере́чь (ся) бу́дете бере́чь (ся) бу́дут бере́чь (ся)	поберегу́ (сь) побережёшь (ся) побережёт (ся) побережём (ся) побережёте (сь) поберегу́т (ся)
COND.	берёг (ся) бы берегла́ (сь) бы берегло́ (сь) бы берегли́ (сь) бы	поберёг (ся) бы поберегла́ (сь) бы поберегло́ (сь) бы поберегли́ (сь) бы
IMP.	береги́ (сь) береги́те (сь)	побереги́ (сь) побереги́те (сь)

DEVERBALS

PRES. ACT.	берегу́щий (ся)	
PRES. PASS.		
PAST ACT.	берёгший (ся)	поберёгший (ся)
PAST PASS.	бережённый бережён, бережена́	побережённый побережён, побережена́
VERBAL ADVERB		поберёгши (сь)

бере́чь кого – что
бере́чься кого – чего

беспоко́ить (ся) / побеспоко́ить (ся)

to disturb, bother (become anxious, uneasy, worry about)

	IMPERFECTIVE ASPECT	PERFECTIVE ASPECT
INF.	беспоко́ить (ся)	побеспоко́ить (ся)
PRES.	беспоко́ю (сь) беспоко́ишь (ся) беспоко́ит (ся) беспоко́им (ся) беспоко́ите (сь) беспоко́ят (ся)	
PAST	беспоко́ил (ся) беспоко́ила (сь) беспоко́ило (сь) беспоко́или (сь)	побеспоко́ил (ся) побеспоко́ила (сь) побеспоко́ило (сь) побеспоко́или (сь)
FUT.	бу́ду беспоко́ить (ся) бу́дешь беспоко́ить (ся) бу́дет беспоко́ить (ся) бу́дем беспоко́ить (ся) бу́дете беспоко́ить (ся) бу́дут беспоко́ить (ся)	побеспоко́ю (сь) побеспоко́ишь (ся) побеспоко́ит (ся) побеспоко́им (ся) побеспоко́ите (сь) побеспоко́ят (ся)
COND.	беспоко́ил (ся) бы беспоко́ила (сь) бы беспоко́ило (сь) бы беспоко́или (сь) бы	побеспоко́ил (ся) бы побеспоко́ила (сь) бы побеспоко́ило (сь) бы побеспоко́или (сь) бы
IMP.	беспоко́й (ся) беспоко́йте (сь)	побеспоко́й (ся) побеспоко́йте (сь)

DEVERBALS

PRES. ACT.	беспоко́ящий (ся)	
PRES. PASS.	беспоко́имый	
PAST ACT.	беспоко́ивший (ся)	побеспоко́ивший (ся)
PAST PASS.		побеспоко́енный
VERBAL ADVERB	беспоко́я (сь)	побеспоко́ив (шись)

беспоко́ить кого́ – что
беспоко́иться о ком – о чём

бить / побить
to beat, hit, defeat

	IMPERFECTIVE ASPECT	PERFECTIVE ASPECT
INF.	бить	побить
PRES.	бью бьёшь бьёт бьём бьёте бьют	
PAST	бил била било били	побил побила побило побили
FUT.	бýду бить бýдешь бить бýдет бить бýдем бить бýдете бить бýдут бить	побью побьёшь побьёт побьём побьёте побьют
COND.	бил бы била бы било бы били бы	побил бы побила бы побило бы побили бы
IMP.	бей бейте	побей побейте

DEVERBALS

PRES. ACT.	бьющий	
PRES. PASS.		
PAST ACT.	бивший	побивший
PAST PASS.	битый	побитый
VERBAL ADVERB		побив

бить кого – что по чему, во что

The pair **побивáть / побить** also means *to beat.*

6

благодари́ть / поблагодари́ть
to thank

	IMPERFECTIVE ASPECT	PERFECTIVE ASPECT
INF.	благодари́ть	поблагодари́ть
PRES.	благодарю́ благодари́шь благодари́т благодари́м благодари́те благодаря́т	
PAST	благодари́л благодари́ла благодари́ло благодари́ли	поблагодари́л поблагодари́ла поблагодари́ло поблагодари́ли
FUT.	бу́ду благодари́ть бу́дешь благодари́ть бу́дет благодари́ть бу́дем благодари́ть бу́дете благодари́ть бу́дут благодари́ть	поблагодарю́ поблагодари́шь поблагодари́т поблагодари́м поблагодари́те поблагодаря́т
COND.	благодари́л бы благодари́ла бы благодари́ло бы благодари́ли бы	поблагодари́л бы поблагодари́ла бы поблагодари́ло бы поблагодари́ли бы
IMP.	благодари́ благодари́те	поблагодари́ поблагодари́те

DEVERBALS

PRES. ACT.	благодаря́щий	
PRES. PASS.		
PAST ACT.	благодари́вший	поблагодари́вший
PAST PASS.		
VERBAL ADVERB	благодаря́	поблагодари́в

благодари́ть кого – что за что

бледне́ть / побледне́ть
to become pale, fade

	IMPERFECTIVE ASPECT	PERFECTIVE ASPECT
INF.	бледне́ть	побледне́ть
PRES.	бледне́ю бледне́ешь бледне́ет бледне́ем бледне́ете бледне́ют	
PAST	бледне́л бледне́ла бледне́ло бледне́ли	побледне́л побледне́ла побледне́ло побледне́ли
FUT.	бу́ду бледне́ть бу́дешь бледне́ть бу́дет бледне́ть бу́дем бледне́ть бу́дете бледне́ть бу́дут бледне́ть	побледне́ю побледне́ешь побледне́ет побледне́ем побледне́ете побледне́ют
COND.	бледне́л бы бледне́ла бы бледне́ло бы бледне́ли бы	побледне́л бы побледне́ла бы побледне́ло бы побледне́ли бы
IMP.	бледне́й бледне́йте	побледне́й побледне́йте

DEVERBALS

PRES. ACT.	бледне́ющий	
PRES. PASS.		
PAST ACT.	бледне́вший	побледне́вший
PAST PASS.		
VERBAL ADVERB	бледне́я	побледне́в

болéть / заболéть
to be ill, support [a team] / become ill

	IMPERFECTIVE ASPECT	PERFECTIVE ASPECT
INF.	болéть	заболéть
PRES.	болéю болéешь болéет болéем болéете болéют	
PAST	болéл болéла болéло болéли	заболéл заболéла заболéло заболéли
FUT.	бýду болéть бýдешь болéть бýдет болéть бýдем болéть бýдете болéть бýдут болéть	заболéю заболéешь заболéет заболéем заболéете заболéют
COND.	болéл бы болéла бы болéло бы болéли бы	заболéл бы заболéла бы заболéло бы заболéли бы
IMP.	болéй болéйте	заболéй заболéйте

DEVERBALS

PRES. ACT.	болéющий	
PRES. PASS.		
PAST ACT.	болéвший	заболéвший
PAST PASS.		
VERBAL ADVERB	болéя	заболéв

болéть чем, за кого — что

9

болéть / заболéть
to ache / begin to ache

	IMPERFECTIVE ASPECT	PERFECTIVE ASPECT
INF.	болéть	заболéть
PRES.		
	болúт	
	боля́т	
PAST	болéл	заболéл
	болéла	заболéла
	болéло	заболéло
	болéли	заболéли
FUT.		
	бýдет болéть	заболúт
	бýдут болéть	заболя́т
COND.	болéл бы	заболéл бы
	болéла бы	заболéла бы
	болéло бы	заболéло бы
	болéли бы	заболéли бы
IMP.		

DEVERBALS

PRES. ACT.	боля́щий	
PRES. PASS.		
PAST ACT.	болéвший	заболéвший
PAST PASS.		
VERBAL ADVERB		заболéв

The pair **заболевáть / заболéть** also means ***to begin to ache.***

боро́ться / поборо́ться
to struggle, wrestle, fight

	IMPERFECTIVE ASPECT	PERFECTIVE ASPECT
INF.	боро́ться	поборо́ться
PRES.	борю́сь бо́решься бо́рется бо́ремся бо́ретесь бо́рются	
PAST	боро́лся боро́лась боро́лось боро́лись	поборо́лся поборо́лась поборо́лось поборо́лись
FUT.	бу́ду боро́ться бу́дешь боро́ться бу́дет боро́ться бу́дем боро́ться бу́дете боро́ться бу́дут боро́ться	поборю́сь побо́решься побо́рется побо́ремся побо́ретесь побо́рются
COND.	боро́лся бы боро́лась бы боро́лось бы боро́лись бы	поборо́лся бы поборо́лась бы поборо́лось бы поборо́лись бы
IMP.	бори́сь бори́тесь	побори́сь побори́тесь

DEVERBALS

PRES. ACT.	бо́рющийся	
PRES. PASS.		
PAST ACT.	боро́вшийся	поборо́вшийся
PAST PASS.		
VERBAL ADVERB	боря́сь	поборо́вшись

боро́ться с кем – чем, за кого – что, про́тив кого – чего

The perfective verb **поборо́ть** means *to defeat / overcome*.

боя́ться / побоя́ться
to be afraid of

	IMPERFECTIVE ASPECT	PERFECTIVE ASPECT
INF.	боя́ться	побоя́ться
PRES.	бою́сь бои́шься бои́тся бои́мся бои́тесь боя́тся	
PAST	боя́лся боя́лась боя́лось боя́лись	побоя́лся побоя́лась побоя́лось побоя́лись
FUT.	бу́ду боя́ться бу́дешь боя́ться бу́дет боя́ться бу́дем боя́ться бу́дете боя́ться бу́дут боя́ться	побою́сь побои́шься побои́тся побои́мся побои́тесь побоя́тся
COND.	боя́лся бы боя́лась бы боя́лось бы боя́лись бы	побоя́лся бы побоя́лась бы побоя́лось бы побоя́лись бы
IMP.	бо́йся бо́йтесь	побо́йся побо́йтесь

DEVERBALS

PRES. ACT.	боя́щийся	
PRES. PASS.		
PAST ACT.	боя́вшийся	побоя́вшийся
PAST PASS.		
VERBAL ADVERB	боя́сь	побоя́вшись

боя́ться кого − чего, + infinitive

бра́ть (ся) / взя́ть (ся)

to take (undertake)

	IMPERFECTIVE ASPECT	PERFECTIVE ASPECT
INF.	бра́ть (ся)	взя́ть (ся)
PRES.	беру́ (сь) берёшь (ся) берёт (ся) берём (ся) берёте (сь) беру́т (ся)	
PAST	бра́л (ся) брала́ (сь) бра́ло – брало́сь бра́ли – брали́сь	взя́л (ся) взяла́ (сь) взя́ло – взяло́сь взя́ли – взяли́сь
FUT.	бу́ду бра́ть (ся) бу́дешь бра́ть (ся) бу́дет бра́ть (ся) бу́дем бра́ть (ся) бу́дете бра́ть (ся) бу́дут бра́ть (ся)	возьму́ (сь) возьмёшь (ся) возьмёт (ся) возьмём (ся) возьмёте (сь) возьму́т (ся)
COND.	бра́л (ся) бы брала́ (сь) бы бра́ло – брало́сь бы бра́ли – брали́сь бы	взя́л (ся) бы взяла́ (сь) бы взя́ло – взяло́сь бы взя́ли – взяли́сь бы
IMP.	бери́ (сь) бери́те (сь)	возьми́ (сь) возьми́те (сь)

DEVERBALS

PRES. ACT.	беру́щий (ся)	
PRES. PASS.		
PAST ACT.	бра́вший (ся)	взя́вший (ся)
PAST PASS.		взя́тый взя́т, взята́, взя́то
VERBAL ADVERB	беря́, бра́вши (сь)	взя́в (шись)

бра́ть кого – что
бра́ться за что, + infinitive

брить (ся) / побрить (ся)
to shave someone (to get a shave)

	IMPERFECTIVE ASPECT	PERFECTIVE ASPECT
INF.	брить (ся)	побрить (ся)
PRES.	брею (сь) бреешь (ся) бреет (ся) бреем (ся) бреете (сь) бреют (ся)	
PAST	брил (ся) брила (сь) брило (сь) брили (сь)	побрил (ся) побрила (сь) побрило (сь) побрили (сь)
FUT.	буду брить (ся) будешь брить (ся) будет брить (ся) будем брить (ся) будете брить (ся) будут брить (ся)	побрею (сь) побреешь (ся) побреет (ся) побреем (ся) побреете (сь) побреют (ся)
COND.	брил (ся) бы брила (сь) бы брило (сь) бы брили (сь) бы	побрил (ся) бы побрила (сь) бы побрило (сь) бы побрили (сь) бы
IMP.	брей (ся) брейте (сь)	побрей (ся) побрейте (сь)

DEVERBALS

PRES. ACT.	бреющий (ся)	
PRES. PASS.		
PAST ACT.	бривший (ся)	побривший (ся)
PAST PASS.	бритый	побритый
VERBAL ADVERB	брея (сь)	побрив (шись)

брить кого — что

14

бродить – брести / побрести

to wander, amble

	MULTIDIRECTIONAL	UNIDIRECTIONAL	PERFECTIVE ASPECT
INF.	бродить	брести	побрести
PRES.	брожу́	бреду́	
	бро́дишь	бредёшь	
	бро́дит	бредёт	
	бро́дим	бредём	
	бро́дите	бредёте	
	бро́дят	бреду́т	
PAST	броди́л	брёл	побрёл
	броди́ла	брела́	побрела́
	броди́ло	брело́	побрело́
	броди́ли	брели́	побрели́
FUT.	бу́ду броди́ть	бу́ду брести́	побреду́
	бу́дешь броди́ть	бу́дешь брести́	побредёшь
	бу́дет броди́ть	бу́дет брести́	побредёт
	бу́дем броди́ть	бу́дем брести́	побредём
	бу́дете броди́ть	бу́дете брести́	побредёте
	бу́дут броди́ть	бу́дут брести́	побреду́т
COND.	броди́л бы	брёл бы	побрёл бы
	броди́ла бы	брела́ бы	побрела́ бы
	броди́ло бы	брело́ бы	побрело́ бы
	броди́ли бы	брели́ бы	побрели́ бы
IMP.	броди́	бреди́	побреди́
	броди́те	бреди́те	побреди́те

DEVERBALS

	MULTIDIRECTIONAL	UNIDIRECTIONAL	PERFECTIVE ASPECT
PRES. ACT.	бродя́щий	бреду́щий	
PRES. PASS.			
PAST ACT.	броди́вший	бре́дший	побре́дший
PAST PASS.			
VERBAL ADVERB	бродя́	бредя́	побредя́ – побре́дши

броса́ть (ся) / бро́сить (ся)
to throw (rush toward)

	IMPERFECTIVE ASPECT	PERFECTIVE ASPECT
INF.	броса́ть (ся)	бро́сить (ся)
PRES.	броса́ю (сь) броса́ешь (ся) броса́ет (ся) броса́ем (ся) броса́ете (сь) броса́ют (ся)	
PAST	броса́л (ся) броса́ла (сь) броса́ло (сь) броса́ли (сь)	бро́сил (ся) бро́сила (сь) бро́сило (сь) бро́сили (сь)
FUT.	бу́ду броса́ть (ся) бу́дешь броса́ть (ся) бу́дет броса́ть (ся) бу́дем броса́ть (ся) бу́дете броса́ть (ся) бу́дут броса́ть (ся)	бро́шу (сь) бро́сишь (ся) бро́сит (ся) бро́сим (ся) бро́сите (сь) бро́сят (ся)
COND.	броса́л (ся) бы броса́ла (сь) бы броса́ло (сь) бы броса́ли (сь) бы	бро́сил (ся) бы бро́сила (сь) бы бро́сило (сь) бы бро́сили (сь) бы
IMP.	броса́й (ся) броса́йте (сь)	бро́сь (ся) бро́сьте (сь)

DEVERBALS

PRES. ACT.	броса́ющий (ся)	
PRES. PASS.	броса́емый	
PAST ACT.	броса́вший (ся)	бро́сивший (ся)
PAST PASS.		бро́шенный
VERBAL ADVERB	броса́я (сь)	бро́сив (шись)

броса́ть кого – что
броса́ться на кого – что, во что

	IMPERFECTIVE ASPECT	PERFECTIVE ASPECT
INF.	будить	разбудить
PRES.	бужу́ бу́дишь бу́дит бу́дим бу́дите бу́дят	
PAST	буди́л буди́ла буди́ло буди́ли	разбуди́л разбуди́ла разбуди́ло разбуди́ли
FUT.	бу́ду буди́ть бу́дешь буди́ть бу́дет буди́ть бу́дем буди́ть бу́дете буди́ть бу́дут буди́ть	разбужу́ разбу́дишь разбу́дит разбу́дим разбу́дите разбу́дят
COND.	буди́л бы буди́ла бы буди́ло бы буди́ли бы	разбуди́л бы разбуди́ла бы разбуди́ло бы разбуди́ли бы
IMP.	буди́ буди́те	разбуди́ разбуди́те

DEVERBALS

PRES. ACT.	будя́щий	
PRES. PASS.	буди́мый	
PAST ACT.	буди́вший	разбуди́вший
PAST PASS.		разбу́женный
VERBAL ADVERB	будя́	разбуди́в

буди́ть кого — что

быва́ть

to occur, happen, be present

	IMPERFECTIVE ASPECT	PERFECTIVE ASPECT
INF.	быва́ть	
PRES.	быва́ю быва́ешь быва́ет быва́ем быва́ете быва́ют	
PAST	быва́л быва́ла быва́ло быва́ли	
FUT.	бу́ду быва́ть бу́дешь быва́ть бу́дет быва́ть бу́дем быва́ть бу́дете быва́ть бу́дут быва́ть	
COND.	быва́л бы быва́ла бы быва́ло бы быва́ли бы	
IMP.	быва́й быва́йте	

DEVERBALS

PRES. ACT.	быва́ющий	
PRES. PASS.		
PAST ACT.	быва́вший	
PAST PASS.		
VERBAL ADVERB	быва́я	

18

	IMPERFECTIVE ASPECT	PERFECTIVE ASPECT
INF.	бы́ть	
PRES.	е́сть	
PAST	бы́л была́ бы́ло бы́ли	
FUT.	бу́ду бу́дешь бу́дет бу́дем бу́дете бу́дут	
COND.	бы́л бы была́ бы бы́ло бы бы́ли бы	
IMP.	бу́дь бу́дьте	

DEVERBALS

PRES. ACT.		
PRES. PASS.		
PAST ACT.	бы́вший	
PAST PASS.		
VERBAL ADVERB	бу́дучи	

Notice the accent on the negated forms: **не́ бы́л, не была́, не́ бы́ло, не́ бы́ли.**

вари́ть (ся) / свари́ть (ся)

to boil, cook, digest / cook until done; weld

	IMPERFECTIVE ASPECT	PERFECTIVE ASPECT
INF.	вари́ть (ся)	свари́ть (ся)
PRES.	варю́ ва́ришь ва́рит (ся) ва́рим ва́рите ва́рят (ся)	
PAST	вари́л (ся) вари́ла (сь) вари́ло (сь) вари́ли (сь)	свари́л (ся) свари́ла (сь) свари́ло (сь) свари́ли (сь)
FUT.	бу́ду вари́ть (ся) бу́дешь вари́ть (ся) бу́дет вари́ть (ся) бу́дем вари́ть (ся) бу́дете вари́ть (ся) бу́дут вари́ть (ся)	сварю́ (сь) сва́ришь (ся) сва́рит (ся) сва́рим (ся) сва́рите (сь) сва́рят (ся)
COND.	вари́л (ся) бы вари́ла (сь) бы вари́ло (сь) бы вари́ли (сь) бы	свари́л (ся) бы свари́ла (сь) бы свари́ло (сь) бы свари́ли (сь) бы
IMP.	вари́ вари́те	свари́ свари́те
	DEVERBALS	
PRES. ACT.	варя́щий (ся)	
PRES. PASS.	вари́мый	
PAST ACT.	вари́вший (ся)	свари́вший (ся)
PAST PASS.	ва́ренный	сва́ренный
VERBAL ADVERB	варя́	свари́в (шись)

вари́ть что

The pair **сва́ривать / свари́ть** means *to weld.*

	IMPERFECTIVE ASPECT	PERFECTIVE ASPECT
INF.	вводи́ть	ввести́
PRES.	ввожу́ вво́дишь вво́дит вво́дим вво́дите вво́дят	
PAST	вводи́л вводи́ла вводи́ло вводи́ли	ввёл ввела́ ввело́ ввели́
FUT.	бу́ду вводи́ть бу́дешь вводи́ть бу́дет вводи́ть бу́дем вводи́ть бу́дете вводи́ть бу́дут вводи́ть	введу́ введёшь введёт введём введёте введу́т
COND.	вводи́л бы вводи́ла бы вводи́ло бы вводи́ли бы	ввёл бы ввела́ бы ввело́ бы ввели́ бы
IMP.	вводи́ вводи́те	введи́ введи́те

DEVERBALS

PRES. ACT.	вводя́щий	
PRES. PASS.	вводи́мый	
PAST ACT.	вводи́вший	вве́дший
PAST PASS.		введённый введён, введена́
VERBAL ADVERB	вводя́	введя́

вводи́ть кого − что

21

ве́рить / пове́рить
to believe, trust

	IMPERFECTIVE ASPECT	PERFECTIVE ASPECT
INF.	ве́рить	пове́рить
PRES.	ве́рю ве́ришь ве́рит ве́рим ве́рите ве́рят	
PAST	ве́рил ве́рила ве́рило ве́рили	пове́рил пове́рила пове́рило пове́рили
FUT.	бу́ду ве́рить бу́дешь ве́рить бу́дет ве́рить бу́дем ве́рить бу́дете ве́рить бу́дут ве́рить	пове́рю пове́ришь пове́рит пове́рим пове́рите пове́рят
COND.	ве́рил бы ве́рила бы ве́рило бы ве́рили бы	пове́рил бы пове́рила бы пове́рило бы пове́рили бы
IMP.	ве́рь ве́рьте	пове́рь пове́рьте

DEVERBALS

PRES. ACT.	ве́рящий	
PRES. PASS.		
PAST ACT.	ве́ривший	пове́ривший
PAST PASS.		пове́ренный
VERBAL ADVERB	ве́ря	пове́рив

ве́рить в кого – что, кому – чему

The pair поверя́ть / пове́рить means *to trust, confide in.*
Мне не верится / верилось. *I cannot / could not believe.*

	IMPERFECTIVE ASPECT	PERFECTIVE ASPECT
INF.	ве́сить	
PRES.	ве́шу ве́сишь ве́сит ве́сим ве́сите ве́сят	
PAST	ве́сил ве́сила ве́сило ве́сили	
FUT.	бу́ду ве́сить бу́дешь ве́сить бу́дет ве́сить бу́дем ве́сить бу́дете ве́сить бу́дут ве́сить	
COND.	ве́сил бы ве́сила бы ве́сило бы ве́сили бы	
IMP.	ве́сь ве́сьте	

DEVERBALS

PRES. ACT.	ве́сящий	
PRES. PASS.		
PAST ACT.	веси́вший	
PAST PASS.		
VERBAL ADVERB	ве́ся	

ве́шать (ся) / пове́сить (ся)
to hang, weigh out (hang oneself)

	IMPERFECTIVE ASPECT	PERFECTIVE ASPECT
INF.	ве́шать (ся)	пове́сить (ся)
PRES.	ве́шаю (сь) ве́шаешь (ся) ве́шает (ся) ве́шаем (ся) ве́шаете (сь) ве́шают (ся)	
PAST	ве́шал (ся) ве́шала (сь) ве́шало (сь) ве́шали (сь)	пове́сил (ся) пове́сила (сь) пове́сило (сь) пове́сили (сь)
FUT.	бу́ду ве́шать (ся) бу́дешь ве́шать (ся) бу́дет ве́шать (ся) бу́дем ве́шать (ся) бу́дете ве́шать (ся) бу́дут ве́шать (ся)	пове́шу (сь) пове́сишь (ся) пове́сит (ся) пове́сим (ся) пове́сите (сь) пове́сят (ся)
COND.	ве́шал (ся) бы ве́шала (сь) бы ве́шало (сь) бы ве́шали (сь) бы	пове́сил (ся) бы пове́сила (сь) бы пове́сило (сь) бы пове́сили (сь) бы
IMP.	ве́шай (ся) ве́шайте (сь)	пове́сь (ся) пове́сьте (сь)

	DEVERBALS	
PRES. ACT.	ве́шающий (ся)	
PRES. PASS.	ве́шаемый	
PAST ACT.	ве́шавший (ся)	пове́сивший (ся)
PAST PASS.		пове́шенный
VERBAL ADVERB	ве́шая (сь)	пове́сив (шись)

ве́шать кого – что

The imperfective form can mean either *to hang* or *to weigh [something]*.
The perfective form **пове́сить** means *to hang*.

	IMPERFECTIVE ASPECT	PERFECTIVE ASPECT
INF.	вздыха́ть	вздохну́ть
PRES.	вздыха́ю вздыха́ешь вздыха́ет вздыха́ем вздыха́ете вздыха́ют	
PAST	вздыха́л вздыха́ла вздыха́ло вздыха́ли	вздохну́л вздохну́ла вздохну́ло вздохну́ли
FUT.	бу́ду вздыха́ть бу́дешь вздыха́ть бу́дет вздыха́ть бу́дем вздыха́ть бу́дете вздыха́ть бу́дут вздыха́ть	вздохну́ вздохнёшь вздохнёт вздохнём вздохнёте вздохну́т
COND.	вздыха́л бы вздыха́ла бы вздыха́ло бы вздыха́ли бы	вздохну́л бы вздохну́ла бы вздохну́ло бы вздохну́ли бы
IMP.	вздыха́й вздыха́йте	вздохни́ вздохни́те

DEVERBALS

PRES. ACT.	вздыха́ющий	
PRES. PASS.		
PAST ACT.	вздыха́вший	вздохну́вший
PAST PASS.		
VERBAL ADVERB	вздыха́я	вздохну́в

вздыха́ть по ком – чём, о ком – чём

25

вѝдеть / увѝдеть
to see / catch sight of

	IMPERFECTIVE ASPECT	PERFECTIVE ASPECT
INF.	вѝдеть	увѝдеть
PRES.	вѝжу вѝдишь вѝдит вѝдим вѝдите вѝдят	
PAST	вѝдел вѝдела вѝдело вѝдели	увѝдел увѝдела увѝдело увѝдели
FUT.	бу́ду вѝдеть бу́дешь вѝдеть бу́дет вѝдеть бу́дем вѝдеть бу́дете вѝдеть бу́дут вѝдеть	уви́жу увѝдишь увѝдит увѝдим увѝдите увѝдят
COND.	вѝдел бы вѝдела бы вѝдело бы вѝдели бы	увѝдел бы увѝдела бы увѝдело бы увѝдели бы
IMP.	смотрѝ смотрѝте	увѝдь увѝдьте

DEVERBALS

PRES. ACT.	вѝдящий	
PRES. PASS.	вѝдимый	
PAST ACT.	вѝдевший	увѝдевший
PAST PASS.	вѝденный	увѝденный
VERBAL ADVERB	вѝдя	увѝдев

вѝдеть кого – что

For the imperative form of *see, look* use the verb **смотрѝ(те).**
Увѝдимся! means *We'll see each other soon.*

	IMPERFECTIVE ASPECT	PERFECTIVE ASPECT
INF.	висе́ть	повисе́ть
PRES.	вишу́ виси́шь виси́т виси́м виси́те вися́т	
PAST	висе́л висе́ла висе́ло висе́ли	повисе́л повисе́ла повисе́ло повисе́ли
FUT.	бу́ду висе́ть бу́дешь висе́ть бу́дет висе́ть бу́дем висе́ть бу́дете висе́ть бу́дут висе́ть	повишу́ повиси́шь повиси́т повиси́м повиси́те повися́т
COND.	висе́л бы висе́ла бы висе́ло бы висе́ли бы	повисе́л бы повисе́ла бы повисе́ло бы повисе́ли бы
IMP.	виси́ виси́те	повиси́ повиси́те

DEVERBALS

PRES. ACT.	вися́щий	
PRES. PASS.		
PAST ACT.	висе́вший	повисе́вший
PAST PASS.		
VERBAL ADVERB	вися́	повисе́в

висе́ть   над   кем – чем

включа́ть (ся) / включи́ть (ся)
to include, turn on

	IMPERFECTIVE ASPECT	PERFECTIVE ASPECT
INF.	включа́ть (ся)	включи́ть (ся)
PRES.	включа́ю (сь)	
	включа́ешь (ся)	
	включа́ет (ся)	
	включа́ем (ся)	
	включа́ете (сь)	
	включа́ют (ся)	
PAST	включа́л (ся)	включи́л (ся)
	включа́ла (сь)	включи́ла (сь)
	включа́ло (сь)	включи́ло (сь)
	включа́ли (сь)	включи́ли (сь)
FUT.	бу́ду включа́ть (ся)	включу́ (сь)
	бу́дешь включа́ть (ся)	включи́шь (ся)
	бу́дет включа́ть (ся)	включи́т (ся)
	бу́дем включа́ть (ся)	включи́м (ся)
	бу́дете включа́ть (ся)	включи́те (сь)
	бу́дут включа́ть (ся)	включа́т (ся)
COND.	включа́л (ся) бы	включи́л (ся) бы
	включа́ла (сь) бы	включи́ла (сь) бы
	включа́ло (сь) бы	включи́ло (сь) бы
	включа́ли (сь) бы	включи́ли (сь) бы
IMP.	включа́й (ся)	включи́ (сь)
	включа́йте (сь)	включи́те (сь)

DEVERBALS

PRES. ACT.	включа́ющий (ся)	
PRES. PASS.	включа́емый	
PAST ACT.	включа́вший (ся)	включи́вший (ся)
PAST PASS.		включённый
		включён, включена́
VERBAL ADVERB	включа́я (сь)	включи́в (шись)

включа́ть кого – что во что

владе́ть / овладе́ть
to control, own rule

	IMPERFECTIVE ASPECT	PERFECTIVE ASPECT
INF.	владе́ть	овладе́ть
PRES.	владе́ю владе́ешь владе́ет владе́ем владе́ете владе́ют	
PAST	владе́л владе́ла владе́ло владе́ли	овладе́л овладе́ла овладе́ло овладе́ли
FUT.	бу́ду владе́ть бу́дешь владе́ть бу́дет владе́ть бу́дем владе́ть бу́дете владе́ть бу́дут владе́ть	овладе́ю овладе́ешь овладе́ет овладе́ем овладе́ете овладе́ют
COND.	владе́л бы владе́ла бы владе́ло бы владе́ли бы	овладе́л бы овладе́ла бы овладе́ло бы овладе́ли бы
IMP.	владе́й владе́йте	овладе́й овладе́йте

DEVERBALS

PRES. ACT.	владе́ющий	
PRES. PASS.		
PAST ACT.	владе́вший	овладе́вший
PAST PASS.		
VERBAL ADVERB	владе́я	овладе́в

владе́ть кем – чем

The pair **овладева́ть** / **овладе́ть** means *to seize control* or *take possession of.*

влюбля́ть (ся) / влюби́ть (ся)
to make fall in love (fall in love)

	IMPERFECTIVE ASPECT	PERFECTIVE ASPECT
INF.	влюбля́ть (ся)	влюби́ть (ся)
PRES.	влюбля́ю (сь) влюбля́ешь (ся) влюбля́ет (ся) влюбля́ем (ся) влюбля́ете (сь) влюбля́ют (ся)	
PAST	влюбля́л (ся) влюбля́ла (сь) влюбля́ло (сь) влюбля́ли (сь)	влюби́л (ся) влюби́ла (сь) влюби́ло (сь) влюби́ли (сь)
FUT.	бу́ду влюбля́ть (ся) бу́дешь влюбля́ть (ся) бу́дет влюбля́ть (ся) бу́дем влюбля́ть (ся) бу́дете влюбля́ть (ся) бу́дут влюбля́ть (ся)	влюблю́ (сь) влю́бишь (ся) влю́бит (ся) влю́бим (ся) влю́бите (сь) влю́бят (ся)
COND.	влюбля́л (ся) бы влюбля́ла (сь) бы влюбля́ло (сь) бы влюбля́ли (сь) бы	влюби́л (ся) бы влюби́ла (сь) бы влюби́ло (сь) бы влюби́ли (сь) бы
IMP.	влюбля́й (ся) влюбля́йте (сь)	влюби́ (сь) влюби́те (сь)

DEVERBALS

PRES. ACT.	влюбля́ющий (ся)	
PRES. PASS.	влюбля́емый	
PAST ACT.	влюбля́вший (ся)	влюби́вший (ся)
PAST PASS.		влюблённый влюблён, влюблена́
VERBAL ADVERB	влюбля́я (сь)	влюби́в (шись)

влюбля́ть кого — что
влюбля́ться в кого — что

	IMPERFECTIVE ASPECT	PERFECTIVE ASPECT
INF.	вноси́ть	внести́
PRES.	вношу́ вно́сишь вно́сит вно́сим вно́сите вно́сят	
PAST	вноси́л вноси́ла вноси́ло вноси́ли	внёс внесла́ внесло́ внесли́
FUT.	бу́ду вноси́ть бу́дешь вноси́ть бу́дет вноси́ть бу́дем вноси́ть бу́дете вноси́ть бу́дут вноси́ть	внесу́ внесёшь внесёт внесём внесёте внесу́т
COND.	вноси́л бы вноси́ла бы вноси́ло бы вноси́ли бы	внёс бы внесла́ бы внесло́ бы внесли́ бы
IMP.	вноси́ вноси́те	внеси́ внеси́те

DEVERBALS

PRES. ACT.	вося́щий	
PRES. PASS.	вноси́мый	
PAST ACT.	вноси́вший	внёсший
PAST PASS.		внесённый внесён, внесена́
VERBAL ADVERB	внося́	внеся́

вноси́ть кого́ — что

водить – вести / повести
to lead, conduct, drive

	MULTIDIRECTIONAL	UNIDIRECTIONAL	PERFECTIVE ASPECT
INF.	водить	вести	повести
PRES.	вожу́	веду́	
	во́дишь	ведёшь	
	во́дит	ведёт	
	во́дим	ведём	
	во́дите	ведёте	
	во́дят	веду́т	
PAST	води́л	вёл	повёл
	води́ла	вела́	повела́
	води́ло	вело́	повело́
	води́ли	вели́	повели́
FUT.	бу́ду води́ть	бу́ду вести́	поведу́
	бу́дешь води́ть	бу́дешь вести́	поведёшь
	бу́дет води́ть	бу́дет вести́	поведёт
	бу́дем води́ть	бу́дем вести́	поведём
	бу́дете води́ть	бу́дете вести́	поведёте
	бу́дут води́ть	бу́дут вести́	поведу́т
COND.	води́л бы	вёл бы	повёл бы
	води́ла бы	вела́ бы	повела бы
	води́ло бы	вело́ бы	повело бы
	води́ли бы	вели́ бы	повели бы
IMP.	води́	веди́	поведи́
	води́те	веди́те	поведи́те

DEVERBALS

	MULTIDIRECTIONAL	UNIDIRECTIONAL	PERFECTIVE ASPECT
PRES. ACT.	водя́щий	веду́щий	
PRES. PASS.	води́мый	ведо́мый	
PAST ACT.	води́вший	ве́дший	пове́дший
PAST PASS.			поведённый
			поведён, поведена́
VERBAL ADVERB	водя́	ведя́	поведя́

води́ть – вести́ кого – что

	IMPERFECTIVE ASPECT	PERFECTIVE ASPECT
INF.	воева́ть	повоева́ть
PRES.	вою́ю вою́ешь вою́ет вою́ем вою́ете вою́ют	
PAST	воева́л воева́ла воева́ло воева́ли	повоева́л повоева́ла повоева́ло повоева́ли
FUT.	бу́ду воева́ть бу́дешь воева́ть бу́дет воева́ть бу́дем воева́ть бу́дете воева́ть бу́дут воева́ть	повою́ю повою́ешь повою́ет повою́ем повою́ете повою́ют
COND.	воева́л бы воева́ла бы воева́ло бы воева́ли бы	повоева́л бы повоева́ла бы повоева́ло бы повоева́ли бы
IMP.	вою́й вою́йте	повою́й повою́йте

DEVERBALS

PRES. ACT.	вою́ющий	
PRES. PASS.		
PAST ACT.	воева́вший	повоева́вший
PAST PASS.		
VERBAL ADVERB	вою́я	повоева́в

воева́ть с кем – чем

возвраща́ть (ся) / возврати́ть (ся)
to return [something] (to return, come back)

	IMPERFECTIVE ASPECT	PERFECTIVE ASPECT
INF.	возвраща́ть (ся)	возврати́ть (ся)
PRES.	возвраща́ю (сь) возвраща́ешь (ся) возвраща́ет (ся) возвраща́ем (ся) возвраща́ете (сь) возвраща́ют (ся)	
PAST	возвраща́л (ся) возвраща́ла (сь) возвраща́ло (сь) возвраща́ли (сь)	возврати́л (ся) возврати́ла (сь) возврати́ло (сь) возврати́ли (сь)
FUT.	бу́ду возвраща́ть (ся) бу́дешь возвраща́ть (ся) бу́дет возвраща́ть (ся) бу́дем возвраща́ть (ся) бу́дете возвраща́ть (ся) бу́дут возвраща́ть (ся)	возвращу́ (сь) возврати́шь (ся) возврати́т (ся) возврати́м (ся) возврати́те (сь) возвратя́т (ся)
COND.	возвраща́л (ся) бы возвраща́ла (сь) бы возвраща́ло (сь) бы возвраща́ли (сь) бы	возврати́л (ся) бы возврати́ла (сь) бы возврати́ло (сь) бы возврати́ли (сь) бы
IMP.	возвраща́й (ся) возвраща́йте (сь)	возврати́ (сь) возврати́те (сь)

DEVERBALS

PRES. ACT.	возвраща́ющий (ся)	
PRES. PASS.	возвраща́емый	
PAST ACT.	возвраща́вший (ся)	возврати́вший (ся)
PAST PASS.		возвращённый возвращён, возвращена́
VERBAL ADVERB	возвраща́я (сь)	возврати́в (шись)

возвраща́ть кого – что

The verb **верну́ть (ся)** is another perfective of this verb.

	MULTIDIRECTIONAL	UNIDIRECTIONAL	PERFECTIVE ASPECT
INF.	воз́ить	везт́и	повезт́и
PRES.	вож́у	вез́у	
	в́озишь	везёшь	
	в́озит	везёт	
	в́озим	везём	
	в́озите	везёте	
	в́озят	вез́ут	
PAST	воз́ил	вёз	повёз
	воз́ила	везл́а	повезл́а
	воз́ило	везл́о	повезл́о
	воз́или	везл́и	повезл́и
FUT.	б́уду воз́ить	б́уду везт́и	повез́у
	б́удешь воз́ить	б́удешь везт́и	повезёшь
	б́удет воз́ить	б́удет везт́и	повезёт
	б́удем воз́ить	б́удем везт́и	повезём
	б́удете воз́ить	б́удете везт́и	повезёте
	б́удут воз́ить	б́удут везт́и	повез́ут
COND.	воз́ил бы	вёз бы	повёз бы
	воз́ила бы	везл́а бы	повезл́а бы
	воз́ило бы	везл́о бы	повезл́о бы
	воз́или бы	везл́и бы	повезл́и бы
IMP.	воз́и	вез́и	повез́и
	воз́ите	вез́ите	повез́ите

DEVERBALS

PRES. ACT.	воз́ящий	вез́ущий	
PRES. PASS.	воз́имый	вез́омый	
PAST ACT.	воз́ивший	вёзший	повёзший
PAST PASS.			повезённый
			повезён, повезен́а
VERBAL ADVERB	воз́я	вез́я	повез́я

воз́ить − везт́и кого − что
Мне везёт / повезл́о. *I am / was lucky.*

возника́ть / возни́кнуть
to arise, spring up

	IMPERFECTIVE ASPECT	PERFECTIVE ASPECT
INF.	возника́ть	возни́кнуть
PRES.	возника́ю	
	возника́ешь	
	возника́ет	
	возника́ем	
	возника́ете	
	возника́ют	
PAST	возника́л	возни́к
	возника́ла	возни́кла
	возника́ло	возни́кло
	возника́ли	возни́кли
FUT.	бу́ду возника́ть	возни́кну
	бу́дешь возника́ть	возни́кнешь
	бу́дет возника́ть	возни́кнет
	бу́дем возника́ть	возни́кнем
	бу́дете возника́ть	возни́кнете
	бу́дут возника́ть	возни́кнут
COND.	возника́л бы	возни́к бы
	возника́ла бы	возни́кла бы
	возника́ло бы	возни́кло бы
	возника́ли бы	возни́кли бы
IMP.	возника́й	возни́кни
	возника́йте	возни́кните

DEVERBALS

PRES. ACT.	возника́ющий	
PRES. PASS.		
PAST ACT.	возника́вший	возни́кший – возни́кнувший
PAST PASS.		
VERBAL ADVERB	возника́я	возни́кнув

36

	IMPERFECTIVE ASPECT	PERFECTIVE ASPECT
INF.	возража́ть	возрази́ть
PRES.	возража́ю возража́ешь возража́ет возража́ем возража́ете возража́ют	
PAST	возража́л возража́ла возража́ло возража́ли	возрази́л возрази́ла возрази́ло возрази́ли
FUT.	бу́ду возража́ть бу́дешь возража́ть бу́дет возража́ть бу́дем возража́ть бу́дете возража́ть бу́дут возража́ть	возражу́ возрази́шь возрази́т возрази́м возрази́те возразя́т
COND.	возража́л бы возража́ла бы возража́ло бы возража́ли бы	возрази́л бы возрази́ла бы возрази́ло бы возрази́ли бы
IMP.	возража́й возража́йте	возрази́ возрази́те

DEVERBALS

PRES. ACT.	возража́ющий	
PRES. PASS.		
PAST ACT.	возража́вший	возрази́вший
PAST PASS.		
VERBAL ADVERB	возража́я	возрази́в

возража́ть кому – чему на что, против кого – чего

волнова́ть (ся) / взволнова́ть (ся)
to worry, excite (be agitated, worry about)

	IMPERFECTIVE ASPECT	PERFECTIVE ASPECT
INF.	волнова́ть (ся)	взволнова́ть (ся)
PRES.	волну́ю (сь) волну́ешь (ся) волну́ет (ся) волну́ем (ся) волну́ете (сь) волну́ют (ся)	
PAST	волнова́л (ся) волнова́ла (сь) волнова́ло (сь) волнова́ли (сь)	взволнова́л (ся) взволнова́ла (сь) взволнова́ло (сь) взволнова́ли (сь)
FUT.	бу́ду волнова́ть (ся) бу́дешь волнова́ть (ся) бу́дет волнова́ть (ся) бу́дем волнова́ть (ся) бу́дете волнова́ть (ся) бу́дут волнова́ть (ся)	взволну́ю (сь) взволну́ешь (ся) взволну́ет (ся) взволну́ем (ся) взволну́ете (сь) взволну́ют (ся)
COND.	волнова́л (ся) бы волнова́ла (сь) бы волнова́ло (сь) бы волнова́ли (сь) бы	взволнова́л (ся) бы взволнова́ла (сь) бы взволнова́ло (сь) бы взволнова́ли (сь) бы
IMP.	волну́й (ся) волну́йте (сь)	взволну́й (ся) взволну́йте (сь)

DEVERBALS

PRES. ACT.	волну́ющий (ся)	
PRES. PASS.	волну́емый	
PAST ACT.	волнова́вший (ся)	взволнова́вший (ся)
PAST PASS.		взволно́ванный
VERBAL ADVERB	волну́я (сь)	взволнова́в (шись)

волнова́ть кого — что

воспи́тывать (ся) / воспита́ть (ся)
to educate, bring up (be brought up)

	IMPERFECTIVE ASPECT	PERFECTIVE ASPECT
INF.	воспи́тывать (ся)	воспита́ть (ся)
PRES.	воспи́тываю (сь)	
	воспи́тываешь (ся)	
	воспи́тывает (ся)	
	воспи́тываем (ся)	
	воспи́тываете (сь)	
	воспи́тывают (ся)	
PAST	воспи́тывал (ся)	воспита́л (ся)
	воспи́тывала (сь)	воспита́ла (сь)
	воспи́тывало (сь)	воспита́ло (сь)
	воспи́тывали (сь)	воспита́ли (сь)
FUT.	бу́ду воспи́тывать (ся)	воспита́ю (сь)
	бу́дешь воспи́тывать (ся)	воспита́ешь (ся)
	бу́дет воспи́тывать (ся)	воспита́ет (ся)
	бу́дем воспи́тывать (ся)	воспита́ем (ся)
	бу́дете воспи́тывать (ся)	воспита́ете (сь)
	бу́дут воспи́тывать (ся)	воспита́ют (ся)
COND.	воспи́тывал (ся) бы	воспита́л (ся) бы
	воспи́тывала (сь) бы	воспита́ла (сь) бы
	воспи́тывало (сь) бы	воспита́ло (сь) бы
	воспи́тывали (сь) бы	воспита́ли (сь) бы
IMP.	воспи́тывай (ся)	воспита́й (ся)
	воспи́тывайте (сь)	воспита́йте (сь)

DEVERBALS

PRES. ACT.	воспи́тывающий (ся)	
PRES. PASS.	воспи́тываемый	
PAST ACT.	воспи́тывавший (ся)	воспита́вший (ся)
PAST PASS.		воспитанный
VERBAL ADVERB	воспи́тывая (сь)	воспита́в (шись)

воспи́тывать кого — что

восхища́ть (ся) / восхити́ть (ся)
to delight, enrapture (admire)

	IMPERFECTIVE ASPECT	PERFECTIVE ASPECT
INF.	восхища́ть (ся)	восхити́ть (ся)
PRES.	восхища́ю (сь) восхища́ешь (ся) восхища́ет (ся) восхища́ем (ся) восхища́ете (сь) восхища́ют (ся)	
PAST	восхища́л (ся) восхища́ла (сь) восхища́ло (сь) восхища́ли (сь)	восхити́л (ся) восхити́ла (сь) восхити́ло (сь) восхити́ли (сь)
FUT.	бу́ду восхища́ть (ся) бу́дешь восхища́ть (ся) бу́дет восхища́ть (ся) бу́дем восхища́ть (ся) бу́дете восхища́ть (ся) бу́дут восхища́ть (ся)	восхищу́ (сь) восхити́шь (ся) восхити́т (ся) восхити́м (ся) восхити́те (сь) восхитя́т (ся)
COND.	восхища́л (ся) бы восхища́ла (сь) бы восхища́ло (сь) бы восхища́ли (сь) бы	восхити́л (ся) бы восхити́ла (сь) бы восхити́ло (сь) бы восхити́ли (сь) бы
IMP.	восхища́й (ся) восхища́йте (сь)	восхити́ (сь) восхити́те (сь)

DEVERBALS

PRES. ACT.	восхища́ющий (ся)	
PRES. PASS.	восхища́емый	
PAST ACT.	восхища́вший (ся)	восхити́вший (ся)
PAST PASS.		восхищённый восхищён, восхищена́
VERBAL ADVERB	восхища́я (сь)	восхити́в (шись)

восхища́ть кого – что
восхища́ться кем – чем

	IMPERFECTIVE ASPECT	PERFECTIVE ASPECT
INF.	врáть	соврáть
PRES.	врý врёшь врёт врём врёте врýт	
PAST	врáл вралá врáло врáли	соврáл совралá соврáло соврáли
FUT.	бýду врáть бýдешь врáть бýдет врáть бýдем врáть бýдете врáть бýдут врáть	соврý соврёшь соврёт соврём соврёте соврýт
COND.	врáл бы вралá бы врáло бы врáли бы	соврáл бы совралá бы соврáло бы соврáли бы
IMP.	ври́ ври́те	соври́ соври́те

DEVERBALS

PRES. ACT.	врущий	
PRES. PASS.		
PAST ACT.	врáвший	соврáвший
PAST PASS.		сóбранный
VERBAL ADVERB		соврáв

вспомина́ть (ся) / вспо́мнить (ся)
to remember, recall, recollect

	IMPERFECTIVE ASPECT	PERFECTIVE ASPECT
INF.	вспомина́ть (ся)	вспо́мнить (ся)
PRES.	вспомина́ю вспомина́ешь вспомина́ет (ся) вспомина́ем вспомина́ете вспомина́ют (ся)	
PAST	вспомина́л (ся) вспомина́ла (сь) вспомина́ло (сь) вспомина́ли (сь)	вспо́мнил (ся) вспо́мнила (сь) вспо́мнило (сь) вспо́мнили (сь)
FUT.	бу́ду вспомина́ть бу́дешь вспомина́ть бу́дет вспомина́ть (ся) бу́дем вспомина́ть бу́дете вспомина́ть бу́дут вспомина́ть (ся)	вспо́мню вспо́мнишь вспо́мнит (ся) вспо́мним вспо́мните вспо́мнят (ся)
COND.	вспомина́л (ся) бы вспомина́ла (сь) бы вспомина́ло (сь) бы вспомина́ли (сь) бы	вспо́мнил (ся) бы вспо́мнила (сь) бы вспо́мнило (сь) бы вспо́мнили (сь) бы
IMP.	вспомина́й вспомина́йте	вспо́мни вспо́мните

DEVERBALS

PRES. ACT.	вспомина́ющий (ся)	
PRES. PASS.	вспомина́емый	
PAST ACT.	вспомина́вший (ся)	вспо́мнивший (ся)
PAST PASS.		
VERBAL ADVERB	вспомина́я (сь)	вспо́мнив (шись)

вспомина́ть кого – что, о ком – чём
вспомина́ться кому

42

	IMPERFECTIVE ASPECT	PERFECTIVE ASPECT
INF.	вставáть	встáть
PRES.	встаю́ встаёшь встаёт встаём встаёте встаю́т	
PAST	вставáл вставáла вставáло вставáли	встáл встáла встáло встáли
FUT.	бу́ду вставáть бу́дешь вставáть бу́дет вставáть бу́дем вставáть бу́дете вставáть бу́дут вставáть	встáну встáнешь встáнет встáнем встáнете встáнут
COND.	вставáл бы вставáла бы вставáло бы вставáли бы	встáл бы встáла бы встáло бы встáли бы
IMP.	вставáй вставáйте	встáнь встáньте

DEVERBALS

PRES. ACT.	встаю́щий	
PRES. PASS.		
PAST ACT.	вставáвший	встáвший
PAST PASS.		
VERBAL ADVERB	вставáя	встáв

встреча́ть (ся) / встре́тить (ся)
to meet, encounter

	IMPERFECTIVE ASPECT	PERFECTIVE ASPECT
INF.	встреча́ть (ся)	встре́тить (ся)
PRES.	встреча́ю (сь) встреча́ешь (ся) встреча́ет (ся) встреча́ем (ся) встреча́ете (сь) встреча́ют (ся)	
PAST	встреча́л (ся) встреча́ла (сь) встреча́ло (сь) встреча́ли (сь)	встре́тил (ся) встре́тила (сь) встре́тило (сь) встре́тили (сь)
FUT.	бу́ду встреча́ть (ся) бу́дешь встреча́ть (ся) бу́дет встреча́ть (ся) бу́дем встреча́ть (ся) бу́дете встреча́ть (ся) бу́дут встреча́ть (ся)	встре́чу (сь) встре́тишь (ся) встре́тит (ся) встре́тим (ся) встре́тите (сь) встре́тят (ся)
COND.	встреча́л (ся) бы встреча́ла (сь) бы встреча́ло (сь) бы встреча́ли (сь) бы	встре́тил (ся) бы встре́тила (сь) бы встре́тило (сь) бы встре́тили (сь) бы
IMP.	встреча́й (ся) встреча́йте (сь)	встре́ть (ся) встре́тьте (сь)

DEVERBALS

PRES. ACT.	встреча́ющий (ся)	
PRES. PASS.	встреча́емый	
PAST ACT.	встреча́вший (ся)	встре́тивший (ся)
PAST PASS.		встре́ченный
VERBAL ADVERB	встреча́я (сь)	встре́тив (шись)

встреча́ть кого – что
встреча́ться с кем – чем

44

	IMPERFECTIVE ASPECT	PERFECTIVE ASPECT
INF.	всходи́ть	взойти́
PRES.	всхожу́ всхо́дишь всхо́дит всхо́дим всхо́дите всхо́дят	
PAST	всходи́л всходи́ла всходи́ло всходи́ли	взошёл взошла́ взошло́ взошли́
FUT.	бу́ду всходи́ть бу́дешь всходи́ть бу́дет всходи́ть бу́дем всходи́ть бу́дете всходи́ть бу́дут всходи́ть	взойду́ взойдёшь взойдёт взойдём взойдёте взойду́т
COND.	всходи́л бы всходи́ла бы всходи́ло бы всходи́ли бы	взошёл бы взошла́ бы взошло́ бы взошли́ бы
IMP.	всходи́ всходи́те	взойди́ взойди́те

DEVERBALS

PRES. ACT.	всходя́щий	
PRES. PASS.		
PAST ACT.	всходи́вший	взоше́дший
PAST PASS.		
VERBAL ADVERB	всходя́	взойдя́

When speaking of the sun, the moon, or the stars **восходи́ть / взойти́** is used.

ВХОДИ́ТЬ / ВОЙТИ́
to enter, go in

	IMPERFECTIVE ASPECT	PERFECTIVE ASPECT
INF.	входи́ть	войти́
PRES.	вхожу́ вхо́дишь вхо́дит вхо́дим вхо́дите вхо́дят	
PAST	входи́л входи́ла входи́ло входи́ли	вошёл вошла́ вошло́ вошли́
FUT.	бу́ду входи́ть бу́дешь входи́ть бу́дет входи́ть бу́дем входи́ть бу́дете входи́ть бу́дут входи́ть	войду́ войдёшь войдёт войдём войдёте войду́т
COND.	входи́л бы входи́ла бы входи́ло бы входи́ли бы	вошёл бы вошла́ бы вошло́ бы вошли́ бы
IMP.	входи́ входи́те	войди́ войди́те

DEVERBALS

PRES. ACT.	входя́щий	
PRES. PASS.		
PAST ACT.	входи́вший	воше́дший
PAST PASS.		
VERBAL ADVERB	входя́	войдя́

ВХОДИ́ТЬ ВО ЧТО

to enter, ride in, drive in

	IMPERFECTIVE ASPECT	PERFECTIVE ASPECT
INF.	въезжа́ть	въе́хать
PRES.	въезжа́ю	
	въезжа́ешь	
	въезжа́ет	
	въезжа́ем	
	въезжа́ете	
	въезжа́ют	
PAST	въезжа́л	въе́хал
	въезжа́ла	въе́хала
	въезжа́ло	въе́хало
	въезжа́ли	въе́хали
FUT.	бу́ду въезжа́ть	въе́ду
	бу́дешь въезжа́ть	въе́дешь
	бу́дет въезжа́ть	въе́дет
	бу́дем въезжа́ть	въе́дем
	бу́дете въезжа́ть	въе́дете
	бу́дут въезжа́ть	въе́дут
COND.	въезжа́л бы	въе́хал бы
	въезжа́ла бы	въе́хала бы
	въезжа́ло бы	въе́хало бы
	въезжа́ли бы	въе́хали бы
IMP.	въезжа́й	
	въезжа́йте	

DEVERBALS

PRES. ACT.	въезжа́ющий	
PRES. PASS.		
PAST ACT.	въезжа́вший	въе́хавший
PAST PASS.		
VERBAL ADVERB	въезжа́я	въе́хав

въезжа́ть в / на что

выбега́ть / вы́бежать
to run out, come running out

	IMPERFECTIVE ASPECT	PERFECTIVE ASPECT
INF.	выбега́ть	вы́бежать
PRES.	выбега́ю выбега́ешь выбега́ет выбега́ем выбега́ете выбега́ют	
PAST	выбега́л выбега́ла выбега́ло выбега́ли	вы́бежал вы́бежала вы́бежало вы́бежали
FUT.	бу́ду выбега́ть бу́дешь выбега́ть бу́дет выбега́ть бу́дем выбега́ть бу́дете выбега́ть бу́дут выбега́ть	вы́бегу вы́бежишь вы́бежит вы́бежим вы́бежите вы́бегут
COND.	выбега́л бы выбега́ла бы выбега́ло бы выбега́ли бы	вы́бежал бы вы́бежала бы вы́бежало бы вы́бежали бы
IMP.	выбега́й выбега́йте	вы́беги вы́бегите

DEVERBALS

PRES. ACT.	выбега́ющий	
PRES. PASS.		
PAST ACT.	выбега́вший	вы́бежавший
PAST PASS.		
VERBAL ADVERB	выбега́я	вы́бежав

	IMPERFECTIVE ASPECT	PERFECTIVE ASPECT
INF.	выбира́ть	вы́брать
PRES.	выбира́ю выбира́ешь выбира́ет выбира́ем выбира́ете выбира́ют	
PAST	выбира́л выбира́ла выбира́ло выбира́ли	вы́брал вы́брала вы́брало вы́брали
FUT.	бу́ду выбира́ть бу́дешь выбира́ть бу́дет выбира́ть бу́дем выбира́ть бу́дете выбира́ть бу́дут выбира́ть	вы́беру вы́берешь вы́берет вы́берем вы́берете вы́берут
COND.	выбира́л бы выбира́ла бы выбира́ло бы выбира́ли бы	вы́брал бы вы́брала бы вы́брало бы вы́брали бы
IMP.	выбира́й выбира́йте	вы́бери вы́берите

DEVERBALS

PRES. ACT.	выбира́ющий	
PRES. PASS.	выбира́емый	
PAST ACT.	выбира́вший	вы́бравший
PAST PASS.		вы́бранный
VERBAL ADVERB	выбира́я	вы́брав

выбира́ть кого – что

выводи́ть / вы́вести
to lead out, bring out

	IMPERFECTIVE ASPECT	PERFECTIVE ASPECT
INF.	выводи́ть	вы́вести
PRES.	вывожу́ выво́дишь выво́дит выво́дим выво́дите выво́дят	
PAST	выводи́л выводи́ла выводи́ло выводи́ли	вы́вел вы́вела вы́вело вы́вели
FUT.	бу́ду выводи́ть бу́дешь выводи́ть бу́дет выводи́ть бу́дем выводи́ть бу́дете выводи́ть бу́дут выводи́ть	вы́веду вы́ведешь вы́ведет вы́ведем вы́ведете вы́ведут
COND.	выводи́л бы выводи́ла бы выводи́ло бы выводи́ли бы	вы́вел бы вы́вела бы вы́вело бы вы́вели бы
IMP.	выводи́ выводи́те	вы́веди вы́ведите

DEVERBALS

PRES. ACT.	выводя́щий	
PRES. PASS.	выводи́мый	
PAST ACT.	выводи́вший	вы́ведший
PAST PASS.		вы́веденный
VERBAL ADVERB	выводя́	вы́ведя

выводи́ть кого́ — что

50

	IMPERFECTIVE ASPECT	PERFECTIVE ASPECT
INF.	вы́глядеть	
PRES.	вы́гляжу вы́глядишь вы́глядит вы́глядим вы́глядите вы́глядят	
PAST	вы́глядел вы́глядела вы́глядело вы́глядели	
FUT.	бу́ду вы́глядеть бу́дешь вы́глядеть бу́дет вы́глядеть бу́дем вы́глядеть бу́дете вы́глядеть бу́дут вы́глядеть	
COND.	вы́глядел бы вы́глядела бы вы́глядело бы вы́глядели бы	
IMP.		

DEVERBALS

PRES. ACT.	вы́глядящий	
PRES. PASS.		
PAST ACT.	вы́глядевший	
PAST PASS.		
VERBAL ADVERB	вы́глядя	

вы́глядеть кем – чем

The pair **выгля́дывать / вы́глянуть** means *to look out.*

выезжа́ть / вы́ехать
to leave, depart, ride out

	IMPERFECTIVE ASPECT	PERFECTIVE ASPECT
INF.	выезжа́ть	вы́ехать
PRES.	выезжа́ю	
	выезжа́ешь	
	выезжа́ет	
	выезжа́ем	
	выезжа́ете	
	выезжа́ют	
PAST	выезжа́л	вы́ехал
	выезжа́ла	вы́ехала
	выезжа́ло	вы́ехало
	выезжа́ли	вы́ехали
FUT.	бу́ду выезжа́ть	вы́еду
	бу́дешь выезжа́ть	вы́едешь
	бу́дет выезжа́ть	вы́едет
	бу́дем выезжа́ть	вы́едем
	бу́дете выезжа́ть	вы́едете
	бу́дут выезжа́ть	вы́едут
COND.	выезжа́л бы	вы́ехал бы
	выезжа́ла бы	вы́ехала бы
	выезжа́ло бы	вы́ехало бы
	выезжа́ли бы	вы́ехали бы
IMP.	выезжа́й	
	выезжа́йте	

DEVERBALS

PRES. ACT.	выезжа́ющий	
PRES. PASS.		
PAST ACT.	выезжа́вший	вы́ехавший
PAST PASS.		
VERBAL ADVERB	выезжа́я	вы́ехав

выезжа́ть на ком – чём

выздора́вливать / вы́здороветь

to recover, get better

	IMPERFECTIVE ASPECT	PERFECTIVE ASPECT
INF.	выздора́вливать	вы́здороветь
PRES.	выздора́вливаю	
	выздора́вливаешь	
	выздора́вливает	
	выздора́вливаем	
	выздора́вливаете	
	выздора́вливают	
PAST	выздора́вливал	вы́здоровел
	выздора́вливала	вы́здоровела
	выздора́вливало	вы́здоровело
	выздора́вливали	вы́здоровели
FUT.	бу́ду выздора́вливать	вы́здоровею
	бу́дешь выздора́вливать	вы́здоровеешь
	бу́дет выздора́вливать	вы́здоровеет
	бу́дем выздора́вливать	вы́здоровеем
	бу́дете выздора́вливать	вы́здоровеете
	бу́дут выздора́вливать	вы́здоровеют
COND.	выздора́вливал бы	вы́здоровел бы
	выздора́вливала бы	вы́здоровела бы
	выздора́вливало бы	вы́здоровело бы
	выздора́вливали бы	вы́здоровели бы
IMP.	выздора́вливай	вы́здоровей
	выздора́вливайте	вы́здоровейте

DEVERBALS

PRES. ACT.	выздора́вливающий	
PRES. PASS.		
PAST ACT.	выздора́вливавший	вы́здоровевший
PAST PASS.		
VERBAL ADVERB	выздора́вливая	вы́здоровев

вызыва́ть / вы́звать
to call, send for

	IMPERFECTIVE ASPECT	PERFECTIVE ASPECT
INF.	вызыва́ть	вы́звать
PRES.	вызыва́ю вызыва́ешь вызыва́ет вызыва́ем вызыва́ете вызыва́ют	
PAST	вызыва́л вызыва́ла вызыва́ло вызыва́ли	вы́звал вы́звала вы́звало вы́звали
FUT.	бу́ду вызыва́ть бу́дешь вызыва́ть бу́дет вызыва́ть бу́дем вызыва́ть бу́дете вызыва́ть бу́дут вызыва́ть	вы́зову вы́зовешь вы́зовет вы́зовем вы́зовете вы́зовут
COND.	вызыва́л бы вызыва́ла бы вызыва́ло бы вызыва́ли бы	вы́звал бы вы́звала бы вы́звало бы вы́звали бы
IMP.	вызыва́й вызыва́йте	вы́зови вы́зовите

DEVERBALS

PRES. ACT.	вызыва́ющий	
PRES. PASS.	вызыва́емый	
PAST ACT.	вызыва́вший	вы́звавший
PAST PASS.		вы́званный
VERBAL ADVERB	вызыва́я	вы́звав

вызыва́ть кого − что

The pair **вызыва́ться / вы́зваться** means *to volunteer.*

54

	IMPERFECTIVE ASPECT	PERFECTIVE ASPECT
INF.	вы́игрывать	вы́играть
PRES.	вы́игрываю	
	вы́игрываешь	
	вы́игрывает	
	вы́игрываем	
	вы́игрываете	
	вы́игрывают	
PAST	вы́игрывал	вы́играл
	вы́игрывала	вы́играла
	вы́игрывало	вы́играло
	вы́игрывали	вы́играли
FUT.	бу́ду вы́игрывать	вы́играю
	бу́дешь вы́игрывать	вы́играешь
	бу́дет вы́игрывать	вы́играет
	бу́дем вы́игрывать	вы́играем
	бу́дете вы́игрывать	вы́играете
	бу́дут вы́игрывать	вы́играют
COND.	вы́игрывал бы	вы́играл бы
	вы́игрывала бы	вы́играла бы
	вы́игрывало бы	вы́играло бы
	вы́игрывали бы	вы́играли бы
IMP.	вы́игрывай	вы́играй
	вы́игрывайте	вы́играйте

DEVERBALS

PRES. ACT.	вы́игрывающий	
PRES. PASS.	вы́игрываемый	
PAST ACT.	вы́игрывавший	вы́игравший
PAST PASS.		вы́игранный
VERBAL ADVERB	вы́игрывая	вы́играв

вы́игрывать что у кого в чём, на чём, от чего

выключа́ть / вы́ключить

to turn off, switch off, exclude

	IMPERFECTIVE ASPECT	PERFECTIVE ASPECT
INF.	выключа́ть	вы́ключить
PRES.	выключа́ю выключа́ешь выключа́ет выключа́ем выключа́ете выключа́ют	
PAST	выключа́л выключа́ла выключа́ло выключа́ли	вы́ключил вы́ключила вы́ключило вы́ключили
FUT.	бу́ду выключа́ть бу́дешь выключа́ть бу́дет выключа́ть бу́дем выключа́ть бу́дете выключа́ть бу́дут выключа́ть	вы́ключу вы́ключишь вы́ключит вы́ключим вы́ключите вы́ключат
COND.	выключа́л бы выключа́ла бы выключа́ло бы выключа́ли бы	вы́ключил бы вы́ключила бы вы́ключило бы вы́ключили бы
IMP.	выключа́й выключа́йте	вы́ключи вы́ключите

DEVERBALS

PRES. ACT.	выключа́ющий	
PRES. PASS.	выключа́емый	
PAST ACT.	выключа́вший	вы́ключивший
PAST PASS.		вы́ключенный
VERBAL ADVERB	выключа́я	вы́ключив

выключа́ть кого — что

	IMPERFECTIVE ASPECT	PERFECTIVE ASPECT
INF.	вылета́ть	вы́лететь
PRES.	вылета́ю вылета́ешь вылета́ет вылета́ем вылета́ете вылета́ют	
PAST	вылета́л вылета́ла вылета́ло вылета́ли	вы́летел вы́летела вы́летело вы́летели
FUT.	бу́ду вылета́ть бу́дешь вылета́ть бу́дет вылета́ть бу́дем вылета́ть бу́дете вылета́ть бу́дут вылета́ть	вы́лечу вы́летишь вы́летит вы́летим вы́летите вы́летят
COND.	вылета́л бы вылета́ла бы вылета́ло бы вылета́ли бы	вы́летел бы вы́летела бы вы́летело бы вы́летели бы
IMP.	вылета́й вылета́йте	вы́лети вы́летите

DEVERBALS

PRES. ACT.	вылета́ющий	
PRES. PASS.		
PAST ACT.	вылета́вший	вы́летевший
PAST PASS.		
VERBAL ADVERB	вылета́я	вы́летев

вылета́ть во что

вылéчивать (ся) / вы́лечить (ся)
to cure (be cured, recover)

	IMPERFECTIVE ASPECT	PERFECTIVE ASPECT
INF.	вылéчивать (ся)	вы́лечить (ся)
PRES.	вылéчиваю (сь) вылéчиваешь (ся) вылéчивает (ся) вылéчиваем (ся) вылéчиваете (сь) вылéчивают (ся)	
PAST	вылéчивал (ся) вылéчивала (сь) вылéчивало (сь) вылéчивали (сь)	вы́лечил (ся) вы́лечила (сь) вы́лечило (сь) вы́лечили (сь)
FUT.	бýду вылéчивать (ся) бýдешь вылéчивать (ся) бýдет вылéчивать (ся) бýдем вылéчивать (ся) бýдете вылéчивать (ся) бýдут вылéчивать (ся)	вы́лечу (сь) вы́лечишь (ся) вы́лечит (ся) вы́лечим (ся) вы́лечите (сь) вы́лечат (ся)
COND.	вылéчивал (ся) бы вылéчивала (сь) бы вылéчивало (сь) бы вылéчивали (сь) бы	вы́лечил (ся) бы вы́лечила (сь) бы вы́лечило (сь) бы вы́лечили (сь) бы
IMP.	вылéчивай (ся) вылéчивайте (сь)	вы́лечи (сь) вы́лечите (сь)

DEVERBALS

PRES. ACT.	вылéчивающий (ся)	
PRES. PASS.	вылéчиваемый	
PAST ACT.	вылéчивавший (ся)	вы́лечивший (ся)
PAST PASS.		вы́леченный
VERBAL ADVERB	вылéчивая (сь)	вы́лечив (шись)

вылéчивать кого – что чем от чего

	IMPERFECTIVE ASPECT	PERFECTIVE ASPECT
INF.	выноси́ть	вы́нести
PRES.	выношу́ выно́сишь выно́сит выно́сим выно́сите выно́сят	
PAST	выноси́л выноси́ла выноси́ло выноси́ли	вы́нес вы́несла вы́несло вы́несли
FUT.	бу́ду выноси́ть бу́дешь выноси́ть бу́дет выноси́ть бу́дем выноси́ть бу́дете выноси́ть бу́дут выноси́ть	вы́несу вы́несешь вы́несет вы́несем вы́несете вы́несут
COND.	выноси́л бы выноси́ла бы выноси́ло бы выноси́ли бы	вы́нес бы вы́несла бы вы́несло бы вы́несли бы
IMP.	выноси́ выноси́те	вы́неси вы́несите

DEVERBALS

PRES. ACT.	вынося́щий	
PRES. PASS.	выноси́мый	
PAST ACT.	выноси́вший	вы́несший
PAST PASS.		вы́несенный
VERBAL ADVERB	вынося́	вы́неся

выноси́ть кого́ – что

The pair вына́шивать / вы́носить means *to bring forth, carry to full-term pregnancy.*

выпада́ть / вы́пасть
to fall out, drop out

	IMPERFECTIVE ASPECT	PERFECTIVE ASPECT
INF.	выпада́ть	вы́пасть
PRES.	выпада́ю выпада́ешь выпада́ет выпада́ем выпада́ете выпада́ют	
PAST	выпада́л выпада́ла выпада́ло выпада́ли	вы́пал вы́пала вы́пало вы́пали
FUT.	бу́ду выпада́ть бу́дешь выпада́ть бу́дет выпада́ть бу́дем выпада́ть бу́дете выпада́ть бу́дут выпада́ть	вы́паду вы́падешь вы́падет вы́падем вы́падете вы́падут
COND.	выпада́л бы выпада́ла бы выпада́ло бы выпада́ли бы	вы́пал бы вы́пала бы вы́пало бы вы́пали бы
IMP.	выпада́й выпада́йте	вы́пади вы́падите

DEVERBALS

PRES. ACT.	выпада́ющий	
PRES. PASS.		
PAST ACT.	выпада́вший	вы́павший
PAST PASS.		
VERBAL ADVERB	выпада́я	вы́пав

60

выпи́сывать (ся) / вы́писать (ся)

to copy out, write out (check out)

	IMPERFECTIVE ASPECT	PERFECTIVE ASPECT
INF.	выпи́сывать (ся)	вы́писать (ся)
PRES.	выпи́сываю (сь) выпи́сываешь (ся) выпи́сывает (ся) выпи́сываем (ся) выпи́сываете (сь) выпи́сывают (ся)	
PAST	выпи́сывал (ся) выпи́сывала (сь) выпи́сывало (сь) выпи́сывали (сь)	вы́писал (ся) вы́писала (сь) вы́писало (сь) вы́писали (сь)
FUT.	бу́ду выпи́сывать (ся) бу́дешь выпи́сывать (ся) бу́дет выпи́сывать (ся) бу́дем выпи́сывать (ся) бу́дете выпи́сывать (ся) бу́дут выпи́сывать (ся)	вы́пишу (сь) вы́пишешь (ся) вы́пишет (ся) вы́пишем (ся) вы́пишете (сь) вы́пишут (ся)
COND.	выпи́сывал (ся) бы выпи́сывала (сь) бы выпи́сывало (сь) бы выпи́сывали (сь) бы	вы́писал (ся) бы вы́писала (сь) бы вы́писало (сь) бы вы́писали (сь) бы
IMP.	выпи́сывай (ся) выпи́сывайте (сь)	вы́пиши (сь) вы́пишите (сь)

DEVERBALS

PRES. ACT.	выпи́сывающий (ся)	
PRES. PASS.	выпи́сываемый	
PAST ACT.	выпи́сывавший (ся)	вы́писавший (ся)
PAST PASS.		вы́писанный
VERBAL ADVERB	выпи́сывая (сь)	вы́писав (шись)

выпи́сывать кого – что

выполня́ть / вы́полнить
to carry out, fulfill

	IMPERFECTIVE ASPECT	PERFECTIVE ASPECT
INF.	выполня́ть	вы́полнить
PRES.	выполня́ю выполня́ешь выполня́ет выполня́ем выполня́ете выполня́ют	
PAST	выполня́л выполня́ла выполня́ло выполня́ли	вы́полнил вы́полнила вы́полнило вы́полнили
FUT.	бу́ду выполня́ть бу́дешь выполня́ть бу́дет выполня́ть бу́дем выполня́ть бу́дете выполня́ть бу́дут выполня́ть	вы́полню вы́полнишь вы́полнит вы́полним вы́полните вы́полнят
COND.	выполня́л бы выполня́ла бы выполня́ло бы выполня́ли бы	вы́полнил бы вы́полнила бы вы́полнило бы вы́полнили бы
IMP.	выполня́й выполня́йте	вы́полни вы́полните

DEVERBALS

	IMPERFECTIVE ASPECT	PERFECTIVE ASPECT
PRES. ACT.	выполня́ющий	
PRES. PASS.	выполня́емый	
PAST ACT.	выполня́вший	вы́полнивший
PAST PASS.		вы́полненный
VERBAL ADVERB	выполня́я	вы́полнив

выполня́ть что

выража́ть (ся) / вы́разить (ся)

to express, convey (express oneself)

	IMPERFECTIVE ASPECT	PERFECTIVE ASPECT
INF.	выража́ть (ся)	вы́разить (ся)
PRES.	выража́ю (сь) выража́ешь (ся) выража́ет (ся) выража́ем (ся) выража́ете (сь) выража́ют (ся)	
PAST	выража́л (ся) выража́ла (сь) выража́ло (сь) выража́ли (сь)	вы́разил (ся) вы́разила (сь) вы́разило (сь) вы́разили (сь)
FUT.	бу́ду выража́ть (ся) бу́дешь выража́ть (ся) бу́дет выража́ть (ся) бу́дем выража́ть (ся) бу́дете выража́ть (ся) бу́дут выража́ть (ся)	вы́ражу (сь) вы́разишь (ся) вы́разит (ся) вы́разим (ся) вы́разите (сь) вы́разят (ся)
COND.	выража́л (ся) бы выража́ла (сь) бы выража́ло (сь) бы выража́ли (сь) бы	вы́разил (ся) бы вы́разила (сь) бы вы́разило (сь) бы вы́разили (сь) бы
IMP.	выража́й (ся) выража́йте (сь)	вы́рази (сь) вы́разите (сь)

DEVERBALS

PRES. ACT.	выража́ющий (ся)	
PRES. PASS.	выража́емый	
PAST ACT.	выража́вший (ся)	вы́разивший (ся)
PAST PASS.		вы́раженный
VERBAL ADVERB	выража́я (сь)	вы́разив (шись)

выража́ть что
выража́ться в чём

63

вы́ра́щивать / вы́растить
to bring up, rear, cultivate

	IMPERFECTIVE ASPECT	PERFECTIVE ASPECT
INF.	выра́щивать	вы́растить
PRES.	выра́щиваю выра́щиваешь выра́щивает выра́щиваем выра́щиваете выра́щивают	
PAST	выра́щивал выра́щивала выра́щивало выра́щивали	вы́растил вы́растила вы́растило вы́растили
FUT.	бу́ду выра́щивать бу́дешь выра́щивать бу́дет выра́щивать бу́дем выра́щивать бу́дете выра́щивать бу́дут выра́щивать	вы́ращу вы́растишь вы́растит вы́растим вы́растите вы́растят
COND.	выра́щивал бы выра́щивала бы выра́щивало бы выра́щивали бы	вы́растил бы вы́растила бы вы́растило бы вы́растили бы
IMP.	выра́щивай выра́щивайте	вы́расти вы́растите

DEVERBALS

PRES. ACT.	выра́щивающий	
PRES. PASS.	выра́щиваемый	
PAST ACT.	выра́щивавший	вы́растивший
PAST PASS.		вы́ращенный
VERBAL ADVERB	выра́щивая	вы́растив

выра́щивать кого – что

выступа́ть / вы́ступить

to come forward, go forward, appear, speak

	IMPERFECTIVE ASPECT	PERFECTIVE ASPECT
INF.	выступа́ть	вы́ступить
PRES.	выступа́ю выступа́ешь выступа́ет выступа́ем выступа́ете выступа́ют	
PAST	выступа́л выступа́ла выступа́ло выступа́ли	вы́ступил вы́ступила вы́ступило вы́ступили
FUT.	бу́ду выступа́ть бу́дешь выступа́ть бу́дет выступа́ть бу́дем выступа́ть бу́дете выступа́ть бу́дут выступа́ть	вы́ступлю вы́ступишь вы́ступит вы́ступим вы́ступите вы́ступят
COND.	выступа́л бы выступа́ла бы выступа́ло бы выступа́ли бы	вы́ступил бы вы́ступила бы вы́ступило бы вы́ступили бы
IMP.	выступа́й выступа́йте	вы́ступи вы́ступите

DEVERBALS

PRES. ACT.	выступа́ющий	
PRES. PASS.		
PAST ACT.	выступа́вший	вы́ступивший
PAST PASS.		
VERBAL ADVERB	выступа́я	вы́ступив

выступа́ть на чём с чем

вытáскивать (ся) / вы́тащить (ся)
to drag out, pull out, extract (come out with difficulty)

	IMPERFECTIVE ASPECT	PERFECTIVE ASPECT
INF.	вытáскивать (ся)	вы́тащить (ся)
PRES.	вытáскиваю (сь) вытáскиваешь (ся) вытáскивает (ся) вытáскиваем (ся) вытáскиваете (сь) вытáскивают (ся)	
PAST	вытáскивал (ся) вытáскивала (сь) вытáскивало (сь) вытáскивали (сь)	вы́тащил (ся) вы́тащила (сь) вы́тащило (сь) вы́тащили (сь)
FUT.	бýду вытáскивать (ся) бýдешь вытáскивать (ся) бýдет вытáскивать (ся) бýдем вытáскивать (ся) бýдете вытáскивать (ся) бýдут вытáскивать (ся)	вы́тащу (сь) вы́тащишь (ся) вы́тащит (ся) вы́тащим (ся) вы́тащите (сь) вы́тащат (ся)
COND.	вытáскивал (ся) бы вытáскивала (сь) бы вытáскивало (сь) бы вытáскивали (сь) бы	вы́тащил (ся) бы вы́тащила (сь) бы вы́тащило (сь) бы вы́тащили (сь) бы
IMP.	вытáскивай (ся) вытáскивайте (сь)	вы́тащи (сь) вы́тащите (сь)

DEVERBALS

PRES. ACT.	вытáскивающий (ся)	
PRES. PASS.	вытáскиваемый	
PAST ACT.	вытáскивавший (ся)	вы́тащивший (ся)
PAST PASS.		вы́тащенный
VERBAL ADVERB	вытáскивая (сь)	вы́тащив (шись)

вытáскивать кого — что

66

вытира́ть (ся) / вы́тереть (ся)
to wipe, wipe dry, wear out (wipe oneself)

	IMPERFECTIVE ASPECT	PERFECTIVE ASPECT
INF.	вытира́ть (ся)	вы́тереть (ся)
PRES.	вытира́ю (сь) вытира́ешь (ся) вытира́ет (ся) вытира́ем (ся) вытира́ете (сь) вытира́ют (ся)	
PAST	вытира́л (ся) вытира́ла (сь) вытира́ло (сь) вытира́ли (сь)	вы́тер (ся) вы́терла (сь) вы́терло (сь) вы́терли (сь)
FUT.	бу́ду вытира́ть (ся) бу́дешь вытира́ть (ся) бу́дет вытира́ть (ся) бу́дем вытира́ть (ся) бу́дете вытира́ть (ся) бу́дут вытира́ть (ся)	вы́тру (сь) вы́трешь (ся) вы́трет (ся) вы́трем (ся) вы́трете (сь) вы́трут (ся)
COND.	вытира́л (ся) бы вытира́ла (сь) бы вытира́ло (сь) бы вытира́ли (сь) бы	вы́тер (ся) бы вы́терла (сь) бы вы́терло (сь) бы вы́терли (сь) бы
IMP.	вытира́й (ся) вытира́йте (сь)	вы́три (сь) вы́трите (сь)

DEVERBALS

PRES. ACT.	вытира́ющий (ся)	
PRES. PASS.	вытира́емый	
PAST ACT.	вытира́вший (ся)	вы́терший (ся)
PAST PASS.		вы́тертый
VERBAL ADVERB	вытира́я (сь)	вы́терев – вы́терши (сь)

вытира́ть что

ВЫХОДИ́ТЬ / ВЫ́ЙТИ
to go out, exit

	IMPERFECTIVE ASPECT	PERFECTIVE ASPECT
INF.	выходи́ть	вы́йти
PRES.	выхожу́ выхо́дишь выхо́дит выхо́дим выхо́дите выхо́дят	
PAST	выходи́л выходи́ла выходи́ло выходи́ли	вы́шел вы́шла вы́шло вы́шли
FUT.	бу́ду выходи́ть бу́дешь выходи́ть бу́дет выходи́ть бу́дем выходи́ть бу́дете выходи́ть бу́дут выходи́ть	вы́йду вы́йдешь вы́йдет вы́йдем вы́йдете вы́йдут
COND.	выходи́л бы выходи́ла бы выходи́ло бы выходи́ли бы	вы́шел бы вы́шла бы вы́шло бы вы́шли бы
IMP.	выходи́ выходи́те	вы́йди вы́йдите

DEVERBALS

PRES. ACT.	выходя́щий	
PRES. PASS.		
PAST ACT.	выходи́вший	вы́шедший
PAST PASS.		
VERBAL ADVERB	выходя́	вы́йдя

выходи́ть замуж за кого *get married [said of a woman]*

	IMPERFECTIVE ASPECT	PERFECTIVE ASPECT
INF.	гла́дить	погла́дить
PRES.	гла́жу гла́дишь гла́дит гла́дим гла́дите гла́дят	
PAST	гла́дил гла́дила гла́дило гла́дили	погла́дил погла́дила погла́дило погла́дили
FUT.	бу́ду гла́дить бу́дешь гла́дить бу́дет гла́дить бу́дем гла́дить бу́дете гла́дить бу́дут гла́дить	погла́жу погла́дишь погла́дит погла́дим погла́дите погла́дят
COND.	гла́дил бы гла́дила бы гла́дило бы гла́дили бы	погла́дил бы погла́дила бы погла́дило бы погла́дили бы
IMP.	гла́дь гла́дьте	погла́дь погла́дьте

DEVERBALS

PRES. ACT.	гла́дящий	
PRES. PASS.	гла́димый	
PAST ACT.	гла́дивший	погла́дивший
PAST PASS.	гла́женный	погла́женный
VERBAL ADVERB	гла́дя	погла́див

гла́дить кого – что по кому – чему

The pair **погла́живать** / **погла́дить** means *to stroke with the hand.*

гляде́ть (ся) / погляде́ть (ся)
to see, look at (look at oneself)

	IMPERFECTIVE ASPECT	PERFECTIVE ASPECT
INF.	гляде́ть (ся)	погляде́ть (ся)
PRES.	гляжу́ (сь) гляди́шь (ся) гляди́т (ся) гляди́м (ся) гляди́те (сь) глядя́т (ся)	
PAST	гляде́л (ся) гляде́ла (сь) гляде́ло (сь) гляде́ли (сь)	погляде́л (ся) погляде́ла (сь) погляде́ло (сь) погляде́ли (сь)
FUT.	бу́ду гляде́ть (ся) бу́дешь гляде́ть (ся) бу́дет гляде́ть (ся) бу́дем гляде́ть (ся) бу́дете гляде́ть (ся) бу́дут гляде́ть (ся)	погляжу́ (сь) погляди́шь (ся) погляди́т (ся) погляди́м (ся) погляди́те (сь) поглядя́т (ся)
COND.	гляде́л (ся) бы гляде́ла (сь) бы гляде́ло (сь) бы гляде́ли (сь) бы	погляде́л (ся) бы погляде́ла (сь) бы погляде́ло (сь) бы погляде́ли (сь) бы
IMP.	гляди́ (сь) гляди́те (сь)	погляди́ (сь) погляди́те (сь)

DEVERBALS

PRES. ACT.	глядя́щий (ся)	
PRES. PASS.		
PAST ACT.	гляде́вший (ся)	погляде́вший (ся)
PAST PASS.		
VERBAL ADVERB	гля́дя – глядя́сь	погляде́в (шись)

гляде́ть на кого – что, за кем – чем
гляде́ться во что

The perfective verb **гля́нуть** means *to glance at.*

говори́ть / сказа́ть – поговори́ть
to speak, say, talk, tell – talk a little

	IMPERFECTIVE ASPECT	PERFECTIVE ASPECT	
INF.	говори́ть	сказа́ть	поговори́ть
PRES.	говорю́ говори́шь говори́т говори́м говори́те говоря́т		
PAST	говори́л говори́ла говори́ло говори́ли	сказа́л сказа́ла сказа́ло сказа́ли	поговори́л поговори́ла поговори́ло поговори́ли
FUT.	бу́ду говори́ть бу́дешь говори́ть бу́дет говори́ть бу́дем говори́ть бу́дете говори́ть бу́дут говори́ть	скажу́ ска́жешь ска́жет ска́жем ска́жете ска́жут	поговорю́ поговори́шь поговори́т поговори́м поговори́те поговоря́т
COND.	говори́л бы говори́ла бы говори́ло бы говори́ли бы	сказа́л бы сказа́ла бы сказа́ло бы сказа́ли бы	поговори́л бы поговори́ла бы поговори́ло бы поговори́ли бы
IMP.	говори́ говори́те	скажи́ скажи́те	поговори́ поговори́те

DEVERBALS

PRES. ACT.	говоря́щий		
PRES. PASS.			
PAST ACT.	говори́вший	сказа́вший	поговори́вший
PAST PASS.	говорённый говорён, говорена́	ска́занный	
VERBAL ADVERB	говоря́	сказа́в	поговори́в

говори́ть что о ком – чём
говори́ть по-русски, на друго́м языке́

гоня́ть – гна́ть / погна́ть
to drive, chase, urge on

	MULTIDIRECTIONAL	UNIDIRECTIONAL	PERFECTIVE ASPECT
INF.	гоня́ть	гна́ть	погна́ть
PRES.	гоня́ю	гоню́	
	гоня́ешь	го́нишь	
	гоня́ет	го́нит	
	гоня́ем	го́ним	
	гоня́ете	го́ните	
	гоня́ют	го́нят	
PAST	гоня́л	гна́л	погна́л
	гоня́ла	гнала́	погнала́
	гоня́ло	гна́ло	погна́ло
	гоня́ли	гна́ли	погна́ли
FUT.	бу́ду гоня́ть	бу́ду гна́ть	погоню́
	бу́дешь гоня́ть	бу́дешь гна́ть	пого́нишь
	бу́дет гоня́ть	бу́дет гна́ть	пого́нит
	бу́дем гоня́ть	бу́дем гна́ть	пого́ним
	бу́дете гоня́ть	бу́дете гна́ть	пого́ните
	бу́дут гоня́ть	бу́дут гна́ть	пого́нят
COND.	гоня́л бы	гна́л бы	погна́л бы
	гоня́ла бы	гнала́ бы	погнала́ бы
	гоня́ло бы	гна́ло бы	погна́ло бы
	гоня́ли бы	гна́ли бы	погна́ли бы
IMP.	гоня́й	гони́	погони́
	гоня́йте	гони́те	погони́те

DEVERBALS

	MULTIDIRECTIONAL	UNIDIRECTIONAL	PERFECTIVE ASPECT
PRES. ACT.	гоня́ющий	гоня́щий	
PRES. PASS.	гоня́емый	гони́мый	
PAST ACT.	гоня́вший	гна́вший	погна́вший
PAST PASS.		по́гнанный	
VERBAL ADVERB	гоня́я	гоня́	погна́в

гоня́ть – гна́ть кого – что

72

	IMPERFECTIVE ASPECT	PERFECTIVE ASPECT
INF.	гордиться	возгордиться
PRES.	горжусь гордишься гордится гордимся гордитесь гордятся	
PAST	гордился гордилась гордилось гордились	возгордился возгордилась возгордилось возгордились
FUT.	буду гордиться будешь гордиться будет гордиться будем гордиться будете гордиться будут гордиться	возгоржусь возгордишься возгордится возгордимся возгордитесь возгордятся
COND.	гордился бы гордилась бы гордилось бы гордились бы	возгордился бы возгордилась бы возгордилось бы возгордились бы
IMP.	гордись гордитесь	возгордись возгордитесь

DEVERBALS

PRES. ACT.	гордящийся	
PRES. PASS.		
PAST ACT.	гордившийся	возгордившийся
PAST PASS.		
VERBAL ADVERB	гордясь	возгордившись

гордиться кем – чем

горе́ть / сгоре́ть
to burn, be on fire, glow

	IMPERFECTIVE ASPECT	PERFECTIVE ASPECT
INF.	горе́ть	сгоре́ть
PRES.	горю́	
	гори́шь	
	гори́т	
	гори́м	
	гори́те	
	горя́т	
PAST	горе́л	сгоре́л
	горе́ла	сгоре́ла
	горе́ло	сгоре́ло
	горе́ли	сгоре́ли
FUT.	бу́ду горе́ть	сгорю́
	бу́дешь горе́ть	сгори́шь
	бу́дет горе́ть	сгори́т
	бу́дем горе́ть	сгори́м
	бу́дете горе́ть	сгори́те
	бу́дут горе́ть	сгоря́т
COND.	горе́л бы	сгоре́л бы
	горе́ла бы	сгоре́ла бы
	горе́ло бы	сгоре́ло бы
	горе́ли бы	сгоре́ли бы
IMP.	гори́	сгори́
	гори́те	сгори́те
DEVERBALS		
PRES. ACT.	горя́щий	
PRES. PASS.		
PAST ACT.	горе́вший	сгоре́вший
PAST PASS.		
VERBAL ADVERB	горя́	сгоре́в

Another imperfective for **сгоре́ть** is **сгора́ть**.

готóвить (ся) / приготóвить (ся)

to prepare, cook (get oneself ready)

	IMPERFECTIVE ASPECT	PERFECTIVE ASPECT
INF.	готóвить (ся)	приготóвить (ся)
PRES.	готóвлю (сь) готóвишь (ся) готóвит (ся) готóвим (ся) готóвите (сь) готóвят (ся)	
PAST	готóвил (ся) готóвила (сь) готóвило (сь) готóвили (сь)	приготóвил (ся) приготóвила (сь) приготóвило (сь) приготóвили (сь)
FUT.	бýду готóвить (ся) бýдешь готóвить (ся) бýдет готóвить (ся) бýдем готóвить (ся) бýдете готóвить (ся) бýдут готóвить (ся)	приготóвлю (сь) приготóвишь (ся) приготóвит (ся) приготóвим (ся) приготóвите (сь) приготóвят (ся)
COND.	готóвил (ся) бы готóвила (сь) бы готóвило (сь) бы готóвили (сь) бы	приготóвил (ся) бы приготóвила (сь) бы приготóвило (сь) бы приготóвили (сь) бы
IMP.	готóвь (ся) готóвьте (сь)	приготóвь (ся) приготóвьте (сь)

DEVERBALS

PRES. ACT.	готóвящий (ся)	
PRES. PASS.		
PAST ACT.	готóвивший (ся)	приготóвивший (ся)
PAST PASS.		приготóвленный
VERBAL ADVERB	готóвя (сь)	приготóвив (шись)

готóвить кого – что к чему
готóвиться к чему, + infinitive

The pair **приготóвляться / приготóвиться** also means *to get ready.*

грызть / разгрызть
to gnaw, nibble, nag / crack [with the teeth]

	IMPERFECTIVE ASPECT	PERFECTIVE ASPECT
INF.	грызть	разгрызть
PRES.	грызу́	
	грызёшь	
	грызёт	
	грызём	
	грызёте	
	грызу́т	
PAST	грыз	разгры́з
	гры́зла	разгры́зла
	гры́зло	разгры́зло
	гры́зли	разгры́зли
FUT.	бу́ду грызть	разгрызу́
	бу́дешь грызть	разгрызёшь
	бу́дет грызть	разгрызёт
	бу́дем грызть	разгрызём
	бу́дете грызть	разгрызёте
	бу́дут грызть	разгрызу́т
COND.	грыз бы	разгры́з бы
	гры́зла бы	разгры́зла бы
	гры́зло бы	разгры́зло бы
	гры́зли бы	разгры́зли бы
IMP.	грызи́	разгрызи́
	грызи́те	разгрызи́те

DEVERBALS

PRES. ACT.	грызу́щий	
PRES. PASS.		
PAST ACT.	гры́зший	разгры́зший
PAST PASS.		разгры́зенный
VERBAL ADVERB	грызя́	разгры́зши

гры́зть кого – что

76

	IMPERFECTIVE ASPECT	PERFECTIVE ASPECT
INF.	гуля́ть	погуля́ть
PRES.	гуля́ю	
	гуля́ешь	
	гуля́ет	
	гуля́ем	
	гуля́ете	
	гуля́ют	
PAST	гуля́л	погуля́л
	гуля́ла	погуля́ла
	гуля́ло	погуля́ло
	гуля́ли	погуля́ли
FUT.	бу́ду гуля́ть	погуля́ю
	бу́дешь гуля́ть	погуля́ешь
	бу́дет гуля́ть	погуля́ет
	бу́дем гуля́ть	погуля́ем
	бу́дете гуля́ть	погуля́ете
	бу́дут гуля́ть	погуля́ют
COND.	гуля́л бы	погуля́л бы
	гуля́ла бы	погуля́ла бы
	гуля́ло бы	погуля́ло бы
	гуля́ли бы	погуля́ли бы
IMP.	гуля́й	погуля́й
	гуля́йте	погуля́йте

DEVERBALS

PRES. ACT.	гуля́ющий	
PRES. PASS.		
PAST ACT.	гуля́вший	погуля́вший
PAST PASS.		
VERBAL ADVERB	гуля́я	погуля́в

гуля́ть can also mean *to enjoy oneself, fool around.*

дава́ть / да́ть
to give, let, allow

	IMPERFECTIVE ASPECT	PERFECTIVE ASPECT
INF.	дава́ть	да́ть
PRES.	даю́ даёшь даёт даём даёте даю́т	
PAST	дава́л дава́ла дава́ло дава́ли	да́л дала́ да́ло да́ли
FUT.	бу́ду дава́ть бу́дешь дава́ть бу́дет дава́ть бу́дем дава́ть бу́дете дава́ть бу́дут дава́ть	да́м да́шь да́ст дади́м дади́те даду́т
COND.	дава́л бы дава́ла бы дава́ло бы дава́ли бы	да́л бы дала́ бы да́ло бы да́ли бы
IMP.	дава́й дава́йте	да́й да́йте

DEVERBALS

PRES. ACT.	даю́щий	
PRES. PASS.	дава́емый	
PAST ACT.	дава́вший	да́вший
PAST PASS.		да́нный, да́н, дана́
VERBAL ADVERB	дава́я	да́в

дава́ть кому́ – что, + infinitive

The negated forms of the perfective past can shift stress: **не́ да́л, не дала́, не да́ло, не да́ли.**

	IMPERFECTIVE ASPECT	PERFECTIVE ASPECT
INF.	дари́ть	подари́ть
PRES.	дарю́ да́ришь да́рит да́рим да́рите да́рят	
PAST	дари́л дари́ла дари́ло дари́ли	подари́л подари́ла подари́ло подари́ли
FUT.	бу́ду дари́ть бу́дешь дари́ть бу́дет дари́ть бу́дем дари́ть бу́дете дари́ть бу́дут дари́ть	подарю́ пода́ришь пода́рит пода́рим пода́рите пода́рят
COND.	дари́л бы дари́ла бы дари́ло бы дари́ли бы	подари́л бы подари́ла бы подари́ло бы подари́ли бы
IMP.	дари́ дари́те	подари́ подари́те

DEVERBALS

PRES. ACT.	даря́щий	
PRES. PASS.	дари́мый	
PAST ACT.	дари́вший	подари́вший
PAST PASS.		пода́ренный
VERBAL ADVERB	даря́	подари́в

дари́ть кого – что кому

дви́гать (ся) / дви́нуть (ся)
to move, advance

	IMPERFECTIVE ASPECT	PERFECTIVE ASPECT
INF.	дви́гать (ся)	дви́нуть (ся)
PRES.	дви́гаю (сь) – дви́жу (сь) дви́гаешь (ся) – дви́жешь (ся) дви́гает (ся) – дви́жет (ся) дви́гаем (ся) – дви́жем (ся) дви́гаете (сь) – дви́жете (сь) дви́гают (ся) – дви́жут (ся)	
PAST	дви́гал (ся) дви́гала (сь) дви́гало (сь) дви́гали (сь)	дви́нул (ся) дви́нула (сь) дви́нуло (сь) дви́нули (сь)
FUT.	бу́ду дви́гать (ся) бу́дешь дви́гать (ся) бу́дет дви́гать (ся) бу́дем дви́гать (ся) бу́дете дви́гать (ся) бу́дут дви́гать (ся)	дви́ну (сь) дви́нешь (ся) дви́нет (ся) дви́нем (ся) дви́нете (сь) дви́нут (ся)
COND.	дви́гал (ся) бы дви́гала (сь) бы дви́гало (сь) бы дви́гали (сь) бы	дви́нул (ся) бы дви́нула (сь) бы дви́нуло (сь) бы дви́нули (сь) бы
IMP.	дви́гай (ся) дви́гайте (сь)	дви́нь (ся) дви́ньте (сь)

DEVERBALS

PRES. ACT.	дви́гающий (ся) – дви́жущий (ся)	
PRES. PASS.	дви́гаемый – дви́жимый	
PAST ACT.	дви́гавший (ся)	дви́нувший (ся)
PAST PASS.		дви́нутый
VERBAL ADVERB	дви́гая (сь)	дви́нув (шись)

дви́гать кого – что, чем

	IMPERFECTIVE ASPECT	PERFECTIVE ASPECT
INF.	дежу́рить	
PRES.	дежу́рю дежу́ришь дежу́рит дежу́рим дежу́рите дежу́рят	
PAST	дежу́рил дежу́рила дежу́рило дежу́рили	
FUT.	бу́ду дежу́рить бу́дешь дежу́рить бу́дет дежу́рить бу́дем дежу́рить бу́дете дежу́рить бу́дут дежу́рить	
COND.	дежу́рил бы дежу́рила бы дежу́рило бы дежу́рили бы	
IMP.	дежу́рь дежу́рьте	

DEVERBALS

PRES. ACT.	дежу́рящий	
PRES. PASS.		
PAST ACT.	дежу́ривший	
PAST PASS.		
VERBAL ADVERB	дежу́ря, дежу́рив	

де́йствовать / поде́йствовать
to act, function, effect

	IMPERFECTIVE ASPECT	PERFECTIVE ASPECT
INF.	де́йствовать	поде́йствовать
PRES.	де́йствую де́йствуешь де́йствует де́йствуем де́йствуете де́йствуют	
PAST	де́йствовал де́йствовала де́йствовало де́йствовали	поде́йствовал поде́йствовала поде́йствовало поде́йствовали
FUT.	бу́ду де́йствовать бу́дешь де́йствовать бу́дет де́йствовать бу́дем де́йствовать бу́дете де́йствовать бу́дут де́йствовать	поде́йствую поде́йствуешь поде́йствует поде́йствуем поде́йствуете поде́йствуют
COND.	де́йствовал бы де́йствовала бы де́йствовало бы де́йствовали бы	поде́йствовал бы поде́йствовала бы поде́йствовало бы поде́йствовали бы
IMP.	де́йствуй де́йствуйте	поде́йствуй поде́йствуйте

DEVERBALS

PRES. ACT.	де́йствующий	
PRES. PASS.		
PAST ACT.	де́йствовавший	поде́йствовавший
PAST PASS.		
VERBAL ADVERB	де́йствуя	поде́йствовав

де́йствовать на кого – что

де́лать (ся) / сде́лать (ся)
to do, make (become, grow, happen)

	IMPERFECTIVE ASPECT	PERFECTIVE ASPECT
INF.	де́лать (ся)	сде́лать (ся)
PRES.	де́лаю (сь) де́лаешь (ся) де́лает (ся) де́лаем (ся) де́лаете (сь) де́лают (ся)	
PAST	де́лал (ся) де́лала (сь) де́лало (сь) де́лали (сь)	сде́лал (ся) сде́лала (сь) сде́лало (сь) сде́лали (сь)
FUT.	бу́ду де́лать (ся) бу́дешь де́лать (ся) бу́дет де́лать (ся) бу́дем де́лать (ся) бу́дете де́лать ся) бу́дут де́лать (ся)	сде́лаю (сь) сде́лаешь (ся) сде́лает (ся) сде́лаем (ся) сде́лаете (сь) сде́лают (ся)
COND.	де́лал (ся) бы де́лала (сь) бы де́лало (сь) бы де́лали (сь) бы	сде́лал (ся) бы сде́лала (сь) бы сде́лало (сь) бы сде́лали (сь) бы
IMP.	де́лай (ся) де́лайте (сь)	сде́лай (ся) сде́лайте (сь)

DEVERBALS

PRES. ACT.	де́лающий (ся)	
PRES. PASS.	де́лаемый	
PAST ACT.	де́лавший (ся)	сде́лавший (ся)
PAST PASS.		сде́ланный
VERBAL ADVERB	де́лая (сь)	сде́лав (шись)

де́лать что
де́латься чем

дели́ть (ся) / подели́ть (ся)
to divide, share (confide in)

	IMPERFECTIVE ASPECT	PERFECTIVE ASPECT
INF.	дели́ть (ся)	подели́ть (ся)
PRES.	делю́ (сь) де́лишь (ся) де́лит (ся) де́лим (ся) де́лите (сь) де́лят (ся)	
PAST	дели́л (ся) дели́ла (сь) дели́ло (сь) дели́ли (сь)	подели́л (ся) подели́ла (сь) подели́ло (сь) подели́ли (сь)
FUT.	бу́ду дели́ть (ся) бу́дешь дели́ть (ся) бу́дет дели́ть (ся) бу́дем дели́ть (ся) бу́дете дели́ть (ся) бу́дут дели́ть (ся)	поделю́ (сь) поде́лишь (ся) поде́лит (ся) поде́лим (ся) поде́лите (сь) поде́лят (ся)
COND.	дели́л (ся) бы дели́ла (сь) бы дели́ло (сь) бы дели́ли (сь) бы	подели́л (ся) бы подели́ла (сь) бы подели́ло (сь) бы подели́ли (сь) бы
IMP.	дели́ (сь) дели́те (сь)	подели́ (сь) подели́те (сь)

DEVERBALS

PRES. ACT.	деля́щий (ся)	
PRES. PASS.	дели́мый	
PAST ACT.	дели́вший (ся)	подели́вший (ся)
PAST PASS.		поделённый поделён, поделена́
VERBAL ADVERB	деля́ (сь)	подели́в (шись)

дели́ть кого – что с кем на что
дели́ться чем с кем

держа́ть (ся) / подержа́ть (ся)
to hold, keep, support

	IMPERFECTIVE ASPECT	PERFECTIVE ASPECT
INF.	держа́ть (ся)	подержа́ть (ся)
PRES.	держу́ (сь) де́ржишь (ся) де́ржит (ся) де́ржим (ся) де́ржите (сь) де́ржат (ся)	
PAST	держа́л (ся) держа́ла (сь) держа́ло (сь) держа́ли (сь)	подержа́л (ся) подержа́ла (сь) подержа́ло (сь) подержа́ли (сь)
FUT.	бу́ду держа́ть (ся) бу́дешь держа́ть (ся) бу́дет держа́ть (ся) бу́дем держа́ть ся) бу́дете держа́ть ся) бу́дут держа́ть (ся)	подержу́ (сь) поде́ржишь (ся) поде́ржит (ся) поде́ржим (ся) поде́ржите (сь) поде́ржат (ся)
COND.	держа́л (ся) бы держа́ла (сь) бы держа́ло (сь) бы держа́ли (сь) бы	подержа́л (ся) бы подержа́ла (сь) бы подержа́ло (сь) бы подержа́ли (сь) бы
IMP.	держи́ (сь) держи́те (сь)	подержи́ (сь) подержи́те (сь)

DEVERBALS

PRES. ACT.	держа́щий (ся)	
PRES. PASS.		
PAST ACT.	держа́вший (ся)	подержа́вший (ся)
PAST PASS.	де́ржанный	поде́ржанный
VERBAL ADVERB	держа́ (сь)	подержа́в (шись)

держа́ть кого – что
держа́ться за кого – что на чём

добавля́ть (ся) / доба́вить (ся)
to add (be added)

	IMPERFECTIVE ASPECT	PERFECTIVE ASPECT
INF.	добавля́ть (ся)	доба́вить (ся)
PRES.	добавля́ю добавля́ешь добавля́ет (ся) добавля́ем добавля́ете добавля́ют (ся)	
PAST	добавля́л (ся) добавля́ла (сь) добавля́ло (сь) добавля́ли (сь)	доба́вил (ся) доба́вила (сь) доба́вило (сь) доба́вили (сь)
FUT.	бу́ду добавля́ть бу́дешь добавля́ть бу́дет добавля́ть (ся) бу́дем добавля́ть бу́дете добавля́ть бу́дут добавля́ть (ся)	доба́влю доба́вишь доба́вит (ся) доба́вим доба́вите доба́вят (ся)
COND.	добавля́л (ся) бы добавля́ла (сь) бы добавля́ло (сь) бы добавля́ли (сь) бы	доба́вил (ся) бы доба́вила (сь) бы доба́вило (сь) бы доба́вили (сь) бы
IMP.	добавля́й добавля́йте	доба́вь доба́вьте

DEVERBALS

PRES. ACT.	добавля́ющий (ся)	
PRES. PASS.	добавля́емый	
PAST ACT.	добавля́вший (ся)	доба́вивший (ся)
PAST PASS.		доба́вленный
VERBAL ADVERB	добавля́я (сь)	доба́вив (шись)

добавля́ть что, чего

to get, obtain, achieve

	IMPERFECTIVE ASPECT	PERFECTIVE ASPECT
INF.	добива́ться	доби́ться
PRES.	добива́юсь	
	добива́ешься	
	добива́ется	
	добива́емся	
	добива́етесь	
	добива́ются	
PAST	добива́лся	доби́лся
	добива́лась	доби́лась
	добива́лось	доби́лось
	добива́лись	доби́лись
FUT.	бу́ду добива́ться	добью́сь
	бу́дешь добива́ться	добьёшься
	бу́дет добива́ться	добьётся
	бу́дем добива́ться	добьёмся
	бу́дете добива́ться	добьётесь
	бу́дут добива́ться	добью́тся
COND.	добива́лся бы	доби́лся бы
	добива́лась бы	доби́лась бы
	добива́лось бы	доби́лось бы
	добива́лись бы	доби́лись бы
IMP.	добива́йся	добе́йся
	добива́йтесь	добе́йтесь

DEVERBALS

PRES. ACT.	добива́ющийся	
PRES. PASS.		
PAST ACT.	добива́вшийся	доби́вшийся
PAST PASS.		
VERBAL ADVERB	добива́ясь	доби́вшись

добива́ться чего

The verbal pair **добива́ть / доби́ть кого – что** means *to kill, break up something completely.*

доводи́ть / довести́
to lead, conduct up to

	IMPERFECTIVE ASPECT	PERFECTIVE ASPECT
INF.	доводи́ть	довести́
PRES.	довожу́ дово́дишь дово́дит дово́дим дово́дите дово́дят	
PAST	доводи́л доводи́ла доводи́ло доводи́ли	довёл довела́ довело́ довели́
FUT.	бу́ду доводи́ть бу́дешь доводи́ть бу́дет доводи́ть бу́дем доводи́ть бу́дете доводи́ть бу́дут доводи́ть	доведу́ доведёшь доведёт доведём доведёте доведу́т
COND.	доводи́л бы доводи́ла бы доводи́ло бы доводи́ли бы	довёл бы довела́ бы довело́ бы довели́ бы
IMP.	доводи́ доводи́те	доведи́ доведи́те

DEVERBALS

PRES. ACT.	доводя́	
PRES. PASS.	доводи́мый	
PAST ACT.	доводи́вший	дове́дший
PAST PASS.		доведённый доведён, доведена́
VERBAL ADVERB	доводя́	доведя́

доводи́ть кого́ – что до чего́

догова́ривать (ся) / договори́ть (ся)
to finish talking (agree on)

	IMPERFECTIVE ASPECT	PERFECTIVE ASPECT
INF.	догова́ривать (ся)	договори́ть (ся)
PRES.	догова́риваю (сь) догова́риваешь (ся) догова́ривает (ся) догова́риваем (ся) догова́риваете (сь) догова́ривают (ся)	
PAST	догова́ривал (ся) догова́ривала (сь) догова́ривало (сь) догова́ривали (сь)	договори́л (ся) договори́ла (сь) договори́ло (сь) договори́ли (сь)
FUT.	бу́ду догова́ривать (ся) бу́дешь догова́ривать (ся) бу́дет догова́ривать (ся) бу́дем догова́ривать (ся) бу́дете догова́ривать (ся) бу́дут догова́ривать (ся)	договорю́ (сь) договори́шь (ся) договори́т (ся) договори́м (ся) договори́те (сь) договоря́т (ся)
COND.	догова́ривал (ся) бы догова́ривала (сь) бы догова́ривало (сь) бы догова́ривали (сь) бы	договори́л (ся) бы договори́ла (сь) бы договори́ло (сь) бы договори́ли (сь) бы
IMP.	догова́ривай (ся) догова́ривайте (сь)	договори́ (сь) договори́те (сь)

DEVERBALS

PRES. ACT.	догова́ривающий (ся)	
PRES. PASS.		
PAST ACT.	догова́ривавший (ся)	договори́вший (ся)
PAST PASS.		договорённый договорён, договорена́
VERBAL ADVERB	догова́ривая (сь)	договори́в (шись)

догова́ривать что
догова́риваться с кем о чём, до чего

доезжа́ть / дое́хать
to reach by vehicle, ride as far as

	IMPERFECTIVE ASPECT	PERFECTIVE ASPECT
INF.	доезжа́ть	дое́хать
PRES.	доезжа́ю	
	доезжа́ешь	
	доезжа́ет	
	доезжа́ем	
	доезжа́ете	
	доезжа́ют	
PAST	доезжа́л	дое́хал
	доезжа́ла	дое́хала
	доезжа́ло	дое́хало
	доезжа́ли	дое́хали
FUT.	бу́ду доезжа́ть	дое́ду
	бу́дешь доезжа́ть	дое́дешь
	бу́дет доезжа́ть	дое́дет
	бу́дем доезжа́ть	дое́дем
	бу́дете доезжа́ть	дое́дете
	бу́дут доезжа́ть	дое́дут
COND.	доезжа́л бы	дое́хал бы
	доезжа́ла бы	дое́хала бы
	доезжа́ло бы	дое́хало бы
	доезжа́ли бы	дое́хали бы
IMP.	доезжа́й	
	доезжа́йте	

DEVERBALS

PRES. ACT.	доезжа́ющий	
PRES. PASS.		
PAST ACT.	доезжа́вший	дое́хавший
PAST PASS.		
VERBAL ADVERB	доезжа́я	дое́хав

доезжа́ть до чего

to wait for, wait until

	IMPERFECTIVE ASPECT	PERFECTIVE ASPECT
INF.	дожида́ться	дожда́ться
PRES.	дожида́юсь	
	дожида́ешься	
	дожида́ется	
	дожида́емся	
	дожида́етесь	
	дожида́ются	
PAST	дожида́лся	дожда́лся
	дожида́лась	дождала́сь
	дожида́лось	дожда́ло́сь
	дожида́лись	дожда́ли́сь
FUT.	бу́ду дожида́ться	дожду́сь
	бу́дешь дожида́ться	дождёшься
	бу́дет дожида́ться	дождётся
	бу́дем дожида́ться	дождёмся
	бу́дете дожида́ться	дождётесь
	бу́дут дожида́ться	дожду́тся
COND.	дожида́лся бы	дожда́лся бы
	дожида́лась бы	дождала́сь бы
	дожида́лось бы	дожда́ло́сь бы
	дожида́лись бы	дожда́ли́сь бы
IMP.	дожида́йся	дожди́сь
	дожида́йтесь	дожди́тесь

DEVERBALS

PRES. ACT.	дожида́ющийся	
PRES. PASS.		
PAST ACT.	дожида́вшийся	дожда́вшийся
PAST PASS.		
VERBAL ADVERB	дожида́ясь	дожда́вшись

дожида́ться кого – чего

дополня́ть / допо́лнить
to supplement, add, complete

	IMPERFECTIVE ASPECT	PERFECTIVE ASPECT
INF.	дополня́ть	допо́лнить
PRES.	дополня́ю дополня́ешь дополня́ет дополня́ем дополня́ете дополня́ют	
PAST	дополня́л дополня́ла дополня́ло дополня́ли	допо́лнил допо́лнила допо́лнило допо́лнили
FUT.	бу́ду дополня́ть бу́дешь дополня́ть бу́дет дополня́ть бу́дем дополня́ть бу́дете дополня́ть бу́дут дополня́ть	допо́лню допо́лнишь допо́лнит допо́лним допо́лните допо́лнят
COND.	дополня́л бы дополня́ла бы дополня́ло бы дополня́ли бы	допо́лнил бы допо́лнила бы допо́лнило бы допо́лнили бы
IMP.	дополня́й дополня́йте	допо́лни допо́лните

DEVERBALS

PRES. ACT.	дополня́ющий	
PRES. PASS.	дополня́емый	
PAST ACT.	дополня́вший	допо́лнивший
PAST PASS.		допо́лненный
VERBAL ADVERB	дополня́я	допо́лнив

дополня́ть кого́ — что

доставáть (ся) / достáть (ся)

to get, obtain, reach to

	IMPERFECTIVE ASPECT	PERFECTIVE ASPECT
INF.	доставáть (ся)	достáть (ся)
PRES.	достаю́ (сь) достаёшь (ся) достаёт (ся) достаём (ся) достаёте (сь) достаю́т (ся)	
PAST	доставáл (ся) доставáла (сь) доставáло (сь) доставáли (сь)	достáл (ся) достáла (сь) достáло (сь) достáли (сь)
FUT.	бýду доставáть (ся) бýдешь доставáть (ся) бýдет доставáть (ся) бýдем доставáть (ся) бýдете доставáть (ся) бýдут доставáть (ся)	достáну (сь) достáнешь (ся) достáнет (ся) достáнем (ся) достáнете (сь) достáнут (ся)
COND.	доставáл (ся) бы доставáла (сь) бы доставáло (сь) бы доставáли (сь) бы	достáл (ся) бы достáла (сь) бы достáло (сь) бы достáли (сь) бы
IMP.	доставáй (ся) доставáйте (сь)	достáнь (ся) достáньте (сь)

DEVERBALS

PRES. ACT.	достаю́щий (ся)	
PRES. PASS.	доставáемый	
PAST ACT.	доставáвший (ся)	достáвший (ся)
PAST PASS.		
VERBAL ADVERB	доставáя (ся)	достáв (шись)

доставáть что, до чего
доставáться кому – чему

достига́ть / дости́гнуть – дости́чь
to achieve, attain, reach

	IMPERFECTIVE ASPECT	PERFECTIVE ASPECT
INF.	достига́ть	дости́гнуть – дости́чь
PRES.	достига́ю достига́ешь достига́ет достига́ем достига́ете достига́ют	
PAST	достига́л достига́ла достига́ло достига́ли	дости́г дости́гла дости́гло дости́гли
FUT.	бу́ду достига́ть бу́дешь достига́ть бу́дет достига́ть бу́дем достига́ть бу́дете достига́ть бу́дут достига́ть	дости́гну дости́гнешь дости́гнет дости́гнем дости́гнете дости́гнут
COND.	достига́л бы достига́ла бы достига́ло бы достига́ли бы	дости́г бы дости́гла бы дости́гло бы дости́гли бы
IMP.	достига́й достига́йте	дости́гни дости́гните

DEVERBALS

PRES. ACT.	достига́ющий	
PRES. PASS.	достига́емый	
PAST ACT.	достига́вший	дости́гший
PAST PASS.		дости́гнутый
VERBAL ADVERB	достига́я	дости́гнув, дости́гши

достига́ть чего

	IMPERFECTIVE ASPECT	PERFECTIVE ASPECT
INF.	доходи́ть	дойти́
PRES.	дохожу́ дохо́дишь дохо́дит дохо́дим дохо́дите дохо́дят	
PAST	доходи́л доходи́ла доходи́ло доходи́ли	дошёл дошла́ дошло́ дошли́
FUT.	бу́ду доходи́ть бу́дешь доходи́ть бу́дет доходи́ть бу́дем доходи́ть бу́дете доходи́ть бу́дут доходи́ть	дойду́ дойдёшь дойдёт дойдём дойдёте дойду́т
COND.	доходи́л бы доходи́ла бы доходи́ло бы доходи́ли бы	дошёл бы дошла́ бы дошло́ бы дошли́ бы
IMP.	доходи́ доходи́те	дойди́ дойди́те

DEVERBALS

PRES. ACT.	доходя́щий	
PRES. PASS.		
PAST ACT.	доходи́вший	доше́дший
PAST PASS.		
VERBAL ADVERB	доходя́	дойдя́

дойти́ до кого – чего

дра́ться / подра́ться
to fight, struggle

	IMPERFECTIVE ASPECT	PERFECTIVE ASPECT
INF.	дра́ться	подра́ться
PRES.	деру́сь дерёшься дерётся дерёмся дерётесь деру́тся	
PAST	дра́лся драла́сь дра́ло́сь дра́ли́сь	подра́лся подрала́сь подра́ло́сь подра́ли́сь
FUT.	бу́ду дра́ться бу́дешь дра́ться бу́дет дра́ться бу́дем дра́ться бу́дете дра́ться бу́дут дра́ться	подеру́сь подерёшься подерётся подерёмся подерётесь подеру́тся
COND.	дра́лся бы драла́сь бы дра́ло́сь бы дра́ли́сь бы	подра́лся бы подрала́сь бы подра́ло́сь бы подра́ли́сь бы
IMP.	дери́сь дери́тесь	подери́сь подери́тесь

DEVERBALS

PRES. ACT.	деру́щийся	
PRES. PASS.		
PAST ACT.	дра́вшийся	подра́вшийся
PAST PASS.		
VERBAL ADVERB	деря́сь	подра́вшись

дра́ться с кем – чем за что

The imperfective verb **драть** means *to tear up.*

96

	IMPERFECTIVE ASPECT	PERFECTIVE ASPECT
INF.	дрожа́ть	дро́гнуть
PRES.	дрожу́ дрожи́шь дрожи́т дрожи́м дрожи́те дрожа́т	
PAST	дрожа́л дрожа́ла дрожа́ло дрожа́ли	дро́гнул дро́гнула дро́гнуло дро́гнули
FUT.	бу́ду дрожа́ть бу́дешь дрожа́ть бу́дет дрожа́ть бу́дем дрожа́ть бу́дете дрожа́ть бу́дут дрожа́ть	дро́гну дро́гнешь дро́гнет дро́гнем дро́гнете дро́гнут
COND.	дрожа́л бы дрожа́ла бы дрожа́ло бы дрожа́ли бы	дро́гнул бы дро́гнула бы дро́гнуло бы дро́гнули бы
IMP.	дрожи́ дрожи́те	дро́гни дро́гните

DEVERBALS

PRES. ACT.	дрожа́щий	
PRES. PASS.		
PAST ACT.	дрожа́вший	дро́гнувший
PAST PASS.		
VERBAL ADVERB	дрожа́	дро́гнув

дрожа́ть за кого́ – что

The imperfective verb **дро́гнуть** with past tense form **дро́г, дро́гла means** *to freeze, be cold.*

дружи́ть (ся) / подружи́ться
to be friends / make friends

	IMPERFECTIVE ASPECT	PERFECTIVE ASPECT
INF.	дружи́ть (ся)	подружи́ться
PRES.	дружу́ (сь) дру́жишь (ся) дру́жит (ся) дру́жим (ся) дру́жите (сь) дру́жат (ся)	
PAST	дружи́л (ся) дружи́ла (сь) дружи́ло (сь) дружи́ли (сь)	подружи́лся подружи́лась подружи́лось подружи́лись
FUT.	бу́ду дружи́ть (ся) бу́дешь дружи́ть (ся) бу́дет дружи́ть (ся) бу́дем дружи́ть (ся) бу́дете дружи́ть (ся) бу́дут дружи́ть (ся)	подружу́сь подружи́шься подружи́тся подружи́мся подружи́тесь подружатся
COND.	дружи́л (ся) бы дружи́ла (сь) бы дружи́ло (сь) бы дружи́ли (сь) бы	подружи́лся бы подружи́лась бы подружи́лось бы подружи́лись бы
IMP.	дружи́ (сь) дружи́те (сь)	подружи́сь подружи́тесь
	DEVERBALS	
PRES. ACT.	дру́жащий (ся)	
PRES. PASS.		
PAST ACT.	дружи́вший (ся)	подружи́вшийся
PAST PASS.		
VERBAL ADVERB	дружа́ (сь)	подружи́вшись

дружи́ть с кем

The perfective form is used only with the reflexive **-ся.**

	IMPERFECTIVE ASPECT	PERFECTIVE ASPECT
INF.	ду́мать	поду́мать
PRES.	ду́маю ду́маешь ду́мает ду́маем ду́маете ду́мают	
PAST	ду́мал ду́мала ду́мало ду́мали	поду́мал поду́мала поду́мало поду́мали
FUT.	бу́ду ду́мать бу́дешь ду́мать бу́дет ду́мать бу́дем ду́мать бу́дете ду́мать бу́дут ду́мать	поду́маю поду́маешь поду́мает поду́маем поду́маете поду́мают
COND.	ду́мал бы ду́мала бы ду́мало бы ду́мали бы	поду́мал бы поду́мала бы поду́мало бы поду́мали бы
IMP.	ду́май ду́майте	поду́май поду́майте

DEVERBALS

PRES. ACT.	ду́мающий	
PRES. PASS.		
PAST ACT.	ду́мавший	поду́мавший
PAST PASS.		
VERBAL ADVERB	ду́мая	поду́мав

ду́мать о чём, над чём, + infinitive

ДУ́ТЬ / ДУ́НУТЬ
to blow

	IMPERFECTIVE ASPECT	PERFECTIVE ASPECT
INF.	ду́ть	ду́нуть
PRES.	ду́ю ду́ешь ду́ет ду́ем ду́ете ду́ют	
PAST	ду́л ду́ла ду́ло ду́ли	ду́нул ду́нула ду́нуло ду́нули
FUT.	бу́ду ду́ть бу́дешь ду́ть бу́дет ду́ть бу́дем ду́ть бу́дете ду́ть бу́дут ду́ть	ду́ну ду́нешь ду́нет ду́нем ду́нете ду́нут
COND.	ду́л бы ду́ла бы ду́ло бы ду́ли бы	ду́нул бы ду́нула бы ду́нуло бы ду́нули бы
IMP.	ду́й ду́йте	ду́нь ду́ньте

DEVERBALS

PRES. ACT.	ду́ющий	
PRES. PASS.		
PAST ACT.	ду́вший	ду́нувший
PAST PASS.	ду́тый	
VERBAL ADVERB	ду́я	ду́нув

ду́ть что [glass]

	IMPERFECTIVE ASPECT	PERFECTIVE ASPECT
INF.	дыша́ть	подыша́ть
PRES.	дышу́ ды́шишь ды́шит ды́шим ды́шите ды́шат	
PAST	дыша́л дыша́ла дыша́ло дыша́ли	подыша́л подыша́ла подыша́ло подыша́ли
FUT.	бу́ду дыша́ть бу́дешь дыша́ть бу́дет дыша́ть бу́дем дыша́ть бу́дете дыша́ть бу́дут дыша́ть	подышу́ поды́шишь поды́шит поды́шим поды́шите поды́шат
COND.	дыша́л бы дыша́ла бы дыша́ло бы дыша́ли бы	подыша́л бы подыша́ла бы подыша́ло бы подыша́ли бы
IMP.	дыши́ дыши́те	подыши́ подыши́те

DEVERBALS

PRES. ACT.	ды́шащий	
PRES. PASS.		
PAST ACT.	дыша́вший	подыша́вший
PAST PASS.		
VERBAL ADVERB	дыша́	подыша́в

дыша́ть чем, на кого — что

éздить – éхать / поéхать

to ride, drive, go by vehicle

	MULTIDIRECTIONAL	UNIDIRECTIONAL	PERFECTIVE ASPECT
INF.	éздить	éхать	поéхать
PRES.	éзжу	éду	
	éздишь	éдешь	
	éздит	éдет	
	éздим	éдем	
	éздите	éдете	
	éздят	éдут	
PAST	éздил	éхал	поéхал
	éздила	éхала	поéхала
	éздило	éхало	поéхало
	éздили	éхали	поéхали
FUT.	бу́ду éздить	бу́ду éхать	поéду
	бу́дешь éздить	бу́дешь éхать	поéдешь
	бу́дет éздить	бу́дет éхать	поéдет
	бу́дем éздить	бу́дем éхать	поéдем
	бу́дете éздить	бу́дете éхать	поéдете
	бу́дут éздить	бу́дут éхать	поéдут
COND.	éздил бы	éхал бы	поéхал бы
	éздила бы	éхала бы	поéхала бы
	éздило бы	éхало бы	поéхало бы
	éздили бы	éхали бы	поéхали бы
IMP.	éзди	поéзжай	
	éздите	поéзжайте	

DEVERBALS

PRES. ACT.	éздящий	éдущий	
PRES. PASS.			
PAST ACT.	éздивший	éхавший	поéхавший
PAST PASS.			
VERBAL ADVERB	éздя – éздив	éхав	поéхав

	IMPERFECTIVE ASPECT	PERFECTIVE ASPECT
INF.	есть	съесть
PRES.	ем ешь ест еди́м еди́те едя́т	
PAST	ел е́ла е́ло е́ли	съел съе́ла съе́ло съе́ли
FUT.	бу́ду есть бу́дешь есть бу́дет есть бу́дем есть бу́дете есть бу́дут есть	съем съешь съест съеди́м съеди́те съедя́т
COND.	ел бы е́ла бы е́ло бы е́ли бы	съел бы съе́ла бы съе́ло бы съе́ли бы
IMP.	ешь е́шьте	съешь съе́шьте

DEVERBALS

PRES. ACT.	едя́щий	
PRES. PASS.		
PAST ACT.	е́вший	съе́вший
PAST PASS.		съе́денный
VERBAL ADVERB	е́вши	съев

есть кого – что

жалéть / пожалéть
to pity, feel sorry for, spare

	IMPERFECTIVE ASPECT	PERFECTIVE ASPECT
INF.	жалéть	пожалéть
PRES.	жалéю жалéешь жалéет жалéем жалéете жалéют	
PAST	жалéл жалéла жалéло жалéли	пожалéл пожалéла пожалéло пожалéли
FUT.	бýду жалéть бýдешь жалéть бýдет жалéть бýдем жалéть бýдете жалéть бýдут жалéть	пожалéю пожалéешь пожалéет пожалéем пожалéете пожалéют
COND.	жалéл бы жалéла бы жалéло бы жалéли бы	пожалéл бы пожалéла бы пожалéло бы пожалéли бы
IMP.	жалéй жалéйте	пожалéй пожалéйте

DEVERBALS

PRES. ACT.	жалéющий	
PRES. PASS.	жалéемый	
PAST ACT.	жалéвший	пожалéвший
PAST PASS.		
VERBAL ADVERB	жалéя	пожалéв

жалéть кого – что (чего), о ком – чём

104

	IMPERFECTIVE ASPECT	PERFECTIVE ASPECT
INF.	жа́ловаться	пожа́ловаться
PRES.	жа́луюсь жа́луешься жа́луется жа́луемся жа́луетесь жа́луются	
PAST	жа́ловался жа́ловалась жа́ловалось жа́ловались	пожа́ловался пожа́ловалась пожа́ловалось пожа́ловались
FUT.	бу́ду жа́ловаться бу́дешь жа́ловаться бу́дет жа́ловаться бу́дем жа́ловаться бу́дете жа́ловаться бу́дут жа́ловаться	пожа́луюсь пожа́луешься пожа́луется пожа́луемся пожа́луетесь пожа́луются
COND.	жа́ловался бы жа́ловалась бы жа́ловалось бы жа́ловались бы	пожа́ловался бы пожа́ловалась бы пожа́ловалось бы пожа́ловались бы
IMP.	жа́луйся жа́луйтесь	пожа́луйся пожа́луйтесь

DEVERBALS

PRES. ACT.	жа́лующийся	
PRES. PASS.		
PAST ACT.	жа́ловавшийся	пожа́ловавшийся
PAST PASS.		
VERBAL ADVERB	жа́луясь	пожа́ловавшись

жа́ловаться кому на кого – что

жа́рить / зажа́рить
to roast, fry, cook

	IMPERFECTIVE ASPECT	PERFECTIVE ASPECT
INF.	жа́рить	зажа́рить
PRES.	жа́рю	
	жа́ришь	
	жа́рит	
	жа́рим	
	жа́рите	
	жа́рят	
PAST	жа́рил	зажа́рил
	жа́рила	зажа́рила
	жа́рило	зажа́рило
	жа́рили	зажа́рили
FUT.	бу́ду жа́рить	зажа́рю
	бу́дешь жа́рить	зажа́ришь
	бу́дет жа́рить	зажа́рит
	бу́дем жа́рить	зажа́рим
	бу́дете жа́рить	зажа́рите
	бу́дут жа́рить	зажа́рят
COND.	жа́рил бы	зажа́рил бы
	жа́рила бы	зажа́рила бы
	жа́рило бы	зажа́рило бы
	жа́рили бы	зажа́рили бы
IMP.	жа́рь	зажа́рь
	жа́рьте	зажа́рьте

DEVERBALS

PRES. ACT.	жа́рящий	
PRES. PASS.		
PAST ACT.	жа́ривший	зажа́ривший
PAST PASS.	жа́ренный	зажа́ренный
VERBAL ADVERB	жа́ря	зажа́рив

жа́рить кого – что

Another perfective verb is **изжа́рить.**

	IMPERFECTIVE ASPECT	PERFECTIVE ASPECT
INF.	жа́ть	пожа́ть
PRES.	хму́ жмёшь жмёт жмём жмёте жму́т	
PAST	жа́л жа́ла жа́ло жа́ли	пожа́л пожа́ла пожа́ло пожа́ли
FUT.	бу́ду жа́ть бу́дешь жа́ть бу́дет жа́ть бу́дем жа́ть бу́дете жа́ть бу́дут жа́ть	пожму́ пожмёшь пожмёт пожмём пожмёте пожму́т
COND.	жа́л бы жа́ла бы жа́ло бы жа́ли бы	пожа́л бы пожа́ла бы пожа́ло бы пожа́ли бы
IMP.	жми́ жми́те	пожми́ пожми́те

DEVERBALS

PRES. ACT.	жму́щий	
PRES. PASS.		
PAST ACT.	жа́вший	пожа́вший
PAST PASS.		пожа́тый
VERBAL ADVERB	жа́вши	пожа́в

жа́ть кого́ – что
жа́ть кому́ ру́ку shake someone's hand

The verbal pair **сжима́ть** / **сжа́ть** also means *to press, squeeze.*

жа́ть / сжа́ть
to reap, cut

	IMPERFECTIVE ASPECT	PERFECTIVE ASPECT
INF.	жа́ть	сжа́ть
PRES.	жну́ жнёшь жнёт жнём жнёте жну́т	
PAST	жа́л жа́ла жа́ло жа́ли	сжа́л сжа́ла сжа́ло сжа́ли
FUT.	бу́ду жа́ть бу́дешь жа́ть бу́дет жа́ть бу́дем жа́ть бу́дете жа́ть бу́дут жа́ть	сожну́ сожнёшь сожнёт сожнём сожнёте сожну́т
COND.	жа́л бы жа́ла бы жа́ло бы жа́ли бы	сжа́л бы сжа́ла бы сжа́ло бы сжа́ли бы
IMP.	жни́ жни́те	сожни́ сожни́те

DEVERBALS

PRES. ACT.	жну́щий	
PRES. PASS.		
PAST ACT.	жа́вший	сжа́вший
PAST PASS.	жа́тый	сжа́тый
VERBAL ADVERB	жа́вши	сжа́в

жа́ть что

	IMPERFECTIVE ASPECT	PERFECTIVE ASPECT
INF.	жда́ть	подожда́ть
PRES.	жду́ ждёшь ждёт ждём ждёте жду́т	
PAST	жда́л ждала́ жда́ло жда́ли	подожда́л подождала́ подожда́ло подожда́ли
FUT.	бу́ду жда́ть бу́дешь жда́ть бу́дет жда́ть бу́дем жда́ть бу́дете жда́ть бу́дут жда́ть	подожду́ подождёшь подождёт подождём подождёте подожду́т
COND.	жда́л бы ждала́ бы жда́ло бы жда́ли бы	подожда́л бы подождала́ бы подожда́ло бы подожда́ли бы
IMP.	жди́ жди́те	подожди́ подожди́те

DEVERBALS

PRES. ACT.	жду́щий	
PRES. PASS.		
PAST ACT.	жда́вший	подожда́вший
PAST PASS.		
VERBAL ADVERB	жда́вши	подожда́в

жда́ть кого́ – что, кого́ – чего́

желáть / пожелáть
to wish for, desire

	IMPERFECTIVE ASPECT	PERFECTIVE ASPECT
INF.	желáть	пожелáть
PRES.	желáю	
	желáешь	
	желáет	
	желáем	
	желáете	
	желáют	
PAST	желáл	пожелáл
	желáла	пожелáла
	желáло	пожелáло
	желáли	пожелáли
FUT.	бýду желáть	пожелáю
	бýдешь желáть	пожелáешь
	бýдет желáть	пожелáет
	бýдем желáть	пожелáем
	бýдете желáть	пожелáете
	бýдут желáть	пожелáют
COND.	желáл бы	пожелáл бы
	желáла бы	пожелáла бы
	желáло бы	пожелáло бы
	желáли бы	пожелáли бы
IMP.	желáй	пожелáй
	желáйте	пожелáйте

DEVERBALS

PRES. ACT.	желáющий	
PRES. PASS.	желáемый	
PAST ACT.	желáвший	пожелáвший
PAST PASS.		
VERBAL ADVERB	желáя	пожелáв

желáть кому кого – чего, + infinitive or **чтобы**

жени́ть (ся) / пожени́ть (ся)
to marry [said of a man] / (said of a couple)

	IMPERFECTIVE ASPECT	PERFECTIVE ASPECT
INF.	жени́ть (ся)	пожени́ть (ся)
PRES.	женю́ (сь)	
	же́нишь (ся)	
	же́нит (ся)	
	же́ним (ся)	
	же́ните (сь)	
	же́нят (ся)	
PAST	жени́л (ся)	пожени́л
	жени́ла (сь)	пожени́ла
	жени́ло (сь)	пожени́ло
	жени́ли (сь)	пожени́ли (сь)
FUT.	бу́ду жени́ть (ся)	поженю́
	бу́дешь жени́ть (ся)	поже́нишь
	бу́дет жени́ть (ся)	поже́нит
	бу́дем жени́ть (ся)	поже́ним (ся)
	бу́дете жени́ть (ся)	поже́ните (сь)
	бу́дут жени́ть (ся)	поже́нят (ся)
COND.	жени́л (ся) бы	пожени́л бы
	жени́ла (сь) бы	пожени́ла бы
	жени́ло (сь) бы	пожени́ло бы
	жени́ли (сь) бы	пожени́ли (сь) бы
IMP.	жени́ (сь)	пожени́
	жени́те (сь)	пожени́те (сь)

DEVERBALS

PRES. ACT.	же́нящий (ся)	
PRES. PASS.		
PAST ACT.	жени́вший (ся)	пожени́вший (ся)
PAST PASS.		поже́ненный
VERBAL ADVERB	женя́ (сь) – жени́в (шись)	пожени́в (шись)

жени́ть кого на ком
жени́ться на ком *to marry [said of a man]*
пожениться *to get married [said of a couple]*

жéчь (ся) / сжéчь (ся)
to burn

	IMPERFECTIVE ASPECT	PERFECTIVE ASPECT
INF.	жéчь (ся)	сжéчь (ся)
PRES.	жгý (сь)	
	жжёшь (ся)	
	жжёт (ся)	
	жжём (ся)	
	жжёте (сь)	
	жгýт (ся)	
PAST	жёг (ся)	сжёг (ся)
	жглá (сь)	сожглá (сь)
	жглó (сь)	сожглó (сь)
	жглú (сь)	сожглú (сь)
FUT.	бýду жéчь (ся)	сожгý (сь)
	бýдешь жéчь (ся)	сожжёшь (ся)
	бýдет жéчь (ся)	сожжёт (ся)
	бýдем жéчь (ся)	сожжём (ся)
	бýдете жéчь (ся)	сожжёте (сь)
	бýдут жéчь (ся)	сожгýт (ся)
COND.	жёг (ся) бы	сжёг (ся) бы
	жглá (сь) бы	сожглá (сь) бы
	жглó (сь) бы	сожглó (сь) бы
	жглú (сь) бы	сожглú (сь) бы
IMP.	жгú (сь)	сожгú (сь)
	жгúте (сь)	сожгúте (сь)

DEVERBALS

PRES. ACT.	жгýщий (ся)	
PRES. PASS.		
PAST ACT.	жёгший (ся)	сжёгший (ся)
PAST PASS.		сожжённый
		сожжён, сожженá
VERBAL ADVERB		сжёгши (сь)

жечь кого – что

The pair **сжигáть** / **сжéчь** also means *to burn*.

	IMPERFECTIVE ASPECT	PERFECTIVE ASPECT
INF.	жи́ть	пожи́ть
PRES.	живу́ живёшь живёт живём живёте живу́т	
PAST	жи́л жила́ жи́ло жи́ли	по́жил пожила́ по́жило по́жили
FUT.	бу́ду жи́ть бу́дешь жи́ть бу́дет жи́ть бу́дем жи́ть бу́дете жи́ть бу́дут жи́ть	поживу́ поживёшь поживёт поживём поживёте поживу́т
COND.	жи́л бы жила́ бы жи́ло бы жи́ли бы	по́жил бы пожила́ бы по́жило бы по́жили бы
IMP.	живи́ живи́те	поживи́ поживи́те

DEVERBALS

PRES. ACT.	живу́щий	
PRES. PASS.		
PAST ACT.	жи́вший	пожи́вший
PAST PASS.		пожи́тый по́жит, пожита́, по́жито
VERBAL ADVERB	живя́	пожи́в

жи́ть с кем – чем, кем – чем на что

The negated past tense forms are **не́ жил, не жила́, не́ жило, не́ жили.**

заболева́ть / заболе́ть
to fall ill

	IMPERFECTIVE ASPECT	PERFECTIVE ASPECT
INF.	заболева́ть	заболе́ть
PRES.	заболева́ю заболева́ешь заболева́ет заболева́ем заболева́ете заболева́ют	
PAST	заболева́л заболева́ла заболева́ло заболева́ли	заболе́л заболе́ла заболе́ло заболе́ли
FUT.	бу́ду заболева́ть бу́дешь заболева́ть бу́дет заболева́ть бу́дем заболева́ть бу́дете заболева́ть бу́дут заболева́ть	заболе́ю заболе́ешь заболе́ет заболе́ем заболе́ете заболе́ют
SUBJ.	заболева́л бы заболева́ла бы заболева́ло бы заболева́ли бы	заболе́л бы заболе́ла бы заболе́ло бы заболе́ли бы
IMP.	заболева́й заболева́йте	

DEVERBALS

PRES. ACT.	заболева́ющий	
PRES. PASS.		
PAST ACT.	заболева́вший	заболе́вший
PAST PASS.		
VERBAL ADVERB	заболева́я	заболе́в

заболева́ть чем

забыва́ть (ся) / забы́ть (ся)
to forget (doze off, lose consciousness, forget oneself)

	IMPERFECTIVE ASPECT	PERFECTIVE ASPECT
INF.	забыва́ть (ся)	забы́ть (ся)
PRES.	забыва́ю (сь) забыва́ешь (ся) забыва́ет (ся) забыва́ем (ся) забыва́ете (сь) забыва́ют (ся)	
PAST	забыва́л (ся) забыва́ла (сь) забыва́ло (сь) забыва́ли (сь)	забы́л (ся) забы́ла (сь) забы́ло (сь) забы́ли (сь)
FUT.	бу́ду забыва́ть (ся) бу́дешь забыва́ть (ся) бу́дет забыва́ть (ся) бу́дем забыва́ть (ся) бу́дете забыва́ть (ся) бу́дут забыва́ть (ся)	забу́ду (сь) забу́дешь (ся) забу́дет (ся) забу́дем (ся) забу́дете (сь) забу́дут (ся)
COND.	забыва́л (ся) бы забыва́ла (сь) бы забыва́ло (сь) бы забыва́ли (сь) бы	забы́л (ся) бы забы́ла (сь) бы забы́ло (сь) бы забы́ли (сь) бы
IMP.	забыва́й (ся) забыва́йте (сь)	забу́дь (ся) забу́дьте (сь)

DEVERBALS

PRES. ACT.	забыва́ющий (ся)	
PRES. PASS.	забыва́емый	
PAST ACT.	забыва́вший (ся)	забы́вший (ся)
PAST PASS.		забы́тый
VERBAL ADVERB	забыва́я	забы́в (шись)

забыва́ть кого – что, о ком – чём

зави́довать / позави́довать
to envy

	IMPERFECTIVE ASPECT	PERFECTIVE ASPECT
INF.	зави́довать	позави́довать
PRES.	зави́дую зави́дуешь зави́дует зави́дуем зави́дуете зави́дуют	
PAST	зави́довал зави́довала зави́довало зави́довали	позави́довал позави́довала позави́довало позави́довали
FUT.	бу́ду зави́довать бу́дешь зави́довать бу́дет зави́довать бу́дем зави́довать бу́дете зави́довать бу́дут зави́довать	позави́дую позави́дуешь позави́дует позави́дуем позави́дуете позави́дуют
COND.	зави́довал бы зави́довала бы зави́довало бы зави́довали бы	позави́довал бы позави́довала бы позави́довало бы позави́довали бы
IMP.	зави́дуй зави́дуйте	позави́дуй позави́дуйте

DEVERBALS

PRES. ACT.	зави́дующий	
PRES. PASS.		
PAST ACT.	зави́довавший	позави́довавший
PAST PASS.		
VERBAL ADVERB	зави́дуя	позави́довав

зави́довать кому – чему

116

	IMPERFECTIVE ASPECT	PERFECTIVE ASPECT
INF.	зави́сеть	
PRES.	зави́шу	
	зави́сишь	
	зави́сит	
	зави́сим	
	зави́сите	
	зави́сят	
PAST	зави́сел	
	зави́села	
	зави́село	
	зави́сели	
FUT.	бу́ду зави́сеть	
	бу́дешь зави́сеть	
	бу́дет зави́сеть	
	бу́дем зави́сеть	
	бу́дете зави́сеть	
	бу́дут зави́сеть	
COND.	зави́сел бы	
	зави́села бы	
	зави́село бы	
	зави́сели бы	
IMP.		

DEVERBALS

PRES. ACT.	зави́сящий	
PRES. PASS.		
PAST ACT.	зави́севший	
PAST PASS.		
VERBAL ADVERB	зави́ся	

зави́сеть от кого – чего

завоёвывать / завоева́ть
to conquer, win, gain

	IMPERFECTIVE ASPECT	PERFECTIVE ASPECT
INF.	завоёвывать	завоева́ть
PRES.	завоёвываю	
	завоёвываешь	
	завоёвывает	
	завоёвываем	
	завоёвываете	
	завоёвывают	
PAST	завоёвывал	завоева́л
	завоёвывала	завоева́ла
	завоёвывало	завоева́ло
	завоёвывали	завоева́ли
FUT.	бу́ду завоёвывать	завою́ю
	бу́дешь завоёвывать	завою́ешь
	бу́дет завоёвывать	завою́ет
	бу́дем завоёвывать	завою́ем
	бу́дете завоёвывать	завою́ете
	бу́дут завоёвывать	завою́ют
COND.	завоёвывал бы	завоева́л бы
	завоёвывала бы	завоева́ла бы
	завоёвывало бы	завоева́ло бы
	завоёвывали бы	завоева́ли бы
IMP.	завоёвывай	завою́й
	завоёвывайте	завою́йте

DEVERBALS

PRES. ACT.	завоёвывающий	
PRES. PASS.	завоёвываемый	
PAST ACT.	завоёвывавший	завоева́вший
PAST PASS.		завоёванный
VERBAL ADVERB	завоёвывая	завоева́в

завоёвывать кого – что

to breakfast, have breakfast

	IMPERFECTIVE ASPECT	PERFECTIVE ASPECT
INF.	зáвтракать	позáвтракать
PRES.	зáвтракаю	
	зáвтракаешь	
	зáвтракает	
	зáвтракаем	
	зáвтракаете	
	зáвтракают	
PAST	зáвтракал	позáвтракал
	зáвтракала	позáвтракала
	зáвтракало	позáвтракало
	зáвтракали	позáвтракали
FUT.	бýду зáвтракать	позáвтракаю
	бýдешь зáвтракать	позáвтракаешь
	бýдет зáвтракать	позáвтракает
	бýдем зáвтракать	позáвтракаем
	бýдете зáвтракать	позáвтракаете
	бýдут зáвтракать	позáвтракают
COND.	зáвтракал бы	позáвтракал бы
	зáвтракала бы	позáвтракала бы
	зáвтракало бы	позáвтракало бы
	зáвтракали бы	позáвтракали бы
IMP.	зáвтракай	позáвтракай
	зáвтракайте	позáвтракайте

DEVERBALS

PRES. ACT.	зáвтракающий	
PRES. PASS.		
PAST ACT.	зáвтракавший	позáвтракавший
PAST PASS.		
VERBAL ADVERB	зáвтракая	позáвтракав

заговáривать (ся) / заговорúть (ся)

to talk someone else's head off, bewitch (rave on) / begin talking

	IMPERFECTIVE ASPECT	PERFECTIVE ASPECT
INF.	заговáривать (ся)	заговорúть (ся)
PRES.	заговáриваю (сь)	
	заговáриваешь (ся)	
	заговáривает (ся)	
	заговáриваем (ся)	
	заговáриваете (сь)	
	заговáривают (ся)	
PAST	заговáривал (ся)	заговорúл (ся)
	заговáривала (сь)	заговорúла (сь)
	заговáривало (сь)	заговорúло (сь)
	заговáривали (сь)	заговорúли (сь)
FUT.	бýду заговáривать (ся)	заговорю́ (сь)
	бýдешь заговáривать (ся)	заговорúшь (ся)
	бýдет заговáривать (ся)	заговорúт (ся)
	бýдем заговáривать (ся)	заговорúм (ся)
	бýдете заговáривать (ся)	заговорúте (сь)
	бýдут заговáривать (ся)	заговоря́т (ся)
COND.	заговáривал (ся) бы	заговорúл (ся) бы
	заговáривала (сь) бы	заговорúла (сь) бы
	заговáривало (сь) бы	заговорúло (сь) бы
	заговáривали (сь) бы	заговорúли (сь) бы
IMP.	заговáривай (ся)	заговорú (сь)
	заговáривайте (сь)	заговорúте (сь)

DEVERBALS

PRES. ACT.	заговáривающий (ся)	
PRES. PASS.	заговáриваемый	
PAST ACT.	заговáривавший (ся)	заговорúвший (ся)
PAST PASS.		заговорённый
		заговорён, заговоренá
VERBAL ADVERB	заговáривая (ся)	заговорúв (шись)

заговáривать кого – что

загора́ть (ся) / загоре́ть (ся)
to sunburn / *get a suntan (catch fire, burn)*

	IMPERFECTIVE ASPECT	PERFECTIVE ASPECT
INF.	загора́ть (ся)	загоре́ть (ся)
PRES.	загора́ю (сь)	
	загора́ешь (ся)	
	загора́ет (ся)	
	загора́ем (ся)	
	загора́ете (сь)	
	загора́ют (ся)	
PAST	загора́л (ся)	загоре́л (ся)
	загора́ла (сь)	загоре́ла (сь)
	загора́ло (сь)	загоре́ло (сь)
	загора́ли (сь)	загоре́ли (сь)
FUT.	бу́ду загора́ть (ся)	загорю́ (сь)
	бу́дешь загора́ть (ся)	загори́шь (ся)
	бу́дет загора́ть (ся)	загори́т (ся)
	бу́дем загора́ть (ся)	загори́м (ся)
	бу́дете загора́ть (ся)	загори́те (сь)
	бу́дут загора́ть (ся)	загоря́т (ся)
COND.	загора́л (ся) бы	загоре́л (ся) бы
	загора́ла (сь) бы	загоре́ла (сь) бы
	загора́ло (сь) бы	загоре́ло (сь) бы
	загора́ли (сь) бы	загоре́ли (сь) бы
IMP.	загора́й (ся)	загори́ (сь)
	загора́йте (сь)	загори́те (сь)

DEVERBALS

PRES. ACT.	загора́ющий (ся)	
PRES. PASS.		
PAST ACT.	загора́вший (ся)	загоре́вший (ся)
PAST PASS.		
VERBAL ADVERB	загора́я (сь)	загоре́в (шись)

задава́ть / зада́ть
to assign, give

	IMPERFECTIVE ASPECT	PERFECTIVE ASPECT
INF.	задава́ть	зада́ть
PRES.	задаю́ задаёшь задаёт задаём задаёте задаю́т	
PAST	задава́л задава́ла задава́ло задава́ли	за́дал задала́ за́дало за́дали
FUT.	бу́ду задава́ть бу́дешь задава́ть бу́дет задава́ть бу́дем задава́ть бу́дете задава́ть бу́дут задава́ть	зада́м зада́шь зада́ст задади́м задади́те зададу́т
COND.	задава́л бы задава́ла бы задава́ло бы задава́ли бы	за́дал бы задала́ бы за́дало бы за́дали бы
IMP.	задава́й задава́йте	зада́й зада́йте

DEVERBALS

PRES. ACT.	задаю́щий	
PRES. PASS.	задава́емый	
PAST ACT.	задава́вший	зада́вший
PAST PASS.		за́данный, за́дан, задана́, за́дано
VERBAL ADVERB	задава́я	зада́в

задава́ть что кому – чему

	IMPERFECTIVE ASPECT	PERFECTIVE ASPECT
INF.	заезжа́ть	зае́хать
PRES.	заезжа́ю заезжа́ешь заезжа́ет заезжа́ем заезжа́ете заезжа́ют	
PAST	заезжа́л заезжа́ла заезжа́ло заезжа́ли	зае́хал зае́хала зае́хало зае́хали
FUT.	бу́ду заезжа́ть бу́дешь заезжа́ть бу́дет заезжа́ть бу́дем заезжа́ть бу́дете заезжа́ть бу́дут заезжа́ть	зае́ду зае́дешь зае́дет зае́дем зае́дете зае́дут
COND.	заезжа́л бы заезжа́ла бы заезжа́ло бы заезжа́ли бы	зае́хал бы зае́хала бы зае́хало бы зае́хали бы
IMP.	заезжа́й заезжа́йте	

DEVERBALS

PRES. ACT.	заезжа́ющий	
PRES. PASS.		
PAST ACT.	заезжа́вший	зае́хавший
PAST PASS.		
VERBAL ADVERB	заезжа́я	зае́хав

заезжа́ть за кем – чем, к кому, во что

зака́зывать / заказа́ть
to order, reserve

	IMPERFECTIVE ASPECT	PERFECTIVE ASPECT
INF.	зака́зывать	заказа́ть
PRES.	зака́зываю зака́зываешь зака́зывает зака́зываем зака́зываете зака́зывают	
PAST	зака́зывал зака́зывала зака́зывало зака́зывали	заказа́л заказа́ла заказа́ло заказа́ли
FUT.	бу́ду зака́зывать бу́дешь зака́зывать бу́дет зака́зывать бу́дем зака́зывать бу́дете зака́зывать бу́дут зака́зывать	закажу́ зака́жешь зака́жет зака́жем зака́жете зака́жут
COND.	зака́зывал бы зака́зывала бы зака́зывало бы зака́зывали бы	заказа́л бы заказа́ла бы заказа́ло бы заказа́ли бы
IMP.	зака́зывай зака́зывайте	закажи́ закажи́те

DEVERBALS

PRES. ACT.	зака́зывающий	
PRES. PASS.	зака́зываемый	
PAST ACT.	зака́зывавший	заказа́вший
PAST PASS.		зака́занный
VERBAL ADVERB	зака́зывая	заказа́в

зака́зывать что

124

заканчивать (ся) / закончить (ся)

to finish (come to an end)

	IMPERFECTIVE ASPECT	PERFECTIVE ASPECT
INF.	заканчивать (ся)	закончить (ся)
PRES.	заканчиваю заканчиваешь заканчивает (ся) заканчиваем заканчиваете заканчивают (ся)	
PAST	заканчивал (ся) заканчивала (сь) заканчивало (сь) заканчивали (сь)	закончил (ся) закончила (сь) закончило (сь) закончили (сь)
FUT.	буду заканчивать будешь заканчивать будет заканчивать (ся) будем заканчивать будете заканчивать будут заканчивать (ся)	закончу закончишь закончит (ся) закончим закончите закончат (ся)
COND.	заканчивал (ся) бы заканчивала (сь) бы заканчивало (сь) бы заканчивали (сь) бы	закончил (ся) бы закончила (сь) бы закончило (сь) бы закончили (сь) бы
IMP.	заканчивай заканчивайте	закончи закончите

DEVERBALS

PRES. ACT.	заканчивающий (ся)	
PRES. PASS.	заканчиваемый	
PAST ACT.	заканчивавший (ся)	закончивший (ся)
PAST PASS.		законченный
VERBAL ADVERB	заканчивая (сь)	закончив (шись)

заканчивать что

заключа́ть (ся) / заключи́ть (ся)
to conclude, end, imprison (consist of)

	IMPERFECTIVE ASPECT	PERFECTIVE ASPECT
INF.	заключа́ть(ся)	заключи́ть (ся)
PRES.	заключа́ю (сь) заключа́ешь (ся) заключа́ет (ся) заключа́ем (ся) заключа́ете (сь) заключа́ют (ся)	
PAST	заключа́л (ся) заключа́ла (сь) заключа́ло (сь) заключа́ли (сь)	заключи́л (ся) заключи́ла (сь) заключи́ло (сь) заключи́ли (сь)
FUT.	бу́ду заключа́ть (ся) бу́дешь заключа́ть (ся) бу́дет заключа́ть (ся) бу́дем заключа́ть (ся) бу́дете заключа́ть (ся) бу́дут заключа́ть (ся)	заключу́ (сь) заключи́шь (ся) заключи́т (ся) заключи́м (ся) заключи́те (сь) заключа́т (ся)
COND.	заключа́л (ся) бы заключа́ла (сь) бы заключа́ло (сь) бы заключа́ли (сь) бы	заключи́л (ся) бы заключи́ла (сь) бы заключи́ло (сь) бы заключи́ли (сь) бы
IMP.	заключа́й (ся) заключа́йте (сь)	заключи́ (сь) заключи́те (сь)

DEVERBALS

PRES. ACT.	заключа́ющий (ся)	
PRES. PASS.	заключа́емый	
PAST ACT.	заключа́вший (ся)	заключи́вший (ся)
PAST PASS.		заключённый
VERBAL ADVERB	заключа́я	заключи́в (шись)

заключа́ть что чем, кого — что во что
заключа́ться в чём, чем

закрыва́ть (ся) / закры́ть (ся)
to shut, close (be closed)

	IMPERFECTIVE ASPECT	PERFECTIVE ASPECT
INF.	закрыва́ть (ся)	закры́ть (ся)
PRES.	закрыва́ю (сь) закрыва́ешь (ся) закрыва́ет (ся) закрыва́ем (ся) закрыва́ете (сь) закрыва́ют (ся)	
PAST	закрыва́л (ся) закрыва́ла (сь) закрыва́ло (сь) закрыва́ли (сь)	закры́л (ся) закры́ла (сь) закры́ло (сь) закры́ли (сь)
FUT.	бу́ду закрыва́ть (ся) бу́дешь закрыва́ть (ся) бу́дет закрыва́ть (ся) бу́дем закрыва́ть (ся) бу́дете закрыва́ть (ся) бу́дут закрыва́ть (ся)	закро́ю (ся) закро́ешь (ся) закро́ет (ся) закро́ем (ся) закро́ете (сь) закро́ют (ся)
COND.	закрыва́л (ся) бы закрыва́ла (сь) бы закрыва́ло (сь) бы закрыва́ли (сь) бы	закры́л (ся) бы закры́ла (сь) бы закры́ло (сь) бы закры́ли (сь) бы
IMP.	закрыва́й (ся) закрыва́йте (сь)	закро́й (ся) закро́йте (сь)

DEVERBALS

PRES. ACT.	закрыва́ющий (ся)	
PRES. PASS.	закрыва́емый	
PAST ACT.	закрыва́вший (ся)	закры́вший (ся)
PAST PASS.		закры́тый
VERBAL ADVERB	закрыва́я (сь)	закры́в (шись)

закрыва́ть кого – что

127

заменя́ть / замени́ть
to replace, take the place of

	IMPERFECTIVE ASPECT	PERFECTIVE ASPECT
INF.	заменя́ть	замени́ть
PRES.	заменя́ю заменя́ешь заменя́ет заменя́ем заменя́ете заменя́ют	
PAST	заменя́л заменя́ла заменя́ло заменя́ли	замени́л замени́ла замени́ло замени́ли
FUT.	бу́ду заменя́ть бу́дешь заменя́ть бу́дет заменя́ть бу́дем заменя́ть бу́дете заменя́ть бу́дут заменя́ть	заменю́ заме́нишь заме́нит заме́ним заме́ните заме́нят
COND.	заменя́л бы заменя́ла бы заменя́ло бы заменя́ли бы	замени́л бы замени́ла бы замени́ло бы замени́ли бы
IMP.	заменя́й заменя́йте	замени́ замени́те

DEVERBALS

PRES. ACT.	заменя́ющий	
PRES. PASS.	заменя́емый	
PAST ACT.	заменя́вший	замени́вший
PAST PASS.		заменённый заменён, заменена́
VERBAL ADVERB	заменя́я	замени́в

заменя́ть кого – что кем – чем, кому – чему

замерза́ть / замёрзнуть
to freeze / freeze to death

	IMPERFECTIVE ASPECT	PERFECTIVE ASPECT
INF.	замерза́ть	замёрзнуть
PRES.	замерза́ю замерза́ешь замерза́ет замерза́ем замерза́ете замерза́ют	
PAST	замерза́л замерза́ла замерза́ло замерза́ли	замёрз замёрзла замёрзло замёрзли
FUT.	бу́ду замерза́ть бу́дешь замерза́ть бу́дет замерза́ть бу́дем замерза́ть бу́дете замерза́ть бу́дут замерза́ть	замёрзну замёрзнешь замёрзнет замёрзнем замёрзнете замёрзнут
COND.	замерза́л бы замерза́ла бы замерза́ло бы замерза́ли бы	замёрз бы замёрзла бы замёрзло бы замёрзли бы
IMP.	замерза́й замерза́йте	замёрзни замёрзните

DEVERBALS

PRES. ACT.	замерза́ющий	
PRES. PASS.		
PAST ACT.	замерза́вший	замёрзший
PAST PASS.		
VERBAL ADVERB	замерза́я	замёрзнув, замёрзши

замеча́ть / заме́тить
to notice, observe, take note of

	IMPERFECTIVE ASPECT	PERFECTIVE ASPECT
INF.	замеча́ть	заме́тить
PRES.	замеча́ю	
	замеча́ешь	
	замеча́ет	
	замеча́ем	
	замеча́ете	
	замеча́ют	
PAST	замеча́л	заме́тил
	замеча́ла	заме́тила
	замеча́ло	заме́тило
	замеча́ли	заме́тили
FUT.	бу́ду замеча́ть	заме́чу
	бу́дешь замеча́ть	заме́тишь
	бу́дет замеча́ть	заме́тит
	бу́дем замеча́ть	заме́тим
	бу́дете замеча́ть	заме́тите
	бу́дут замеча́ть	заме́тят
COND.	замеча́л бы	заме́тил бы
	замеча́ла бы	заме́тила бы
	замеча́ло бы	заме́тило бы
	замеча́ли бы	заме́тили бы
IMP.	замеча́й	заме́ть
	замеча́йте	заме́тьте

DEVERBALS

PRES. ACT.	замеча́ющий	
PRES. PASS.	замеча́емый	
PAST ACT.	замеча́вший	заме́тивший
PAST PASS.		заме́ченный
VERBAL ADVERB	замеча́я	заме́тив

замеча́ть кого − что

занима́ть (ся) / заня́ть (ся)
to occupy, borrow (be occupied, engaged in)

	IMPERFECTIVE ASPECT	PERFECTIVE ASPECT
INF.	занима́ть (ся)	заня́ть (ся)
PRES.	занима́ю (сь) занима́ешь (ся) занима́ет (ся) занима́ем (ся) занима́ете (сь) занима́ют (ся)	
PAST	занима́л (ся) занима́ла (сь) занима́ло (сь) занима́ли (сь)	за́нял – занялся́ заняла́ (сь) за́няло – заняло́сь за́няли – заняли́сь
FUT.	бу́ду занима́ть (ся) бу́дешь занима́ть (ся) бу́дет занима́ть (ся) бу́дем занима́ть (ся) бу́дете занима́ть (ся) бу́дут занима́ть (ся)	займу́ (сь) займёшь (ся) займёт (ся) займём (ся) займёте (сь) займу́т (ся)
COND.	занима́л (ся) бы занима́ла (сь) бы занима́ло (сь) бы занима́ли (сь) бы	за́нял – занялся́ бы заняла́ (сь) бы за́няло – заняло́сь бы за́няли – заняли́сь бы
IMP.	занима́й (ся) занима́йте (сь)	займи́ (сь) займи́те (сь)

DEVERBALS

PRES. ACT.	занима́ющий (ся)	
PRES. PASS.	занима́емый	
PAST ACT.	занима́вший (ся)	заня́вший (ся)
PAST PASS.		за́нятый за́нят, занята́, за́нято
VERBAL ADVERB	занима́я (сь)	заня́в (шись)

занима́ть что – кого, что у кого
занима́ться чем

записывать (ся) / записа́ть (ся)
to write down, make a note (register, make an appointment)

	IMPERFECTIVE ASPECT	PERFECTIVE ASPECT
INF.	запи́сывать (ся)	записа́ть (ся)
PRES.	запи́сываю (сь) запи́сываешь (ся) запи́сывает (ся) запи́сываем (ся) запи́сываете (сь) запи́сывают (ся)	
PAST	запи́сывал (ся) запи́сывала (сь) запи́сывало (сь) запи́сывали (сь)	записа́л (ся) записа́ла (сь) записа́ло (сь) записа́ли (сь)
FUT.	бу́ду запи́сывать (ся) бу́дешь запи́сывать (ся) бу́дет запи́сывать (ся) бу́дем запи́сывать (ся) бу́дете запи́сывать (ся) бу́дут запи́сывать (ся)	запишу́ (сь) запи́шешь (ся) запи́шет (ся) запи́шем (ся) запи́шете (сь) запи́шут (ся)
COND.	запи́сывал (ся) бы запи́сывала (сь) бы запи́сывало (сь) бы запи́сывали (сь) бы	записа́л (ся) бы записа́ла (сь) бы записа́ло (сь) бы записа́ли (сь) бы
IMP.	запи́сывай (ся) запи́сывайте (сь)	запиши́ (сь) запиши́те (сь)

DEVERBALS

PRES. ACT.	запи́сывающий (ся)	
PRES. PASS.	запи́сываемый	
PAST ACT.	запи́сывавший (ся)	записа́вший (ся)
PAST PASS.		запи́санный
VERBAL ADVERB	запи́сывая (сь)	записа́в (шись)

запи́сывать кого – что, на что

запомина́ть (ся) / запо́мнить (ся)
to remember, keep in mind (remain in someone's memory)

	IMPERFECTIVE ASPECT	PERFECTIVE ASPECT
INF.	запомина́ть (ся)	запо́мнить (ся)
PRES.	запомина́ю (сь) запомина́ешь (ся) запомина́ет (ся) запомина́ем (ся) запомина́ете (сь) запомина́ют (ся)	
PAST	запомина́л (ся) запомина́ла (сь) запомина́ло (сь) запомина́ли (сь)	запо́мнил (ся) запо́мнила (сь) запо́мнило (сь) запо́мнили (сь)
FUT.	бу́ду запомина́ть (ся) бу́дешь запомина́ть (ся) бу́дет запомина́ть (ся) бу́дем запомина́ть (ся) бу́дете запомина́ть (ся) бу́дут запомина́ть (ся)	запо́мню (сь) запо́мнишь (ся) запо́мнит (ся) запо́мним (ся) запо́мните (сь) запо́мнят (ся)
COND.	запомина́л (ся) бы запомина́ла (сь) бы запомина́ло (сь) бы запомина́ли (сь) бы	запо́мнил (ся) бы запо́мнила (сь) бы запо́мнило (сь) бы запо́мнили (сь) бы
IMP.	запомина́й (ся) запомина́йте (сь)	запо́мни (сь) запо́мните (сь)

DEVERBALS

PRES. ACT.	запомина́ющий (ся)	
PRES. PASS.	запомина́емый	
PAST ACT.	запомина́вший (ся)	запо́мнивший (ся)
PAST PASS.		запо́мненный
VERBAL ADVERB	запомина́я (сь)	запо́мнив (шись)

запомина́ть кого – что

зараба́тывать / зарабо́тать
to earn / begin to work

	IMPERFECTIVE ASPECT	PERFECTIVE ASPECT
INF.	зараба́тывать	зарабо́тать
PRES.	зараба́тываю	
	зараба́тываешь	
	зараба́тывает	
	зараба́тываем	
	зараба́тываете	
	зараба́тывают	
PAST	зараба́тывал	зарабо́тал
	зараба́тывала	зарабо́тала
	зараба́тывало	зарабо́тало
	зараба́тывали	зарабо́тали
FUT.	бу́ду зараба́тывать	зарабо́таю
	бу́дешь зараба́тывать	зарабо́таешь
	бу́дет зараба́тывать	зарабо́тает
	бу́дем зараба́тывать	зарабо́таем
	бу́дете зараба́тывать	зарабо́таете
	бу́дут зараба́тывать	зарабо́тают
COND.	зараба́тывал бы	зарабо́тал бы
	зараба́тывала бы	зарабо́тала бы
	зараба́тывало бы	зарабо́тало бы
	зараба́тывали бы	зарабо́тали бы
IMP.	зараба́тывай	зарабо́тай
	зараба́тывайте	зарабо́тайте
	DEVERBALS	
PRES. ACT.	зараба́тывающий	
PRES. PASS.	зараба́тываемый	
PAST ACT.	зараба́тывавший	зарабо́тавший
PAST PASS.		зарабо́танный
VERBAL ADVERB	зараба́тывая	зарабо́тав

зараба́тывать что

	IMPERFECTIVE ASPECT	PERFECTIVE ASPECT
INF.	заставля́ть	заста́вить
PRES.	заставля́ю заставля́ешь заставля́ет заставля́ем заставля́ете заставля́ют	
PAST	заставля́л заставля́ла заставля́ло заставля́ли	заста́вил заста́вила заста́вило заста́вили
FUT.	бу́ду заставля́ть бу́дешь заставля́ть бу́дет заставля́ть бу́дем заставля́ть бу́дете заставля́ть бу́дут заставля́ть	заста́влю заста́вишь заста́вит заста́вим заста́вите заста́вят
COND.	заставля́л бы заставля́ла бы заставля́ло бы заставля́ли бы	заста́вил бы заста́вила бы заста́вило бы заста́вили бы
IMP.	заставля́й заставля́йте	заста́вь заста́вьте

DEVERBALS

PRES. ACT.	заставля́ющий	
PRES. PASS.	заставля́емый	
PAST ACT.	заставля́вший	заста́вивший
PAST PASS.		заста́вленный
VERBAL ADVERB	заставля́я	заста́вив

заставля́ть кого́ – что + infinitive

засыпа́ть / засну́ть
to fall asleep

	IMPERFECTIVE ASPECT	PERFECTIVE ASPECT
INF.	засыпа́ть	засну́ть
PRES.	засыпа́ю	
	засыпа́ешь	
	засыпа́ет	
	засыпа́ем	
	засыпа́ете	
	засыпа́ют	
PAST	засыпа́л	засну́л
	засыпа́ла	засну́ла
	засыпа́ло	засну́ло
	засыпа́ли	засну́ли
FUT.	бу́ду засыпа́ть	засну́
	бу́дешь засыпа́ть	заснёшь
	бу́дет засыпа́ть	заснёт
	бу́дем засыпа́ть	заснём
	бу́дете засыпа́ть	заснёте
	бу́дут засыпа́ть	засну́т
COND.	засыпа́л бы	засну́л бы
	засыпа́ла бы	засну́ла бы
	засыпа́ло бы	засну́ло бы
	засыпа́ли бы	засну́ли бы
IMP.	засыпа́й	засни́
	засыпа́йте	засни́те
	DEVERBALS	
PRES. ACT.	засыпа́ющий	
PRES. PASS.		
PAST ACT.	засыпа́вший	засну́вший
PAST PASS.		
VERBAL ADVERB	засыпа́я	засну́в

Do not confuse with **засыпа́ть (ся) / засыпа́ть (ся)** meaning *to fill up, cover, strew (be caught or fail)*.

	IMPERFECTIVE ASPECT	PERFECTIVE ASPECT
INF.	захва́тывать	захвати́ть
PRES.	захва́тываю захва́тываешь захва́тывает захва́тываем захва́тываете захва́тывают	
PAST	захва́тывал захва́тывала захва́тывало захва́тывали	захвати́л захвати́ла захвати́ло захвати́ли
FUT.	бу́ду захва́тывать бу́дешь захва́тывать бу́дет захва́тывать бу́дем захва́тывать бу́дете захва́тывать бу́дут захва́тывать	захвачу́ захва́тишь захва́тит захва́тим захва́тите захва́тят
COND.	захва́тывал бы захва́тывала бы захва́тывало бы захва́тывали бы	захвати́л бы захвати́ла бы захвати́ло бы захвати́ли бы
IMP.	захва́тывай захва́тывайте	захвати́ захвати́те

DEVERBALS

PRES. ACT.	захва́тывающий	
PRES. PASS.	захва́тываемый	
PAST ACT.	захва́тывавший	захвати́вший
PAST PASS.		захва́ченный
VERBAL ADVERB	захва́тывая	захвати́в

захва́тывать кого – что

заходи́ть / зайти́
to drop by, call for

	IMPERFECTIVE ASPECT	PERFECTIVE ASPECT
INF.	заходи́ть	зайти́
PRES.	захожу́ захо́дишь захо́дит захо́дим захо́дите захо́дят	
PAST	заходи́л заходи́ла заходи́ло заходи́ли	зашёл зашла́ зашло́ зашли́
FUT.	бу́ду заходи́ть бу́дешь заходи́ть бу́дет заходи́ть бу́дем заходи́ть бу́дете заходи́ть бу́дут заходи́ть	зайду́ зайдёшь зайдёт зайдём зайдёте зайду́т
COND.	заходи́л бы заходи́ла бы заходи́ло бы заходи́ли бы	зашёл бы зашла́ бы зашло́ бы зашли́ бы
IMP.	заходи́ заходи́те	зайди́ зайди́те

DEVERBALS

PRES. ACT.	заходя́щий	
PRES. PASS.		
PAST ACT.	заходи́вший	заше́дший
PAST PASS.		
VERBAL ADVERB	заходя́	зайдя́

зайти́ к кому – чему, за кем – чем

138

защища́ть (ся) / защити́ть (ся)
to defend, protect (defend oneself)

	IMPERFECTIVE ASPECT	PERFECTIVE ASPECT
INF.	защища́ть (ся)	защити́ть (ся)
PRES.	защища́ю (сь) защища́ешь (ся) защища́ет (ся) защища́ем (ся) защища́ете (сь) защища́ют (ся)	
PAST	защища́л (ся) защища́ла (сь) защища́ло (сь) защища́ли (сь)	защити́л (ся) защити́ла (сь) защити́ло (сь) защити́ли (сь)
FUT.	бу́ду защища́ть (ся) бу́дешь защища́ть (ся) бу́дет защища́ть (ся) бу́дем защища́ть (ся) бу́дете защища́ть (ся) бу́дут защища́ть (ся)	защищу́ (сь) защити́шь (ся) защити́т (ся) защити́м (ся) защити́те (сь) защитя́т (ся)
COND.	защища́л (ся) бы защища́ла (сь) бы защища́ло (сь) бы защища́ли (сь) бы	защити́л (ся) бы защити́ла (сь) бы защити́ло (сь) бы защити́ли (сь) бы
IMP.	защища́й (ся) защища́йте (сь)	защити́ (сь) защити́те (сь)

DEVERBALS

PRES. ACT.	защища́ющий (ся)	
PRES. PASS.	защища́емый	
PAST ACT.	защища́вший (ся)	защити́вший (ся)
PAST PASS.		защищённый защищён, защищена́
VERBAL ADVERB	защища́я (сь)	защити́в (шись)

защища́ть кого – что от кого – чего

зва́ть (ся) / позва́ть
to call, ask, invite (be called)

	IMPERFECTIVE ASPECT	PERFECTIVE ASPECT
INF.	зва́ть (ся)	позва́ть
PRES.	зову́ (сь) зовёшь (ся) зовёт (ся) зовём (ся) зовёте (сь) зову́т (ся)	
PAST	зва́л – зва́лся звала́ (сь) зва́ло – зва́лось зва́ли – зва́лись	позва́л позвала́ позва́ло позва́ли
FUT.	бу́ду зва́ть (ся) бу́дешь зва́ть (ся) бу́дет зва́ть (ся) бу́дем зва́ть (ся) бу́дете зва́ть (ся) бу́дут зва́ть (ся)	позову́ позовёшь позовёт позовём позовёте позову́т
COND.	зва́л – зва́лся бы звала́ (сь) бы зва́ло – зва́лось бы зва́ли – зва́лись бы	позва́л бы позвала́ бы позва́ло бы позва́ли бы
IMP.	зови́ (сь) зови́те (сь)	позови́ позови́те

DEVERBALS

PRES. ACT.	зову́щий (ся)	
PRES. PASS.		
PAST ACT.	зва́вший (ся)	позва́вший
PAST PASS.	зва́нный зва́н, звана́, зва́но	по́званный
VERBAL ADVERB	зовя́ (сь)	позва́в

зва́ть кого – что кем – чем
Как вас зову́т? *What is your name?* **Меня́** зову́т____. *My name is ____.*

140

	IMPERFECTIVE ASPECT	PERFECTIVE ASPECT
INF.	звони́ть (ся)	позвони́ть (ся)
PRES.	звоню́ (сь)	
	звони́шь (ся)	
	звони́т (ся)	
	звони́м (ся)	
	звони́те (сь)	
	звоня́т (ся)	
PAST	звони́л (ся)	позвони́л (ся)
	звони́ла (сь)	позвони́ла (сь)
	звони́ло (сь)	позвони́ло (сь)
	звони́ли (сь)	позвони́ли (сь)
FUT.	бу́ду звони́ть (ся)	позвоню́ (сь)
	бу́дешь звони́ть (ся)	позвони́шь (ся)
	бу́дет звони́ть (ся)	позвони́т (ся)
	бу́дем звони́ть (ся)	позвони́м (ся)
	бу́дете звони́ть (ся)	позвони́те (сь)
	бу́дут звони́ть (ся)	позвоня́т (ся)
COND.	звони́л (ся) бы	позвони́л (ся) бы
	звони́ла (сь) бы	позвони́ла (сь) бы
	звони́ло (сь) бы	позвони́ло (сь) бы
	звони́ли (сь) бы	позвони́ли (сь) бы
IMP.	звони́ (сь)	позвони́ (сь)
	звони́те (сь)	позвони́те (сь)

DEVERBALS

PRES. ACT.	звоня́щий (ся)	
PRES. PASS.		
PAST ACT.	звони́вший (ся)	позвони́вший (ся)
PAST PASS.		
VERBAL ADVERB	звоня́ (сь)	позвони́в (шись)

звони́ть кому́ во что

звуча́ть / прозвуча́ть
to be heard, sound

	IMPERFECTIVE ASPECT	PERFECTIVE ASPECT
INF.	звуча́ть	прозвуча́ть
PRES.	звучу́ звучи́шь звучи́т звучи́м звучи́те звуча́т	
PAST	звуча́л звуча́ла звуча́ло звуча́ли	прозвуча́л прозвуча́ла прозвуча́ло прозвуча́ли
FUT.	бу́ду звуча́ть бу́дешь звуча́ть бу́дет звуча́ть бу́дем звуча́ть бу́дете звуча́ть бу́дут звуча́ть	прозвучи́т прозвуча́т
COND.	звуча́л бы звуча́ла бы звуча́ло бы звуча́ли бы	прозвуча́л бы прозвуча́ла бы прозвуча́ло бы прозвуча́ли бы
IMP.	звучи́ звучи́те	

DEVERBALS

PRES. ACT.	звуча́щий	
PRES. PASS.		
PAST ACT.	звуча́вший	прозвуча́вший
PAST PASS.		
VERBAL ADVERB	звуча́	прозвуча́в

звуча́ть чем

здоро́ваться / поздоро́ваться

to greet

	IMPERFECTIVE ASPECT	PERFECTIVE ASPECT
INF.	здоро́ваться	поздоро́ваться
PRES.	здоро́ваюсь	
	здоро́ваешься	
	здоро́вается	
	здоро́ваемся	
	здоро́ваетесь	
	здоро́ваются	
PAST	здоро́вался	поздоро́вался
	здоро́валась	поздоро́валась
	здоро́валось	поздоро́валось
	здоро́вались	поздоро́вались
FUT.	бу́ду здоро́ваться	поздоро́ваюсь
	бу́дешь здоро́ваться	поздоро́ваешься
	бу́дет здоро́ваться	поздоро́вается
	бу́дем здоро́ваться	поздоро́ваемся
	бу́дете здоро́ваться	поздоро́ваетесь
	бу́дут здоро́ваться	поздоро́ваются
COND.	здоро́вался бы	поздоро́вался бы
	здоро́валась бы	поздоро́валась бы
	здоро́валось бы	поздоро́валось бы
	здоро́вались бы	поздоро́вались бы
IMP.	здоро́вайся	поздоро́вайся
	здоро́вайтесь	поздоро́вайтесь

DEVERBALS

PRES. ACT.	здоро́вающийся	
PRES. PASS.		
PAST ACT.	здоро́вавшийся	поздоро́вавшийся
PAST PASS.		
VERBAL ADVERB	здоро́ваясь	поздоро́вавшись

здоро́ваться с кем

знакóмить (ся) / познакóмить (ся)
to acquaint, introduce (get acquainted, meet)

	IMPERFECTIVE ASPECT	PERFECTIVE ASPECT
INF.	знакóмить (ся)	познакóмить (ся)
PRES.	знакóмлю (сь)	
	знакóмишь (ся)	
	знакóмит (ся)	
	знакóмим (ся)	
	знакóмите (сь)	
	знакóмят (ся)	
PAST	знакóмил (ся)	познакóмил (ся)
	знакóмила (сь)	познакóмила (сь)
	знакóмило (сь)	познакóмило (сь)
	знакóмили (сь)	познакóмили (сь)
FUT.	бýду знакóмить (ся)	познакóмлю (сь)
	бýдешь знакóмить (ся)	познакóмишь (ся)
	бýдет знакóмить (ся)	познакóмит (ся)
	бýдем знакóмить (ся)	познакóмим (ся)
	бýдете знакóмить (ся)	познакóмите (сь)
	бýдут знакóмить (ся)	познакóмят (ся)
COND.	знакóмил (ся) бы	познакóмил (ся) бы
	знакóмила (сь) бы	познакóмила (сь) бы
	знакóмило (сь) бы	познакóмило (сь) бы
	знакóмили (сь) бы	познакóмили (сь) бы
IMP.	знакóмь (ся)	познакóмь (ся)
	знакóмьте (сь)	познакóмьте (сь)

DEVERBALS

PRES. ACT.	знакóмящий (ся)	
PRES. PASS.		
PAST ACT.	знакóмивший (ся)	познакóмивший (ся)
PAST PASS.		познакóмленный
VERBAL ADVERB	знакóмя (сь)	познакóмив (шись)

знакóмить кого – что с кем – чем
знакóмиться с кем – чем

144

	IMPERFECTIVE ASPECT	PERFECTIVE ASPECT
INF.	зна́ть	
PRES.	зна́ю	
	зна́ешь	
	зна́ет	
	зна́ем	
	зна́ете	
	зна́ют	
PAST	зна́л	
	зна́ла	
	зна́ло	
	зна́ли	
FUT.	бу́ду зна́ть	
	бу́дешь зна́ть	
	бу́дет зна́ть	
	бу́дем зна́ть	
	бу́дете зна́ть	
	бу́дут зна́ть	
COND.	зна́л бы	
	зна́ла бы	
	зна́ло бы	
	зна́ли бы	
IMP.	зна́й	
	зна́йте	

DEVERBALS

PRES. ACT.	зна́ющий	
PRES. PASS.		
PAST ACT.	зна́вший	
PAST PASS.		
VERBAL ADVERB	зна́я	

зна́ть кого́ – что, о ком – чём

145

зна́чить

to mean, signify

	IMPERFECTIVE ASPECT	PERFECTIVE ASPECT
INF.	зна́чить	
PRES.	зна́чу	
	зна́чишь	
	зна́чит	
	зна́чим	
	зна́чите	
	зна́чат	
PAST	зна́чил	
	зна́чила	
	зна́чило	
	зна́чили	
FUT.	бу́ду зна́чить	
	бу́дешь зна́чить	
	бу́дет зна́чить	
	бу́дем зна́чить	
	бу́дете зна́чить	
	бу́дут зна́чить	
COND.	зна́чил бы	
	зна́чила бы	
	зна́чило бы	
	зна́чили бы	
IMP.		

DEVERBALS

PRES. ACT.	зна́чащий	
PRES. PASS.		
PAST ACT.	зна́чивший	
PAST PASS.		
VERBAL ADVERB	зна́ча	

зна́чить что

146

	IMPERFECTIVE ASPECT	PERFECTIVE ASPECT
INF.	игра́ть	сыгра́ть
PRES.	игра́ю игра́ешь игра́ет игра́ем игра́ете игра́ют	
PAST	игра́л игра́ла игра́ло игра́ли	сыгра́л сыгра́ла сыгра́ло сыгра́ли
FUT.	бу́ду игра́ть бу́дешь игра́ть бу́дет игра́ть бу́дем игра́ть бу́дете игра́ть бу́дут игра́ть	сыгра́ю сыгра́ешь сыгра́ет сыгра́ем сыгра́ете сыгра́ют
COND.	игра́л бы игра́ла бы игра́ло бы игра́ли бы	сыгра́л бы сыгра́ла бы сыгра́ло бы сыгра́ли бы
IMP.	игра́й игра́йте	сыгра́й сыгра́йте

DEVERBALS

PRES. ACT.	игра́ющий	
PRES. PASS.	игра́емый	
PAST ACT.	игра́вший	сыгра́вший
PAST PASS.		сы́гранный
VERBAL ADVERB	игра́я	сыгра́в

игра́ть кого – что, во что, на чём, кем – чем, с кем – чем

избега́ть / избежа́ть
to avoid, escape

	IMPERFECTIVE ASPECT	PERFECTIVE ASPECT
INF.	избега́ть	избежа́ть
PRES.	избега́ю избега́ешь избега́ет избега́ем избега́ете избега́ют	
PAST	избега́л избега́ла избега́ло избега́ли	избежа́л избежа́ла избежа́ло избежа́ли
FUT.	бу́ду избега́ть бу́дешь избега́ть бу́дет избега́ть бу́дем избега́ть бу́дете избега́ть бу́дут избега́ть	избегу́ избежи́шь избежи́т избежи́м избежи́те избегу́т
COND.	избега́л бы избега́ла бы избега́ло бы избега́ли бы	избежа́л бы избежа́ла бы избежа́ло бы избежа́ли бы
IMP.	избега́й избега́йте	избеги́ избеги́те
DEVERBALS		
PRES. ACT.	избега́ющий	
PRES. PASS.	избега́емый	
PAST ACT.	избега́вший	избежа́вший
PAST PASS.		
VERBAL ADVERB	избега́я	избежа́в

избега́ть кого́ – чего́

Another perfective verb is **избе́гнуть**.

извиня́ть (ся) / извини́ть (ся)
to excuse, pardon (apologize, be excused)

	IMPERFECTIVE ASPECT	PERFECTIVE ASPECT
INF.	извиня́ть (ся)	извини́ть (ся)
PRES.	извиня́ю (сь)	
	извиня́ешь (ся)	
	извиня́ет (ся)	
	извиня́ем (ся)	
	извиня́ете (сь)	
	извиня́ют (ся)	
PAST	извини́л (ся)	извини́л (ся)
	извиня́ла (сь)	извини́ла (сь)
	извиня́ло (сь)	извини́ло (сь)
	извиня́ли (сь)	извини́ли (сь)
FUT.	бу́ду извиня́ть (ся)	извиню́ (сь)
	бу́дешь извиня́ть (ся)	извини́шь (ся)
	бу́дет извиня́ть (ся)	извини́т (ся)
	бу́дем извиня́ть (ся)	извини́м (ся)
	бу́дете извиня́ть (ся)	извини́те (сь)
	бу́дут извиня́ть (ся)	извиня́т (ся)
COND.	извини́л (ся) бы	извини́л (ся) бы
	извиня́ла (сь) бы	извини́ла (сь) бы
	извиня́ло (сь) бы	извини́ло (сь) бы
	извиня́ли (сь) бы	извини́ли (сь) бы
IMP.	извиня́й (ся)	извини́ (сь)
	извиня́йте (сь)	извини́те (сь)

DEVERBALS

PRES. ACT.	извиня́ющий (ся)	
PRES. PASS.	извиня́емый	
PAST ACT.	извиня́вший (ся)	извини́вший (ся)
PAST PASS.		извинённый
		извинён, извинена́
VERBAL ADVERB	извиня́я (сь)	извини́в (шись)

извиня́ть кого – что за что, кому что
извиня́ться перед кем

издава́ть / изда́ть
to issue, publish

	IMPERFECTIVE ASPECT	PERFECTIVE ASPECT
INF.	издава́ть	изда́ть
PRES.	издаю́	
	издаёшь	
	издаёт	
	издаём	
	издаёте	
	издаю́т	
PAST	издава́л	изда́л
	издава́ла	издала́
	издава́ло	изда́ло
	издава́ли	изда́ли
FUT.	бу́ду издава́ть	изда́м
	бу́дешь издава́ть	изда́шь
	бу́дет издава́ть	изда́ст
	бу́дем издава́ть	издади́м
	бу́дете издава́ть	издади́те
	бу́дут издава́ть	издаду́т
COND.	издава́л бы	изда́л бы
	издава́ла бы	издала́ бы
	издава́ло бы	изда́ло бы
	издава́ли бы	изда́ли бы
IMP.	издава́й	изда́й
	издава́йте	изда́йте

DEVERBALS

PRES. ACT.	издаю́щий	
PRES. PASS.	издава́емый	
PAST ACT.	издава́вший	изда́вший
PAST PASS.		и́зданный
		и́здан, издана́, и́здано
VERBAL ADVERB	издава́я	изда́в

издава́ть что

изменя́ть (ся) / измени́ть (ся)
to change, alter, betray (change, vary)

	IMPERFECTIVE ASPECT	PERFECTIVE ASPECT
INF.	изменя́ть (ся)	измени́ть (ся)
PRES.	изменя́ю (сь) изменя́ешь (ся) изменя́ет (ся) изменя́ем (ся) изменя́ете (сь) изменя́ют (ся)	
PAST	изменя́л (ся) изменя́ла (сь) изменя́ло (сь) изменя́ли (сь)	измени́л (ся) измени́ла (сь) измени́ло (сь) измени́ли (сь)
FUT.	бу́ду изменя́ть (ся) бу́дешь изменя́ть (ся) бу́дет изменя́ть (ся) бу́дем изменя́ть (ся) бу́дете изменя́ть (ся) бу́дут изменя́ть (ся)	изменю́ (сь) изме́нишь (ся) изме́нит (ся) изме́ним (ся) изме́ните (сь) изме́нят (ся)
COND.	изменя́л (ся) бы изменя́ла (сь) бы изменя́ло (сь) бы изменя́ли (сь) бы	измени́л (ся) бы измени́ла (сь) бы измени́ло (сь) бы измени́ли (сь) бы
IMP.	изменя́й (ся) изменя́йте (сь)	измени́ (сь) измени́те (сь)

DEVERBALS

PRES. ACT.	изменя́ющий (ся)	
PRES. PASS.	изменя́емый	
PAST ACT.	изменя́вший (ся)	измени́вший (ся)
PAST PASS.		изменённый изменён, изменена́
VERBAL ADVERB	изменя́я (сь)	измени́в (шись)

изменя́ть кого − что, кому − чему

изобрета́ть / изобрести́
to invent

	IMPERFECTIVE ASPECT	PERFECTIVE ASPECT
INF.	изобрета́ть	изобрести́
PRES.	изобрета́ю изобрета́ешь изобрета́ет изобрета́ем изобрета́ете изобрета́ют	
PAST	изобрета́л изобрета́ла изобрета́ло изобрета́ли	изобрёл изобрела́ изобрело́ изобрели́
FUT.	бу́ду изобрета́ть бу́дешь изобрета́ть бу́дет изобрета́ть бу́дем изобрета́ть бу́дете изобрета́ть бу́дут изобрета́ть	изобрету́ изобретёшь изобретёт изобретём изобретёте изобрету́т
COND.	изобрета́л бы изобрета́ла бы изобрета́ло бы изобрета́ли бы	изобрёл бы изобрела́ бы изобрело́ бы изобрели́ бы
IMP.	изобрета́й изобрета́йте	изобрети́ изобрети́те

DEVERBALS

PRES. ACT.	изобрета́ющий	
PRES. PASS.	изобрета́емый	
PAST ACT.	изобрета́вший	изобре́тший
PAST PASS.		изобретённый изобретён, изобретена́
VERBAL ADVERB	изобрета́я	изобретя́

изобрета́ть что

	IMPERFECTIVE ASPECT	PERFECTIVE ASPECT
INF.	изуча́ть	изучи́ть
PRES.	изуча́ю изуча́ешь изуча́ет изуча́ем изуча́ете изуча́ют	
PAST	изуча́л изуча́ла изуча́ло изуча́ли	изучи́л изучи́ла изучи́ло изучи́ли
FUT.	бу́ду изуча́ть бу́дешь изуча́ть бу́дет изуча́ть бу́дем изуча́ть бу́дете изуча́ть бу́дут изуча́ть	изучу́ изу́чишь изу́чит изу́чим изу́чите изу́чат
COND.	изуча́л бы изуча́ла бы изуча́ло бы изуча́ли бы	изучи́л бы изучи́ла бы изучи́ло бы изучи́ли бы
IMP.	изуча́й изуча́йте	изучи́ изучи́те

DEVERBALS

PRES. ACT.	изуча́ющий	
PRES. PASS.	изуча́емый	
PAST ACT.	изуча́вший	изучи́вший
PAST PASS.		изу́ченный
VERBAL ADVERB	изуча́я	изучи́в

изуча́ть кого – что

име́ть (ся)
to have (be present)

	IMPERFECTIVE ASPECT	PERFECTIVE ASPECT
INF.	име́ть	
PRES.	име́ю име́ешь име́ет (ся) име́ем име́ете име́ют (ся)	
PAST	име́л (ся) име́ла (сь) име́ло (сь) име́ли (сь)	
FUT.	бу́ду име́ть бу́дешь име́ть бу́дет име́ть (ся) бу́дем име́ть бу́дете име́ть бу́дут име́ть (ся)	
COND.	име́л (ся) бы име́ла (сь) бы име́ло (сь) бы име́ли (сь) бы	
IMP.	име́й име́йте	

DEVERBALS

PRES. ACT.	име́ющий (ся)	
PRES. PASS.		
PAST ACT.	име́вший (ся)	
PAST PASS.		
VERBAL ADVERB	име́я (сь)	

име́ть кого — что

интересова́ть (ся) / заинтересова́ть (ся)

to interest, excite (be interested in, by)

	IMPERFECTIVE ASPECT	PERFECTIVE ASPECT
INF.	интересова́ть (ся)	заинтересова́ть (ся)
PRES.	интересу́ю (сь) интересу́ешь (ся) интересу́ет (ся) интересу́ем (ся) интересу́ете (сь) интересу́ют (ся)	
PAST	интересова́л (ся) интересова́ла (сь) интересова́ло (сь) интересова́ли (сь)	заинтересова́л (ся) заинтересова́ла (сь) заинтересова́ло (сь) заинтересова́ли (сь)
FUT.	бу́ду интересова́ть (ся) бу́дешь интересова́ть (ся) бу́дет интересова́ть (ся) бу́дем интересова́ть (ся) бу́дете интересова́ть (ся) бу́дут интересова́ть (ся)	заинтересу́ю (сь) заинтересу́ешь (ся) заинтересу́ет (ся) заинтересу́ем (ся) заинтересу́ете (сь) заинтересу́ют (ся)
COND.	интересова́л (ся) бы интересова́ла (сь) бы интересова́ло (сь) бы интересова́ли (сь) бы	заинтересова́л (ся) бы заинтересова́ла (сь) бы заинтересова́ло (сь) бы заинтересова́ли (сь) бы
IMP.	интересу́й (ся) интересу́йте (сь)	заинтересу́й (ся) заинтересу́йте (сь)

DEVERBALS

PRES. ACT.	интересу́ющий (ся)	
PRES. PASS.	интересу́емый	
PAST ACT.	интересова́вший (ся)	заинтересова́вший (ся)
PAST PASS.		заинтересо́ванный
VERBAL ADVERB	интересу́я (сь)	заинтересова́в (шись)

интересова́ть кого – что
интересова́ться кем – чем

There is also the verbal pair **заинтересо́вывать (ся) / заинтересова́ть (ся)** meaning *to interest*.

иска́ть / поиска́ть
to search, look for

	IMPERFECTIVE ASPECT	PERFECTIVE ASPECT
INF.	иска́ть	поиска́ть
PRES.	ищу́ и́щешь и́щет и́щем и́щете и́щут	
PAST	иска́л иска́ла иска́ло иска́ли	поиска́л поиска́ла поиска́ло поиска́ли
FUT.	бу́ду иска́ть бу́дешь иска́ть бу́дет иска́ть бу́дем иска́ть бу́дете иска́ть бу́дут иска́ть	поищу́ поищешь поищет поищем поищете поищут
COND.	иска́л бы иска́ла бы иска́ло бы иска́ли бы	поиска́л бы поиска́ла бы поиска́ло бы поиска́ли бы
IMP.	ищи́ ищи́те	поищи́ поищи́те

DEVERBALS

PRES. ACT.	и́щущий	
PRES. PASS.	иско́мый	
PAST ACT.	иска́вший	поиска́вший
PAST PASS.	и́сканный	по́исканный
VERBAL ADVERB	ища́	поиска́в

иска́ть кого́ — что, чего

156

исполня́ть (ся) / испо́лнить (ся)
to carry out, perform, fill with (be fulfilled)

	IMPERFECTIVE ASPECT	PERFECTIVE ASPECT
INF.	исполня́ть (ся)	испо́лнить (ся)
PRES.	исполня́ю исполня́ешь исполня́ет (ся) исполня́ем исполня́ете исполня́ют (ся)	
PAST	исполня́л (ся) исполня́ла (сь) исполня́ло (сь) исполня́ли (сь)	испо́лнил (ся) испо́лнила (сь) испо́лнило (сь) испо́лнили (сь)
FUT.	бу́ду исполня́ть бу́дешь исполня́ть бу́дет исполня́ть (ся) бу́дем исполня́ть бу́дете исполня́ть бу́дут исполня́ть (ся)	испо́лню испо́лнишь испо́лнит (ся) испо́лним испо́лните испо́лнят (ся)
COND.	исполня́л (ся) бы исполня́ла (сь) бы исполня́ло (сь) бы исполня́ли (сь) бы	испо́лнил (ся) бы испо́лнила (сь) бы испо́лнило (сь) бы испо́лнили (сь) бы
IMP.	исполня́й исполня́йте	испо́лни испо́лните

DEVERBALS

PRES. ACT.	исполня́ющий (ся)	
PRES. PASS.	исполня́емый	
PAST ACT.	исполня́вший (ся)	испо́лнивший (ся)
PAST PASS.		испо́лненный
VERBAL ADVERB	исполня́я	испо́лнив (шись)

исполня́ть что

Мне испо́лнилось двадцать лет. *I was (turned) twenty years old.*

использовать (ся) / использовать

to make use of, utilize

	IMPERFECTIVE ASPECT	PERFECTIVE ASPECT
INF.	использовать (ся)	использовать
PRES.	использую (сь) используешь (ся) использует (ся) используем (ся) используете (сь) используют (ся)	
PAST	использовал (ся) использовала (сь) использовало (сь) использовали (сь)	использовал использовала использовало использовали
FUT.	буду использовать (ся) будешь использовать (ся) будет использовать (ся) будем использовать (ся) будете использовать (ся) будут использовать (ся)	использую используешь использует используем используете используют
COND.	использовал (ся) бы использовала (сь) бы использовало (сь) бы использовали (сь) бы	использовал бы использовала бы использовало бы использовали бы
IMP.	используй (ся) используйте (сь)	используй используйте

DEVERBALS

PRES. ACT.	использующий (ся)	
PRES. PASS.	используемый	
PAST ACT.	использовавший (ся)	использовавший
PAST PASS.		использованный
VERBAL ADVERB	используя (сь)	использовав

использовать кого — что

The imperfective and perfective aspects of this verb are identical. The reflexive forms are not used in the perfective.

исправля́ть (ся) / испра́вить (ся)
to correct, reform, revise

	IMPERFECTIVE ASPECT	PERFECTIVE ASPECT
INF.	исправля́ть (ся)	испра́вить (ся)
PRES.	исправля́ю (сь) исправля́ешь (ся) исправля́ет (ся) исправля́ем (ся) исправля́ете (сь) исправля́ют (ся)	
PAST	исправля́л (ся) исправля́ла (сь) исправля́ло (сь) исправля́ли (сь)	испра́вил (ся) испра́вила (сь) испра́вило (сь) испра́вили (сь)
FUT.	бу́ду исправля́ть (ся) бу́дешь исправля́ть (ся) бу́дет исправля́ть (ся) бу́дем исправля́ть (ся) бу́дете исправля́ть (ся) бу́дут исправля́ть (ся)	испра́влю (сь) испра́вишь (ся) испра́вит (ся) испра́вим (ся) испра́вите (сь) испра́вят (ся)
COND.	исправля́л (ся) бы исправля́ла (сь) бы исправля́ло (сь) бы исправля́ли (сь) бы	испра́вил (ся) бы испра́вила (сь) бы испра́вило (сь) бы испра́вили (сь) бы
IMP.	исправля́й (ся) исправля́йте (сь)	испра́вь (ся) испра́вьте (сь)

DEVERBALS

PRES. ACT.	исправля́ющий (ся)	
PRES. PASS.	исправля́емый	
PAST ACT.	исправля́вший (ся)	испра́вивший (ся)
PAST PASS.		испра́вленный
VERBAL ADVERB	исправля́я (сь)	испра́вив (шись)

исправля́ть кого – что

159

испы́тывать / испыта́ть
to test, try, experience, undergo

	IMPERFECTIVE ASPECT	PERFECTIVE ASPECT
INF.	испы́тывать	испыта́ть
PRES.	испы́тываю испы́тываешь испы́тывает испы́тываем испы́тываете испы́тывают	
PAST	испы́тывал испы́тывала испы́тывало испы́тывали	испыта́л испыта́ла испыта́ло испыта́ли
FUT.	бу́ду испы́тывать бу́дешь испы́тывать бу́дет испы́тывать бу́дем испы́тывать бу́дете испы́тывать бу́дут испы́тывать	испыта́ю испыта́ешь испыта́ет испыта́ем испыта́ете испыта́ют
COND.	испы́тывал бы испы́тывала бы испы́тывало бы испы́тывали бы	испыта́л бы испыта́ла бы испыта́ло бы испыта́ли бы
IMP.	испы́тывай испы́тывайте	испыта́й испыта́йте

DEVERBALS

PRES. ACT.	испы́тывающий	
PRES. PASS.	испы́тываемый	
PAST ACT.	испы́тывавший	испыта́вший
PAST PASS.		испы́танный
VERBAL ADVERB	испы́тывая	испыта́в

испы́тывать кого – что

160

исчеза́ть / исче́знуть
to disappear, vanish

	IMPERFECTIVE ASPECT	PERFECTIVE ASPECT
INF.	исчеза́ть	исче́знуть
PRES.	исчеза́ю исчеза́ешь исчеза́ет исчеза́ем исчеза́ете исчеза́ют	
PAST	исчеза́л исчеза́ла исчеза́ло исчеза́ли	исче́з исче́зла исче́зло исче́зли
FUT.	бу́ду исчеза́ть бу́дешь исчеза́ть бу́дет исчеза́ть бу́дем исчеза́ть бу́дете исчеза́ть бу́дут исчеза́ть	исче́зну исче́знешь исче́знет исче́знем исче́знете исче́знут
COND.	исчеза́л бы исчеза́ла бы исчеза́ло бы исчеза́ли бы	исче́з бы изсче́зла бы изсче́зло бы изсче́зли бы
IMP.	исчеза́й исчеза́йте	исче́зни исче́зните

DEVERBALS

PRES. ACT.	исчеза́ющий	
PRES. PASS.		
PAST ACT.	исчеза́вший	изсче́знувший
PAST PASS.		
VERBAL ADVERB	исчеза́я	изсче́знув

каза́ться / показа́ться
to seem, appear

	IMPERFECTIVE ASPECT	PERFECTIVE ASPECT
INF.	каза́ться	показа́ться
PRES.	кажу́сь ка́жешься ка́жется ка́жемся ка́жетесь ка́жутся	
PAST	каза́лся каза́лась каза́лось каза́лись	показа́лся показа́лась показа́лось показа́лись
FUT.	бу́ду каза́ться бу́дешь каза́ться бу́дет каза́ться бу́дем каза́ться бу́дете каза́ться бу́дут каза́ться	покажу́сь пока́жешься пока́жется пока́жемся пока́жетесь пока́жутся
COND.	каза́лся бы каза́лась бы каза́лось бы каза́лись бы	показа́лся бы показа́лась бы показа́лось бы показа́лись бы
IMP.	кажи́сь кажи́тесь	покажи́сь покажи́тесь

DEVERBALS

PRES. ACT.	кажущийся	
PRES. PASS.		
PAST ACT.	каза́вшийся	показа́вшийся
PAST PASS.		
VERBAL ADVERB	каза́вшись	показа́вшись

каза́ться кому кем – чем

162

каса́ться / косну́ться
to touch, concern, relate to

	IMPERFECTIVE ASPECT	PERFECTIVE ASPECT
INF.	каса́ться	косну́ться
PRES.	каса́юсь каса́ешься каса́ется каса́емся каса́етесь каса́ются	
PAST	каса́лся каса́лась каса́лось каса́лись	косну́лся косну́лась косну́лось косну́лись
FUT.	бу́ду каса́ться бу́дешь каса́ться бу́дет каса́ться бу́дем каса́ться бу́дете каса́ться бу́дут каса́ться	косну́сь коснёшься коснётся коснёмся коснётесь косну́тся
COND.	каса́лся бы каса́лась бы каса́лось бы каса́лись бы	косну́лся бы косну́лась бы косну́лось бы косну́лись бы
IMP.	каса́йся каса́йтесь	косни́сь косни́тесь

DEVERBALS

PRES. ACT.	каса́ющийся	
PRES. PASS.		
PAST ACT.	каса́вшийся	косну́вшийся
PAST PASS.		
VERBAL ADVERB	каса́ясь	косну́вшись

каса́ться кого – чего

ката́ть (ся) – кати́ть (ся) / покати́ть (ся)
to roll, wheel, row, go for a drive (drive, ride, row, go fast)

	MULTIDIRECTIONAL	UNIDIRECTIONAL	PERFECTIVE ASPECT
INF.	ката́ть (ся)	кати́ть (ся)	покати́ть(ся)
PRES.	ката́ю (сь)	качу́ (сь)	
	ката́ешь (ся)	ка́тишь (ся)	
	ката́ет (ся)	ка́тит (ся)	
	ката́ем (ся)	ка́тим (ся)	
	ката́ете (сь)	ка́тите (сь)	
	ката́ют (ся)	ка́тят (ся)	
PAST	ката́л (ся)	кати́л (ся)	покати́л (ся)
	ката́ла (сь)	кати́ла (сь)	покати́ла (сь)
	ката́ло (сь)	кати́ло (сь)	покати́ло (сь)
	ката́ли (сь)	кати́ли (сь)	покати́ли (сь)
FUT.	бу́ду ката́ть (ся)	бу́ду кати́ть (ся)	покачу́ (сь)
	бу́дешь ката́ть (ся)	бу́дешь кати́ть (ся)	пока́тишь (ся)
	бу́дет ката́ть (ся)	бу́дет кати́ть (ся)	пока́тит (ся)
	бу́дем ката́ть (ся)	бу́дем кати́ть (ся)	пока́тим (ся)
	бу́дете ката́ть (ся)	бу́дете кати́ть (ся)	пока́тите (сь)
	бу́дут ката́ть (ся)	бу́дут кати́ть (ся)	пока́тят (ся)
COND.	ката́л (ся) бы	кати́л (ся) бы	покати́л (ся) бы
	ката́ла (сь) бы	кати́ла (сь) бы	покати́ла (сь) бы
	ката́ло (сь) бы	кати́ло (сь) бы	покати́ло (сь) бы
	ката́ли (сь) бы	кати́ли (сь) бы	покати́ли (сь) бы
IMP.	ката́й (ся)	кати́ (сь)	покати́ (сь)
	ката́йте (сь)	кати́те (сь)	покати́те (сь)

DEVERBALS

	MULTIDIRECTIONAL	UNIDIRECTIONAL	PERFECTIVE ASPECT
PRES. ACT.	ката́ющий (ся)	катя́щий (ся)	
PRES. PASS.	ката́емый		
PAST ACT.	ката́вший (ся)	кати́вший (ся)	покати́вший (ся)
PAST PASS.	ка́танный		пока́ченный
VERBAL ADVERB	ката́я (сь)	катя́ (сь)	покати́в (шись)

ката́ть кого – что
ката́ться на чём, чем (верхом)

	IMPERFECTIVE ASPECT	PERFECTIVE ASPECT
INF.	ка́шлять	пока́шлять
PRES.	ка́шляю ка́шляешь ка́шляет ка́шляем ка́шляете ка́шляют	
PAST	ка́шлял ка́шляла ка́шляло ка́шляли	пока́шлял пока́шляла пока́шляло пока́шляли
FUT.	бу́ду ка́шлять бу́дешь ка́шлять бу́дет ка́шлять бу́дем ка́шлять бу́дете ка́шлять бу́дут ка́шлять	пока́шляю пока́шляешь пока́шляет пока́шляем пока́шляете пока́шляют
COND.	ка́шлял бы ка́шляла бы ка́шляло бы ка́шляли бы	пока́шлял бы пока́шляла бы пока́шляло бы пока́шляли бы
IMP.	ка́шляй ка́шляйте	пока́шляй пока́шляйте

DEVERBALS		
PRES. ACT.	ка́шляющий	
PRES. PASS.		
PAST ACT.	ка́шлявший	пока́шлявший
PAST PASS.		
VERBAL ADVERB	ка́шляя	пока́шляв

кива́ть / кивну́ть
to nod [one's head], motion to

	IMPERFECTIVE ASPECT	PERFECTIVE ASPECT
INF.	кива́ть	кивну́ть
PRES.	кива́ю кива́ешь кива́ет кива́ем кива́ете кива́ют	
PAST	кива́л кива́ла кива́ло кива́ли	кивну́л кивну́ла кивну́ло кивну́ли
FUT.	бу́ду кива́ть бу́дешь кива́ть бу́дет кива́ть бу́дем кива́ть бу́дете кива́ть бу́дут кива́ть	кивну́ кивнёшь кивнёт кивнём кивнёте кивну́т
COND.	кива́л бы кива́ла бы кива́ло бы кива́ли бы	кивну́л бы кивну́ла бы кивну́ло бы кивну́ли бы
IMP.	кива́й кива́йте	кивни́ кивни́те

DEVERBALS

PRES. ACT.	кива́ющий	
PRES. PASS.		
PAST ACT.	кива́вший	кивну́вший
PAST PASS.		
VERBAL ADVERB	кива́я	кивну́в

кива́ть кому чем (головой), на кого – что

	IMPERFECTIVE ASPECT	PERFECTIVE ASPECT
INF.	кла́сть	положи́ть
PRES.	кладу́ кладёшь кладёт кладём кладёте кладу́т	
PAST	кла́л кла́ла кла́ло кла́ли	положи́л положи́ла положи́ло положи́ли
FUT.	бу́ду кла́сть бу́дешь кла́сть бу́дет кла́сть бу́дем кла́сть бу́дете кла́сть бу́дут кла́сть	положу́ поло́жишь поло́жит поло́жим поло́жите поло́жат
COND.	кла́л бы кла́ла бы кла́ло бы кла́ли бы	положи́л бы положи́ла бы положи́ло бы положи́ли бы
IMP.	клади́ клади́те	положи́ положи́те

DEVERBALS

PRES. ACT.	кладу́щий	
PRES. PASS.		
PAST ACT.	кла́вший	положи́вший
PAST PASS.		поло́женный
VERBAL ADVERB	кладя́	положи́в

кла́сть кого – что на что
Поло́жим. *Let us suppose.*

конча́ть (ся) / ко́нчить (ся)
to finish, complete

	IMPERFECTIVE ASPECT	PERFECTIVE ASPECT
INF.	конча́ть (ся)	ко́нчить (ся)
PRES.	конча́ю конча́ешь конча́ет (ся) конча́ем конча́ете конча́ют (ся)	
PAST	конча́л (ся) конча́ла (сь) конча́ло (сь) конча́ли (сь)	ко́нчил (ся) ко́нчила (сь) ко́нчило (сь) ко́нчили (сь)
FUT.	бу́ду конча́ть бу́дешь конча́ть бу́дет конча́ть (ся) бу́дем конча́ть бу́дете конча́ть бу́дут конча́ть (ся)	ко́нчу ко́нчишь ко́нчит (ся) ко́нчим ко́нчите ко́нчат (ся)
COND.	конча́л (ся) бы конча́ла (сь) бы конча́ло (сь) бы конча́ли (сь) бы	ко́нчил (ся) бы ко́нчила (сь) бы ко́нчило (сь) бы ко́нчили (сь) бы
IMP.	конча́й конча́йте	ко́нчи ко́нчите

DEVERBALS

PRES. ACT.	конча́ющий (ся)	
PRES. PASS.	конча́емый	
PAST ACT.	конча́вший (ся)	ко́нчивший (ся)
PAST PASS.		ко́нченный
VERBAL ADVERB	конча́я (сь)	ко́нчив (шись)

конча́ть что с чем, + infinitive
конча́ться чем

	IMPERFECTIVE ASPECT	PERFECTIVE ASPECT
INF.	копа́ть	копну́ть
PRES.	копа́ю копа́ешь копа́ет копа́ем копа́ете копа́ют	
PAST	копа́л копа́ла копа́ло копа́ли	копну́л копну́ла копну́ло копну́ли
FUT.	бу́ду копа́ть бу́дешь копа́ть бу́дет копа́ть бу́дем копа́ть бу́дете копа́ть бу́дут копа́ть	копну́ копнёшь копнёт копнём копнёте копну́т
COND.	копа́л бы копа́ла бы копа́ло бы копа́ли бы	копну́л бы копну́ла бы копну́ло бы копну́ли бы
IMP.	копа́й копа́йте	копни́ копни́те

DEVERBALS

PRES. ACT.	копа́ющий	
PRES. PASS.	копа́емый	
PAST ACT.	копа́вший	копну́вший
PAST PASS.		
VERBAL ADVERB	копа́я	копну́в

копа́ть что

кормить / накормить
to feed, nurse, support

	IMPERFECTIVE ASPECT	PERFECTIVE ASPECT
INF.	кормить	накормить
PRES.	кормлю́ ко́рмишь ко́рмит ко́рмим ко́рмите ко́рмят	
PAST	корми́л корми́ла корми́ло корми́ли	накорми́л накорми́ла накорми́ло накорми́ли
FUT.	бу́ду корми́ть бу́дешь корми́ть бу́дет корми́ть бу́дем корми́ть бу́дете корми́ть бу́дут корми́ть	накормлю́ нако́рмишь нако́рмит нако́рмим нако́рмите нако́рмят
COND.	корми́л бы корми́ла бы корми́ло бы корми́ли бы	накорми́л бы накорми́ла бы накорми́ло бы накорми́ли бы
IMP.	корми́ корми́те	накорми́ накорми́те

DEVERBALS

PRES. ACT.	кормя́щий	
PRES. PASS.		
PAST ACT.	корми́вший	накорми́вший
PAST PASS.	ко́рмленный	нако́рмленный
VERBAL ADVERB	кормя́	накорми́в

корми́ть кого – что чем

170

	IMPERFECTIVE ASPECT	PERFECTIVE ASPECT
INF.	красть	укра́сть
PRES.	краду́ крадёшь крадёт крадём крадёте краду́т	
PAST	кра́л кра́ла кра́ло кра́ли	укра́л укра́ла укра́ло укра́ли
FUT.	бу́ду красть бу́дешь красть бу́дет красть бу́дем красть бу́дете красть бу́дут красть	украду́ украдёшь украдёт украдём украдёте украду́т
COND.	кра́л бы кра́ла бы кра́ло бы кра́ли бы	укра́л бы укра́ла бы укра́ло бы укра́ли бы
IMP.	кради́ кради́те	укради́ укради́те

DEVERBALS

PRES. ACT.	краду́щий	
PRES. PASS.		
PAST ACT.	кра́вший	укра́вший
PAST PASS.	кра́денный	укра́денный
VERBAL ADVERB	крадя́	укра́в

кра́сть кого – что у кого

крича́ть / кри́кнуть
to shout, scream

	IMPERFECTIVE ASPECT	PERFECTIVE ASPECT
INF.	крича́ть	кри́кнуть
PRES.	кричу́ кричи́шь кричи́т кричи́м кричи́те крича́т	
PAST	крича́л крича́ла крича́ло крича́ли	кри́кнул кри́кнула кри́кнуло кри́кнули
FUT.	бу́ду крича́ть бу́дешь крича́ть бу́дет крича́ть бу́дем крича́ть бу́дете крича́ть бу́дут крича́ть	кри́кну кри́кнешь кри́кнет кри́кнем ккри́кнете кри́кнут
COND.	крича́л бы крича́ла бы крича́ло бы крича́ли бы	кри́кнул бы кри́кнула бы кри́кнуло бы кри́кнули бы
IMP.	кричи́ кричи́те	кри́кни кри́кните

DEVERBALS

PRES. ACT.	крича́щий	
PRES. PASS.		
PAST ACT.	крича́вший	кри́кнувший
PAST PASS.		
VERBAL ADVERB	крича́	кри́кнув

крича́ть на кого – что, кому

кружи́ть (ся) / закружи́ть (ся)

to spin, twirl / *begin to twirl*

	IMPERFECTIVE ASPECT	PERFECTIVE ASPECT
INF.	кружи́ть (ся)	закружи́ть (ся)
PRES.	кружу́ (сь) кру́жишь (ся) кру́жит (ся) кру́жим (ся) кру́жите (сь) кру́жа́т (ся)	
PAST	кружи́л (ся) кружи́ла (сь) кружи́ло (сь) кружи́ли (сь)	закружи́л (ся) закружи́ла (сь) закружи́ло (сь) закружи́ли (сь)
FUT.	бу́ду кружи́ть (ся) бу́дешь кружи́ть (ся) бу́дет кружи́ть (ся) бу́дем кружи́ть (ся) бу́дете кружи́ть (ся) бу́дут кружи́ть (ся)	закружу́ (сь) закру́жишь (ся) закру́жит (ся) закру́жим (ся) закру́жите (сь) закру́жа́т (ся)
COND.	кружи́л (ся) бы кружи́ла (сь) бы кружи́ло (сь) бы кружи́ли (сь) бы	закружи́л (ся) бы закружи́ла (сь) бы закружи́ло (сь) бы закружи́ли (сь) бы
IMP.	кружи́ (сь) кружи́те (сь)	закружи́ (сь) закружи́те (сь)

DEVERBALS

PRES. ACT.	кружа́щий (ся)	
PRES. PASS.	кружи́мый	
PAST ACT.	кружи́вший (ся)	закружи́вший (ся)
PAST PASS.		закру́женный – закружённый закру́жен – закружён, закружена́
VERBAL ADVERB	кружа́ (сь)	закружи́в (шись)

кружи́ть кого́ – что

купа́ть (ся) / вы́купать (ся)
to bathe, give a bath (bathe, go swimming)

	IMPERFECTIVE ASPECT	PERFECTIVE ASPECT
INF.	купа́ть (ся)	вы́купать (ся)
PRES.	купа́ю (сь) купа́ешь (ся) купа́ет (ся) купа́ем (ся) купа́ете (сь) купа́ют (ся)	
PAST	купа́л (ся) купа́ла (сь) купа́ло (сь) купа́ли (сь)	вы́купал (ся) вы́купала (сь) вы́купало (сь) вы́купали (сь)
FUT.	бу́ду купа́ть (ся) бу́дешь купа́ть (ся) бу́дет купа́ть (ся) бу́дем купа́ть (ся) бу́дете купа́ть (ся) бу́дут купа́ть (ся)	вы́купаю (сь) вы́купаешь (ся) вы́купает (ся) вы́купаем (ся) вы́купаете (сь) вы́купают (ся)
COND.	купа́л (ся) бы купа́ла (сь) бы купа́ло (сь) бы купа́ли (сь) бы	вы́купал (ся) бы вы́купала (сь) бы вы́купало (сь) бы вы́купали (сь) бы
IMP.	купа́й (ся) купа́йте (сь)	вы́купай (ся) вы́купайте (сь)

DEVERBALS

PRES. ACT.	купа́ющий (ся)	
PRES. PASS.	купа́емый	
PAST ACT.	купа́вший (ся)	вы́купавший (ся)
PAST PASS.		вы́купанный
VERBAL ADVERB	купа́я (сь)	вы́купав (шись)

купа́ть кого — что

	IMPERFECTIVE ASPECT	PERFECTIVE ASPECT
INF.	курйть	покурйть
PRES.	курю́ ку́ришь ку́рит ку́рим ку́рите ку́рят	
PAST	курйл курйла курйло курйли	покурйл покурйла покурйло покурйли
FUT.	бу́ду курйть бу́дешь курйть бу́дет курйть бу́дем курйть бу́дете курйть бу́дут курйть	покурю́ поку́ришь поку́рит поку́рим поку́рите поку́рят
COND.	курйл бы курйла бы курйло бы курйли бы	покурйл бы покурйла бы покурйло бы покурйли бы
IMP.	курй курйте	покурй покурйте

DEVERBALS

PRES. ACT.	куря́щий	
PRES. PASS.		
PAST ACT.	курйвший	покурйвший
PAST PASS.		поку́ренный
VERBAL ADVERB	куря́	покурйв

курйть что, чем

ла́зить – ле́зть / поле́зть
to climb / start climbing

	MULTIDIRECTIONAL	UNIDIRECTIONAL	PERFECTIVE ASPECT
INF.	ла́зить	ле́зть	поле́зть
PRES.	лажу	ле́зу	
	ла́зишь	ле́зешь	
	ла́зит	ле́зет	
	ла́зим	ле́зем	
	ла́зите	ле́зете	
	ла́зят	ле́зут	
PAST	ла́зил	ле́з	поле́з
	ла́зила	ле́зла	поле́зла
	ла́зило	ле́зло	поле́зло
	ла́зили	ле́зли	поле́зли
FUT.	бу́ду ла́зить	бу́ду ле́зть	поле́зу
	бу́дешь ла́зить	бу́дешь ле́зть	поле́зешь
	бу́дет ла́зить	бу́дет ле́зть	поле́зет
	бу́дем ла́зить	бу́дем ле́зть	поле́зем
	бу́дете ла́зить	бу́дете ле́зть	поле́зете
	бу́дут ла́зить	бу́дут ле́зть	поле́зут
COND.	ла́зил бы	ле́з бы	поле́з бы
	ла́зила бы	ле́зла бы	поле́зла бы
	ла́зило бы	ле́зло бы	поле́зло бы
	ла́зили бы	ле́зли бы	поле́зли бы
IMP.	ла́зь	ле́зь	поле́зь – полеза́й
	ла́зьте	ле́зьте	поле́зьте – полеза́йте

DEVERBALS

PRES. ACT.	ла́зящий	ле́зущий	
PRES. PASS.			
PAST ACT.	ла́зивший	ле́зший	поле́зший
PAST PASS.			
VERBAL ADVERB	ла́зя		поле́зши

ла́зить – ле́зть **на что, во что, из под чего**

	IMPERFECTIVE ASPECT	PERFECTIVE ASPECT
INF.	лежа́ть	полежа́ть
PRES.	лежу́ лежи́шь лежи́т лежи́м лежи́те лежа́т	
PAST	лежа́л лежа́ла лежа́ло лежа́ли	полежа́л полежа́ла полежа́ло полежа́ли
FUT.	бу́ду лежа́ть бу́дешь лежа́ть бу́дет лежа́ть бу́дем лежа́ть бу́дете лежа́ть бу́дут лежа́ть	полежу́ полежи́шь полежи́т полежи́м полежи́те полежа́т
COND.	лежа́л бы лежа́ла бы лежа́ло бы лежа́ли бы	полежа́л бы полежа́ла бы полежа́ло бы полежа́ли бы
IMP.	лежи́ лежи́те	полежи́ полежи́те

DEVERBALS

PRES. ACT.	лежа́щий	
PRES. PASS.		
PAST ACT.	лежа́вший	полежа́вший
PAST PASS.		
VERBAL ADVERB	лёжа	полежа́в

лежа́ть на ком – чём

177

лета́ть – лете́ть / полете́ть
to fly / start flying, fly off

	MULTIDIRECTIONAL	UNIDIRECTIONAL	PERFECTIVE ASPECT
INF.	лета́ть	лете́ть	полете́ть
PRES.	лета́ю	лечу́	
	лета́ешь	лети́шь	
	лета́ет	лети́т	
	лета́ем	лети́м	
	лета́ете	лети́те	
	лета́ют	летя́т	
PAST	лета́л	летре́л	полете́л
	лета́ла	лете́ла	полете́ла
	лета́ло	лете́ло	полете́ло
	лета́ли	лете́ли	полете́ли
FUT.	бу́ду лета́ть	бу́ду лете́ть	полечу́
	бу́дешь лета́ть	бу́дешь лете́ть	полети́шь
	бу́дет лета́ть	бу́дет лете́ть	полети́т
	бу́дем лета́ть	бу́дем лете́ть	полети́м
	бу́дете лета́ть	бу́дете лете́ть	полети́те
	бу́дут лета́ть	бу́дут лете́ть	полетя́т
COND.	лета́л бы	лете́л бы	полете́л бы
	лета́ла бы	лете́ла бы	полете́ла бы
	лета́ло бы	лете́ло бы	полете́ло бы
	лета́ли бы	лете́ли бы	полете́ли бы
IMP.	лета́й	лети́	полети́
	лета́йте	лети́те	полети́те

DEVERBALS

PRES. ACT.	лета́ющий	летя́щий	
PRES. PASS.			
PAST ACT.	лета́вший	лете́вший	полете́вший
PAST PASS.			
VERBAL ADVERB	лета́я	летя́	полете́вши

лечи́ть (ся) / вы́лечить (ся)

to treat / cure (be under medical care) / be cured

	IMPERFECTIVE ASPECT	PERFECTIVE ASPECT
INF.	лечи́ть (ся)	вы́лечить (ся)
PRES.	лечу́ (сь) ле́чишь (ся) ле́чит (ся) ле́чим (ся) ле́чите (сь) ле́чат (ся)	
PAST	лечи́л (ся) лечи́ла (сь) лечи́ло (сь) лечи́ли (сь)	вы́лечил (ся) вы́лечила (сь) вы́лечило (сь) вы́лечили (сь)
FUT.	бу́ду лечи́ть (ся) бу́дешь лечи́ть (ся) бу́дет лечи́ть (ся) бу́дем лечи́ть (ся) бу́дете лечи́ть (ся) бу́дут лечи́ть (ся)	вы́лечу (сь) вы́лечишь (ся) вы́лечит (ся) вы́лечим (ся) вы́лечите (сь) вы́лечат (ся)
COND.	лечи́л (ся) бы лечи́ла (сь) бы лечи́ло (сь) бы лечи́ли (сь) бы	вы́лечил (ся) бы вы́лечила (сь) бы вы́лечило (сь) бы вы́лечили (сь) бы
IMP.	лечи́ (сь) лечи́те (сь)	вы́лечи (сь) вы́лечите (сь)

DEVERBALS

PRES. ACT.	ле́чащий (ся)	
PRES. PASS.	лечи́мый	
PAST ACT.	лечи́вший (ся)	вы́лечивший (ся)
PAST PASS.	ле́ченный	вы́леченный
VERBAL ADVERB	леча́ (сь)	вы́лечив (шись)

лечи́ть кого – что
лечи́ться у кого

179

ли́ть (ся) / поли́ть (ся)
to pour, spill, shed (pour on oneself)

	IMPERFECTIVE ASPECT	PERFECTIVE ASPECT
INF.	ли́ть (ся)	поли́ть (ся)
PRES.	лью́ (сь) льёшь (ся) льёт (ся) льём (ся) льёте (сь) лью́т (ся)	
PAST	ли́л (ся) ли́ла (сь) ли́ло (сь) ли́ли (сь)	по́ли́л – поли́лся полила́ (сь) поли́ло́ – поли́ло́сь поли́ли́ – поли́ли́сь
FUT.	бу́ду ли́ть (ся) бу́дешь ли́ть (ся) бу́дет ли́ть (ся) бу́дем ли́ть (ся) бу́дете ли́ть (ся) бу́дут ли́ть (ся)	полью́ (сь) польёшь (ся) польёт (ся) польём (ся) польёте (сь) полью́т (ся)
COND.	ли́л (ся) бы лила́ (сь) бы ли́ло (сь) бы ли́ли (сь) бы	по́ли́л – поли́лся бы полила́ (сь) бы поли́ло́ – поли́ло́сь бы поли́ли́ – поли́ли́сь бы
IMP.	лей (ся) ле́йте (сь)	поле́й (ся) поле́йте (сь)

DEVERBALS

PRES. ACT.	лью́щий (ся)	
PRES. PASS.		
PAST ACT.	ли́вший (ся)	поли́вший (ся)
PAST PASS.	ли́тый, ли́т, ли́та, ли́то	по́ли́тый по́ли́т, полита́, по́ли́то
VERBAL ADVERB	ли́в (шись)	поли́в (шись)

ли́ть что

	IMPERFECTIVE ASPECT	PERFECTIVE ASPECT
INF.	лови́ть	пойма́ть
PRES.	ловлю́ ло́вишь ло́вит ло́вим ло́вите ло́вят	
PAST	лови́л лови́ла лови́ло лови́ли	пойма́л пойма́ла пойма́ло пойма́ли
FUT.	бу́ду лови́ть бу́дешь лови́ть бу́дет лови́ть бу́дем лови́ть бу́дете лови́ть бу́дут лови́ть	пойма́ю пойма́ешь пойма́ет пойма́ем пойма́ете пойма́ет
COND.	лови́л бы лови́ла бы лови́ло бы лови́ли бы	пойма́л бы пойма́ла бы пойма́ло бы пойма́ли бы
IMP.	лови́ лови́те	пойма́й пойма́йте

DEVERBALS

PRES. ACT.	ло́вящий	
PRES. PASS.	лови́мый	
PAST ACT.	лови́вший	пойма́вший
PAST PASS.	ло́вленный	по́йманный
VERBAL ADVERB	ловя́	пойма́в

лови́ть **кого** – **что на чем**

ложи́ться / ле́чь
to lie down, go to bed

	IMPERFECTIVE ASPECT	PERFECTIVE ASPECT
INF.	ложи́ться	ле́чь
PRES.	ложу́сь ложи́шься ложи́тся ложи́мся ложи́тесь ложа́тся	
PAST	ложи́лся ложи́лась ложи́лось ложи́лись	лёг легла́ легло́ легли́
FUT.	бу́ду ложи́ться бу́дешь ложи́ться бу́дет ложи́ться бу́дем ложи́ться бу́дете ложи́ться бу́дут ложи́ться	ля́гу ля́жешь ля́жет ля́жем ля́жете ля́гут
COND.	ложи́лся бы ложи́лась бы ложи́лось бы ложи́лись бы	лёг бы легла́ бы легло́ бы легли́ бы
IMP.	ложи́сь ложи́тесь	ля́г ля́гте

DEVERBALS

PRES. ACT.	ложа́щийся	
PRES. PASS.		
PAST ACT.	ложи́вшийся	лёгший
PAST PASS.		
VERBAL ADVERB	ложа́сь	лёгши

ложи́ться на кого́ – что

	IMPERFECTIVE ASPECT	PERFECTIVE ASPECT
INF.	ломáть (ся)	сломáть (ся)
PRES.	ломáю (сь)	
	ломáешь (ся)	
	ломáет (ся)	
	ломáем (ся)	
	ломáете (сь)	
	ломáют (ся)	
PAST	ломáл (ся)	сломáл (ся)
	ломáла (сь)	сломáла (сь)
	ломáло (сь)	сломáло (сь)
	ломáли (сь)	сломáли (сь)
FUT.	бýду ломáть (ся)	сломáю (сь)
	бýдешь ломáть (ся)	сломáешь (ся)
	бýдет ломáть (ся)	сломáет (ся)
	бýдем ломáть (ся)	сломáем (ся)
	бýдете ломáть (ся)	сломáете (сь)
	бýдут ломáть (ся)	сломáют (ся)
COND.	ломáл (ся) бы	сломáл (ся) бы
	ломáла (сь) бы	сломáла (сь) бы
	ломáло (сь) бы	сломáло (сь) бы
	ломáли (сь) бы	сломáли (сь) бы
IMP.	ломáй (ся)	сломáй (ся)
	ломáйте (сь)	сломáйте (сь)

DEVERBALS

PRES. ACT.	ломáющий (ся)	
PRES. PASS.	ломáемый	
PAST ACT.	ломáвший (ся)	сломáвший (ся)
PAST PASS.	лóманный	слóманный
VERBAL ADVERB	ломáя (сь)	сломáв (шись)

ломáть кого — что

любить / полюбить
to love, like / fall in love, grow fond of

	IMPERFECTIVE ASPECT	PERFECTIVE ASPECT
INF.	любить	полюбить
PRES.	люблю́ лю́бишь лю́бит лю́бим лю́бите лю́бят	
PAST	люби́л люби́ла люби́ло люби́ли	полюби́л полюби́ла полюби́ло полюби́ли
FUT.	бу́ду люби́ть бу́дешь люби́ть бу́дет люби́ть бу́дем люби́ть бу́дете люби́ть бу́дут люби́ть	полюблю́ полю́бишь полю́бит полю́бим полю́бите полю́бят
COND.	люби́л бы люби́ла бы люби́ло бы люби́ли бы	полюби́л бы полюби́ла бы полюби́ло бы полюби́ли бы
IMP.	люби́ люби́те	полюби́ полюби́те

DEVERBALS

PRES. ACT.	лю́бящий	
PRES. PASS.	люби́мый	
PAST ACT.	люби́вший	полюби́вший
PAST PASS.		
VERBAL ADVERB	любя́	полюби́в

люби́ть кого́ — что

184

	IMPERFECTIVE ASPECT	PERFECTIVE ASPECT
INF.	махáть	махнýть
PRES.	машý мáшешь мáшет мáшем мáшете мáшут	
PAST	махáл махáла махáло махáли	махнýл махнýла махнýло махнýли
FUT.	бýду махáть бýдешь махáть бýдет махáть бýдем махáть бýдете махáть бýдут махáть	махнý махнёшь махнёт махнём махнёте махнýт
COND.	махáл бы махáла бы махáло бы махáли бы	махнýл бы махнýла бы махнýло бы махнýли бы
IMP.	маши́ маши́те	махни́ махни́те

DEVERBALS

PRES. ACT.	мáшущий	
PRES. PASS.		
PAST ACT.	махáвший	махнýвший
PAST PASS.		
VERBAL ADVERB	машá	махнýв

махáть чем, рукой на что

меня́ть (ся) / поменя́ть (ся)
to change, exchange

	IMPERFECTIVE ASPECT	PERFECTIVE ASPECT
INF.	меня́ть (ся)	поменя́ть (ся)
PRES.	меня́ю (сь)	
	меня́ешь (ся)	
	меня́ет (ся)	
	меня́ем (ся)	
	меня́ете (сь)	
	меня́ют (ся)	
PAST	меня́л (ся)	поменя́л (ся)
	меня́ла (сь)	поменя́ла (сь)
	меня́ло (сь)	поменя́ло (сь)
	меня́ли (сь)	поменя́ли (сь)
FUT.	бу́ду меня́ть (ся)	поменя́ю (сь)
	бу́дешь меня́ть (ся)	поменя́ешь (ся)
	бу́дет меня́ть (ся)	поменя́ет (ся)
	бу́дем меня́ть (ся)	поменя́ем (ся)
	бу́дете меня́ть (ся)	поменя́ете (сь)
	бу́дут меня́ть (ся)	поменя́ют (ся)
COND.	меня́л (ся) бы	поменя́л (ся) бы
	меня́ла (сь) бы	поменя́ла (сь) бы
	меня́ло (сь) бы	поменя́ло (сь) бы
	меня́ли (сь) бы	поменя́ли (сь) бы
IMP.	меня́й (ся)	поменя́й (ся)
	меня́йте (сь)	поменя́йте (сь)

DEVERBALS

PRES. ACT.	меня́ющий (ся)	
PRES. PASS.	меня́емый	
PAST ACT.	меня́вший (ся)	поменя́вший (ся)
PAST PASS.	ме́нянный	поме́нянный
VERBAL ADVERB	меня́я (сь)	поменя́в (шись)

меня́ть кого – что на что
меня́ться чем с кем – чем

186

мépить (ся) / помépить (ся)

to measure, try on

	IMPERFECTIVE ASPECT	PERFECTIVE ASPECT
INF.	мépить (ся)	помépить (ся)
PRES.	мépю (сь) мépишь (ся) мépит (ся) мépим (ся) мépите (сь) мépят (ся)	
PAST	мépил (ся) мépила (сь) мépило (сь) мépили (сь)	помépил (ся) помépила (сь) помépило (сь) помépили (сь)
FUT.	бýду мépить (ся) бýдешь мépить (ся) бýдет мépить (ся) бýдем мépить (ся) бýдете мépить (ся) бýдут мépить (ся)	помépю (сь) помépишь (ся) помépит (ся) помépим (ся) помépите (сь) помépят (ся)
COND.	мépил (ся) бы мépила (сь) бы мépило (сь) бы мépили (сь) бы	помépил (ся) бы помépила (сь) бы помépило (сь) бы помépили (сь) бы
IMP.	мépь (ся) мépьте (сь)	помépь (ся) помépьте (сь)

DEVERBALS

PRES. ACT.	мépящий (ся)	
PRES. PASS.	мépимый	
PAST ACT.	мépивший (ся)	помépивший (ся)
PAST PASS.	мépенный	помépенный
VERBAL ADVERB	мépя (сь)	помépив (шись)

мépить кого – что
мépиться чем с кем – чем

мечта́ть / помечта́ть
to daydream, dream

	IMPERFECTIVE ASPECT	PERFECTIVE ASPECT
INF.	мечта́ть	помечта́ть
PRES.	мечта́ю мечта́ешь мечта́ет мечта́ем мечта́ете мечта́ют	
PAST	мечта́л мечта́ла мечта́ло мечта́ли	помечта́л помечта́ла помечта́ло помечта́ли
FUT.	бу́ду мечта́ть бу́дешь мечта́ть бу́дет мечта́ть бу́дем мечта́ть бу́дете мечта́ть бу́дут мечта́ть	помечта́ю помечта́ешь помечта́ет помечта́ем помечта́ете помечта́ют
COND.	мечта́л бы мечта́ла бы мечта́ло бы мечта́ли бы	помечта́л бы помечта́ла бы помечта́ло бы помечта́ли бы
IMP.	мечта́й мечта́йте	помечта́й помечта́йте

DEVERBALS

PRES. ACT.	мечта́ющий	
PRES. PASS.		
PAST ACT.	мечта́вший	помечта́вший
PAST PASS.		
VERBAL ADVERB	мечта́я	помечта́в

мечта́ть о ком – чём

188

мешáть (ся) / помешáть (ся)

to hinder, impede, stir, mix, confound

	IMPERFECTIVE ASPECT	PERFECTIVE ASPECT
INF.	мешáть (ся)	помешáть (ся)
PRES.	мешáю (сь) мешáешь (ся) мешáет (ся) мешáем (ся) мешáете (сь) мешáют (ся)	
PAST	мешáл (ся) мешáла (сь) мешáло (сь) мешáли (сь)	помешáл (ся) помешáла (сь) помешáло (сь) помешáли (сь)
FUT.	бýду мешáть (ся) бýдешь мешáть (ся) бýдет мешáть (ся) бýдем мешáть (ся) бýдете мешáть (ся) бýдут мешáть (ся)	помешáю (сь) помешáешь (ся) помешáет (ся) помешáем (ся) помешáете (сь) помешáют (ся)
COND.	мешáл (ся) бы мешáла (сь) бы мешáло (сь) бы мешáли (сь) бы	помешáл (ся) бы помешáла (сь) бы помешáло (сь) бы помешáли (сь) бы
IMP.	мешáй (ся) мешáйте (сь)	помешáй (ся) помешáйте (сь)

DEVERBALS

PRES. ACT.	мешáющий (ся)	
PRES. PASS.	мешáемый	
PAST ACT.	мешáвший (ся)	помешáвший (ся)
PAST PASS.	мéшанный	помéшанный
VERBAL ADVERB	мешáя (сь)	помешáв (шись)

мешáть кому – чему; кого – что
мешáться во что, с чем

молча́ть / помолча́ть
to keep silent / be silent for a while

	IMPERFECTIVE ASPECT	PERFECTIVE ASPECT
INF.	молча́ть	помолча́ть
PRES.	молчу́ молчи́шь молчи́т молчи́м молчи́те молча́т	
PAST	молча́л молча́ла молча́ло молча́ли	помолча́л помолча́ла помолча́ло помолча́ли
FUT.	бу́ду молча́ть бу́дешь молча́ть бу́дет молча́ть бу́дем молча́ть бу́дете молча́ть бу́дут молча́ть	помолчу́ помолчи́шь помолчи́т помолчи́м помолчи́те помолча́т
COND.	молча́л бы молча́ла бы молча́ло бы молча́ли бы	помолча́л бы помолча́ла бы помолча́ло бы помолча́ли бы
IMP.	молчи́ молчи́те	помолчи́ помолчи́те

DEVERBALS

PRES. ACT.	молча́щий	
PRES. PASS.		
PAST ACT.	молча́вший	помолча́вший
PAST PASS.		
VERBAL ADVERB	молча́	помолча́в

	IMPERFECTIVE ASPECT	PERFECTIVE ASPECT
INF.	мо́чь	смо́чь
PRES.	могу́ мо́жешь мо́жет мо́жем мо́жете мо́гут	
PAST	мо́г могла́ могло́ могли́	смо́г смогла́ смогло́ смогли́
FUT.		смогу́ смо́жешь смо́жет смо́жем смо́жете смо́гут
COND.	мо́г бы могла́ бы могло́ бы могли́ бы	смо́г бы смогла́ бы смогло́ бы смогли́ бы
IMP.		

DEVERBALS

PRES. ACT.	могу́щий	
PRES. PASS.		
PAST ACT.	мо́гший	смо́гший
PAST PASS.		
VERBAL ADVERB		смо́гши

The simple future of this verb is not used in modern Russian.
The imperative forms are used only with negations: **Не моги́, не моги́те.**

МЫ́ТЬ (ся) / ПОМЫ́ТЬ (ся)
to wash (wash oneself)

	IMPERFECTIVE ASPECT	PERFECTIVE ASPECT
INF.	мы́ть (ся)	помы́ть (ся)
PRES.	мо́ю (сь) мо́ешь (ся) мо́ет (ся) мо́ем (ся) мо́ете (сь) мо́ют (ся)	
PAST	мы́л (ся) мы́ла (сь) мы́ло (сь) мы́ли (сь)	помы́л (ся) помы́ла (сь) помы́ло (сь) помы́ли (сь)
FUT.	бу́ду мы́ть (ся) бу́дешь мы́ть (ся) бу́дет мы́ть (ся) бу́дем мы́ть (ся) бу́дете мы́ть (ся) бу́дут мы́ть (ся)	помо́ю (сь) помо́ешь (ся) помо́ет (ся) помо́ем (ся) помо́ете (сь) помо́ют (ся)
COND.	мы́л (ся) бы мы́ла (сь) бы мы́ло (сь) бы мы́ли (сь) бы	помы́л (ся) бы помы́ла (сь) бы помы́ло (сь) бы помы́ли (сь) бы
IMP.	мо́й (ся) мо́йте (сь)	помо́й (ся) помо́йте (сь)

DEVERBALS

PRES. ACT.	мо́ющий (ся)	
PRES. PASS.		
PAST ACT.	мы́вший (ся)	помы́вший (ся)
PAST PASS.	мы́тый	помы́тый
VERBAL ADVERB	мо́я (сь)	помы́в (шись)

МЫ́ТЬ кого — что

надева́ть (ся) / наде́ть (ся)
to put on [clothes, etc.]

	IMPERFECTIVE ASPECT	PERFECTIVE ASPECT
INF.	надева́ть (ся)	наде́ть (ся)
PRES.	надева́ю надева́ешь надева́ет (ся) надева́ем надева́ете надева́ют (ся)	
PAST	надева́л (ся) надева́ла (сь) надева́ло (сь) надева́ли (сь)	наде́л (ся) наде́ла (сь) наде́ло (сь) наде́ли (сь)
FUT.	бу́ду надева́ть бу́дешь надева́ть бу́дет надева́ть (ся) бу́дем надева́ть бу́дете надева́ть бу́дут надева́ть (ся)	наде́ну наде́нешь наде́нет (ся) наде́нем наде́нете наде́нут (ся)
COND.	надева́л (ся) бы надева́ла (сь) бы надева́ло (сь) бы надева́ли (сь) бы	наде́л (ся) бы наде́ла (сь) бы наде́ло (сь) бы наде́ли (сь) бы
IMP.	надева́й надева́йте	наде́нь наде́ньте

DEVERBALS

PRES. ACT.	надева́ющий (ся)	
PRES. PASS.	надева́емый	
PAST ACT.	надева́вший (ся)	наде́вший (ся)
PAST PASS.		наде́тый
VERBAL ADVERB	надева́я (сь)	наде́в (шись)

надева́ть что на кого – что

надеяться / понадеяться
to hope, rely

	IMPERFECTIVE ASPECT	PERFECTIVE ASPECT
INF.	надеяться	понадеяться
PRES.	надеюсь надеешься надеется надеемся надеетесь надеются	
PAST	надеялся надеялась надеялось надеялись	понадеялся понадеялась понадеялось понадеялись
FUT.	буду надеяться будешь надеяться будет надеяться будем надеяться будете надеяться будут надеяться	понадеюсь понадеешься понадеется понадеемся понадеетесь понадеются
COND.	надеялся бы надеялась бы надеялось бы надеялись бы	понадеялся бы понадеялась бы понадеялось бы понадеялись бы
IMP.	надейся надейтесь	понадейся понадейтесь

DEVERBALS

PRES. ACT.	надеющийся	
PRES. PASS.		
PAST ACT.	надеявшийся	понадеявшийся
PAST PASS.		
VERBAL ADVERB	надеясь	понадеявшись

надеяться на что, на кого – что

надоеда́ть / надое́сть

to bother, annoy

	IMPERFECTIVE ASPECT	PERFECTIVE ASPECT
INF.	надоеда́ть	надое́сть
PRES.	надоеда́ю надоеда́ешь надоеда́ет надоеда́ем надоеда́ете надоеда́ют	
PAST	надоеда́л надоеда́ла надоеда́ло надоеда́ли	надое́л надое́ла надое́ло надое́ли
FUT.	бу́ду надоеда́ть бу́дешь надоеда́ть бу́дет надоеда́ть бу́дем надоеда́ть бу́дете надоеда́ть бу́дут надоеда́ть	надое́м надое́шь надое́ст надоеди́м надоеди́те надоедя́т
COND.	надоеда́л бы надоеда́ла бы надоеда́ло бы надоеда́ли бы	надое́л бы надое́ла бы надое́ло бы надое́ли бы
IMP.	надоеда́й надоеда́йте	надое́шь надое́шьте

DEVERBALS

PRES. ACT.	надоеда́ющий	
PRES. PASS.		
PAST ACT.	надоеда́вший	надое́вший
PAST PASS.		
VERBAL ADVERB	надоеда́я	надое́в

надоеда́ть кому – чему

назнача́ть / назна́чить
to appoint, nominate, arrange, fix [a date, time]

	IMPERFECTIVE ASPECT	PERFECTIVE ASPECT
INF.	назнача́ть	назна́чить
PRES.	назнача́ю назнача́ешь назнача́ет назнача́ем назнача́ете назнача́ют	
PAST	назнача́л назнача́ла назнача́ло назнача́ли	назна́чил назна́чила назна́чило назна́чили
FUT.	бу́ду назнача́ть бу́дешь назнача́ть бу́дет назнача́ть бу́дем назнача́ть бу́дете назнача́ть бу́дут назнача́ть	назна́чу назна́чишь назна́чит назна́чим назна́чите назна́чат
COND.	назнача́л бы назнача́ла бы назнача́ло бы назнача́ли бы	назна́чил бы назна́чила бы назна́чило бы назна́чили бы
IMP.	назнача́й назнача́йте	назна́чь назна́чьте

DEVERBALS

PRES. ACT.	назнача́ющий	
PRES. PASS.	назнача́емый	
PAST ACT.	назнача́вший	назна́чивший
PAST PASS.		назна́ченный
VERBAL ADVERB	назнача́я	назна́чив

назнача́ть кого – что кем; что кому *to prescribe something for someone*

называ́ть (ся) / назва́ть (ся)

to call, name (be called, be named)

	IMPERFECTIVE ASPECT	PERFECTIVE ASPECT
INF.	называ́ть (ся)	назва́ть (ся)
PRES.	называ́ю (сь) называ́ешь (ся) называ́ет (ся) называ́ем (ся) называ́ете (сь) называ́ют (ся)	
PAST	называ́л (ся) называ́ла (сь) называ́ло (сь) называ́ли (сь)	назва́л (ся) назвала́ (сь) назва́ло – назва́ло́сь назва́ли – назва́ли́сь
FUT.	бу́ду называ́ть (ся) бу́дешь называ́ть (ся) бу́дет называ́ть (ся) бу́дем называ́ть (ся) бу́дете называ́ть (ся) бу́дут называ́ть (ся)	назову́ (сь) назовёшь (ся) назовёт (ся) назовём (ся) назовёте (сь) назову́т (ся)
COND.	называ́л (ся) бы называ́ла (сь) бы называ́ло (сь) бы называ́ли (сь) бы	назва́л (ся) бы назвала́ (сь) бы назва́ло – назва́ло́сь бы назва́ли – назва́ли́сь бы
IMP.	называ́й (ся) называ́йте (сь)	назови́ (сь) назови́те (сь)

DEVERBALS

PRES. ACT.	называ́ющий (ся)	
PRES. PASS.	называ́емый	
PAST ACT.	называ́вший (ся)	назва́вший (ся)
PAST PASS.		на́званный
VERBAL ADVERB	называ́я (сь)	назва́в (шись)

называ́ть кого – что кем – чем

налива́ть (ся) / нали́ть (ся)
to pour, fill (ripen)

	IMPERFECTIVE ASPECT	PERFECTIVE ASPECT
INF.	налива́ть (ся)	нали́ть (ся)
PRES.	налива́ю налива́ешь налива́ет (ся) налива́ем налива́ете налива́ют (ся)	
PAST	налива́л (ся) налива́ла (сь) налива́ло (сь) налива́ли (сь)	на́ли́л – нали́лся́ налила́ (сь) на́ли́ло – нали́ло́сь на́ли́ли – нали́ли́сь
FUT.	бу́ду налива́ть бу́дешь налива́ть бу́дет налива́ть (ся) бу́дем налива́ть бу́дете налива́ть бу́дут налива́ть (ся)	налью́ нальёшь нальёт (ся) нальём нальёте налью́т (ся)
COND.	налива́л (ся) бы налива́ла (сь) бы налива́ло (сь) бы налива́ли (сь) бы	на́ли́л – нали́лся́ бы налила́ (сь) бы на́ли́ло – нали́ло́сь бы на́ли́ли – нали́ли́сь бы
IMP.	налива́й налива́йте	нале́й нале́йте

DEVERBALS

PRES. ACT.	налива́ющий (ся)	
PRES. PASS.	налива́емый	
PAST ACT.	налива́вший (ся)	нали́вший (ся)
PAST PASS.		на́ли́тый на́ли́т, налита́, на́ли́то
VERBAL ADVERB	налива́я (сь)	нали́в (шись)

налива́ть что, чего на что, чем
налива́ться во что

	IMPERFECTIVE ASPECT	PERFECTIVE ASPECT
INF.	напомина́ть	напо́мнить
PRES.	напомина́ю	
	напомина́ешь	
	напомина́ет	
	напомина́ем	
	напомина́ете	
	напомина́ют	
PAST	напомина́л	напо́мнил
	напомина́ла	напо́мнила
	напомина́ло	напо́мнило
	напомина́ли	напо́мнили
FUT.	бу́ду напомина́ть	напо́мню
	бу́дешь напомина́ть	напо́мнишь
	бу́дет напомина́ть	напо́мнит
	бу́дем напомина́ть	напо́мним
	бу́дете напомина́ть	напо́мните
	бу́дут напомина́ть	напо́мнят
COND.	напомина́л бы	напо́мнил бы
	напомина́ла бы	напо́мнила бы
	напомина́ло бы	напо́мнило бы
	напомина́ли бы	напо́мнили бы
IMP.	напомина́й	напо́мни
	напомина́йте	напо́мните

	DEVERBALS	
PRES. ACT.	напомина́ющий	
PRES. PASS.		
PAST ACT.	напомина́вший	напо́мнивший
PAST PASS.		
VERBAL ADVERB	напомина́я	напо́мнив

напомина́ть кому́ о ком – чём, кого́ – что

направля́ть (ся) / напра́вить (ся)
to direct, send (make one's way toward)

	IMPERFECTIVE ASPECT	PERFECTIVE ASPECT
INF.	направля́ть (ся)	напра́вить (ся)
PRES.	направля́ю (сь) направля́ешь (ся) направля́ет (ся) направля́ем (ся) направля́ете (сь) направля́ют (ся)	
PAST	направля́л (ся) направля́ла (сь) направля́ло (сь) направля́ли (сь)	напра́вил (ся) напра́вила (сь) напра́вило (сь) напра́вили (сь)
FUT.	бу́ду направля́ть (ся) бу́дешь направля́ть (ся) бу́дет направля́ть (ся) бу́дем направля́ть (ся) бу́дете направля́ть (ся) бу́дут направля́ть (ся)	напра́влю (сь) напра́вишь (ся) напра́вит (ся) напра́вим (ся) напра́вите (сь) напра́вят (ся)
COND.	направля́л (ся) бы направля́ла (сь) бы направля́ло (сь) бы направля́ли (сь) бы	напра́вил (ся) бы напра́вила (сь) бы напра́вило (сь) бы напра́вили (сь) бы
IMP.	направля́й (ся) направля́йте (сь)	напра́вь (ся) напра́вьте (сь)

DEVERBALS

PRES. ACT.	направля́ющий (ся)	
PRES. PASS.	направля́емый	
PAST ACT.	направля́вший (ся)	напра́вивший (ся)
PAST PASS.		напра́вленный
VERBAL ADVERB	направля́я (сь)	напра́вив (шись)

направля́ть кого – что на кого – что
направля́ться к чему, во что

	IMPERFECTIVE ASPECT	PERFECTIVE ASPECT
INF.	насто́ивать	настоя́ть
PRES.	насто́иваю насто́иваешь насто́ивает насто́иваем насто́иваете насто́ивают	
PAST	насто́ивал насто́ивала насто́ивало насто́ивали	настоя́л настоя́ла настоя́ло настоя́ли
FUT.	бу́ду насто́ивать бу́дешь насто́ивать бу́дет насто́ивать бу́дем насто́ивать бу́дете насто́ивать бу́дут насто́ивать	настою́ настои́шь настои́т настои́м настои́те настоя́т
COND.	насто́ивал бы насто́ивала бы насто́ивало бы насто́ивали бы	настоя́л бы настоя́ла бы настоя́ло бы настоя́ли бы
IMP.	насто́ивай насто́ивайте	насто́й насто́йте

DEVERBALS

PRES. ACT.	насто́ивающий	
PRES. PASS.		
PAST ACT.	насто́ивавший	настоя́вший
PAST PASS.		
VERBAL ADVERB	насто́ивая	настоя́в

насто́ивать на чём

наступа́ть / наступи́ть
to step on, approach, advance

	IMPERFECTIVE ASPECT	PERFECTIVE ASPECT
INF.	наступа́ть	наступи́ть
PRES.	наступа́ю наступа́ешь наступа́ет наступа́ем наступа́ете наступа́ют	
PAST	наступа́л наступа́ла наступа́ло наступа́ли	наступи́л наступи́ла наступи́ло наступи́ли
FUT.	бу́ду наступа́ть бу́дешь наступа́ть бу́дет наступа́ть бу́дем наступа́ть бу́дете наступа́ть бу́дут наступа́ть	наступлю́ насту́пишь насту́пит насту́пим насту́пите насту́пят
COND.	наступа́л бы наступа́ла бы наступа́ло бы наступа́ли бы	наступи́л бы наступи́ла бы наступи́ло бы наступи́ли бы
IMP.	наступа́й наступа́йте	наступи́ наступи́те

DEVERBALS

PRES. ACT.	наступа́ющий	
PRES. PASS.		
PAST ACT.	наступа́вший	наступи́вший
PAST PASS.		
VERBAL ADVERB	наступа́я	наступи́в

наступа́ть кому́ на кого́ — что

находи́ть (ся) / найти́ (сь)
to find out, discover (be situated, located)

	IMPERFECTIVE ASPECT	PERFECTIVE ASPECT
INF.	находи́ть (ся)	найти́ (сь)
PRES.	нахожу́ (сь) нахо́дишь (ся) нахо́дит (ся) нахо́дим (ся) нахо́дите (сь) нахо́дят (ся)	
PAST	находи́л (ся) находи́ла (сь) находи́ло (сь) находи́ли (сь)	нашёл (ся) нашла́ (сь) нашло́ (сь) нашли́ (сь)
FUT.	бу́ду находи́ть (ся) бу́дешь находи́ть (ся) бу́дет находи́ть (ся) бу́дем находи́ть (ся) бу́дете находи́ть (ся) бу́дут находи́ть (ся)	найду́ (сь) найдёшь (ся) найдёт (ся) найдём (ся) найдёте (сь) найду́т (ся)
COND.	находи́л (ся) бы находи́ла (сь) бы находи́ло (сь) бы находи́ли (сь) бы	нашёл (ся) бы нашла́ (сь) бы нашло́ (сь) бы нашли́ (сь) бы
IMP.	находи́ (сь) находи́те (сь)	найди́ (сь) найди́те (сь)

DEVERBALS

PRES. ACT.	находя́щий (ся)	
PRES. PASS.		
PAST ACT.	находи́вший (ся)	наше́дший (ся)
PAST PASS.		на́йденный
VERBAL ADVERB	находя́ (сь)	найдя́ (сь)

находи́ть кого – что

начина́ть (ся) / нача́ть (ся)
to begin, start

	IMPERFECTIVE ASPECT	PERFECTIVE ASPECT
INF.	начина́ть (ся)	нача́ть (ся)
PRES.	начина́ю начина́ешь начина́ет (ся) начина́ем начина́ете начина́ют (ся)	
PAST	начина́л (ся) начина́ла (сь) начина́ло (сь) начина́ли (сь)	на́чал – начался́ начала́ (сь) на́чало – начало́сь на́чали – начали́сь
FUT.	бу́ду начина́ть бу́дешь начина́ть бу́дет начина́ть (ся) бу́дем начина́ть бу́дете начина́ть бу́дут начина́ть (ся)	начну́ начнёшь начнёт (ся) начнём начнёте начну́т (ся)
COND.	начина́л (ся) бы начина́ла (сь) бы начина́ло (сь) бы начина́ли (сь) бы	на́чал – начался́ бы начала́ (сь) бы на́чало – начало́сь бы на́чали – начали́сь бы
IMP.	начина́й начина́йте	начни́ начни́те

DEVERBALS

PRES. ACT.	начина́ющий (ся)	
PRES. PASS.	начина́емый	
PAST ACT.	начина́вший (ся)	нача́вший (ся)
PAST PASS.		на́чатый на́чат, начата́, на́чато
VERBAL ADVERB	начина́я (сь)	нача́в (шись)

начина́ть что кем – чем с кого – чего, + infinitive

ненави́деть / возненави́деть
to hate

	IMPERFECTIVE ASPECT	PERFECTIVE ASPECT
INF.	ненави́деть	возненави́деть
PRES.	ненави́жу ненави́дишь ненави́дит ненави́дим ненави́дите ненави́дят	
PAST	ненави́дел ненави́дела ненави́дело ненави́дели	возненави́дел возненави́дела возненави́дело возненави́дели
FUT.	бу́ду ненави́деть бу́дешь ненави́деть бу́дет ненави́деть бу́дем ненави́деть бу́дете ненави́деть бу́дут ненави́деть	возненави́жу возненави́дишь возненави́дит возненави́дим возненави́дите возненави́дят
COND.	ненави́дел бы ненави́дела бы ненави́дело бы ненави́дели бы	возненави́дел бы возненави́дела бы возненави́дело бы возненави́дели бы
IMP.	ненави́дь ненави́дьте	возненави́дь возненави́дьте

DEVERBALS

PRES. ACT.	ненави́дящий	
PRES. PASS.	ненави́димый	
PAST ACT.	ненави́девший	возненави́девший
PAST PASS.		возненави́денный
VERBAL ADVERB	ненави́дя	возненави́дев

ненави́деть кого – что

носи́ть (ся) – нести́ (сь) / понести́ (сь)
to carry, bring, take (rush off)

	MULTIDIRECTIONAL	UNIDIRECTIONAL	PERFECTIVE ASPECT
INF.	носи́ть (ся)	нести́ (сь)	понести́ (сь)
PRES.	ношу́ (сь)	несу́ (сь)	
	но́сишь (ся)	несёшь (ся)	
	но́сит (ся)	несёт (ся)	
	но́сим (ся)	несём (ся)	
	но́сите (сь)	несёте (сь)	
	но́сят (ся)	несу́т (ся)	
PAST	носи́л (ся)	нёс (ся)	понёс (ся)
	носи́ла(сь)	несла́ (сь)	понесла́ (сь)
	носи́ло (сь)	несло́ (сь)	понесло́ (сь)
	носи́ли (сь)	несли́ (сь)	понесли́ (сь)
FUT.	бу́ду носи́ть (ся)	бу́ду нести́ (сь)	понесу́ (сь)
	бу́дешь носи́ть (ся)	бу́дешь нести́ (сь)	понесёшь (ся)
	бу́дет носи́ть (ся)	бу́дет нести́ (сь)	понесёт (ся)
	бу́дем носи́ть (ся)	бу́дем нести́ (сь)	понесём (ся)
	бу́дете носи́ть (ся)	бу́дете нести́ (сь)	понесёте (сь)
	бу́дут носи́ть (ся)	бу́дут нести́ (сь)	понесу́т (ся)
COND.	носи́л (ся) бы	нёс (ся) бы	понёс (ся) бы
	носи́ла (сь) бы	несла́ (сь) бы	понесла́ (сь) бы
	носи́ло (сь) бы	несло́ (сь) бы	понесло́ (сь) бы
	носи́ли (сь) бы	несли́ (сь) бы	понесли́ (сь) бы
IMP.	носи́ (сь)	неси́ (сь)	понеси́ (сь)
	носи́те (сь)	неси́те (сь)	понеси́те (сь)

DEVERBALS

	MULTIDIRECTIONAL	UNIDIRECTIONAL	PERFECTIVE ASPECT
PRES. ACT.	нося́щий (ся)	несу́щий (ся)	
PRES. PASS.	носи́мый	несо́мый	
PAST ACT.	носи́вший (ся)	нёсший (ся)	понёсший (ся)
PAST PASS.	но́шенный		понесённый
			понесён, понесена́
VERBAL ADVERB	нося́в (шись)	неся́ (сь)	понеся́ (сь)

нести́ – носи́ть кого – что

	IMPERFECTIVE ASPECT	PERFECTIVE ASPECT
INF.	ночева́ть	переночева́ть
PRES.	ночу́ю ночу́ешь ночу́ет ночу́ем ночу́ете ночу́ют	
PAST	ночева́л ночева́ла ночева́ло ночева́ли	переночева́л переночева́ла переночева́ло переночева́ли
FUT.	бу́ду ночева́ть бу́дешь ночева́ть бу́дет ночева́ть бу́дем ночева́ть бу́дете ночева́ть бу́дут ночева́ть	переночу́ю переночу́ешь переночу́ет переночу́ем переночу́ете переночу́ет
COND.	ночева́л бы ночева́ла бы ночева́ло бы ночева́ли бы	переночева́л бы переночева́ла бы переночева́ло бы переночева́ли бы
IMP.	ночу́й ночу́йте	переночу́й переночу́йте

DEVERBALS		
PRES. ACT.	ночу́ющий	
PRES. PASS.		
PAST ACT.	ночева́вший	переночева́вший
PAST PASS.		
VERBAL ADVERB	ночу́я	переночева́в

нра́виться / понра́виться
to please, like

	IMPERFECTIVE ASPECT	PERFECTIVE ASPECT
INF.	нра́виться	понра́виться
PRES.	нра́влюсь	
	нра́вишься	
	нра́вится	
	нра́вимся	
	нра́витесь	
	нра́вятся	
PAST	нра́вился	понра́вился
	нра́вилась	понра́вилась
	нра́вилось	понра́вилось
	нра́вились	понра́вились
FUT.	бу́ду нра́виться	понра́влюсь
	бу́дешь нра́виться	понра́вишься
	бу́дет нра́виться	понра́вится
	бу́дем нра́виться	понра́вимся
	бу́дете нра́виться	понра́витесь
	бу́дут нра́виться	понра́вятся
COND.	нра́вился бы	понра́вился бы
	нра́вилась бы	понра́вилась бы
	нра́вилось бы	понра́вилось бы
	нра́вились бы	понра́вились бы
IMP.	нра́вься	понра́вься
	нра́вьтесь	понра́вьтесь
DEVERBALS		
PRES. ACT.	нра́вящийся	
PRES. PASS.		
PAST ACT.	нра́вившийся	понра́вившийся
PAST PASS.		
VERBAL ADVERB	нра́вясь	понра́вившись

нра́виться кому – чему

208

	IMPERFECTIVE ASPECT	PERFECTIVE ASPECT
INF.	обе́дать	пообе́дать
PRES.	обе́даю	
	обе́даешь	
	обе́дает	
	обе́даем	
	обе́даете	
	обе́дают	
PAST	обе́дал	пообе́дал
	обе́дала	пообе́дала
	обе́дало	пообе́дало
	обе́дали	пообе́дали
FUT.	бу́ду обе́дать	пообе́даю
	бу́дешь обе́дать	пообе́даешь
	бу́дет обе́дать	пообе́дает
	бу́дем обе́дать	пообе́даем
	бу́дете обе́дать	пообе́даете
	бу́дут обе́дать	пообе́дают
COND.	обе́дал бы	пообе́дал бы
	обе́дала бы	пообе́дала бы
	обе́дало бы	пообе́дало бы
	обе́дали бы	пообе́дали бы
IMP.	обе́дай	пообе́дай
	обе́дайте	пообе́дайте

DEVERBALS

PRES. ACT.	обе́дающий	
PRES. PASS.		
PAST ACT.	обе́давший	пообе́давший
PAST PASS.		
VERBAL ADVERB	обе́дая	пообе́дав

обещать / пообещать
to promise

	IMPERFECTIVE ASPECT	PERFECTIVE ASPECT
INF.	обеща́ть	пообеща́ть
PRES.	обеща́ю обеща́ешь обеща́ет обеща́ем обеща́ете обеща́ют	
PAST	обеща́л обеща́ла обеща́ло обеща́ли	пообеща́л пообеща́ла пообеща́ло пообеща́ли
FUT.	бу́ду обеща́ть бу́дешь обеща́ть бу́дет обеща́ть бу́дем обеща́ть бу́дете обеща́ть бу́дут обеща́ть	пообеща́ю пообеща́ешь пообеща́ет пообеща́ем пообеща́ете пообеща́ют
COND.	обеща́л бы обеща́ла бы обеща́ло бы обеща́ли бы	пообеща́л бы пообеща́ла бы пообеща́ло бы пообеща́ли бы
IMP.	обеща́й обеща́йте	пообеща́й пообеща́йте

DEVERBALS

PRES. ACT.	обеща́ющий	
PRES. PASS.	обеща́емый	
PAST ACT.	обеща́вший	пообеща́вший
PAST PASS.		пообе́щанный
VERBAL ADVERB	обеща́я	пообеща́в

обеща́ть что, кому – чему

обижа́ть (ся) / оби́деть (ся)
to hurt, insult

	IMPERFECTIVE ASPECT	PERFECTIVE ASPECT
INF.	обижа́ть (ся)	оби́деть (ся)
PRES.	обижа́ю (сь) обижа́ешь (ся) обижа́ет (ся) обижа́ем (ся) обижа́ете (сь) обижа́ют (ся)	
PAST	обижа́л (ся) обижа́ла (сь) обижа́ло (сь) обижа́ли (сь)	оби́дел (ся) оби́дела (сь) оби́дело (сь) оби́дели (сь)
FUT.	бу́ду обижа́ть (ся) бу́дешь обижа́ть (ся) бу́дет обижа́ть (ся) бу́дем обижа́ть (ся) бу́дете обижа́ть (ся) бу́дут обижа́ть (ся)	оби́жу (сь) оби́дешь (ся) оби́дет (ся) оби́дем (ся) оби́дете (сь) оби́дят (ся)
COND.	обижа́л (ся) бы обижа́ла (сь) бы обижа́ло (сь) бы обижа́ли (сь) бы	оби́дел (ся) бы оби́дела (сь) бы оби́дело (сь) бы оби́дели (сь) бы
IMP.	обижа́й (ся) обижа́йте (сь)	оби́дь (ся) оби́дьте (ся)

DEVERBALS

PRES. ACT.	обижа́ющий (ся)	
PRES. PASS.	обижа́емый	
PAST ACT.	обижа́вший (ся)	оби́девший (ся)
PAST PASS.		оби́женный
VERBAL ADVERB	обижа́я (сь)	оби́дев (шись)

обижа́ть кого́ — что

обма́нывать (ся) / обману́ть (ся)
to deceive, cheat, betray (be disappointed)

	IMPERFECTIVE ASPECT	PERFECTIVE ASPECT
INF.	обма́нывать (ся)	обману́ть (ся)
PRES.	обма́нываю (сь) обма́нываешь (ся) обма́нывает (ся) обма́нываем (ся) обма́нываете (сь) обма́нывают (ся)	
PAST	обма́нывал (ся) обма́нывала (сь) обма́нывало (сь) обма́нывали (сь)	обману́л (ся) обману́ла (сь) обману́ло (сь) обману́ли (сь)
FUT.	бу́ду обма́нывать (ся) бу́дешь обма́нывать (ся) бу́дет обма́нывать (ся) бу́дем обма́нывать (ся) бу́дете обма́нывать (ся) бу́дут обма́нывать (ся)	обману́ (сь) обма́нешь (ся) обма́нет (ся) обма́нем (ся) обма́нете (сь) обма́нут (ся)
COND.	обма́нывал (ся) бы обма́нывала (сь) бы обма́нывало (сь) бы обма́нывали (сь) бы	обману́л (ся) бы обману́ла (сь) бы обману́ло (сь) бы обману́ли (сь) бы
IMP.	обма́нывай (ся) обма́нывайте (сь)	обмани́ (сь) обмани́те (сь)

	DEVERBALS	
PRES. ACT.	обма́нывающий (ся)	
PRES. PASS.	обма́нываемый	
PAST ACT.	обма́нывавший (ся)	обману́вший (ся)
PAST PASS.		обма́нутый
VERBAL ADVERB	обма́нывая (сь)	обману́в (шись)

обма́нывать кого́ — что

обнима́ть (ся) / обня́ть (ся)
to embrace, take in, hug

	IMPERFECTIVE ASPECT	PERFECTIVE ASPECT
INF.	обнима́ть (ся)	обня́ть (ся)
PRES.	обнима́ю (сь) обнима́ешь (ся) обнима́ет (ся) обнима́ем (ся) обнима́ете (сь) обнима́ют (ся)	
PAST	обнима́л (ся) обнима́ла (сь) обнима́ло (сь) обнима́ли (сь)	о́бнял – обня́лся обняла́ (сь) о́бняло – обняло́сь о́бняли – обняли́сь
FUT.	бу́ду обнима́ть (ся) бу́дешь обнима́ть (ся) бу́дет обнима́ть (ся) бу́дем обнима́ть (ся) бу́дете обнима́ть (ся) бу́дут обнима́ть (ся)	обниму́ (сь) обни́мешь (ся) обни́мет (ся) обни́мем (ся) обни́мете (сь) обни́мут (ся)
COND.	обнима́л (ся) бы обнима́ла (сь) бы обнима́ло (сь) бы обнима́ли (сь) бы	о́бнял – обня́лся бы обняла́ (сь) бы о́бняло – обняло́сь бы о́бняли – обняли́сь бы
IMP.	обнима́й (ся) обнима́йте (сь)	обними́ (сь) обними́те (сь)

DEVERBALS

PRES. ACT.	обнима́ющий (ся)	
PRES. PASS.	обнима́емый	
PAST ACT.	обнима́вший (ся)	обня́вший (ся)
PAST PASS.		о́бнятый о́бнят, обнята́, о́бнято
VERBAL ADVERB	обнима́я (сь)	обня́в (шись)

обнима́ть кого – что

213

обраща́ть (ся) / обрати́ть (ся)
to turn, convert (turn to, address, appeal)

	IMPERFECTIVE ASPECT	PERFECTIVE ASPECT
INF.	обраща́ть (ся)	обрати́ть (ся)
PRES.	обраща́ю (сь) обраща́ешь (ся) обраща́ет (ся) обраща́ем (ся) обраща́ете (сь) обраща́ют (ся)	
PAST	обраща́л (ся) обраща́ла (сь) обраща́ло (сь) обраща́ли (сь)	обрати́л (ся) обрати́ла (сь) обрати́ло (сь) обрати́ли (сь)
FUT.	бу́ду обраща́ть (ся) бу́дешь обраща́ть (ся) бу́дет обраща́ть (ся) бу́дем обраща́ть (ся) бу́дете обраща́ть (ся) бу́дут обраща́ть (ся)	обращу́ (сь) обрати́шь (ся) обрати́т (ся) обрати́м (ся) обрати́те (сь) обратя́т (ся)
COND.	обраща́л (ся) бы обраща́ла (сь) бы обраща́ло (сь) бы обраща́ли (сь) бы	обрати́л (ся) бы обрати́ла (сь) бы обрати́ло (сь) бы обрати́ли (сь) бы
IMP.	обраща́й (ся) обраща́йте (сь)	обрати́ (сь) обрати́те (сь)

DEVERBALS

PRES. ACT.	обраща́ющий (ся)	
PRES. PASS.	обраща́емый	
PAST ACT.	обраща́вший (ся)	обрати́вший (ся)
PAST PASS.		обращённый обращён, обращена́
VERBAL ADVERB	обраща́я (сь)	обрати́в (шись)

обраща́ть кого – что, в / на кого – что
обраща́ться к кому – чему, в кого – что

обслу́живать / обслужи́ть
to serve, service, operate

	IMPERFECTIVE ASPECT	PERFECTIVE ASPECT
INF.	обслу́живать	обслужи́ть
PRES.	обслу́живаю	
	обслу́живаешь	
	обслу́живает	
	обслу́живаем	
	обслу́живаете	
	обслу́живают	
PAST	обслу́живал	обслужи́л
	обслу́живала	обслужи́ла
	обслу́живало	обслужи́ло
	обслу́живали	обслужи́ли
FUT.	бу́ду обслу́живать	обслужу́
	бу́дешь обслу́живать	обслу́жишь
	бу́дет обслу́живать	обслу́жит
	бу́дем обслу́живать	обслу́жим
	бу́дете обслу́живать	обслу́жите
	бу́дут обслу́живать	обслу́жат
COND.	обслу́живал бы	обслужи́л бы
	обслу́живала бы	обслужи́ла бы
	обслу́живало бы	обслужи́ло бы
	обслу́живали бы	обслужи́ли бы
IMP.	обслу́живай	обслужи́
	обслу́живайте	обслужи́те

DEVERBALS

PRES. ACT.	обслу́живающий	
PRES. PASS.	обслу́живаемый	
PAST ACT.	обслу́живавший	обслужи́вший
PAST PASS.		обслу́женный
VERBAL ADVERB	обслу́живая	обслужи́в

обслу́живать кого — что

обсужда́ть / обсуди́ть
to discuss, consider

	IMPERFECTIVE ASPECT	PERFECTIVE ASPECT
INF.	обсужда́ть	обсуди́ть
PRES.	обсужда́ю	
	обсужда́ешь	
	обсужда́ет	
	обсужда́ем	
	обсужда́ете	
	обсужда́ют	
PAST	обсужда́л	обсуди́л
	обсужда́ла	обсуди́ла
	обсужда́ло	обсуди́ло
	обсужда́ли	обсуди́ли
FUT.	бу́ду обсужда́ть	обсужу́
	бу́дешь обсужда́ть	обсу́дишь
	бу́дет обсужда́ть	обсу́дит
	бу́дем обсужда́ть	обсу́дим
	бу́дете обсужда́ть	обсу́дите
	бу́дут обсужда́ть	обсу́дят
COND.	обсужда́л бы	обсуди́л бы
	обсужда́ла бы	обсуди́ла бы
	обсужда́ло бы	обсуди́ло бы
	обсужда́ли бы	обсуди́ли бы
IMP.	обсужда́й	обсуди́
	обсужда́йте	обсуди́те

DEVERBALS

PRES. ACT.	обсужда́ющий	
PRES. PASS.	обсужда́емый	
PAST ACT.	обсужда́вший	обсуди́вший
PAST PASS.		обсуждённый
		обсуждён, обсуждена́
VERBAL ADVERB	обсужда́я	обсуди́в

обсужда́ть что

	IMPERFECTIVE ASPECT	PERFECTIVE ASPECT
INF.	объявля́ть (ся)	объяви́ть (ся)
PRES.	объявля́ю (сь)	
	объявля́ешь (ся)	
	объявля́ет (ся)	
	объявля́ем (ся)	
	объявля́ете (сь)	
	объявля́ют (ся)	
PAST	объявля́л (ся)	объяви́л (ся)
	объявля́ла (сь)	объяви́ла (сь)
	объявля́ло (сь)	объяви́ло (сь)
	объявля́ли (сь)	объяви́ли (сь)
FUT.	бу́ду объявля́ть (ся)	объявлю́ (сь)
	бу́дешь объявля́ть (ся)	объя́вишь (ся)
	бу́дет объявля́ть (ся)	объя́вит (ся)
	бу́дем объявля́ть (ся)	объя́вим (ся)
	бу́дете объявля́ть (ся)	объя́вите (сь)
	бу́дут объявля́ть (ся)	объя́вят (ся)
COND.	объявля́л (ся) бы	объяви́л (ся) бы
	объявля́ла (сь) бы	объяви́ла (сь) бы
	объявля́ло (сь) бы	объяви́ло (сь) бы
	объявля́ли (сь) бы	объяви́ли (сь) бы
IMP.	объявля́й (ся)	объяви́ (сь)
	объявля́йте (сь)	объяви́те (сь)

DEVERBALS

PRES. ACT.	объявля́ющий (ся)	
PRES. PASS.	объявля́емый	
PAST ACT.	объявля́вший (ся)	объяви́вший (ся)
PAST PASS.		объя́вленный
VERBAL ADVERB	объявля́я (сь)	объяви́в (шись)

объявля́ть кому что о чём, кого – что кем – чем

объясня́ть (ся) / объясни́ть (ся)
to explain

	IMPERFECTIVE ASPECT	PERFECTIVE ASPECT
INF.	объясня́ть (ся)	объясни́ть (ся)
PRES.	объясня́ю (сь)	
	объясня́ешь (ся)	
	объясня́ет (ся)	
	объясня́ем (ся)	
	объясня́ете (сь)	
	объясня́ют (ся)	
PAST	объясня́л (ся)	объясни́л (ся)
	объясня́ла (сь)	объясни́ла (сь)
	объясня́ло (сь)	объясни́ло (сь)
	объясня́ли (сь)	объясни́ли (сь)
FUT.	бу́ду объясня́ть (ся)	объясню́ (сь)
	бу́дешь объясня́ть (ся)	объясни́шь (ся)
	бу́дет объясня́ть (ся)	объясни́т (ся)
	бу́дем объясня́ть (ся)	объясни́м (ся)
	бу́дете объясня́ть (ся)	объясни́те (сь)
	бу́дут объясня́ть (ся)	объясня́т (ся)
COND.	объясня́л (ся) бы	объясни́л (ся) бы
	объясня́ла (сь) бы	объясни́ла (сь) бы
	объясня́ло (сь) бы	объясни́ло (сь) бы
	объясня́ли (сь) бы	объясни́ли (сь) бы
IMP.	объясня́й (ся)	объясни́ (сь)
	объясня́йте (сь)	объясни́те (сь)

DEVERBALS

PRES. ACT.	объясня́ющий (ся)	
PRES. PASS.	объясня́емый	
PAST ACT.	объясня́вший (ся)	объясни́вший (ся)
PAST PASS.		объяснённый
		объяснён, объяснена́
VERBAL ADVERB	объясня́я (сь)	объясни́в (шись)

объясня́ть кому что

218

to dress, clothe (dress oneself, get dressed)

	IMPERFECTIVE ASPECT	PERFECTIVE ASPECT
INF.	одева́ть (ся)	оде́ть (ся)
PRES.	одева́ю (сь) одева́ешь (ся) одева́ет (ся) одева́ем (ся) одева́ете (сь) одева́ют (ся)	
PAST	одева́л (ся) одева́ла (сь) одева́ло (сь) одева́ли (сь)	оде́л (ся) оде́ла (сь) оде́ло (сь) оде́ли (сь)
FUT.	бу́ду одева́ть (ся) бу́дешь одева́ть (ся) бу́дет одева́ть (ся) бу́дем одева́ть (ся) бу́дете одева́ть (ся) бу́дут одева́ть (ся)	оде́ну (сь) оде́нешь (ся) оде́нет (ся) оде́нем (ся) оде́нете (сь) оде́нут (ся)
COND.	одева́л (ся) бы одева́ла (сь) бы одева́ло (сь) бы одева́ли (сь) бы	оде́л (ся) бы оде́ла (сь) бы оде́ло (сь) бы оде́ли (сь) бы
IMP.	одева́й (ся) одева́йте (сь)	оде́нь (ся) оде́ньте (сь)

DEVERBALS

PRES. ACT.	одева́ющий (ся)	
PRES. PASS.	одева́емый	
PAST ACT.	одева́вший (ся)	оде́вший (ся)
PAST PASS.		оде́тый
VERBAL ADVERB	одева́я (сь)	оде́в (шись)

одева́ть кого – что во что
одева́ться во что, кем – чем

одéрживать / одержáть

to gain, win

	IMPERFECTIVE ASPECT	PERFECTIVE ASPECT
INF.	одéрживать	одержáть
PRES.	одéрживаю	
	одéрживаешь	
	одéрживает	
	одéрживаем	
	одéрживаете	
	одéрживают	
PAST	одéрживал	одержáл
	одéрживала	одержáла
	одéрживало	одержáло
	одéрживали	одержáли
FUT.	бýду одéрживать	одержý
	бýдешь одéрживать	одéржишь
	бýдет одéрживать	одéржит
	бýдем одéрживать	одéржим
	бýдете одéрживать	одéржите
	бýдут одéрживать	одéржат
COND.	одéрживал бы	одержáл бы
	одéрживала бы	одержáла бы
	одéрживало бы	одержáло бы
	одéрживали бы	одержáли бы
IMP.	одéрживай	одержи́
	одéрживайте	одержи́те

DEVERBALS

PRES. ACT.	одéрживающий	
PRES. PASS.	одéрживаемый	
PAST ACT.	одéрживавший	одержáвший
PAST PASS.		одержáнный
VERBAL ADVERB	одéрживая	одержáв

одéрживать побéду

оказывать (ся) / оказать (ся)

to manifest, show (turn out to be, find oneself)

	IMPERFECTIVE ASPECT	PERFECTIVE ASPECT
INF.	оказывать (ся)	оказать (ся)
PRES.	оказываю (сь) оказываешь (ся) оказывает (ся) оказываем (ся) оказываете (сь) оказывают (ся)	
PAST	оказывал (ся) оказывала (сь) оказывало (сь) оказывали (сь)	оказал (ся) оказала (сь) оказало (сь) оказали (сь)
FUT.	буду оказывать (ся) будешь оказывать (ся) будет оказывать (ся) будем оказывать (ся) будете оказывать (ся) будут оказывать (ся)	окажу (сь) окажешь (ся) окажет (ся) окажем (ся) окажете (сь) окажут (ся)
COND.	оказывал (ся) бы оказывала (сь) бы оказывало (сь) бы оказывали (сь) бы	оказал (ся) бы оказала (сь) бы оказало (сь) бы оказали (сь) бы
IMP.	оказывай (ся) оказывайте (сь)	окажи (сь) окажите (сь)
DEVERBALS		
PRES. ACT.	оказывающий (ся)	
PRES. PASS.	оказываемый	
PAST ACT.	оказывавший (ся)	оказавший (ся)
PAST PASS.		оказанный
VERBAL ADVERB	оказывая (сь)	оказав (шись)

оказывать кому что
оказываться кем – чем

окружа́ть / окружи́ть

to surround, encircle

	IMPERFECTIVE ASPECT	PERFECTIVE ASPECT
INF.	окружа́ть	окружи́ть
PRES.	окружа́ю окружа́ешь окружа́ет окружа́ем окружа́ете окружа́ют	
PAST	окружа́л окружа́ла окружа́ло окружа́ли	окружи́л окружи́ла окружи́ло окружи́ли
FUT.	бу́ду окружа́ть бу́дешь окружа́ть бу́дет окружа́ть бу́дем окружа́ть бу́дете окружа́ть бу́дут окружа́ть	окружу́ окружи́шь окружи́т окружи́м окружи́те окружа́т
COND.	окружа́л бы окружа́ла бы окружа́ло бы окружа́ли бы	окружи́л бы окружи́ла бы окружи́ло бы окружи́ли бы
IMP.	окружа́й окружа́йте	окружи́ окружи́те

DEVERBALS

PRES. ACT.	окружа́ющий	
PRES. PASS.	окружа́емый	
PAST ACT.	окружа́вший	окружи́вший
PAST PASS.		окружённый окружён, окружена́
VERBAL ADVERB	окружа́я	окружи́в

окружа́ть кого – что кем – чем

222

	IMPERFECTIVE ASPECT	PERFECTIVE ASPECT
INF.	опа́здывать	опозда́ть
PRES.	опа́здываю опа́здываешь опа́здывает опа́здываем опа́здываете опа́здывают	
PAST	опа́здывал опа́здывала опа́здывало опа́здывали	опозда́л опозда́ла опозда́ло опозда́ли
FUT.	бу́ду опа́здывать бу́дешь опа́здывать бу́дет опа́здывать бу́дем опа́здывать бу́дете опа́здывать бу́дут опа́здывать	опозда́ю опозда́ешь опозда́ет опозда́ем опозда́ете опозда́ют
COND.	опа́здывал бы опа́здывала бы опа́здывало бы опа́здывали бы	опозда́л бы опозда́ла бы опозда́ло бы опозда́ли бы
IMP.	опа́здывай опа́здывайте	опозда́й опозда́йте

	DEVERBALS	
PRES. ACT.	опа́здывающий	
PRES. PASS.		
PAST ACT.	опа́здывавший	опозда́вший
PAST PASS.		
VERBAL ADVERB	опа́здывая	опозда́в

опа́здывать с чем, в / на что

опи́сывать (ся) / описа́ть (ся)
to describe, list (make a mistake)

	IMPERFECTIVE ASPECT	PERFECTIVE ASPECT
INF.	опи́сывать (ся)	описа́ть (ся)
PRES.	опи́сываю (сь)	
	опи́сываешь (ся)	
	опи́сывает (ся)	
	опи́сываем (ся)	
	опи́сываете (сь)	
	опи́сывают (ся)	
PAST	опи́сывал (ся)	описа́л (ся)
	опи́сывала (сь)	описа́ла (сь)
	опи́сывало (сь)	описа́ло (сь)
	опи́сывали (сь)	описа́ли (сь)
FUT.	бу́ду опи́сывать (ся)	опишу́ (сь)
	бу́дешь опи́сывать (ся)	опи́шешь (ся)
	бу́дет опи́сывать (ся)	опи́шет (ся)
	бу́дем опи́сывать (ся)	опи́шем (ся)
	бу́дете опи́сывать (ся)	опи́шете (сь)
	бу́дут опи́сывать (ся)	опи́шут (ся)
COND.	опи́сывал (ся) бы	описа́л (ся) бы
	опи́сывала (сь) бы	описа́ла (сь) бы
	опи́сывало (сь) бы	описа́ло (сь) бы
	опи́сывали (сь) бы	описа́ли (сь) бы
IMP.	опи́сывай (ся)	опиши́ (сь)
	опи́сывайте (сь)	опиши́те (сь)

DEVERBALS

PRES. ACT.	опи́сывающий (ся)	
PRES. PASS.	опи́сываемый	
PAST ACT.	опи́сывавший (ся)	описа́вший (ся)
PAST PASS.		опи́санный
VERBAL ADVERB	опи́сывая (сь)	описа́в (шись)

опи́сывать кого — что

опра́вдывать (ся) / оправда́ть (ся)
to justify, absolve (vindicate oneself)

	IMPERFECTIVE ASPECT	PERFECTIVE ASPECT
INF.	опра́вдывать (ся)	оправда́ть (ся)
PRES.	опра́вдываю (сь) опра́вдываешь (ся) опра́вдывает (ся) опра́вдываем (ся) опра́вдываете (сь) опра́вдывают (ся)	
PAST	опра́вдывал (ся) опра́вдывала (сь) опра́вдывало (сь) опра́вдывали (сь)	оправда́л (ся) оправда́ла (сь) оправда́ло (сь) оправда́ли (сь)
FUT.	бу́ду опра́вдывать (ся) бу́дешь опра́вдывать (ся) бу́дет опра́вдывать (ся) бу́дем опра́вдывать (ся) бу́дете опра́вдывать (ся) бу́дут опра́вдывать (ся)	оправда́ю (сь) оправда́ешь (ся) оправда́ет (ся) оправда́ем (ся) оправда́ете (сь) оправда́ют (ся)
COND.	опра́вдывал (ся) бы опра́вдывала (сь) бы опра́вдывало (сь) бы опра́вдывали (сь) бы	оправда́л (ся) бы оправда́ла (сь) бы оправда́ло (сь) бы оправда́ли (сь) бы
IMP.	опра́вдывай (ся) опра́вдывайте (сь)	оправда́й (ся) оправда́йте (сь)

DEVERBALS

PRES. ACT.	опра́вдывающий (ся)	
PRES. PASS.	опра́вдываемый	
PAST ACT.	опра́вдывавший (ся)	оправда́вший (ся)
PAST PASS.		опра́вданный
VERBAL ADVERB	опра́вдывая (сь)	оправда́в (шись)

опра́вдывать кого — что

определя́ть (ся) / определи́ть (ся)
to define, determine

	IMPERFECTIVE ASPECT	PERFECTIVE ASPECT
INF.	определя́ть (ся)	определи́ть (ся)
PRES.	определя́ю (сь) определя́ешь (ся) определя́ет (ся) определя́ем (ся) определя́ете (сь) определя́ют (ся)	
PAST	определя́л (ся) определя́ла (сь) определя́ло (сь) определя́ли (сь)	определи́л (ся) определи́ла (сь) определи́ло (сь) определи́ли (сь)
FUT.	бу́ду определя́ть (ся) бу́дешь определя́ть (ся) бу́дет определя́ть (ся) бу́дем определя́ть (ся) бу́дете определя́ть (ся) бу́дут определя́ть (ся)	определю́ (сь) определи́шь (ся) определи́т (ся) определи́м (ся) определи́те (сь) определя́т (ся)
COND.	определя́л (ся) бы определя́ла (сь) бы определя́ло (сь) бы определя́ли (сь) бы	определи́ (ся) бы определи́ла (сь) бы определи́ло (сь) бы определи́ли (сь) бы
IMP.	определя́й (ся) определя́йте (сь)	определи́ (сь) определи́те (сь)

DEVERBALS

PRES. ACT.	определя́ющий (ся)	
PRES. PASS.	определя́емый	
PAST ACT.	определя́вший (ся)	определи́вший (ся)
PAST PASS.		определённый определён, определена́
VERBAL ADVERB	определя́я (сь)	определи́в (шись)

определя́ть кого — что

226

опуска́ть (ся) / опусти́ть (ся)
to lower, let down, drop into (sink, hang down)

	IMPERFECTIVE ASPECT	PERFECTIVE ASPECT
INF.	опуска́ть (ся)	опусти́ть (ся)
PRES.	опуска́ю (сь) опуска́ешь (ся) опуска́ет (ся) опуска́ем (ся) опуска́ете (сь) опуска́ют (ся)	
PAST	опуска́л (ся) опуска́ла (сь) опуска́ло (сь) опуска́ли (сь)	опусти́л (ся) опусти́ла (сь) опусти́ло (сь) опусти́ли (сь)
FUT.	бу́ду опуска́ть (ся) бу́дешь опуска́ть (ся) бу́дет опуска́ть (ся) бу́дем опуска́ть (ся) бу́дете опуска́ть (ся) бу́дут опуска́ть (ся)	опущу́ (сь) опу́стишь (ся) опу́стит (ся) опу́стим (ся) опу́стите (сь) опу́стят (ся)
COND.	опуска́л (ся) бы опуска́ла (сь) бы опуска́ло (сь) бы опуска́ли (сь) бы	опусти́л (ся) бы опусти́ла (сь) бы опусти́ло (сь) бы опусти́ли (сь) бы
IMP.	опуска́й (ся) опуска́йте (сь)	опусти́ (сь) опусти́те (сь)

DEVERBALS

PRES. ACT.	опуска́ющий (ся)	
PRES. PASS.	опуска́емый	
PAST ACT.	опуска́вший (ся)	опусти́вший (ся)
PAST PASS.		опу́щенный
VERBAL ADVERB	опуска́я (сь)	опусти́в (шись)

опуска́ть кого – что во что

227

организо́вывать (ся) / организова́ть (ся)

to organize, unite

	IMPERFECTIVE ASPECT	PERFECTIVE ASPECT
INF.	организо́вывать (ся)	организова́ть (ся)
PRES.	организо́вываю (сь) организо́вываешь (ся) организо́вывает (ся) организо́вываем (ся) организо́вываете (сь) организо́вывают (ся)	
PAST	организо́вывал (ся) организо́вывала (сь) организо́вывало (сь) организо́вывали (сь)	организова́л (ся) организова́ла (сь) организова́ло (сь) организова́ли (сь)
FUT.	бу́ду организо́вывать (ся) бу́дешь организо́вывать (ся) бу́дет организо́вывать (ся) бу́дем организо́вывать (ся) бу́дете организо́вывать (ся) бу́дут организо́вывать (ся)	организу́ю (сь) организу́ешь (ся) организу́ет (ся) организу́ем (ся) организу́ете (сь) организу́ют (ся)
COND.	организо́вывал (ся) бы организо́вывала (сь) бы организо́вывало (сь) бы организо́вывали (сь) бы	организова́л (ся) бы организова́ла (сь) бы организова́ло (сь) бы организова́ли (сь) бы
IMP.	организо́вывай (ся) организо́вывайте (сь)	организу́й (ся) организу́йте (сь)

DEVERBALS

PRES. ACT.	организо́вывающий (ся)	
PRES. PASS.	организо́вываемый	
PAST ACT.	организо́вывавший (ся)	организова́вший (ся)
PAST PASS.		организо́ванный
VERBAL ADVERB	организо́вывая (сь)	организова́в (шись)

организо́вывать кого – что

Организова́ть can be used in both the imperfective and the perfective aspects.

228

освеща́ть (ся) / освети́ть (ся)
to light, illuminate (become bright)

	IMPERFECTIVE ASPECT	PERFECTIVE ASPECT
INF.	освеща́ть (ся)	освети́ть (ся)
PRES.	освеща́ю освеща́ешь освеща́ет (ся) освеща́ем освеща́ете освеща́ют (ся)	
PAST	освеща́л (ся) освеща́ла (сь) освеща́ло (сь) освеща́ли (сь)	освети́л (ся) освети́ла (сь) освети́ло (сь) освети́ли (сь)
FUT.	бу́ду освеща́ть бу́дешь освеща́ть бу́дет освеща́ть (ся) бу́дем освеща́ть бу́дете освеща́ть бу́дут освеща́ть (ся)	освещу́ освети́шь освети́т (ся) освети́м освети́те осветя́т (ся)
COND.	освеща́л (ся) бы освеща́ла (сь) бы освеща́ло (сь) бы освеща́ли (сь) бы	освети́л (ся) бы освети́ла (сь) бы освети́ло (сь) бы освети́ли (сь) бы
IMP.	освеща́й освеща́йте	освети́ освети́те

DEVERBALS

PRES. ACT.	освеща́ющий (ся)	
PRES. PASS.	освеща́емый	
PAST ACT.	освеща́вший (ся)	освети́вший (ся)
PAST PASS.		освещённый освещён, освещена́
VERBAL ADVERB	освеща́я (сь)	освети́в (шись)

освеща́ть кого – что

освобожда́ть (ся) / освободи́ть (ся)
to free, liberate, release

	IMPERFECTIVE ASPECT	PERFECTIVE ASPECT
INF.	освобожда́ть (ся)	освободи́ть (ся)
PRES.	освобожда́ю (сь) освобожда́ешь (ся) освобожда́ет (ся) освобожда́ем (ся) освобожда́ете (сь) освобожда́ют (ся)	
PAST	освобожда́л (ся) освобожда́ла (сь) освобожда́ло (сь) освобожда́ли (сь)	освободи́л (ся) освободи́ла (сь) освободи́ло (сь) освободи́ли (сь)
FUT.	бу́ду освобожда́ть (ся) бу́дешь освобожда́ть (ся) бу́дет освобожда́ть (ся) бу́дем освобожда́ть (ся) бу́дете освобожда́ть (ся) бу́дут освобожда́ть (ся)	освобожу́ (сь) освободи́шь (ся) освободи́т (ся) освободи́м (ся) освободи́те (сь) освободя́т (ся)
COND.	освобожда́л (ся) бы освобожда́ла (сь) бы освобожда́ло (сь) бы освобожда́ли (сь) бы	освободи́л (ся) бы освободи́ла (сь) бы освободи́ло (сь) бы освободи́ли (сь) бы
IMP.	освобожда́й (ся) освобожда́йте (сь)	освободи́ (сь) освободи́те (сь)
	DEVERBALS	
PRES. ACT.	освобожда́ющий (ся)	
PRES. PASS.	освобожда́емый	
PAST ACT.	освобожда́вший (ся)	освободи́вший (ся)
PAST PASS.		освобождённый освобождён, освобождена́
VERBAL ADVERB	освобожда́я (сь)	освободи́в (шись)

освобожда́ть кого – что от чего

осма́тривать (ся) / осмотре́ть (ся)
to examine, inspect (look around)

	IMPERFECTIVE ASPECT	PERFECTIVE ASPECT
INF.	осма́тривать (ся)	осмотре́ть (ся)
PRES.	осма́триваю (сь) осма́триваешь (ся) осма́тривает (ся) осма́триваем (ся) осма́триваете (сь) осма́тривают (ся)	
PAST	осма́тривал (ся) осма́тривала (сь) осма́тривало (сь) осма́тривали (сь)	осмотре́л (ся) осмотре́ла (сь) осмотре́ло (сь) осмотре́ли (сь)
FUT.	бу́ду осма́тривать (ся) бу́дешь осма́тривать (ся) бу́дет осма́тривать (ся) бу́дем осма́тривать (ся) бу́дете осма́тривать (ся) бу́дут осма́тривать (ся)	осмотрю́ (сь) осмо́тришь (ся) осмо́трит (ся) осмо́трим (ся) осмо́трите (сь) осмо́трят (ся)
COND.	осма́тривал (ся) бы осма́тривала (сь) бы осма́тривало (сь) бы осма́тривали (сь) бы	осмотре́л (ся) бы осмотре́ла (сь) бы осмотре́ло (сь) бы осмотре́ли (сь) бы
IMP.	осма́тривай (ся) осма́тривайте (сь)	осмотри́ (сь) осмотри́те (сь)

DEVERBALS

PRES. ACT.	осма́тривающий (ся)	
PRES. PASS.	осма́триваемый	
PAST ACT.	осма́тривавший (ся)	осмотре́вший (ся)
PAST PASS.		осмо́тренный
VERBAL ADVERB	осма́тривая (сь)	осмотре́в (шись)

осма́тривать кого – что

осно́вывать (ся) / основа́ть (ся)
to found, establish, base something on

	IMPERFECTIVE ASPECT	PERFECTIVE ASPECT
INF.	осно́вывать (ся)	основа́ть (ся)
PRES.	осно́вываю (сь) осно́вываешь (ся) осно́вывает (ся) осно́вываем (ся) осно́вываете (сь) осно́вывают (ся)	
PAST	осно́вывал (ся) осно́вывала (сь) осно́вывало (сь) осно́вывали (сь)	основа́л (ся) основа́ла (сь) основа́ло (сь) основа́ли (сь)
FUT.	бу́ду осно́вывать (ся) бу́дешь осно́вывать (ся) бу́дет осно́вывать (ся) бу́дем осно́вывать (ся) бу́дете осно́вывать (ся) бу́дут осно́вывать (ся)	осную́ (сь) оснуёшь (ся) оснуёт (ся) оснуём (ся) оснуёте (сь) осную́т (ся)
COND.	осно́вывал (ся) бы осно́вывала (сь) бы осно́вывало (сь) бы осно́вывали (сь) бы	основа́л (ся) бы основа́ла (сь) бы основа́ло (сь) бы основа́ли (сь) бы
IMP.	осно́вывай (ся) осно́вывайте (сь)	

DEVERBALS

PRES. ACT.	осно́вывающий (ся)	
PRES. PASS.	осно́вываемый	
PAST ACT.	осно́вывавший (ся)	основа́вший (ся)
PAST PASS.		осно́ванный
VERBAL ADVERB	осно́вывая (сь)	основа́в (шись)

осно́вывать что на чём

The future perfective form of this verb is rarely used.

	IMPERFECTIVE ASPECT	PERFECTIVE ASPECT
INF.	оставáться	остáться
PRES.	остаю́сь остаёшься остаётся остаёмся остаётесь остаю́тся	
PAST	оставáлся оставáлась оставáлось оставáлись	остáлся остáлась остáлось остáлись
FUT.	бу́ду оставáться бу́дешь оставáться бу́дет оставáться бу́дем оставáться бу́дете оставáться бу́дут оставáться	остáнусь остáнешься остáнется остáнемся остáнетесь остáнутся
COND.	оставáлся бы оставáлась бы оставáлось бы оставáлись бы	остáлся бы остáлась бы остáлось бы остáлись бы
IMP.	оставáйся оставáйтесь	остáнься остáньтесь

DEVERBALS

PRES. ACT.	остаю́щийся	
PRES. PASS.		
PAST ACT.	оставáвшийся	остáвшийся
PAST PASS.		
VERBAL ADVERB	оставáясь	остáвшись

оставля́ть / оста́вить
to leave, abandon, give up

	IMPERFECTIVE ASPECT	PERFECTIVE ASPECT
INF.	оставля́ть	оста́вить
PRES.	оставля́ю оставля́ешь оставля́ет оставля́ем оставля́ете оставля́ют	
PAST	оставля́л оставля́ла оставля́ло оставля́ли	оста́вил оста́вила оста́вило оста́вили
FUT.	бу́ду оставля́ть бу́дешь оставля́ть бу́дет оставля́ть бу́дем оставля́ть бу́дете оставля́ть бу́дут оставля́ть	оста́влю оста́вишь оста́вит оста́вим оста́вите оста́вят
COND.	оставля́л бы оставля́ла бы оставля́ло бы оставля́ли бы	оста́вил бы оста́вила бы оста́вило бы оста́вили бы
IMP.	оставля́й оставля́йте	оста́вь оста́вьте

DEVERBALS

PRES. ACT.	оставля́ющий	
PRES. PASS.	оставля́емый	
PAST ACT.	оставля́вший	оста́вивший
PAST PASS.		оста́вленный
VERBAL ADVERB	оставля́я	оста́вив

оставля́ть кого́ — что

останáвливать (ся) / остановить (ся)
to halt, stop (interrupt oneself)

	IMPERFECTIVE ASPECT	PERFECTIVE ASPECT
INF.	останáвливать (ся)	остановить (ся)
PRES.	останáвливаю (сь) останáвливаешь (ся) останáвливает (ся) останáвливаем (ся) останáвливаете (сь) останáвливают (ся)	
PAST	останáвливал (ся) останáвливала (сь) останáвливало (сь) останáвливали (сь)	остановил (ся) остановила (сь) остановило (сь) остановили (сь)
FUT.	бýду останáвливать (ся) бýдешь останáвливать (ся) бýдет останáвливать (ся) бýдем останáвливать (ся) бýдете останáвливать (ся) бýдут останáвливать (ся)	остановлю (сь) останóвишь (ся) останóвит (ся) останóвим (ся) останóвите (сь) останóвят (ся)
COND.	останáвливал (ся) бы останáвливала (сь) бы останáвливало (сь) бы останáвливали (сь) бы	остановил (ся) бы остановила (сь) бы остановило (сь) бы остановили (сь) бы
IMP.	останáвливай (ся) останáвливайте (сь)	останови (сь) остановите (сь)

DEVERBALS

PRES. ACT.	останáвливающий (ся)	
PRES. PASS.	останáвливаемый	
PAST ACT.	останáвливавший (ся)	остановивший (ся)
PAST PASS.		останóвленный
VERBAL ADVERB	останáвливая (сь)	остановив (шись)

останáвливать кого – что на ком – чём

осужда́ть / осуди́ть
to condemn, sentence, convict

	IMPERFECTIVE ASPECT	PERFECTIVE ASPECT
INF.	осужда́ть	осуди́ть
PRES.	осужда́ю осужда́ешь осужда́ет осужда́ем осужда́ете осужда́ют	
PAST	осужда́л осужда́ла осужда́ло осужда́ли	осуди́л осуди́ла осуди́ло осуди́ли
FUT.	бу́ду осужда́ть бу́дешь осужда́ть бу́дет осужда́ть бу́дем осужда́ть бу́дете осужда́ть бу́дут осужда́ть	осужу́ осу́дишь осу́дит осу́дим осу́дите осу́дят
COND.	осужда́л бы осужда́ла бы осужда́ло бы осужда́ли бы	осуди́л бы осуди́ла бы осуди́ло бы осуди́ли бы
IMP.	осужда́й осужда́йте	осуди́ осуди́те

DEVERBALS

PRES. ACT.	осужда́ющий	
PRES. PASS.	осужда́емый	
PAST ACT.	осужда́вший	осуди́вший
PAST PASS.		осуждённый осуждён, осуждена́
VERBAL ADVERB	осужда́я	осуди́в

осужда́ть кого – что на что, за что

236

to answer, reply to, assume responsibility

	IMPERFECTIVE ASPECT	PERFECTIVE ASPECT
INF.	отвеча́ть	отве́тить
PRES.	отвеча́ю отвеча́ешь отвеча́ет отвеча́ем отвеча́ете отвеча́ют	
PAST	отвеча́л отвеча́ла отвеча́ло отвеча́ли	отве́тил отве́тила отве́тило отве́тили
FUT.	бу́ду отвеча́ть бу́дешь отвеча́ть бу́дет отвеча́ть бу́дем отвеча́ть бу́дете отвеча́ть бу́дут отвеча́ть	отве́чу отве́тишь отве́тит отве́тим отве́тите отве́тят
COND.	отвеча́л бы отвеча́ла бы отвеча́ло бы отвеча́ли бы	отве́тил бы отве́тила бы отве́тило бы отве́тили бы
IMP.	отвеча́й отвеча́йте	отве́ть отве́тьте

DEVERBALS

PRES. ACT.	отвеча́ющий	
PRES. PASS.		
PAST ACT.	отвеча́вший	отве́тивший
PAST PASS.		отве́ченный
VERBAL ADVERB	отвеча́я	отве́тив

отвеча́ть на что чем, за что

отводи́ть / отвести́
to take somewhere, drop off

	IMPERFECTIVE ASPECT	PERFECTIVE ASPECT
INF.	отводи́ть	отвести́
PRES.	отвожу́ отво́дишь отво́дит отво́дим отво́дите отво́дят	
PAST	отводи́л отводи́ла отводи́ло отводи́ли	отвёл отвела́ отвело́ отвели́
FUT.	бу́ду отводи́ть бу́дешь отводи́ть бу́дет отводи́ть бу́дем отводи́ть бу́дете отводи́ть бу́дут отводи́ть	отведу́ отведёшь отведёт отведём отведёте отведу́т
COND.	отводи́л бы отводи́ла бы отводи́ло бы отводи́ли бы	отвёл бы отвела́ бы отвело́ бы отвели́ бы
IMP.	отводи́ отводи́те	отведи́ отведи́те

DEVERBALS

PRES. ACT.	отводя́	
PRES. PASS.	одводи́мый	
PAST ACT.	отводи́вший	отве́дший
PAST PASS.		отведённый отведён, отведена́
VERBAL ADVERB	отводя́	отведя́

отводи́ть кого́ – что

отдава́ть (ся) / отда́ть (ся)
to give back, give away (entrust, devote oneself, surrender to)

	IMPERFECTIVE ASPECT	PERFECTIVE ASPECT
INF.	отдава́ть (ся)	отда́ть (ся)
PRES.	отдаю́ (сь) отдаёшь (ся) отдаёт (ся) отдаём (ся) отдаёте (сь) отдаю́т (ся)	
PAST	отдава́л (ся) отдава́ла (сь) отдава́ло (сь) отдава́ли (сь)	о́тдал – отда́лся отдала́ (сь) о́тдало – отдало́сь о́тдали – отдали́сь
FUT.	бу́ду отдава́ть (ся) бу́дешь отдава́ть (ся) бу́дет отдава́ть (ся) бу́дем отдава́ть (ся) бу́дете отдава́ть (ся) бу́дут отдава́ть (ся)	отда́м (ся) отда́шь (ся) отда́ст (ся) отдади́м (ся) отдади́те (сь) отдаду́т (ся)
COND.	отдава́л (ся) бы отдава́ла (сь) бы отдава́ло (сь) бы отдава́ли (сь) бы	о́тдал – отда́лся бы отдала́ (сь) бы о́тдало – отдало́сь бы о́тдали – отдали́сь бы
IMP.	отдава́й (ся) отдава́йте (сь)	отда́й (ся) отда́йте (сь)

DEVERBALS

PRES. ACT.	отдаю́щий (ся)	
PRES. PASS.	отдава́емый	
PAST ACT.	отдава́вший (ся)	отда́вший (ся)
PAST PASS.		о́тданный, о́тдан, отдана́, о́тдано
VERBAL ADVERB	отдава́я (сь)	отда́в (шись)

отда́ть кого – что кому – чему, во что
отда́ться кому – чему на что

отдыха́ть / отдохну́ть
to rest, vacation, relax

	IMPERFECTIVE ASPECT	PERFECTIVE ASPECT
INF.	отдыха́ть	отдохну́ть
PRES.	отдыха́ю отдыха́ешь отдыха́ет отдыха́ем отдыха́ете отдыха́ют	
PAST	отдыха́л отдыха́ла отдыха́ло отдыха́ли	отдохну́л отдохну́ла отдохну́ло отдохну́ли
FUT.	бу́ду отдыха́ть бу́дешь отдыха́ть бу́дет отдыха́ть бу́дем отдыха́ть бу́дете отдыха́ть бу́дут отдыха́ть	отдохну́ отдохнёшь отдохнёт отдохнём отдохнёте отдохну́т
COND.	отдыха́л бы отдыха́ла бы отдыха́ло бы отдыха́ли бы	отдохну́л бы отдохну́ла бы отдохну́ло бы отдохну́ли бы
IMP.	отдыха́й отдыха́йте	отдохни́ отдохни́те

DEVERBALS

PRES. ACT.	отдыха́ющий	
PRES. PASS.		
PAST ACT.	отдыха́вший	отдохну́вший
PAST PASS.		
VERBAL ADVERB	отдыха́я	отдохну́в

отка́зывать (ся) / отказа́ть (ся)

to refuse, deny

	IMPERFECTIVE ASPECT	PERFECTIVE ASPECT
INF.	отка́зывать (ся)	отказа́ть (ся)
PRES.	отка́зываю (сь) отка́зываешь (ся) отка́зывает (ся) отка́зываем (ся) отка́зываете (сь) отка́зывают (ся)	
PAST	отка́зывал (ся) отка́зывала (сь) отка́зывало (сь) отка́зывали (сь)	отказа́л (ся) отказа́ла (сь) отказа́ло (сь) отказа́ли (сь)
FUT.	бу́ду отка́зывать (ся) бу́дешь отка́зывать (ся) бу́дет отка́зывать (ся) бу́дем отка́зывать (ся) бу́дете отка́зывать (ся) бу́дут отка́зывать (ся)	откажу́ (сь) отка́жешь (ся) отка́жет (ся) отка́жем (ся) отка́жете (сь) отка́жут (ся)
COND.	отка́зывал (ся) бы отка́зывала (сь) бы отка́зывало (сь) бы отка́зывали (сь) бы	отказа́л (ся) бы отказа́ла (сь) бы отказа́ло (сь) бы отказа́ли (сь) бы
IMP.	отка́зывай (ся) отка́зывайте (сь)	откажи́ (сь) откажи́те (сь)
	DEVERBALS	
PRES. ACT.	отка́зывающий (ся)	
PRES. PASS.	отка́зываемый	
PAST ACT.	отка́зывавший (ся)	отказа́вший (ся)
PAST PASS.		отка́занный
VERBAL ADVERB	отка́зывая (сь)	отказа́в (шись)

отка́зывать кому – чему в чём, от чего
отка́зываться от чего, + infinitive

241

открыва́ть (ся) / откры́ть (ся)
to open, discover

	IMPERFECTIVE ASPECT	PERFECTIVE ASPECT
INF.	открыва́ть (ся)	откры́ть (ся)
PRES.	открыва́ю (сь)	
	открыва́ешь (ся)	
	открыва́ет (ся)	
	открыва́ем (ся)	
	открыва́ете (сь)	
	открыва́ют (ся)	
PAST	открыва́л (ся)	откры́л (ся)
	открыва́ла (сь)	откры́ла (сь)
	открыва́ло (сь)	откры́ло (сь)
	открыва́ли (сь)	откры́ли (сь)
FUT.	бу́ду открыва́ть (ся)	откро́ю (ся)
	бу́дешь открыва́ть (ся)	откро́ешь (ся)
	бу́дет открыва́ть (ся)	откро́ет (ся)
	бу́дем открыва́ть (ся)	откро́ем (ся)
	бу́дете открыва́ть (ся)	откро́ете (сь)
	бу́дут открыва́ть (ся)	откро́ют (ся)
COND.	открыва́л (ся) бы	откры́л (ся) бы
	открыва́ла (сь) бы	откры́ла (сь) бы
	открыва́ло (сь) бы	откры́ло (сь) бы
	открыва́ли (сь) бы	откры́ли (сь) бы
IMP.	открыва́й (ся)	откро́й (ся)
	открыва́йте (сь)	откро́йте (сь)

DEVERBALS

PRES. ACT.	открыва́ющий (ся)	
PRES. PASS.	открыва́емый	
PAST ACT.	открыва́вший (ся)	откры́вший (ся)
PAST PASS.		откры́тый
VERBAL ADVERB	открыва́я	откры́в (шись)

открыва́ть кого — что

отлича́ть (ся) / отличи́ть (ся)
to distinguish between, differentiate

	IMPERFECTIVE ASPECT	PERFECTIVE ASPECT
INF.	отлича́ть (ся)	отличи́ть (ся)
PRES.	отлича́ю (сь) отлича́ешь (ся) отлича́ет (ся) отлича́ем (ся) отлича́ете (сь) отлича́ют (ся)	
PAST	отлича́л (ся) отлича́ла (сь) отлича́ло (сь) отлича́ли (сь)	отличи́л (ся) отличи́ла (сь) отличи́ло (сь) отличи́ли (сь)
FUT.	бу́ду отлича́ть (ся) бу́дешь отлича́ть (ся) бу́дет отлича́ть (ся) бу́дем отлича́ть (ся) бу́дете отлича́ть (ся) бу́дут отлича́ть (ся)	отличу́ (сь) отличи́шь (ся) отличи́т (ся) отличи́м (ся) отличи́те (сь) отлича́т (ся)
COND.	отлича́л (ся) бы отлича́ла (сь) бы отлича́ло (сь) бы отлича́ли (сь) бы	отличи́л (ся) бы отличи́ла (сь) бы отличи́ло (сь) бы отличи́ли (сь) бы
IMP.	отлича́й (ся) отлича́йте (сь)	отличи́ (сь) отличи́те (сь)

DEVERBALS

PRES. ACT.	отлича́ющий (ся)	
PRES. PASS.	отлича́емый	
PAST ACT.	отлича́вший (ся)	отличи́вший (ся)
PAST PASS.		отличённый отличён, отличена́
VERBAL ADVERB	отлича́я (сь)	отличи́в (шись)

отлича́ть кого – что
отлича́ться от кого – чего чем

отмеча́ть (ся) / отме́тить (ся)

to mark, note

	IMPERFECTIVE ASPECT	PERFECTIVE ASPECT
INF.	отмеча́ть (ся)	отме́тить (ся)
PRES.	отмеча́ю (сь) отмеча́ешь (ся) отмеча́ет (ся) отмеча́ем (ся) отмеча́ете (сь) отмеча́ют (ся)	
PAST	отмеча́л (ся) отмеча́ла (сь) отмеча́ло (сь) отмеча́ли (сь)	отме́тил (ся) отме́тила (сь) отме́тило (сь) отме́тили (сь)
FUT.	бу́ду отмеча́ть (ся) бу́дешь отмеча́ть (ся) бу́дет отмеча́ть (ся) бу́дем отмеча́ть (ся) бу́дете отмеча́ть (ся) бу́дут отмеча́ть (ся)	отме́чу (сь) отме́тишь (ся) отме́тит (ся) отме́тим (ся) отме́тите (сь) отме́тят (ся)
COND.	отмеча́л (ся) бы отмеча́ла (сь) бы отмеча́ло (сь) бы отмеча́ли (сь) бы	отме́тил (ся) бы отме́тила (сь) бы отме́тило (сь) бы отме́тили (сь) бы
IMP.	отмеча́й (ся) отмеча́йте (сь)	отме́ть (ся) отме́тьте (сь)

DEVERBALS

PRES. ACT.	отмеча́ющий (ся)	
PRES. PASS.	отмеча́емый	
PAST ACT.	отмеча́вший (ся)	отме́тивший (ся)
PAST PASS.		отме́ченный
VERBAL ADVERB	отмеча́я (сь)	отме́тив (шись)

отмеча́ть кого – что

244

	IMPERFECTIVE ASPECT	PERFECTIVE ASPECT
INF.	отнима́ть (ся)	отня́ть (ся)
PRES.	отнима́ю отнима́ешь отнима́ет (ся) отнима́ем отнима́ете отнима́ют (ся)	
PAST	отнима́л (ся) отнима́ла (сь) отнима́ло (сь) отнима́ли (сь)	о́тнял – отня́лся отняла́ (сь) о́тняло – отня́ло́сь о́тняли – отня́ли́сь
FUT.	бу́ду отнима́ть (ся) бу́дешь отнима́ть (ся) бу́дет отнима́ть (ся) бу́дем отнима́ть (ся) бу́дете отнима́ть (ся) бу́дут отнима́ть (ся)	отниму́ отни́мешь отни́мет (ся) отни́мем отни́мете отни́мут (ся)
COND.	отнима́л (ся) бы отнима́ла (сь) бы отнима́ло (сь) бы отнима́ли (сь) бы	о́тнял – отня́лся́ бы отняла́ (сь) бы о́тняло – отня́ло́сь бы о́тняли – отня́ли́сь бы
IMP.	отнима́й отнима́йте	отними́ отними́те

DEVERBALS

PRES. ACT.	отнима́ющий (ся)	
PRES. PASS.	отнима́емый	
PAST ACT.	отнима́вший (ся)	отня́вший (ся)
PAST PASS.		о́тнятый о́тнят, отнята́, о́тнято
VERBAL ADVERB	отнима́я (сь)	отня́в (шись)

отнима́ть кого – что у кого

относи́ть (ся) / отнести́ (сь)
to carry off, away (treat, regard, refer to)

	IMPERFECTIVE ASPECT	PERFECTIVE ASPECT
INF.	относи́ть (ся)	отнести́ (сь)
PRES.	отношу́ (сь) отно́сишь (ся) отно́сит (ся) отно́сим (ся) отно́сите (сь) отно́сят (ся)	
PAST	относи́л (ся) относи́ла (сь) относи́ло (сь) относи́ли (сь)	отнёс (ся) отнесла́ (сь) отнесло́ (сь) отнесли́ (сь)
FUT.	бу́ду относи́ть (ся) бу́дешь относи́ть (ся) бу́дет относи́ть (ся) бу́дем относи́ть (ся) бу́дете относи́ть (ся) бу́дут относи́ть (ся)	отнесу́ (сь) отнесёшь (ся) отнесёт (ся) отнесём (ся) отнесёте (сь) отнесу́т (ся)
COND.	относи́л (ся) бы относи́ла (сь) бы относи́ло (сь) бы относи́ли (сь) бы	отнёс (ся) бы отнесла́ (сь) бы отнесло́ (сь) бы отнесли́ (сь) бы
IMP.	относи́ (сь) относи́те (сь)	отнеси́ (сь) отнеси́те (сь)

DEVERBALS

PRES. ACT.	относя́щий (ся)	
PRES. PASS.	относи́мый	
PAST ACT.	относи́вший (ся)	отнёсший (ся)
PAST PASS.		отнесённый отнесён, отнесена́
VERBAL ADVERB	относя́ (сь)	отнеся́ (сь) – отнёсши (сь)

относи́ть кого – что
относи́ться к кому – чему

отправля́ть (ся) / отпра́вить (ся)
to send, forward (set out, depart)

	IMPERFECTIVE ASPECT	PERFECTIVE ASPECT
INF.	отправля́ть (ся)	отпра́вить (ся)
PRES.	отправля́ю (сь)	
	отправля́ешь (ся)	
	отправля́ет (ся)	
	отправля́ем (ся)	
	отправля́ете (сь)	
	отправля́ют (ся)	
PAST	отправля́л (ся)	отпра́вил (ся)
	отправля́ла (сь)	отпра́вила (сь)
	отправля́ло (сь)	отпра́вило (сь)
	отправля́ли (сь)	отпра́вили (сь)
FUT.	бу́ду отправля́ть (ся)	отпра́влю (сь)
	бу́дешь отправля́ть (ся)	отпра́вишь (ся)
	бу́дет отправля́ть (ся)	отпра́вит (ся)
	бу́дем отправля́ть (ся)	отпра́вим (ся)
	бу́дете отправля́ть (ся)	отпра́вите (сь)
	бу́дут отправля́ть (ся)	отпра́вят (ся)
COND.	отправля́л (ся) бы	отпра́вил (ся) бы
	отправля́ла (сь) бы	отпра́вила (сь) бы
	отправля́ло (сь) бы	отпра́вило (сь) бы
	отправля́ли (сь) бы	отпра́вили (сь) бы
IMP.	отправля́й (ся)	отпра́вь (ся)
	отправля́йте (сь)	отпра́вьте (сь)

DEVERBALS

PRES. ACT.	отправля́ющий (ся)	
PRES. PASS.	отправля́емый	
PAST ACT.	отправля́вший (ся)	отпра́вивший (ся)
PAST PASS.		отпра́вленный
VERBAL ADVERB	отправля́я (сь)	отпра́вив (шись)

отправля́ть кого — что
отправля́ться от чего

отреза́ть / отре́зать
to cut off, divide, apportion

	IMPERFECTIVE ASPECT	PERFECTIVE ASPECT
INF.	отреза́ть	отре́зать
PRES.	отреза́ю отреза́ешь отреза́ет отреза́ем отреза́ете отреза́ют	
PAST	отреза́л отреза́ла отреза́ло отреза́ли	отре́зал отре́зала отре́зало отре́зали
FUT.	бу́ду отреза́ть бу́дешь отреза́ть бу́дет отреза́ть бу́дем отреза́ть бу́дете отреза́ть бу́дут отреза́ть	отре́жу отре́жешь отре́жет отре́жем отре́жете отре́жут
COND.	отреза́л бы отреза́ла бы отреза́ло бы отреза́ли бы	отре́зал бы отре́зала бы отре́зало бы отре́зали бы
IMP.	отреза́й отреза́йте	отре́жь отре́жьте

DEVERBALS

PRES. ACT.	отреза́ющий	
PRES. PASS.	отреза́емый	
PAST ACT.	отреза́вший	отре́завший
PAST PASS.		отре́занный
VERBAL ADVERB	отреза́я	отре́зав

отреза́ть **что от кого**

Another imperfective form is **отре́зывать.**

отрыва́ть (ся) / оторва́ть (ся)
to rip off, tear away

	IMPERFECTIVE ASPECT	PERFECTIVE ASPECT
INF.	отрыва́ть (ся)	оторва́ть (ся)
PRES.	отрыва́ю (сь) отрыва́ешь (ся) отрыва́ет (ся) отрыва́ем (ся) отрыва́ете (сь) отрыва́ют (ся)	
PAST	отрыва́л (ся) отрыва́ла (сь) отрыва́ло (сь) отрыва́ли (сь)	оторва́л (ся) оторва́ла (сь) оторва́ло – оторва́ло́сь оторва́ли – оторва́ли́сь
FUT.	бу́ду отрыва́ть (ся) бу́дешь отрыва́ть (ся) бу́дет отрыва́ть (ся) бу́дем отрыва́ть (ся) бу́дете отрыва́ть (ся) бу́дут отрыва́ть (ся)	оторву́ (сь) оторвёшь (ся) оторвёт (ся) оторвём (ся) оторвёте (сь) оторву́т (ся)
COND.	отрыва́л (ся) бы отрыва́ла (сь) бы отрыва́ло (сь) бы отрыва́ли (сь) бы	оторва́л (ся) бы оторва́ла (сь) бы оторва́ло – оторва́ло́сь бы оторва́ли – оторва́ли́сь бы
IMP.	отрыва́й (ся) отрыва́йте (сь)	оторви́ (сь) оторви́те (сь)

DEVERBALS

PRES. ACT.	отрыва́ющий (ся)	
PRES. PASS.	отрыва́емый	
PAST ACT.	отрыва́вший (ся)	оторва́вший (ся)
PAST PASS.		ото́рванный
VERBAL ADVERB	отрыва́я (сь)	оторва́в (шись)

отрыва́ть кого – что
отрыва́ться от кого – чего

отставать / отстать
to be behind, fall behind, be slow

	IMPERFECTIVE ASPECT	PERFECTIVE ASPECT
INF.	отставать	отстать
PRES.	отстаю́ отстаёшь отстаёт отстаём отстаёте отстаю́т	
PAST	отставал отставала отставало отставали	отстал отстала отстало отстали
FUT.	бу́ду отставать бу́дешь отставать бу́дет отставать бу́дем отставать бу́дете отставать бу́дут отставать	отстану отстанешь отстанет отстанем отстанете отстанут
COND.	отставал бы отставала бы отставало бы отставали бы	отстал бы отстала бы отстало бы отстали бы
IMP.	отставай отставайте	отстань отстаньте

DEVERBALS

PRES. ACT.	отстаю́щий	
PRES. PASS.		
PAST ACT.	отстававший	отставший
PAST PASS.		
VERBAL ADVERB	отставая	отстав

отставать от кого – чего в чём
Мои часы отстают. *My watch is slow.*

	IMPERFECTIVE ASPECT	PERFECTIVE ASPECT
INF.	отходи́ть	отойти́
PRES.	отхожу́ отхо́дишь отхо́дит отхо́дим отхо́дите отхо́дят	
PAST	отходи́л отходи́ла отходи́ло отходи́ли	отошёл отошла́ отошло́ отошли́
FUT.	бу́ду отходи́ть бу́дешь отходи́ть бу́дет отходи́ть бу́дем отходи́ть бу́дете отходи́ть бу́дут отходи́ть	отойду́ отойдёшь отойдёт отойдём отойдёте отойду́т
COND.	отходи́л бы отходи́ла бы отходи́ло бы отходи́ли бы	отошёл бы отошла́ бы отошло́ бы отошли́ бы
IMP.	отходи́ отходи́те	отойди́ отойди́те

DEVERBALS

PRES. ACT.	отходя́щий	
PRES. PASS.		
PAST ACT.	отходи́вший	отоше́дший
PAST PASS.		
VERBAL ADVERB	отходя́	отойдя́

отходи́ть от кого – чего

251

оформля́ть (ся) / офо́рмить (ся)
to formalize, shape (be registered)

	IMPERFECTIVE ASPECT	PERFECTIVE ASPECT
INF.	оформля́ть (ся)	офо́рмить (ся)
PRES.	оформля́ю (сь)	
	оформля́ешь (ся)	
	оформля́ет (ся)	
	оформля́ем (ся)	
	оформля́ете (сь)	
	оформля́ют (ся)	
PAST	оформля́л (ся)	офо́рмил (ся)
	оформля́ла (сь)	офо́рмила (сь)
	оформля́ло (сь)	офо́рмило (сь)
	оформля́ли (сь)	офо́рмили (сь)
FUT.	бу́ду оформля́ть (ся)	офо́рмлю (сь)
	бу́дешь оформля́ть (ся)	офо́рмишь (ся)
	бу́дет оформля́ть (ся)	офо́рмит (ся)
	бу́дем оформля́ть (ся)	офо́рмим (ся)
	бу́дете оформля́ть (ся)	офо́рмите (сь)
	бу́дут оформля́ть (ся)	офо́рмят (ся)
COND.	оформля́л (ся) бы	офо́рмил (ся) бы
	оформля́ла (сь) бы	офо́рмила (сь) бы
	оформля́ло (сь) бы	офо́рмило (сь) бы
	оформля́ли (сь) бы	офо́рмили (сь) бы
IMP.	оформля́й (ся)	офо́рми (сь)
	оформля́йте (сь)	офо́рмите (сь)

DEVERBALS

PRES. ACT.	оформля́ющий (ся)	
PRES. PASS.	оформля́емый	
PAST ACT.	оформля́вший (ся)	офо́рмивший (ся)
PAST PASS.		офо́рмленный
VERBAL ADVERB	оформля́я (сь)	офо́рмив (шись)

оформля́ть кого — что

252

	IMPERFECTIVE ASPECT	PERFECTIVE ASPECT
INF.	ошибáться	ошибúться
PRES.	ошибáюсь ошибáешься ошибáется ошибáемся ошибáетесь ошибáются	
PAST	ошибáлся ошибáлась ошибáлось ошибáлись	ошúбся ошúблась ошúблось ошúблись
FUT.	бýду ошибáться бýдешь ошибáться бýдет ошибáться бýдем ошибáться бýдете ошибáться бýдут ошибáться	ошибýсь ошибёшься ошибётся ошибёмся ошибётесь ошибýтся
COND.	ошибáлся бы ошибáлась бы ошибáлось бы ошибáлись бы	ошúбся бы ошúблась бы ошúблось бы ошúблись бы
IMP.	ошибáйся ошибáйтесь	ошибúсь ошибúтесь

DEVERBALS		
PRES. ACT.	ошибáющийся	
PRES. PASS.		
PAST ACT.	ошибáвшийся	ошибúвшийся
PAST PASS.		
VERBAL ADVERB	ошибáясь	ошибúвшись

па́дать / упа́сть
to fall, drop

	IMPERFECTIVE ASPECT	PERFECTIVE ASPECT
INF.	па́дать	упа́сть
PRES.	па́даю	
	па́даешь	
	па́дает	
	па́даем	
	па́даете	
	па́дают	
PAST	па́дал	упа́л
	па́дала	упа́ла
	па́дало	упа́ло
	па́дали	упа́ли
FUT.	бу́ду па́дать	упаду́
	бу́дешь па́дать	упадёшь
	бу́дет па́дать	упадёт
	бу́дем па́дать	упадём
	бу́дете па́дать	упадёте
	бу́дут па́дать	упаду́т
COND.	па́дал бы	упа́л бы
	па́дала бы	упа́ла бы
	па́дало бы	упа́ло бы
	па́дали бы	упа́ли бы
IMP.	па́дай	упади́
	па́дайте	упади́те

DEVERBALS

PRES. ACT.	па́дающий	
PRES. PASS.		
PAST ACT.	па́давший	упа́вший
PAST PASS.		
VERBAL ADVERB	па́дая	упа́в

па́дать на что

	IMPERFECTIVE ASPECT	PERFECTIVE ASPECT
INF.	паха́ть	вспаха́ть
PRES.	пашу́ па́шешь па́шет па́шем па́шете па́шут	
PAST	паха́л паха́ла паха́ло паха́ли	вспаха́л вспаха́ла вспаха́ло вспаха́ли
FUT.	бу́ду паха́ть бу́дешь паха́ть бу́дет паха́ть бу́дем паха́ть бу́дете паха́ть бу́дут паха́ть	вспашу́ вспа́шешь вспа́шет вспа́шем вспа́шете вспа́шут
COND.	паха́л бы паха́ла бы паха́ло бы паха́ли бы	вспаха́л бы вспаха́ла бы вспаха́ло бы вспаха́ли бы
IMP.	паши́ паши́те	вспаши́ вспаши́те

DEVERBALS

PRES. ACT.	па́шущий	
PRES. PASS.		
PAST ACT.	паха́вший	вспаха́вший
PAST PASS.	па́ханный	вспа́ханный
VERBAL ADVERB		вспаха́в

паха́ть что

перебива́ть (ся) / переби́ть (ся)
to interrupt, slaughter, smash

	IMPERFECTIVE ASPECT	PERFECTIVE ASPECT
INF.	перебива́ть (ся)	переби́ть (ся)
PRES.	перебива́ю (сь)	
	перебива́ешь (ся)	
	перебива́ет (ся)	
	перебива́ем (ся)	
	перебива́ете (сь)	
	перебива́ют (ся)	
PAST	перебива́л (ся)	переби́л (ся)
	перебива́ла (сь)	переби́ла (сь)
	перебива́ло (сь)	переби́ло (сь)
	перебива́ли (сь)	переби́ли (сь)
FUT.	бу́ду перебива́ть (ся)	перебью́ (сь)
	бу́дешь перебива́ть (ся)	перебьёшь (ся)
	бу́дет перебива́ть (ся)	перебьёт (ся)
	бу́дем перебива́ть (ся)	перебьём (ся)
	бу́дете перебива́ть (ся)	перебьёте (сь)
	бу́дут перебива́ть (ся)	перебью́т (ся)
COND.	перебива́л (ся) бы	переби́л (ся) бы
	перебива́ла (сь) бы	переби́ла (сь) бы
	перебива́ло (сь) бы	переби́ло (сь) бы
	перебива́ли (сь) бы	переби́ли (сь) бы
IMP.	перебива́й (ся)	перебе́й (ся)
	перебива́йте (сь)	перебе́йте (сь)

DEVERBALS

PRES. ACT.	перебива́ющий (ся)	
PRES. PASS.	перебива́емый	
PAST ACT.	перебива́вший (ся)	переби́вший (ся)
PAST PASS.		переби́тый
VERBAL ADVERB	перебива́я (сь)	переби́в (шись)

перебива́ть кого – что

переводи́ть (ся) / перевести́ (сь)
to lead across, convey, translate

	IMPERFECTIVE ASPECT	PERFECTIVE ASPECT
INF.	переводи́ть (ся)	перевести́ (сь)
PRES.	перевожу́ (сь)	
	перево́дишь (ся)	
	перево́дит (ся)	
	перево́дим (ся)	
	перево́дите (сь)	
	перево́дят (ся)	
PAST	переводи́л (ся)	перевёл (ся)
	переводи́ла (сь)	перевела́ (сь)
	переводи́ло (сь)	перевело́ (сь)
	переводи́ли (сь)	перевели́ (сь)
FUT.	бу́ду переводи́ть (ся)	переведу́ (сь)
	бу́дешь переводи́ть (ся)	переведёшь (ся)
	бу́дет переводи́ть (ся)	переведёт (ся)
	бу́дем переводи́ть (ся)	переведём (ся)
	бу́дете переводи́ть (ся)	переведёте (сь)
	бу́дут переводи́ть (ся)	переведу́т (ся)
COND.	переводи́л (ся) бы	перевёл (ся) бы
	переводи́ла (сь) бы	перевела́ (сь) бы
	переводи́ло (сь) бы	перевело́ (сь) бы
	переводи́ли (сь) бы	перевели́ (сь) бы
IMP.	переводи́ (сь)	переведи́ (сь)
	переводи́те (сь)	переведи́те (сь)

DEVERBALS

PRES. ACT.	переводя́щий (ся)	
PRES. PASS.	переводи́мый	
PAST ACT.	переводи́вший (ся)	переве́дший (ся)
PAST PASS.		переведённый
		переведён, переведена́
VERBAL ADVERB	переводя́ (сь)	переведя́ (сь)

переводи́ть кого – что во что, с чего на что

перевози́ть / перевезти́
to take across by vehicle, transport

	IMPERFECTIVE ASPECT	PERFECTIVE ASPECT
INF.	перевози́ть	перевезти́
PRES.	перевожу́ перево́зишь перево́зит перево́зим перево́зите перево́зят	
PAST	перевози́л перевози́ла перевози́ло перевози́ли	перевёз перевезла́ перевезло́ перевезли́
FUT.	бу́ду перевози́ть бу́дешь перевози́ть бу́дет перевози́ть бу́дем перевози́ть бу́дете перевози́ть бу́дут перевози́ть	перевезу́ перевезёшь перевезёт перевезём перевезёте перевезу́т
COND.	перевози́л бы перевози́ла бы перевози́ло бы перевози́ли бы	перевёз бы перевезла́ бы перевезло́ бы перевезли́ бы
IMP.	перевози́ перевози́те	перевези́ перевези́те

DEVERBALS

PRES. ACT.	перевозя́	
PRES. PASS.	перевози́мый	
PAST ACT.	перевози́вший	перевёзший
PAST PASS.		перевезённый перевезён, перевезена́
VERBAL ADVERB	перевозя́	перевезя́

перевози́ть кого – что

передава́ть (ся) / переда́ть (ся)

to pass on, hand over, broadcast

	IMPERFECTIVE ASPECT	PERFECTIVE ASPECT
INF.	передава́ть (ся)	переда́ть
PRES.	передаю́ передаёшь передаёт (ся) передаём передаёте передаю́т (ся)	
PAST	передава́л (ся) передава́ла (сь) передава́ло (сь) передава́ли (сь)	пе́редал – переда́лся передала́ (сь) пе́редало – передало́сь пе́редали – передали́сь
FUT.	бу́ду передава́ть бу́дешь передава́ть бу́дет передава́ть (ся) бу́дем передава́ть бу́дете передава́ть бу́дут передава́ть (ся)	переда́м переда́шь переда́ст (ся) передади́м передади́те передаду́т (ся)
COND.	передава́л (ся) бы передава́ла (сь) бы передава́ло (сь) бы передава́ли (сь) бы	пе́редал – переда́лся бы передала́ (сь) бы пе́редало – передало́сь бы пе́редали – передали́сь бы
IMP.	передава́й передава́йте	переда́й переда́йте

DEVERBALS

PRES. ACT.	передаю́щий (ся)	
PRES. PASS.	передава́емый	
PAST ACT.	передава́вший (ся)	переда́вший (ся)
PAST PASS.		пе́реданный, пе́редан, передана́, пе́редано
VERBAL ADVERB	передава́я (сь)	переда́в (шись)

передáть кому кого – что
передáться кому – чему

переезжа́ть / перее́хать
to cross, move, run over

	IMPERFECTIVE ASPECT	PERFECTIVE ASPECT
INF.	переезжа́ть	перее́хать
PRES.	переезжа́ю переезжа́ешь переезжа́ет переезжа́ем переезжа́ете переезжа́ют	
PAST	переезжа́л переезжа́ла переезжа́ло переезжа́ли	перее́хал перее́хала перее́хало перее́хали
FUT.	бу́ду переезжа́ть бу́дешь переезжа́ть бу́дет переезжа́ть бу́дем переезжа́ть бу́дете переезжа́ть бу́дут переезжа́ть	перее́ду перее́дешь перее́дет перее́дем перее́дете перее́дут
COND.	переезжа́л бы переезжа́ла бы переезжа́ло бы переезжа́ли бы	перее́хал бы перее́хала бы перее́хало бы перее́хали бы
IMP.	переезжа́й переезжа́йте	

DEVERBALS

PRES. ACT.	переезжа́ющий	
PRES. PASS.	переезжа́емый	
PAST ACT.	переезжа́вший	перее́хавший
PAST PASS.		
VERBAL ADVERB	переезжа́я	перее́хав

переезжа́ть кого – что через что

	IMPERFECTIVE ASPECT	PERFECTIVE ASPECT
INF.	переживáть	пережи́ть
PRES.	переживáю переживáешь переживáет переживáем переживáете переживáют	
PAST	переживáл переживáла переживáло переживáли	пéрежи́л пережилá пéрежи́ло пéрежи́ли
FUT.	бýду переживáть бýдешь переживáть бýдет переживáть бýдем переживáть бýдете переживáть бýдут переживáть	переживý переживёшь переживёт переживём переживёте переживýт
COND.	переживáл бы переживáла бы переживáло бы переживáли бы	пéрежи́л бы пережилá бы пéрежи́ло бы пéрежи́ли бы
IMP.	переживáй переживáйте	переживи́ переживи́те

DEVERBALS

PRES. ACT.	переживáющий	
PRES. PASS.	переживáемый	
PAST ACT.	переживáвший	пережи́вший
PAST PASS.		пéрежи́тый пéрежи́т, пережитá, пéрежи́то
VERBAL ADVERB	переживáя	пережи́в

переживáть что

переноси́ть / перенести́
to carry over, transmit, endure

	IMPERFECTIVE ASPECT	PERFECTIVE ASPECT
INF.	переноси́ть	перенести́
PRES.	переношу́ перено́сишь перено́сит перено́сим перено́сите перено́сят	
PAST	переноси́л переноси́ла переноси́ло переноси́ли	перенёс перенесла́ перенесло́ перенесли́
FUT.	бу́ду переноси́ть бу́дешь переноси́ть бу́дет переноси́ть бу́дем переноси́ть бу́дете переноси́ть бу́дут переноси́ть	перенесу́ перенесёшь перенесёт перенесём перенесёте перенесу́т
COND.	переноси́л бы переноси́ла бы переноси́ло бы переноси́ли бы	перенёс бы перенесла́ бы перенесло́ бы перенесли́ бы
IMP.	переноси́ переноси́те	перенеси́ перенеси́те

DEVERBALS

PRES. ACT.	переносящий	
PRES. PASS.	переноси́мый	
PAST ACT.	переноси́вший	перенёсший
PAST PASS.		перенесённый перенесён, перенесена́
VERBAL ADVERB	перенося́	перенеся́

переноси́ть кого – что

переписывать (ся) / переписать (ся)
to reprint, rewrite, take down (correspond / be registered)

	IMPERFECTIVE ASPECT	PERFECTIVE ASPECT
INF.	переписывать (ся)	переписать (ся)
PRES.	переписываю (сь) переписываешь (ся) переписывает (ся) переписываем (ся) переписываете (сь) переписывают (ся)	
PAST	переписывал (ся) переписывала (сь) переписывало (сь) переписывали (сь)	переписа́л (ся) переписа́ла (сь) переписа́ло (сь) переписа́ли (сь)
FUT.	бу́ду переписывать (ся) бу́дешь переписывать (ся) бу́дет переписывать (ся) бу́дем переписывать (ся) бу́дете переписывать (ся) бу́дут переписывать (ся)	перепишу́ (сь) перепи́шешь (ся) перепи́шет (ся) перепи́шем (ся) перепи́шете (сь) перепи́шут (ся)
COND.	переписывал (ся) бы переписывала (сь) бы переписывало (сь) бы переписывали (сь) бы	переписа́л (ся) бы переписа́ла (сь) бы переписа́ло (сь) бы переписа́ли (сь) бы
IMP.	переписывай (ся) переписывайте (сь)	перепиши́ (сь) перепиши́те (сь)

DEVERBALS

PRES. ACT.	переписывающий (ся)	
PRES. PASS.	переписываемый	
PAST ACT.	переписывавший (ся)	переписа́вший (ся)
PAST PASS.		переписа́нный
VERBAL ADVERB	переписывая (сь)	переписа́в (шись)

переписывать кого — что
переписываться с кем *to correspond with someone* [imperfective form only]

перераба́тывать (ся) / перерабо́тать (ся)
to make into, remake, rework (overwork)

	IMPERFECTIVE ASPECT	PERFECTIVE ASPECT
INF.	перераба́тывать (ся)	перерабо́тать (ся)
PRES.	перераба́тываю (сь) перераба́тываешь (ся) перераба́тывает (ся) перераба́тываем (ся) перераба́тываете (сь) перераба́тывают (ся)	
PAST	перераба́тывал (ся) перераба́тывала (сь) перераба́тывало (сь) перераба́тывали (сь)	перерабо́тал (ся) перерабо́тала (сь) перерабо́тало (сь) перерабо́тали (сь)
FUT.	бу́ду перераба́тывать (ся) бу́дешь перераба́тывать (ся) бу́дет перераба́тывать (ся) бу́дем перераба́тывать (ся) бу́дете перераба́тывать (ся) бу́дут перераба́тывать (ся)	перерабо́таю (сь) перерабо́таешь (ся) перерабо́тает (ся) перерабо́таем (ся) перерабо́таете (сь) перерабо́тают (ся)
COND.	перераба́тывал (ся) бы перераба́тывала (сь) бы перераба́тывало (сь) бы перераба́тывали (сь) бы	перерабо́тал (ся) бы перерабо́тала (сь) бы перерабо́тало (сь) бы перерабо́тали (сь) бы
IMP.	перераба́тывай (ся) перераба́тывайте (сь)	перерабо́тай (ся) перерабо́тайте (сь)

DEVERBALS

PRES. ACT.	перераба́тывающий (ся)	
PRES. PASS.	перераба́тываемый	
PAST ACT.	перераба́тывавший (ся)	перерабо́тавший (ся)
PAST PASS.		перерабо́таннный
VERBAL ADVERB	перераба́тывая (сь)	перерабо́тав (шись)

перераба́тывать что во что, на что

264

	IMPERFECTIVE ASPECT	PERFECTIVE ASPECT
INF.	пересáживать	пересадить
PRES.	пересáживаю	
	пересáживаешь	
	пересáживает	
	пересáживаем	
	пересáживаете	
	пересáживают	
PAST	пересáживал	пересадил
	пересáживала	пересадила
	пересáживало	пересадило
	пересáживали	пересадили
FUT.	бýду пересáживать	пересажý
	бýдешь пересáживать	пересáдишь
	бýдет пересáживать	пересáдит
	бýдем пересáживать	пересáдим
	бýдете пересáживать	пересáдите
	бýдут пересáживать	пересáдят
COND.	пересáживал бы	пересадил бы
	пересáживала бы	пересадила бы
	пересáживало бы	пересадило бы
	пересáживали бы	пересадили бы
IMP.	пересáживай	пересади
	пересáживайте	пересадите

DEVERBALS

PRES. ACT.	пересáживающий	
PRES. PASS.	пересáживаемый	
PAST ACT.	пересáживавший	пересадивший
PAST PASS.		пересáженнный
VERBAL ADVERB	пересáживая	пересадив

пересáживать кого — что

265

пересáживаться / пересéсть
to change [vehicles], change one's seat

	IMPERFECTIVE ASPECT	PERFECTIVE ASPECT
INF.	пересáживаться	пересéсть
PRES.	пересáживаюсь пересáживаешься пересáживается пересáживаемся пересáживаетесь пересáживаются	
PAST	пересáживался пересáживалась пересáживалось пересáживались	пересéл пересéла пересéло пересéли
FUT.	бýду пересáживаться бýдешь пересáживаться бýдет пересáживаться бýдем пересáживаться бýдете пересáживаться бýдут пересáживаться	переся́ду переся́дешь переся́дет переся́дем переся́дете переся́дут
COND.	пересáживался бы пересáживалась бы пересáживалось бы пересáживались бы	пересéл бы пересéла бы пересéло бы пересéли бы
IMP.	пересáживайся пересáживайтесь	переся́дь переся́дьте
DEVERBALS		
PRES. ACT.	пересáживающийся	
PRES. PASS.		
PAST ACT.	пересáживавшийся	пересéвший
PAST PASS.		
VERBAL ADVERB	пересáживаясь	пересéв

пересáживаться на что

266

	IMPERFECTIVE ASPECT	PERFECTIVE ASPECT
INF.	переставáть	перестáть
PRES.	перестаю́	
	перестаёшь	
	перестаёт	
	перестаём	
	перестаёте	
	перестаю́т	
PAST	переставáл	перестáл
	переставáла	перестáла
	переставáло	перестáло
	переставáли	перестáли
FUT.	бу́ду переставáть	перестáну
	бу́дешь переставáть	перестáнешь
	бу́дет переставáть	перестáнет
	бу́дем переставáть	перестáнем
	бу́дете переставáть	перестáнете
	бу́дут переставáть	перестáнут
COND.	переставáл бы	перестáл бы
	переставáла бы	перестáла бы
	переставáло бы	перестáло бы
	переставáли бы	перестáли бы
IMP.	переставáй	перестáнь
	переставáйте	перестáньте

DEVERBALS

PRES. ACT.	перестаю́щий	
PRES. PASS.		
PAST ACT.	переставáвший	перестáвший
PAST PASS.		
VERBAL ADVERB	переставáя	перестáв

267

переходи́ть / перейти́
to cross on foot, get over

	IMPERFECTIVE ASPECT	PERFECTIVE ASPECT
INF.	переходи́ть	перейти́
PRES.	перехожу́ перехо́дишь перехо́дит перехо́дим перехо́дите перехо́дят	
PAST	переходи́л переходи́ла переходи́ло переходи́ли	перешёл перешла́ перешло́ перешли́
FUT.	бу́ду переходи́ть бу́дешь переходи́ть бу́дет переходи́ть бу́дем переходи́ть бу́дете переходи́ть бу́дут переходи́ть	перейду́ перейдёшь перейдёт перейдём перейдёте перейду́т
COND.	переходи́л бы переходи́ла бы переходи́ло бы переходи́ли бы	перешёл бы перешла́ бы перешло́ бы перешли́ бы
IMP.	переходи́ переходи́те	перейди́ перейди́те

DEVERBALS

PRES. ACT.	переходя́щий	
PRES. PASS.	переходи́мый	
PAST ACT.	переходи́вший	перешéдший
PAST PASS.		перейдённый перейдён, перейдена́
VERBAL ADVERB	переходя́	перейдя́

переходи́ть что, через что, на что

	IMPERFECTIVE ASPECT	PERFECTIVE ASPECT
INF.	пе́ть	спе́ть
PRES.	пою́ поёшь поёт поём поёте пою́т	
PAST	пе́л пе́ла пе́ло пе́ли	спе́л спе́ла спе́ло спе́ли
FUT.	бу́ду пе́ть бу́дешь пе́ть бу́дет пе́ть бу́дем пе́ть бу́дете пе́ть бу́дут пе́ть	спою́ споёшь споёт споём споёте спою́т
COND.	пе́л бы пе́ла бы пе́ло бы пе́ли бы	спе́л бы спе́ла бы спе́ло бы спе́ли бы
IMP.	по́й по́йте	спо́й спо́йте

DEVERBALS

PRES. ACT.	пою́щий	
PRES. PASS.		
PAST ACT.	пе́вший	спе́вший
PAST PASS.	пе́тый	спе́тый
VERBAL ADVERB		спе́в

пе́ть что

печа́тать (ся) / напеча́тать (ся)
to print, type (be published)

	IMPERFECTIVE ASPECT	PERFECTIVE ASPECT
INF.	печа́тать (ся)	напеча́тать (ся)
PRES.	печа́таю (сь) печа́таешь (ся) печа́тает (ся) печа́таем (ся) печа́таете (сь) печа́тают (ся)	
PAST	печа́тал (ся) печа́тала (сь) печа́тало (сь) печа́тали (сь)	напеча́тал (ся) напеча́тала (сь) напеча́тало (сь) напеча́тали (сь)
FUT.	бу́ду печа́тать (ся) бу́дешь печа́тать (ся) бу́дет печа́тать (ся) бу́дем печа́тать (ся) бу́дете печа́тать (ся) бу́дут печа́тать (ся)	напеча́таю (сь) напеча́таешь (ся) напеча́тает (ся) напеча́таем (ся) напеча́таете (сь) напеча́тают (ся)
COND.	печа́тал (ся) бы печа́тала (сь) бы печа́тало (сь) бы печа́тали (сь) бы	напеча́тал (ся) бы напеча́тала (сь) бы напеча́тало (сь) бы напеча́тали (сь) бы
IMP.	печа́тай (ся) печа́тайте (сь)	напеча́тай (ся) напеча́тайте (сь)

DEVERBALS

PRES. ACT.	печа́тающий (ся)	
PRES. PASS.	печа́таемый	
PAST ACT.	печа́тавший (ся)	напеча́тавший (ся)
PAST PASS.		напеча́танный
VERBAL ADVERB	печа́тая (сь)	напеча́тав (шись)

печа́тать что

270

пе́чь (ся) / испе́чь (ся)
to bake

	IMPERFECTIVE ASPECT	PERFECTIVE ASPECT
INF.	пе́чь (ся)	испе́чь (ся)
PRES.	пеку́ (сь) печёшь (ся) печёт (ся) печём (ся) печёте (сь) пеку́т (ся)	
PAST	пёк (ся) пекла́ (сь) пекло́ (сь) пекли́ (сь)	испёк (ся) испекла́ (сь) испекло́ (сь) испекли́ (сь)
FUT.	бу́ду пе́чь (ся) бу́дешь пе́чь (ся) бу́дет пе́чь (ся) бу́дем пе́чь (ся) бу́дете пе́чь (ся) бу́дут пе́чь (ся)	испеку́ (сь) испечёшь (ся) испечёт (ся) испечём (ся) испечёте (сь) испеку́т (ся)
COND.	пёк (ся) бы пекла́ (сь) бы пекло́ (сь) бы пекли́ (сь) бы	испёк (ся) бы испекла́ (сь) бы испекло́ (сь) бы испекли́ (сь) бы
IMP.	пеки́ (сь) пеки́те (сь)	испеки́ (сь) испеки́те (сь)

DEVERBALS

PRES. ACT.	пеку́щий (ся)	
PRES. PASS.		
PAST ACT.	пёкший (ся)	испёкший (ся)
PAST PASS.	печённый печён, печена́	испечённый испечён, испечена́
VERBAL ADVERB	пёкши (сь)	испёкши (сь)

пе́чь что

писа́ть (ся) / написа́ть
to write, paint (be in mood for writing)

	IMPERFECTIVE ASPECT	PERFECTIVE ASPECT
INF.	писа́ть (ся)	написа́ть
PRES.	пишу́ пи́шешь пи́шет (ся) пи́шем пи́шете пи́шут (ся)	
PAST	писа́л (ся) писа́ла (сь) писа́ло (сь) писа́ли (сь)	написа́л написа́ла написа́ло написа́ли
FUT.	бу́ду писа́ть бу́дешь писа́ть бу́дет писа́ть (ся) бу́дем писа́ть бу́дете писа́ть бу́дут писа́ть (ся)	напишу́ напи́шешь напи́шет напи́шем напи́шете напи́шут
COND.	писа́л (ся) бы писа́ла (сь) бы писа́ло (сь) бы писа́ли (сь) бы	написа́л бы написа́ла бы написа́ло бы написа́ли бы
IMP.	пиши́ пиши́те	напиши́ напиши́те

DEVERBALS

PRES. ACT.	пи́шущий (ся)	
PRES. PASS.		
PAST ACT.	писа́вший (ся)	написа́вший
PAST PASS.	пи́санный	напи́санный
VERBAL ADVERB	писа́в (шись)	написа́в

писа́ть что

The reflexive form is used only in the imperfective aspect.

	IMPERFECTIVE ASPECT	PERFECTIVE ASPECT
INF.	пи́ть	вы́пить
PRES.	пью́ пьёшь пьёт пьём пьёте пью́т	
PAST	пи́л пила́ пи́ло пи́ли	вы́пил вы́пила вы́пило вы́пили
FUT.	бу́ду пи́ть бу́дешь пи́ть бу́дет пи́ть бу́дем пи́ть бу́дете пи́ть бу́дут пи́ть	вы́пью вы́пьешь вы́пьет вы́пьем вы́пьете вы́пьют
COND.	пи́л бы пила́ бы пи́ло бы пи́ли бы	вы́пил бы вы́пила бы вы́пило бы вы́пили бы
IMP.	пе́й пе́йте	вы́пей вы́пейте

DEVERBALS

PRES. ACT.	пью́щий	
PRES. PASS.		
PAST ACT.	пи́вший	вы́пивший
PAST PASS.	пи́тый	вы́питый
VERBAL ADVERB	пи́в	вы́пив

пи́ть что, чего

пла́вать – плы́ть / поплы́ть
to swim, sail, boat / begin swimming

	MULTIDIRECTIONAL	UNIDIRECTIONAL	PERFECTIVE ASPECT
INF.	пла́вать	плы́ть	поплы́ть
PRES.	пла́ваю	плыву́	
	пла́ваешь	плывёшь	
	пла́вает	плывёт	
	пла́ваем	плывём	
	пла́ваете	плывёте	
	пла́вают	плыву́т	
PAST	пла́вал	плы́л	поплы́л
	пла́вала	плыла́	поплыла́
	пла́вало	плы́ло	поплы́ло
	пла́вали	плы́ли	поплы́ли
FUT.	бу́ду пла́вать	бу́ду плы́ть	поплыву́
	бу́дешь пла́вать	бу́дешь плы́ть	поплывёшь
	бу́дет пла́вать	бу́дет плы́ть	поплывёт
	бу́дем пла́вать	бу́дем плы́ть	поплывём
	бу́дете пла́вать	бу́дете плы́ть	поплывёте
	бу́дут пла́вать	бу́дут плы́ть	поплыву́т
COND.	пла́вал бы	плы́л бы	поплы́л бы
	пла́вала бы	плыла́ бы	поплыла́ бы
	пла́вало бы	плы́ло бы	поплы́ло бы
	пла́вали бы	плы́ли бы	поплы́ли бы
IMP.	пла́вай	плыви́	поплыви́
	пла́вайте	плыви́те	поплыви́те

DEVERBALS

PRES. ACT.	пла́вающий	плыву́щий	
PRES. PASS.			
PAST ACT.	пла́вавший	плы́вший	поплы́вший
PAST PASS.			
VERBAL ADVERB	пла́вая	плывя́	поплы́в

	IMPERFECTIVE ASPECT	PERFECTIVE ASPECT
INF.	пла́кать	запла́кать
PRES.	пла́чу пла́чешь пла́чет пла́чем пла́чете пла́чут	
PAST	пла́кал пла́кала пла́кало пла́кали	запла́кал запла́кала запла́кало запла́кали
FUT.	бу́ду пла́кать бу́дешь пла́кать бу́дет пла́кать бу́дем пла́кать бу́дете пла́кать бу́дут пла́кать	запла́чу запла́чешь запла́чет запла́чем запла́чете запла́чут
COND.	пла́кал бы пла́кала бы пла́кало бы пла́кали бы	запла́кал бы запла́кала бы запла́кало бы запла́кали бы
IMP.	пла́чь пла́чьте	запла́чь запла́чьте

DEVERBALS

PRES. ACT.	пла́чущий	
PRES. PASS.		
PAST ACT.	пла́кавший	запла́кавший
PAST PASS.		
VERBAL ADVERB	пла́ча	запла́кав

плати́ть / заплати́ть
to pay, pay for

	IMPERFECTIVE ASPECT	PERFECTIVE ASPECT
INF.	плати́ть	заплати́ть
PRES.	плачу́ пла́тишь пла́тит пла́тим пла́тите пла́тят	
PAST	плати́л плати́ла плати́ло плати́ли	заплати́л заплати́ла заплати́ло заплати́ли
FUT.	бу́ду плати́ть бу́дешь плати́ть бу́дет плати́ть бу́дем плати́ть бу́дете плати́ть бу́дут плати́ть	заплачу́ запла́тишь запла́тит запла́тим запла́тите запла́тят
COND.	плати́л бы плати́ла бы плати́ло бы плати́ли бы	заплати́л бы заплати́ла бы заплати́ло бы заплати́ли бы
IMP.	плати́ плати́те	заплати́ заплати́те

DEVERBALS

PRES. ACT.	платя́щий	
PRES. PASS.	плати́мый	
PAST ACT.	плати́вший	заплати́вший
PAST PASS.	пла́ченный	запла́ченный
VERBAL ADVERB	платя́	заплати́в

плати́ть что за что, чем

	IMPERFECTIVE ASPECT	PERFECTIVE ASPECT
INF.	побежда́ть	победи́ть
PRES.	побежда́ю	
	побежда́ешь	
	побежда́ет	
	побежда́ем	
	побежда́ете	
	побежда́ют	
PAST	побежда́л	победи́л
	побежда́ла	победи́ла
	побежда́ло	победи́ло
	побежда́ли	победи́ли
FUT.	бу́ду побежда́ть	
	бу́дешь побежда́ть	победи́шь
	бу́дет побежда́ть	победи́т
	бу́дем побежда́ть	победи́м
	бу́дете побежда́ть	победи́те
	бу́дут побежда́ть	победя́т
COND.	побежда́л бы	победи́л бы
	побежда́ла бы	победи́ла бы
	побежда́ло бы	победи́ло бы
	побежда́ли бы	победи́ли бы
IMP.	побежда́й	победи́
	побежда́йте	победи́те

	DEVERBALS	
PRES. ACT.	побежда́ющий	
PRES. PASS.	побежда́емый	
PAST ACT.	побежда́вший	победи́вший
PAST PASS.		побеждённый
		побеждён, побеждена́
VERBAL ADVERB	побежда́я	победи́в

побежда́ть кого – что

The first person singular form is not used in the perfective future.

повторя́ть (ся) / повтори́ть (ся)
to repeat

	IMPERFECTIVE ASPECT	PERFECTIVE ASPECT
INF.	повторя́ть (ся)	повтори́ть (ся)
PRES.	повторя́ю повторя́ешь повторя́ет (ся) повторя́ем повторя́ете повторя́ют (ся)	
PAST	повторя́л (ся) повторя́ла (сь) повторя́ло (сь) повторя́ли (сь)	повтори́л (ся) повтори́ла (сь) повтори́ло (сь) повтори́ли (сь)
FUT.	бу́ду повторя́ть бу́дешь повторя́ть бу́дет повторя́ть (ся) бу́дем повторя́ть бу́дете повторя́ть бу́дут повторя́ть (ся)	повторю́ повтори́шь повтори́т (ся) повтори́м повтори́те повторя́т (ся)
COND.	повторя́л (ся) бы повторя́ла (сь) бы повторя́ло (сь) бы повторя́ли (сь) бы	повтори́л (ся) бы повтори́ла (сь) бы повтори́ло (сь) бы повтори́ли (сь) бы
IMP.	повторя́й повторя́йте	повтори́ повтори́те

DEVERBALS

PRES. ACT.	повторя́ющий (ся)	
PRES. PASS.	повторя́емый	
PAST ACT.	повторя́вший (ся)	повтори́вший (ся)
PAST PASS.		повторённый повторён, повторена́
VERBAL ADVERB	повторя́я (сь)	повтори́в (шись)

повторя́ть что

	IMPERFECTIVE ASPECT	PERFECTIVE ASPECT
INF.	погибáть	погúбнуть
PRES.	погибáю погибáешь погибáет погибáем погибáете погибáют	
PAST	погибáл погибáла погибáло погибáли	погúб погúбла погúбло погúбли
FUT.	бýду погибáть бýдешь погибáть бýдет погибáть бýдем погибáть бýдете погибáть бýдут погибáть	погúбну погúбнешь погúбнет погúбнем погúбнете погúбнут
COND.	погибáл бы погибáла бы погибáло бы погибáли бы	погúб бы погúбла бы погúбло бы погúбли бы
IMP.	погибáй погибáйте	погúбни погúбните

DEVERBALS

PRES. ACT.	погибáющий	
PRES. PASS.		
PAST ACT.	погибáвший	погúбший
PAST PASS.		
VERBAL ADVERB	погибáя	погúбнув – погúбши

подава́ть (ся) / пода́ть (ся)
to serve, present, give away (yield)

	IMPERFECTIVE ASPECT	PERFECTIVE ASPECT
INF.	подава́ть (ся)	пода́ть (ся)
PRES.	подаю́ (сь) подаёшь (ся) подаёт (ся) подаём (ся) подаёте (сь) подаю́т (ся)	
PAST	подава́л (ся) подава́ла (сь) подава́ло (сь) подава́ли (сь)	по́дал – пода́лся подала́ (сь) по́дало – подало́сь по́дали – подали́сь
FUT.	бу́ду подава́ть (ся) бу́дешь подава́ть (ся) бу́дет подава́ть (ся) бу́дем подава́ть (ся) бу́дете подава́ть (ся) бу́дут подава́ть (ся)	пода́м (ся) пода́шь (ся) пода́ст (ся) подади́м (ся) подади́те (сь) подаду́т (ся)
COND.	подава́л (ся) бы подава́ла (сь) бы подава́ло (сь) бы подава́ли (сь) бы	по́дал – пода́лся бы подала́ (сь) бы по́дало – подало́сь бы по́дали – подали́сь бы
IMP.	подава́й (ся) подава́йте (сь)	пода́й (ся) пода́йте (сь)

DEVERBALS

PRES. ACT.	подаю́щий (ся)	
PRES. PASS.	подава́емый	
PAST ACT.	подава́вший (ся)	пода́вший (ся)
PAST PASS.		по́данный по́дан, по́дана́, по́дано
VERBAL ADVERB	подава́я (сь)	пода́в (шись)

подава́ть что

to lead up, bring up, deliver

	IMPERFECTIVE ASPECT	PERFECTIVE ASPECT
INF.	подводи́ть	подвести́
PRES.	подвожу́	
	подво́дишь	
	подво́дит	
	подво́дим	
	подво́дите	
	подво́дят	
PAST	подводи́л	подвёл
	подводи́ла	подвела́
	подводи́ло	подвело́
	подводи́ли	подвели́
FUT.	бу́ду подводи́ть	подведу́
	бу́дешь подводи́ть	подведёшь
	бу́дет подводи́ть	подведёт
	бу́дем подводи́ть	подведём
	бу́дете подводи́ть	подведёте
	бу́дут подводи́ть	подведу́т
COND.	подводи́л бы	подвёл бы
	подводи́ла бы	подвела́ бы
	подводи́ло бы	подвело́ бы
	подводи́ли бы	подвели́ бы
IMP.	подводи́	подведи́
	подводи́те	подведи́те

DEVERBALS

PRES. ACT.	подводя́щий	
PRES. PASS.	подводи́мый	
PAST ACT.	подводи́вший	подве́дший
PAST PASS.		подведённый
		подведён, подведена́
VERBAL ADVERB	подводя́	подведя́

подводи́ть кого – что

подготáвливать (ся) / подготóвить (ся)
to prepare, get ready

	IMPERFECTIVE ASPECT	PERFECTIVE ASPECT
INF.	подготáвливать (ся)	подготóвить (ся)
PRES.	подготáвливаю (сь) подготáвливаешь (ся) подготáвливает (ся) подготáвливаем (ся) подготáвливаете (сь) подготáвливают (ся)	
PAST	подготáвливал (ся) подготáвливала (сь) подготáвливало (сь) подготáвливали (сь)	подготóвил (ся) подготóвила (сь) подготóвило (сь) подготóвили (сь)
FUT.	бýду подготáвливать (ся) бýдешь подготáвливать (ся) бýдет подготáвливать (ся) бýдем подготáвливать (ся) бýдете подготáвливать (ся) бýдут подготáвливать (ся)	подготóвлю (сь) подготóвишь (ся) подготóвит (ся) подготóвим (ся) подготóвите (сь) подготóвят (ся)
COND.	подготáвливал (ся) бы подготáвливала (сь) бы подготáвливало (сь) бы подготáвливали (сь) бы	подготóвил (ся) бы подготóвила (сь) бы подготóвило (сь) бы подготóвили (сь) бы
IMP.	подготáвливай (ся) подготáвливайте (сь)	подготóвь (ся) подготóвьте (сь)

DEVERBALS

PRES. ACT.	подготáвливающий (ся)	
PRES. PASS.	подготáвливаемый	
PAST ACT.	подготáвливавший (ся)	подготóвивший (ся)
PAST PASS.		подготóвленный
VERBAL ADVERB	подготáвливая (сь)	подготóвив (шись)

подготáвливать кого – что к чему
подготáвливаться к чему
Another verbal pair meaning *to prepare, get ready* is подготовлять (ся) /
подготóвить (ся)

поднима́ть (ся) / подня́ть (ся)

to lift, raise (ascend, rise, climb up)

	IMPERFECTIVE ASPECT	PERFECTIVE ASPECT
INF.	поднима́ть (ся)	подня́ть (ся)
PRES.	поднима́ю (сь) поднима́ешь (ся) поднима́ет (ся) поднима́ем (ся) поднима́ете (сь) поднима́ют (ся)	
PAST	поднима́л (ся) поднима́ла (сь) поднима́ло (сь) поднима́ли (сь)	по́днял – подня́лся подняла́ (сь) по́дняло – подняло́сь по́дняли – подняли́сь
FUT.	бу́ду поднима́ть (ся) бу́дешь поднима́ть (ся) бу́дет поднима́ть (ся) бу́дем поднима́ть (ся) бу́дете поднима́ть (ся) бу́дут поднима́ть (ся)	подниму́ (сь) подни́мешь (ся) подни́мет (ся) подни́мем (ся) подни́мете (сь) подни́мут (ся)
COND.	поднима́л (ся) бы поднима́ла (сь) бы поднима́ло (сь) бы поднима́ли (сь) бы	по́днял – подня́лся бы подняла́ (сь) бы по́дняло – подняло́сь бы по́дняли – подняли́сь бы
IMP.	поднима́й (ся) поднима́йте (сь)	подними́ (сь) подними́те (сь)

DEVERBALS

PRES. ACT.	поднима́ющий (ся)	
PRES. PASS.	поднима́емый	
PAST ACT.	поднима́вший (ся)	подня́вший (ся)
PAST PASS.		по́днятый по́днят, поднята́, по́днято
VERBAL ADVERB	поднима́я (сь)	подня́в (шись)

поднима́ть кого – что
поднима́ться на кого – что, против кого – чего

подпи́сывать (ся) / подписа́ть (ся)
to sign, subscribe, write beneath

	IMPERFECTIVE ASPECT	PERFECTIVE ASPECT
INF.	подпи́сывать (ся)	подписа́ть (ся)
PRES.	подпи́сываю (сь) подпи́сываешь (ся) подпи́сывает (ся) подпи́сываем (ся) подпи́сываете (сь) подпи́сывают (ся)	
PAST	подпи́сывал (ся) подпи́сывала (сь) подпи́сывало (сь) подпи́сывали (сь)	подписа́л (ся) подписа́ла (сь) подписа́ло (сь) подписа́ли (сь)
FUT.	бу́ду подпи́сывать (ся) бу́дешь подпи́сывать (ся) бу́дет подпи́сывать (ся) бу́дем подпи́сывать (ся) бу́дете подпи́сывать (ся) бу́дут подпи́сывать (ся)	подпишу́ (сь) подпи́шешь (ся) подпи́шет (ся) подпи́шем (ся) подпи́шете (сь) подпи́шут (ся)
COND.	подпи́сывал (ся) бы подпи́сывала (сь) бы подпи́сывало (сь) бы подпи́сывали (сь) бы	подписа́л (ся) бы подписа́ла (сь) бы подписа́ло (сь) бы подписа́ли (сь) бы
IMP.	подпи́сывай (ся) подпи́сывайте (сь)	подпиши́ (сь) подпиши́те (сь)

DEVERBALS

PRES. ACT.	подпи́сывающий (ся)	
PRES. PASS.	подпи́сываемый	
PAST ACT.	подпи́сывавший (ся)	подписа́вший (ся)
PAST PASS.		подпи́санный
VERBAL ADVERB	подпи́сывая (сь)	подписа́в (шись)

подпи́сывать **что**
подпи́сываться **на что**

	IMPERFECTIVE ASPECT	PERFECTIVE ASPECT
INF.	подходи́ть	подойти́
PRES.	подхожу́ подхо́дишь подхо́дит подхо́дим подхо́дите подхо́дят	
PAST	подходи́л подходи́ла подходи́ло подходи́ли	подошёл подошла́ подошло́ подошли́
FUT.	бу́ду подходи́ть бу́дешь подходи́ть бу́дет подходи́ть бу́дем подходи́ть бу́дете подходи́ть бу́дут подходи́ть	подойду́ подойдёшь подойдёт подойдём подойдёте подойду́т
COND.	подходи́л бы подходи́ла бы подходи́ло бы подходи́ли бы	подошёл бы подошла́ бы подошло́ бы подошли́ бы
IMP.	подходи́ подходи́те	подойди́ подойди́те

DEVERBALS

PRES. ACT.	подходя́щий	
PRES. PASS.		
PAST ACT.	подходи́вший	подоше́дший
PAST PASS.		
VERBAL ADVERB	подходя́	подойдя́

подходи́ть к кому – чему

подчёркивать / подчеркну́ть
to underline, underscore, stress

	IMPERFECTIVE ASPECT	PERFECTIVE ASPECT
INF.	подчёркивать	подчеркну́ть
PRES.	подчёркиваю подчёркиваешь подчёркивает подчёркиваем подчёркиваете подчёркивают	
PAST	подчёркивал подчёркивала подчёркивало подчёркивали	подчеркну́л подчеркну́ла подчеркну́ло подчеркну́ли
FUT.	бу́ду　подчёркивать бу́дешь　подчёркивать бу́дет　подчёркивать бу́дем　подчёркивать бу́дете　подчёркивать бу́дут　подчёркивать	подчеркну́ подчеркнёшь подчеркнёт подчеркнём подчеркнёте подчеркну́т
COND.	подчёркивал бы подчёркивала бы подчёркивало бы подчёркивали бы	подчеркну́л бы подчеркну́ла бы подчеркну́ло бы подчеркну́ли бы
IMP.	подчёркивай подчёркивайте	подчеркни́ подчеркни́те

DEVERBALS

PRES. ACT.	подчёркивающий	
PRES. PASS.	подчёркиваемый	
PAST ACT.	подчёркивавший	подчеркну́ший
PAST PASS.		подчёркнутый
VERBAL ADVERB	подчёркивая	подчеркну́в

подчёркивать что

	IMPERFECTIVE ASPECT	PERFECTIVE ASPECT
INF.	подъезжа́ть	подъе́хать
PRES.	подъезжа́ю подъезжа́ешь подъезжа́ет подъезжа́ем подъезжа́ете подъезжа́ют	
PAST	подъезжа́л подъезжа́ла подъезжа́ло подъезжа́ли	подъе́хал подъе́хала подъе́хало подъе́хали
FUT.	бу́ду подъезжа́ть бу́дешь подъезжа́ть бу́дет подъезжа́ть бу́дем подъезжа́ть бу́дете подъезжа́ть бу́дут подъезжа́ть	подъе́ду подъе́дешь подъе́дет подъе́дем подъе́дете подъе́дут
COND.	подъезжа́л бы подъезжа́ла бы подъезжа́ло бы подъезжа́ли бы	подъе́хал бы подъе́хала бы подъе́хало бы подъе́хали бы
IMP.	подъезжа́й подъезжа́йте	

	DEVERBALS	
PRES. ACT.	подъезжа́ющий	
PRES. PASS.		
PAST ACT.	подъезжа́вший	подъе́хавший
PAST PASS.		
VERBAL ADVERB	подъезжа́я	подъе́хав

подъезжа́ть ко кому́ – чему́

поеда́ть / пое́сть
to have a meal, eat up

	IMPERFECTIVE ASPECT	PERFECTIVE ASPECT
INF.	поеда́ть	пое́сть
PRES.	поеда́ю поеда́ешь поеда́ет поеда́ем поеда́ете поеда́ют	
PAST	поеда́л поеда́ла поеда́ло поеда́ли	пое́л пое́ла пое́ло пое́ли
FUT.	бу́ду поеда́ть бу́дешь поеда́ть бу́дет поеда́ть бу́дем поеда́ть бу́дете поеда́ть бу́дут поеда́ть	пое́м пое́шь пое́ст поеди́м поеди́те поедя́т
COND.	поеда́л бы поеда́ла бы поеда́ло бы поеда́ли бы	пое́л бы пое́ла бы пое́ло бы пое́ли бы
IMP.	поеда́й поеда́йте	пое́шь пое́шьте

DEVERBALS

PRES. ACT.	поеда́ющий	
PRES. PASS.	поеда́емый	
PAST ACT.	поеда́вший	пое́вший
PAST PASS.		пое́денный
VERBAL ADVERB	поеда́я	пое́в

поеда́ть что, чего

288

to allow, permit

	IMPERFECTIVE ASPECT	PERFECTIVE ASPECT
INF.	позволя́ть	позво́лить
PRES.	позволя́ю	
	позволя́ешь	
	позволя́ет	
	позволя́ем	
	позволя́ете	
	позволя́ют	
PAST	позволя́л	позво́лил
	позволя́ла	позво́лила
	позволя́ло	позво́лило
	позволя́ли	позво́лили
FUT.	бу́ду позволя́ть	позво́лю
	бу́дешь позволя́ть	позво́лишь
	бу́дет позволя́ть	позво́лит
	бу́дем позволя́ть	позво́лим
	бу́дете позволя́ть	позво́лите
	бу́дут позволя́ть	позво́лят
COND.	позволя́л бы	позво́лил бы
	позволя́ла бы	позво́лила бы
	позволя́ло бы	позво́лило бы
	позволя́ли бы	позво́лили бы
IMP.	позволя́й	позво́ль
	позволя́йте	позво́льте

DEVERBALS

PRES. ACT.	позволя́ющий	
PRES. PASS.	позволя́емый	
PAST ACT.	позволя́вший	позво́ливший
PAST PASS.		позво́ленный
VERBAL ADVERB	позволя́я	позво́лив

позволя́ть кому – чему что

поздравля́ть / поздра́вить
to congratulate

	IMPERFECTIVE ASPECT	PERFECTIVE ASPECT
INF.	поздравля́ть	поздра́вить
PRES.	поздравля́ю поздравля́ешь поздравля́ет поздравля́ем поздравля́ете поздравля́ют	
PAST	поздравля́л поздравля́ла поздравля́ло поздравля́ли	поздра́вил поздра́вила поздра́вило поздра́вили
FUT.	бу́ду поздравля́ть бу́дешь поздравля́ть бу́дет поздравля́ть бу́дем поздравля́ть бу́дете поздравля́ть бу́дут поздравля́ть	поздра́влю поздра́вишь поздра́вит поздра́вим поздра́вите поздра́вят
COND.	поздравля́л бы поздравля́ла бы поздравля́ло бы поздравля́ли бы	поздра́вил бы поздра́вила бы поздра́вило бы поздра́вили бы
IMP.	поздравля́й поздравля́йте	поздра́вь поздра́вьте

DEVERBALS

PRES. ACT.	поздравля́ющий	
PRES. PASS.	поздравля́емый	
PAST ACT.	поздравля́вший	поздра́вивший
PAST PASS.		поздра́вленный
VERBAL ADVERB	поздравля́я	поздра́вив

поздравля́ть кого – что с чем

пока́зывать (ся) / показа́ть (ся)

to show

	IMPERFECTIVE ASPECT	PERFECTIVE ASPECT
INF.	пока́зывать (ся)	показа́ть (ся)
PRES.	пока́зываю (сь) пока́зываешь (ся) пока́зывает (ся) пока́зываем (ся) пока́зываете (сь) пока́зывают (ся)	
PAST	пока́зывал (ся) пока́зывала (сь) пока́зывало (сь) пока́зывали (сь)	показа́л (ся) показа́ла (сь) показа́ло (сь) показа́ли (сь)
FUT.	бу́ду пока́зывать (ся) бу́дешь пока́зывать (ся) бу́дет пока́зывать (ся) бу́дем пока́зывать (ся) бу́дете пока́зывать (ся) бу́дут пока́зывать (ся)	покажу́ (сь) пока́жешь (ся) пока́жет (ся) пока́жем (ся) пока́жете (сь) пока́жут (ся)
COND.	пока́зывал (ся) бы пока́зывала (сь) бы пока́зывало (сь) бы пока́зывали (сь) бы	показа́л (ся) бы показа́ла (сь) бы показа́ло (сь) бы показа́ли (сь) бы
IMP.	пока́зывай (ся) пока́зывайте (сь)	покажи́ (сь) покажи́те (сь)

DEVERBALS

PRES. ACT.	пока́зывающий (ся)	
PRES. PASS.	пока́зываемый	
PAST ACT.	пока́зывавший (ся)	показа́вший (ся)
PAST PASS.		показа́нный
VERBAL ADVERB	пока́зывая (сь)	показа́в (шись)

пока́зывать кому – чему кого – что, на кого – что

The form показа́ться is also the perfective of каза́ться.

покупа́ть / купи́ть
to buy, purchase

	IMPERFECTIVE ASPECT	PERFECTIVE ASPECT
INF.	покупа́ть	купи́ть
PRES.	покупа́ю	
	покупа́ешь	
	покупа́ет	
	покупа́ем	
	покупа́ете	
	покупа́ют	
PAST	покупа́л	купи́л
	покупа́ла	купи́ла
	покупа́ло	купи́ло
	покупа́ли	купи́ли
FUT.	бу́ду покупа́ть	куплю́
	бу́дешь покупа́ть	ку́пишь
	бу́дет покупа́ть	ку́пит
	бу́дем покупа́ть	ку́пим
	бу́дете покупа́ть	ку́пите
	бу́дут покупа́ть	ку́пят
COND.	покупа́л бы	купи́л бы
	покупа́ла бы	купи́ла бы
	покупа́ло бы	купи́ло бы
	покупа́ли бы	купи́ли бы
IMP.	покупа́й	купи́
	покупа́йте	купи́те

DEVERBALS

PRES. ACT.	покупа́ющий	
PRES. PASS.	покупа́емый	
PAST ACT.	покупа́вший	купи́вший
PAST PASS.		ку́пленный
VERBAL ADVERB	покупа́я	купи́в

покупа́ть кого – что у кого за что

Do not confuse **покупа́ть** with **покупа́ться,** the perfective form of
купа́ться.

to crawl, creep, ooze; fray

	MULTIDIRECTIONAL	UNIDIRECTIONAL	PERFECTIVE ASPECT
INF.	по́лзать	ползти́	поползти́
PRES.	по́лзаю	ползу́	
	по́лзаешь	ползёшь	
	по́лзает	ползёт	
	по́лзаем	ползём	
	по́лзаете	ползёте	
	по́лзают	ползу́т	
PAST	по́лзал	по́лз	попо́лз
	по́лзала	ползла́	поползла́
	по́лзало	ползло́	поползло́
	по́лзали	ползли́	поползли́
FUT.	бу́ду по́лзать	бу́ду ползти́	поползу́
	бу́дешь по́лзать	бу́дешь ползти́	поползёшь
	бу́дет по́лзать	бу́дет ползти́	поползёт
	бу́дем по́лзать	бу́дем ползти́	поползём
	бу́дете по́лзать	бу́дете ползти́	поползёте
	бу́дут по́лзать	бу́дут ползти́	поползу́т
COND.	по́лзал бы	по́лз бы	попо́лз бы
	по́лзала бы	ползла́ бы	поползла́ бы
	по́лзало бы	ползло́ бы	поползло́ бы
	по́лзали бы	ползли́ бы	поползли́ бы
IMP.	по́лзай	ползи́	поползи́
	по́лзайте	ползи́те	поползи́те

DEVERBALS

PRES. ACT.	по́лзающий	ползу́щий	
PRES. PASS.			
PAST ACT.	по́лзавший	по́лзший	попо́лзший
PAST PASS.			
VERBAL ADVERB	по́лзая	ползя́	попо́лзши

полива́ть (ся) / поли́ть (ся)
to pour on, sprinkle

	IMPERFECTIVE ASPECT	PERFECTIVE ASPECT
INF.	полива́ть (ся)	поли́ть (ся)
PRES.	полива́ю (ся) полива́ешь (ся) полива́ет (ся) полива́ем (ся) полива́ете (сь) полива́ют (ся)	
PAST	полива́л (ся) полива́ла (сь) полива́ло (сь) полива́ли (сь)	по́ли́л – поли́лся полила́ (сь) по́ли́ло – поли́ло́сь по́ли́ли – поли́ли́сь
FUT.	бу́ду полива́ть (ся) бу́дешь полива́ть (ся) бу́дет полива́ть (ся) бу́дем полива́ть (ся) бу́дете полива́ть (ся) бу́дут полива́ть (ся)	полью́ (сь) польёшь (ся) польёт (ся) польём (ся) польёте (сь) полью́т (ся)
COND.	полива́л (ся) бы полива́ла (сь) бы полива́ло (сь) бы полива́ли (сь) бы	по́ли́л – поли́лся бы полила́ (сь) бы по́ли́ло – поли́ло́сь бы по́ли́ли – поли́ли́сь бы
IMP.	полива́й (ся) полива́йте (сь)	поле́й (ся) поле́йте (сь)

DEVERBALS

PRES. ACT.	полива́ющий (ся)	
PRES. PASS.	полива́емый	
PAST ACT.	полива́вший (ся)	поли́вший (ся)
PAST PASS.		по́ли́тый по́ли́т, полита́, по́ли́то
VERBAL ADVERB	полива́я (сь)	поли́в (шись)

полива́ть кого – что чем

получа́ть (ся) / получи́ть (ся)
to receive, get, obtain (result from, occur)

	IMPERFECTIVE ASPECT	PERFECTIVE ASPECT
INF.	получа́ть (ся)	получи́ть (ся)
PRES.	получа́ю получа́ешь получа́ет (ся) получа́ем получа́ете получа́ют (ся)	
PAST	получа́л (ся) получа́ла (сь) получа́ло (сь) получа́ли (сь)	получи́л (ся) получи́ла (сь) получи́ло (сь) получи́ли (сь)
FUT.	бу́ду получа́ть бу́дешь получа́ть бу́дет получа́ть (ся) бу́дем получа́ть бу́дете получа́ть бу́дут получа́ть (ся)	получу́ полу́чишь полу́чит (ся) полу́чим полу́чите полу́чат (ся)
COND.	получа́л (ся) бы получа́ла (сь) бы получа́ло (сь) бы получа́ли (сь) бы	получи́л (ся) бы получи́ла (сь) бы получи́ло (сь) бы получи́ли (сь) бы
IMP.	получа́й получа́йте	получи́ получи́те

DEVERBALS

PRES. ACT.	получа́ющий (ся)	
PRES. PASS.	получа́емый	
PAST ACT.	получа́вший (ся)	получи́вший (ся)
PAST PASS.		полу́ченный
VERBAL ADVERB	получа́я (сь)	получи́в (шись)

получа́ть что

пóльзоваться / воспóльзоваться
to employ, use, take advantage of

	IMPERFECTIVE ASPECT	PERFECTIVE ASPECT
INF.	пóльзоваться	воспóльзоваться
PRES.	пóльзуюсь	
	пóльзуешься	
	пóльзуется	
	пóльзуемся	
	пóльзуетесь	
	пóльзуются	
PAST	пóльзовался	воспóльзовался
	пóльзовалась	воспóльзовалась
	пóльзовалось	воспóльзовалось
	пóльзовались	воспóльзовались
FUT.	бу́ду пóльзоваться	воспóльзуюсь
	бу́дешь пóльзоваться	воспóльзуешься
	бу́дет пóльзоваться	воспóльзуется
	бу́дем пóльзоваться	воспóльзуемся
	бу́дете пóльзоваться	воспóльзуетесь
	бу́дут пóльзоваться	воспóльзуются
COND.	пóльзовался бы	воспóльзовался бы
	пóльзовалась бы	воспóльзовалась бы
	пóльзовалось бы	воспóльзовалось бы
	пóльзовались бы	воспóльзовались бы
IMP.	пóльзуйся	воспóльзуйся
	пóльзуйтесь	воспóльзуйтесь

DEVERBALS

PRES. ACT.	пóльзующийся	
PRES. PASS.		
PAST ACT.	пóльзовавшийся	воспóльзовавшийся
PAST PASS.		
VERBAL ADVERB	пóльзуясь	воспóльзовавшись

пóльзоваться чем

	IMPERFECTIVE ASPECT	PERFECTIVE ASPECT
INF.	по́мнить	
PRES.	по́мню по́мнишь по́мнит по́мним по́мните по́мнят	
PAST	по́мнил по́мнила по́мнило по́мнили	
FUT.	бу́ду по́мнить бу́дешь по́мнить бу́дет по́мнить бу́дем по́мнить бу́дете по́мнить бу́дут по́мнить	
COND.	по́мнил бы по́мнила бы по́мнило бы по́мнили бы	
IMP.	по́мни по́мните	

DEVERBALS

PRES. ACT.	по́мнящий	
PRES. PASS.		
PAST ACT.	по́мнивший	
PAST PASS.		
VERBAL ADVERB	по́мня	

по́мнить кого – что, о ком – чём, про кого – что

A reflexive form of the verb occurs in impersonal constructions: **по́мнится**.

помога́ть / помо́чь
to aid, help, assist

	IMPERFECTIVE ASPECT	PERFECTIVE ASPECT
INF.	помога́ть	помо́чь
PRES.	помога́ю помога́ешь помога́ет помога́ем помога́ете помога́ют	
PAST	помога́л помога́ла помога́ло помога́ли	помо́г помогла́ помогло́ помогли́
FUT.	бу́ду помога́ть бу́дешь помога́ть бу́дет помога́ть бу́дем помога́ть бу́дете помога́ть бу́дут помога́ть	помогу́ помо́жешь помо́жет помо́жем помо́жете помо́гут
COND.	помога́л бы помога́ла бы помога́ло бы помога́ли бы	помо́г бы помогла́ бы помогло́ бы помогли́ бы
IMP.	помога́й помога́йте	помоги́ помоги́те

DEVERBALS

PRES. ACT.	помога́ющий	
PRES. PASS.		
PAST ACT.	помога́вший	помо́гший
PAST PASS.		
VERBAL ADVERB	помога́я	помо́гши

помога́ть кому – чему

298

понижа́ть (ся) / пони́зить (ся)
to lower, reduce (sink down, deteriorate)

	IMPERFECTIVE ASPECT	PERFECTIVE ASPECT
INF.	понижа́ть (ся)	пони́зить (ся)
PRES.	понижа́ю понижа́ешь понижа́ет (ся) понижа́ем понижа́ете понижа́ют (ся)	
PAST	понижа́л (ся) понижа́ла (сь) понижа́ло (сь) понижа́ли (сь)	пони́зил (ся) пони́зила (сь) пони́зило (сь) пони́зили (сь)
FUT.	бу́ду понижа́ть бу́дешь понижа́ть бу́дет понижа́ть (ся) бу́дем понижа́ть бу́дете понижа́ть бу́дут понижа́ть (ся)	пони́жу пони́зишь пони́зит (ся) пони́зим пони́зите пони́зят (ся)
COND.	понижа́л (ся) бы понижа́ла (сь) бы понижа́ло (сь) бы понижа́ли (сь) бы	пони́зил (ся) бы пони́зила (сь) бы пони́зило (сь) бы пони́зили (сь) бы
IMP.	понижа́й понижа́йте	пони́зь пони́зьте

DEVERBALS

PRES. ACT.	понижа́ющий (ся)	
PRES. PASS.	понижа́емый	
PAST ACT.	понижа́вший (ся)	пони́зивший (ся)
PAST PASS.		пони́женный
VERBAL ADVERB	понижа́я (сь)	пони́зив (шись)

понижа́ть кого – что

понима́ть / поня́ть
to understand, comprehend

	IMPERFECTIVE ASPECT	PERFECTIVE ASPECT
INF.	понима́ть	поня́ть
PRES.	понима́ю понима́ешь понима́ет понима́ем понима́ете понима́ют	
PAST	понима́л понима́ла понима́ло понима́ли	по́нял поняла́ по́няло по́няли
FUT.	бу́ду понима́ть бу́дешь понима́ть бу́дет понима́ть бу́дем понима́ть бу́дете понима́ть бу́дут понима́ть	пойму́ поймёшь поймёт поймём поймёте пойму́т
COND.	понима́л бы понима́ла бы понима́ло бы понима́ли бы	по́нял бы поняла́ бы по́няло бы по́няли бы
IMP.	понима́й понима́йте	пойми́ пойми́те

DEVERBALS

PRES. ACT.	понима́ющий	
PRES. PASS.	понима́емый	
PAST ACT.	понима́вший	поня́вший
PAST PASS.		по́нятый по́нят, понята́, по́нято
VERBAL ADVERB	понима́я	поня́в

понима́ть кого – что, о ком – чём, в чём

300

	IMPERFECTIVE ASPECT	PERFECTIVE ASPECT
INF.	поощря́ть	поощри́ть
PRES.	поощря́ю поощря́ешь поощря́ет поощря́ем поощря́ете поощря́ют	
PAST	поощря́л поощря́ла поощря́ло поощря́ли	поощри́л поощри́ла поощри́ло поощри́ли
FUT.	бу́ду поощря́ть бу́дешь поощря́ть бу́дет поощря́ть бу́дем поощря́ть бу́дете поощря́ть бу́дут поощря́ть	поощрю́ поощри́шь поощри́т поощри́м поощри́те поощря́т
COND.	поощря́л бы поощря́ла бы поощря́ло бы поощря́ли бы	поощри́л бы поощри́ла бы поощри́ло бы поощри́ли бы
IMP.	поощря́й поощря́йте	поощри́ поощри́те

DEVERBALS

PRES. ACT.	поощря́ющий	
PRES. PASS.	поощря́емый	
PAST ACT.	поощря́вший	поощри́вший
PAST PASS.		поощрённый поощрён, поощрена́
VERBAL ADVERB	поощря́я	поощри́в

поощря́ть кого – что

попада́ть (ся) / попа́сть (ся)
to hit, get to, find oneself (be caught, find oneself, turn up)

	IMPERFECTIVE ASPECT	PERFECTIVE ASPECT
INF.	попада́ть (ся)	попа́сть (ся)
PRES.	попада́ю (сь) попада́ешь (ся) попада́ет (ся) попада́ем (ся) попада́ете (сь) попада́ют (ся)	
PAST	попада́л (ся) попада́ла (сь) попада́ло (сь) попада́ли (сь)	попа́л (ся) попа́ла (сь) попа́ло (сь) попа́ли (сь)
FUT.	бу́ду попада́ть (ся) бу́дешь попада́ть (ся) бу́дет попада́ть (ся) бу́дем попада́ть (ся) бу́дете попада́ть (ся) бу́дут попада́ть (ся)	попаду́ (сь) попадёшь (ся) попадёт (ся) попадём (ся) попадёте (сь) попадут (ся)
COND.	попада́л (ся) бы попада́ла (сь) бы попада́ло (сь) бы попада́ли (сь) бы	попа́л (ся) бы попа́ла (сь) бы попа́ло (сь) бы попа́ли (сь) бы
IMP.	попада́й (ся) попада́йте (сь)	попади́ (сь) попа́дите (сь)

DEVERBALS

PRES. ACT.	попада́ющий (ся)	
PRES. PASS.		
PAST ACT.	попада́вший (ся)	попа́вший (ся)
PAST PASS.		
VERBAL ADVERB	попада́я (сь)	попа́в (шись)

попада́ть в / на кого − что чем

поправля́ть (ся) / попра́вить (ся)
to mend, repair, correct (get better, improve)

	IMPERFECTIVE ASPECT	PERFECTIVE ASPECT
INF.	поправля́ть (ся)	попра́вить (ся)
PRES.	поправля́ю (сь)	
	поправля́ешь (ся)	
	поправля́ет (ся)	
	поправля́ем (ся)	
	поправля́ете (сь)	
	поправля́ют (ся)	
PAST	поправля́л (ся)	попра́вил (ся)
	поправля́ла (сь)	попра́вила (сь)
	поправля́ло (сь)	попра́вило (сь)
	поправля́ли (сь)	попра́вили (сь)
FUT.	бу́ду поправля́ть (ся)	попра́влю (сь)
	бу́дешь поправля́ть (ся)	попра́вишь (ся)
	бу́дет поправля́ть (ся)	попра́вит (ся)
	бу́дем поправля́ть (ся)	попра́вим (ся)
	бу́дете поправля́ть (ся)	попра́вите (сь)
	бу́дут поправля́ть (ся)	попра́вят (ся)
COND.	поправля́л (ся) бы	попра́вил (ся) бы
	поправля́ла (сь) бы	попра́вила (сь) бы
	поправля́ло (сь) бы	попра́вило (сь) бы
	поправля́ли (сь) бы	попра́вили (сь) бы
IMP.	поправля́й (ся)	попра́вь (ся)
	поправля́йте (сь)	попра́вьте (сь)

DEVERBALS

PRES. ACT.	поправля́ющий (ся)	
PRES. PASS.	поправля́емый	
PAST ACT.	поправля́вший (ся)	попра́вивший (ся)
PAST PASS.		попра́вленный
VERBAL ADVERB	поправля́я (сь)	попра́вив (шись)

поправля́ть кого — что

303

по́ртить (ся) / испо́ртить (ся)
to spoil, damage, corrupt

	IMPERFECTIVE ASPECT	PERFECTIVE ASPECT
INF.	по́ртить (ся)	испо́ртить (ся)
PRES.	по́рчу (сь) по́ртишь (ся) по́ртит (ся) по́ртим (ся) по́ртите (сь) по́ртят (ся)	
PAST	по́ртил (ся) по́ртила (сь) по́ртило (сь) по́ртили (сь)	испо́ртил (ся) испо́ртила (сь) испо́ртило (сь) испо́ртили (сь)
FUT.	бу́ду по́ртить (ся) бу́дешь по́ртить (ся) бу́дет по́ртить (ся) бу́дем по́ртить (ся) бу́дете по́ртить (ся) бу́дут по́ртить (ся)	испо́рчу (сь) испо́ртишь (ся) испо́ртит (ся) испо́ртим (ся) испо́ртите (сь) испо́ртят (ся)
COND.	по́ртил (ся) бы по́ртила (сь) бы по́ртило (сь) бы по́ртили (сь) бы	испо́ртил (ся) бы испо́ртила (сь) бы испо́ртило (сь) бы испо́ртили (сь) бы
IMP.	по́рти (сь) – по́рть (ся) по́ртите (сь)	испо́рти (сь) испо́ртьте (сь)

DEVERBALS

PRES. ACT.	по́ртящий (ся)	
PRES. PASS.		
PAST ACT.	по́ртивший (ся)	испо́ртивший (ся)
PAST PASS.	по́рченный	испо́рченный
VERBAL ADVERB	по́ртя (ся)	испо́ртив (шись)

по́ртить кого́ – что

304

порыва́ть (ся) / порва́ть (ся)

to tear up, break, break off

	IMPERFECTIVE ASPECT	PERFECTIVE ASPECT
INF.	порыва́ть (ся)	порва́ть (ся)
PRES.	порыва́ю порыва́ешь порыва́ет (ся) порыва́ем порыва́ете порыва́ют (ся)	
PAST	порыва́л (ся) порыва́ла (сь) порыва́ло (сь) порыва́ли (сь)	порва́л (ся) порвала́ (сь) порва́ло – порва́ло́сь порва́ли – порва́ли́сь
FUT.	бу́ду порыва́ть бу́дешь порыва́ть бу́дет порыва́ть (ся) бу́дем порыва́ть бу́дете порыва́ть бу́дут порыва́ть (ся)	порву́ порвёшь порвёт (ся) порвём порвёте порву́т (ся)
COND.	порыва́л (ся) бы порыва́ла (сь) бы порыва́ло (сь) бы порыва́ли (сь) бы	порва́л (ся) бы порвала́ (сь) бы порва́ло – порва́ло́сь бы порва́ли – порва́ли́сь бы
IMP.	порыва́й порыва́йте	порви́ порви́те

DEVERBALS

PRES. ACT.	порыва́ющий (ся)	
PRES. PASS.	порыва́емый	
PAST ACT.	порыва́вший (ся)	порва́вший (ся)
PAST PASS.		по́рваннный
VERBAL ADVERB	порыва́я (сь)	порва́в (шись)

порыва́ть что, с кем – чем

посеща́ть / посети́ть
to visit, call on

	IMPERFECTIVE ASPECT	PERFECTIVE ASPECT
INF.	посеща́ть	посети́ть
PRES.	посеща́ю посеща́ешь посеща́ет посеща́ем посеща́ете посеща́ют	
PAST	посеща́л посеща́ла посеща́ло посеща́ли	посети́л посети́ла посети́ло посети́ли
FUT.	бу́ду посеща́ть бу́дешь посеща́ть бу́дет посеща́ть бу́дем посеща́ть бу́дете посеща́ть бу́дут посеща́ть	посещу́ посети́шь посети́т посети́м посети́те посетя́т
COND.	посеща́л бы посеща́ла бы посеща́ло бы посеща́ли бы	посети́л бы посети́ла бы посети́ло бы посети́ли бы
IMP.	посеща́й посеща́йте	посети́ посети́те

DEVERBALS

PRES. ACT.	посеща́ющий	
PRES. PASS.	посеща́емый	
PAST ACT.	посеща́вший	посети́вший
PAST PASS.		посещённый посещён, посещена́
VERBAL ADVERB	посеща́я	посети́в (шись)

посеща́ть кого́ – что

306

поступа́ть (ся) / поступи́ть (ся)

to act, enter, join (abdicate)

	IMPERFECTIVE ASPECT	PERFECTIVE ASPECT
INF.	поступа́ть (ся)	поступи́ть (ся)
PRES.	поступа́ю (сь)	
	поступа́ешь (ся)	
	поступа́ет (ся)	
	поступа́ем (ся)	
	поступа́ете (сь)	
	поступа́ют (ся)	
PAST	поступа́л (ся)	поступи́л (ся)
	поступа́ла (сь)	поступи́ла (сь)
	поступа́ло (сь)	поступи́ло (сь)
	поступа́ли (сь)	поступи́ли (сь)
FUT.	бу́ду поступа́ть (ся)	поступлю́ (сь)
	бу́дешь поступа́ть (ся)	посту́пишь (ся)
	бу́дет поступа́ть (ся)	посту́пит (ся)
	бу́дем поступа́ть (ся)	посту́пим (ся)
	бу́дете поступа́ть (ся)	посту́пите (ся)
	бу́дут поступа́ть (ся)	посту́пят (ся)
COND.	поступа́л (ся) бы	поступи́л (ся) бы
	поступа́ла (сь) бы	поступи́ла (сь) бы
	поступа́ло (сь) бы	поступи́ло (сь) бы
	поступа́ли (сь) бы	поступи́ли (сь) бы
IMP.	поступа́й (ся)	поступи́ (сь)
	поступа́йте (сь)	поступи́те (сь)

DEVERBALS

PRES. ACT.	поступа́ющий (ся)	
PRES. PASS.		
PAST ACT.	поступа́вший (ся)	поступи́вший (ся)
PAST PASS.		
VERBAL ADVERB	поступа́я	поступи́в (шись)

поступа́ть с кем, во / на что
поступа́ть (ся) чем

посыла́ть / посла́ть
to send, dispatch, mail

	IMPERFECTIVE ASPECT	PERFECTIVE ASPECT
INF.	посыла́ть	посла́ть
PRES.	посыла́ю посыла́ешь посыла́ет посыла́ем посыла́ете посыла́ют	
PAST	посыла́л посыла́ла посыла́ло посыла́ли	посла́л посла́ла посла́ло посла́ли
FUT.	бу́ду посыла́ть бу́дешь посыла́ть бу́дет посыла́ть бу́дем посыла́ть бу́дете посыла́ть бу́дут посыла́ть	пошлю́ пошлёшь пошлёт пошлём пошлёте пошлю́т
COND.	посыла́л бы посыла́ла бы посыла́ло бы посыла́ли бы	посла́л бы посла́ла бы посла́ло бы посла́ли бы
IMP.	посыла́й посыла́йте	пошли́ пошли́те

DEVERBALS

PRES. ACT.	посыла́ющий	
PRES. PASS.	посыла́емый	
PAST ACT.	посыла́вший	посла́вший
PAST PASS.		по́сланный
VERBAL ADVERB	посыла́я	посла́в

посыла́ть кого – что за кем – чем, по почте *by mail*

	IMPERFECTIVE ASPECT	PERFECTIVE ASPECT
INF.	появля́ться	появи́ться
PRES.	появля́юсь	
	появля́ешься	
	появля́ется	
	появля́емся	
	появля́етесь	
	появля́ются	
PAST	появля́лся	появи́лся
	появля́лась	появи́лась
	появля́лось	появи́лось
	появля́лись	появи́лись
FUT.	бу́ду появля́ться	появлю́сь
	бу́дешь появля́ться	поя́вишься
	бу́дет появля́ться	поя́вится
	бу́дем появля́ться	поя́вимся
	бу́дете появля́ться	поя́витесь
	бу́дут появля́ться	поя́вятся
COND.	появля́лся бы	появи́лся бы
	появля́лась бы	появи́лась бы
	появля́лось бы	появи́лось бы
	появля́лись бы	появи́лись бы
IMP.	появля́йся	появи́сь
	появля́йтесь	появи́тесь

DEVERBALS

PRES. ACT.	появля́ющийся	
PRES. PASS.		
PAST ACT.	появля́вшийся	появи́вшийся
PAST PASS.		
VERBAL ADVERB	появля́ясь	появи́вшись

пра́вить

to rule, govern, drive; correct

	IMPERFECTIVE ASPECT	PERFECTIVE ASPECT
INF.	пра́вить	
PRES.	пра́влю пра́вишь пра́вит пра́вим пра́вите пра́вят	
PAST	пра́вил пра́вила пра́вило пра́вили	
FUT.	бу́ду пра́вить бу́дешь пра́вить бу́дет пра́вить бу́дем пра́вить бу́дете пра́вить бу́дут пра́вить	
COND.	пра́вил бы пра́вила бы пра́вило бы пра́вили бы	
IMP.	пра́вь пра́вьте	

DEVERBALS

PRES. ACT.	пра́вящий	
PRES. PASS.	пра́вленный	
PAST ACT.	пра́вивший	
PAST PASS.		
VERBAL ADVERB	пра́вя	

пра́вить кем – чем
пра́вить что *to correct*

310

	IMPERFECTIVE ASPECT	PERFECTIVE ASPECT
INF.	пра́здновать	отпра́здновать
PRES.	пра́здную пра́зднуешь пра́зднует пра́зднуем пра́зднуете пра́зднуют	
PAST	пра́здновал пра́здновала пра́здновало пра́здновали	отпра́здновал отпра́здновала отпра́здновало отпра́здновали
FUT.	бу́ду пра́здновать бу́дешь пра́здновать бу́дет пра́здновать бу́дем пра́здновать бу́дете пра́здновать бу́дут пра́здновать	отпра́здную отпра́зднуешь отпра́зднует отпра́зднуем отпра́зднуете отпра́зднуют
COND.	пра́здновал бы пра́здновала бы пра́здновало бы пра́здновали бы	отпра́здновал бы отпра́здновала бы отпра́здновало бы отпра́здновали бы
IMP.	пра́зднуй пра́зднуйте	отпра́зднуй отпра́зднуйте

	DEVERBALS	
PRES. ACT.	пра́зднующий	
PRES. PASS.	пра́зднуемый	
PAST ACT.	пра́здновавший	отпра́здновавший
PAST PASS.		отпра́зднованный
VERBAL ADVERB	пра́зднуя	отпра́здновавши

пра́здновать что

предлага́ть / предложи́ть
to offer, propose, suggest

	IMPERFECTIVE ASPECT	PERFECTIVE ASPECT
INF.	предлага́ть	предложи́ть
PRES.	предлага́ю	
	предлага́ешь	
	предлага́ет	
	предлага́ем	
	предлага́ете	
	предлага́ют	
PAST	предлага́л	предложи́л
	предлага́ла	предложи́ла
	предлага́ло	предложи́ло
	предлага́ли	предложи́ли
FUT.	бу́ду предлага́ть	предложу́
	бу́дешь предлага́ть	предло́жишь
	бу́дет предлага́ть	предло́жит
	бу́дем предлага́ть	предло́жим
	бу́дете предлага́ть	предло́жите
	бу́дут предлага́ть	предло́жат
COND.	предлага́л бы	предложи́л бы
	предлага́ла бы	предложи́ла бы
	предлага́ло бы	предложи́ло бы
	предлага́ли бы	предложи́ли бы
IMP.	предлага́й	предложи́
	предлага́йте	предложи́те
	DEVERBALS	
PRES. ACT.	предлага́ющий	
PRES. PASS.	предлага́емый	
PAST ACT.	предлага́вший	предложи́вший
PAST PASS.		предло́женный
VERBAL ADVERB	предлага́я	предложи́в

предлага́ть кого – что кому – чему, + infinitive.

предпочита́ть / предпоче́сть
to prefer

	IMPERFECTIVE ASPECT	PERFECTIVE ASPECT
INF.	предпочита́ть	предпоче́сть
PRES.	предпочита́ю предпочита́ешь предпочита́ет предпочита́ем предпочита́ете предпочита́ют	
PAST	предпочита́л предпочита́ла предпочита́ло предпочита́ли	предпочёл предпочла́ предпочло́ предпочли́
FUT.	бу́ду　предпочита́ть бу́дешь　предпочита́ть бу́дет　предпочита́ть бу́дем　предпочита́ть бу́дете　предпочита́ть бу́дут　предпочита́ть	предпочту́ предпочтёшь предпочтёт предпочтём предпочтёте предпочту́т
COND.	предпочита́л бы предпочита́ла бы предпочита́ло бы предпочита́ли бы	предпочёл бы предпочла́ бы предпочло́ бы предпочли́ бы
IMP.	предпочита́й предпочита́йте	предпочти́ предпочти́те

DEVERBALS

PRES. ACT.	предпочита́ющий	
PRES. PASS.	предпочита́емый	
PAST ACT.	предпочита́вший	
PAST PASS.		предпочтённый предпочтён, предпочтена́
VERBAL ADVERB	предпочита́я	предпочтя́

предпочита́ть кого – что кому – чему, + infinitive

представля́ть (ся) / предста́вить (ся)

to present, submit, introduce

	IMPERFECTIVE ASPECT	PERFECTIVE ASPECT
INF.	представля́ть	предста́вить
PRES.	представля́ю (сь) представля́ешь (ся) представля́ет (ся) представля́ем (ся) представля́ете (сь) представля́ют (ся)	
PAST	представля́л представля́ла представля́ло представля́ли	предста́вил (ся) предста́вила (сь) предста́вило (сь) предста́вили (сь)
FUT.	бу́ду представля́ть (ся) бу́дешь представля́ть (ся) бу́дет представля́ть (ся) бу́дем представля́ть (ся) бу́дете представля́ть (ся) бу́дут представля́ть (ся)	предста́влю (сь) предста́вишь (ся) предста́вит (ся) предста́вим (ся) предста́вите (сь) предста́вят (ся)
COND.	представля́л (ся) бы представля́ла (сь) бы представля́ло (сь) бы представля́ли (сь) бы	предста́вил (ся) бы предста́вила (сь) бы предста́вило (сь) бы предста́вили (сь) бы
IMP.	представля́й (ся) представля́йте (сь)	предста́вь (ся) предста́вьте (сь)

DEVERBALS

PRES. ACT.	представля́ющий (ся)	
PRES. PASS.	представля́емый	
PAST ACT.	представля́вший (ся)	предста́вивший (ся)
PAST PASS.		предста́вленный
VERBAL ADVERB	представля́я (сь)	предста́вив (шись)

представля́ть кого – что, кому – чему, к кому – чему
Предста́вьте себе́! *Imagine!*

предупрежда́ть / предупреди́ть
to notify, warn, anticipate

	IMPERFECTIVE ASPECT	PERFECTIVE ASPECT
INF.	предупрежда́ть	предупреди́ть
PRES.	предупрежда́ю предупрежда́ешь предупрежда́ет предупрежда́ем предупрежда́ете предупрежда́ют	
PAST	предупрежда́л предупрежда́ла предупрежда́ло предупрежда́ли	предупреди́л предупреди́ла предупреди́ло предупреди́ли
FUT.	бу́ду предупрежда́ть бу́дешь предупрежда́ть бу́дет предупрежда́ть бу́дем предупрежда́ть бу́дете предупрежда́ть бу́дут предупрежда́ть	предупрежу́ предупреди́шь предупреди́т предупреди́м предупреди́те предупредя́т
COND.	предупрежда́л бы предупрежда́ла бы предупрежда́ло бы предупрежда́ли бы	предупреди́л бы предупреди́ла бы предупреди́ло бы предупреди́ли бы
IMP.	предупрежда́й предупрежда́йте	предупреди́ предупреди́те

DEVERBALS

PRES. ACT.	предупрежда́ющий	
PRES. PASS.	предупрежда́емый	
PAST ACT.	предупрежда́вший	предупреди́вший
PAST PASS.		предупреждённый предупреждён, предупреждена́
VERBAL ADVERB	предупрежда́я	предупреди́в (шись)

предупрежда́ть кого – что о ком – чем

315

преподава́ть
to teach

	IMPERFECTIVE ASPECT	PERFECTIVE ASPECT
INF.	преподава́ть	
PRES.	преподаю́ преподаёшь преподаёт преподаём преподаёте преподаю́т	
PAST	преподава́л преподава́ла преподава́ло преподава́ли	
FUT.	бу́ду преподава́ть бу́дешь преподава́ть бу́дет преподава́ть бу́дем преподава́ть бу́дете преподава́ть бу́дут преподава́ть	
COND.	преподава́л бы преподава́ла бы преподава́ло бы преподава́ли бы	
IMP.	преподава́й преподава́йте	

DEVERBALS

PRES. ACT.	преподаю́щий	
PRES. PASS.	преподава́емый	
PAST ACT.	преподава́вший	
PAST PASS.		
VERBAL ADVERB	преподава́я	

преподава́ть что кому

прибавля́ть (ся) / приба́вить (ся)

to add, increase

	IMPERFECTIVE ASPECT	PERFECTIVE ASPECT
INF.	прибавля́ть (ся)	приба́вить (ся)
PRES.	прибавля́ю (сь) прибавля́ешь (ся) прибавля́ет (ся) прибавля́ем (ся) прибавля́ете (сь) прибавля́ют (ся)	
PAST	прибавля́л (ся) прибавля́ла (сь) прибавля́ло (сь) прибавля́ли (сь)	приба́вил (ся) приба́вила (сь) приба́вило (сь) приба́вили (сь)
FUT.	бу́ду прибавля́ть (ся) бу́дешь прибавля́ть (ся) бу́дет прибавля́ть (ся) бу́дем прибавля́ть (ся) бу́дете прибавля́ть (ся) бу́дут прибавля́ть (ся)	приба́влю (сь) приба́вишь (ся) приба́вит (ся) приба́вим (ся) приба́вите (сь) приба́вят (ся)
COND.	прибавля́л (ся) бы прибавля́ла (сь) бы прибавля́ло (сь) бы прибавля́ли (сь) бы	приба́вил (ся) бы приба́вила (сь) бы приба́вило (сь) бы приба́вили (сь) бы
IMP.	прибавля́й (ся) прибавля́йте (сь)	приба́вь (ся) приба́вьте (сь)

DEVERBALS

PRES. ACT.	прибавля́ющий (ся)	
PRES. PASS.	прибавля́емый	
PAST ACT.	прибавля́вший (ся)	приба́вивший (ся)
PAST PASS.		приба́вленный
VERBAL ADVERB	прибавля́я (сь)	приба́вив (шись)

прибавля́ть что, чего, в чём

прибега́ть / прибежа́ть
to come running

	IMPERFECTIVE ASPECT	PERFECTIVE ASPECT
INF.	прибега́ть	прибежа́ть
PRES.	прибега́ю прибега́ешь прибега́ет прибега́ем прибега́ете прибега́ют	
PAST	прибега́л прибега́ла прибега́ло прибега́ли	прибежа́л прибежа́ла прибежа́ло прибежа́ли
FUT.	бу́ду прибега́ть бу́дешь прибега́ть бу́дет прибега́ть бу́дем прибега́ть бу́дете прибега́ть бу́дут прибега́ть	прибегу́ прибежи́шь прибежи́т прибежи́м прибежи́те прибегу́т
COND.	прибега́л бы прибега́ла бы прибега́ло бы прибега́ли бы	прибежа́л бы прибежа́ла бы прибежа́ло бы прибежа́ли бы
IMP.	прибега́й прибега́йте	прибеги́ прибеги́те

DEVERBALS

PRES. ACT.	прибега́ющий	
PRES. PASS.		
PAST ACT.	прибега́вший	прибежа́вший
PAST PASS.		
VERBAL ADVERB	прибега́я	прибежа́в

318

приближа́ть (ся) / прибли́зить (ся)
to move closer, hasten

	IMPERFECTIVE ASPECT	PERFECTIVE ASPECT
INF.	приближа́ть (ся)	прибли́зить (ся)
PRES.	приближа́ю (сь) приближа́ешь (ся) приближа́ет (ся) приближа́ем (ся) приближа́ете (сь) приближа́ют (ся)	
PAST	приближа́л (ся) приближа́ла (сь) приближа́ло (сь) приближа́ли (сь)	прибли́зил (ся) прибли́зила (сь) прибли́зило (сь) прибли́зили (сь)
FUT.	бу́ду приближа́ть (ся) бу́дешь приближа́ть (ся) бу́дет приближа́ть (ся) бу́дем приближа́ть (ся) бу́дете приближа́ть (ся) бу́дут приближа́ть (ся)	прибли́жу (сь) прибли́зишь (ся) прибли́зит (ся) прибли́зим (ся) прибли́зите (сь) прибли́зят (ся)
COND.	приближа́л (ся) бы приближа́ла (сь) бы приближа́ло (сь) бы приближа́ли (сь) бы	прибли́зил (ся) бы прибли́зила (сь) бы прибли́зило (сь) бы прибли́зили (сь) бы
IMP.	приближа́й (ся) приближа́йте (сь)	прибли́зь (ся) прибли́зьте (сь)

DEVERBALS

PRES. ACT.	приближа́ющий (ся)	
PRES. PASS.	приближа́емый	
PAST ACT.	приближа́вший (ся)	прибли́зивший (ся)
PAST PASS.		прибли́женный
VERBAL ADVERB	приближа́я (сь)	прибли́зив (шись)

приближа́ть кого – что к кому – чему

привлека́ть / привле́чь
to attract, draw into

	IMPERFECTIVE ASPECT	PERFECTIVE ASPECT
INF.	привлека́ть	привле́чь
PRES.	привлека́ю привлека́ешь привлека́ет привлека́ем привлека́ете привлека́ют	
PAST	привлека́л привлека́ла привлека́ло привлека́ли	привлёк привлекла́ привлекло́ привлекли́
FUT.	бу́ду привлека́ть бу́дешь привлека́ть бу́дет привлека́ть бу́дем привлека́ть бу́дете привлека́ть бу́дут привлека́ть	привлеку́ привлечёшь привлечёт привлечём привлечёте привлеку́т
COND.	привлека́л бы привлека́ла бы привлека́ло бы привлека́ли бы	привлёк бы привлекла́ бы привлекло́ бы привлекли́ бы
IMP.	привлека́й привлека́йте	привлеки́ привлеки́те

DEVERBALS

PRES. ACT.	привлека́ющий	
PRES. PASS.	привлека́емый	
PAST ACT.	привлека́вший	привлёкший
PAST PASS.		привлечённый привлечён, привлечена́
VERBAL ADVERB	привлека́я	привлёкши

привлека́ть кого – что к чему

320

	IMPERFECTIVE ASPECT	PERFECTIVE ASPECT
INF.	приводи́ть	привести́
PRES.	привожу́ приво́дишь приво́дит приво́дим приво́дите приво́дят	
PAST	приводи́л приводи́ла приводи́ло приводи́ли	привёл привела́ привело́ привели́
FUT.	бу́ду приводи́ть бу́дешь приводи́ть бу́дет приводи́ть бу́дем приводи́ть бу́дете приводи́ть бу́дут приводи́ть	приведу́ приведёшь приведёт приведём приведёте приведу́т
COND.	приводи́л бы приводи́ла бы приводи́ло бы приводи́ли бы	привёл бы привела́ бы привело́ бы привели́ бы
IMP.	приводи́ приводи́те	приведи́ приведи́те

DEVERBALS

PRES. ACT.	приводя́щий	
PRES. PASS.	приводи́мый	
PAST ACT.	приводи́вший	приве́дший
PAST PASS.		приведённый приведён, приведена́
VERBAL ADVERB	приводя́	приведя́

приводи́ть кого – что во что, к чему

привози́ть / привезти́
to bring by vehicle

	IMPERFECTIVE ASPECT	PERFECTIVE ASPECT
INF.	привози́ть	привезти́
PRES.	привожу́ приво́зишь приво́зит приво́зим приво́зите приво́зят	
PAST	привози́л привози́ла привози́ло привози́ли	привёз привезла́ привезло́ привезли́
FUT.	бу́ду привози́ть бу́дешь привози́ть бу́дет привози́ть бу́дем привози́ть бу́дете привози́ть бу́дут привози́ть	привезу́ привезёшь привезёт привезём привезёте привезу́т
COND.	привози́л бы привози́ла бы привози́ло бы привози́ли бы	привёз бы привезла́ бы привезло́ бы привезли́ бы
IMP.	привози́ привози́те	привези́ привези́те

DEVERBALS

PRES. ACT.	привозя́щий	
PRES. PASS.	привоси́мый	
PAST ACT.	привози́вший	привёзший
PAST PASS.		привезённый привезён, привезена́
VERBAL ADVERB	привозя́	привезя́

привози́ть что

	IMPERFECTIVE ASPECT	PERFECTIVE ASPECT
INF.	привыка́ть	привы́кнуть
PRES.	привыка́ю	
	привыка́ешь	
	привыка́ет	
	привыка́ем	
	привыка́ете	
	привыка́ют	
PAST	привыка́л	привы́к
	привыка́ла	привы́кла
	привыка́ло	привы́кло
	привыка́ли	привы́кли
FUT.	бу́ду привыка́ть	привы́кну
	бу́дешь привыка́ть	привы́кнешь
	бу́дет привыка́ть	привы́кнет
	бу́дем привыка́ть	привы́кнем
	бу́дете привыка́ть	привы́кнете
	бу́дут привыка́ть	привы́кнут
COND.	привыка́л бы	привы́к бы
	привыка́ла бы	привы́кла бы
	привыка́ло бы	привы́кло бы
	привыка́ли бы	привы́кли бы
IMP.	привыка́й	привы́кни
	привыка́йте	привы́кните

DEVERBALS

PRES. ACT.	привыка́ющий	
PRES. PASS.		
PAST ACT.	привыка́вший	привы́кший
PAST PASS.		
VERBAL ADVERB	привыка́я	привы́кнув

привыка́ть к кому – чему, + infinitive

приглаша́ть / пригласи́ть
to invite

	IMPERFECTIVE ASPECT	PERFECTIVE ASPECT
INF.	приглаша́ть	пригласи́ть
PRES.	приглаша́ю приглаша́ешь приглаша́ет приглаша́ем приглаша́ете приглаша́ют	
PAST	приглаша́л приглаша́ла приглаша́ло приглаша́ли	пригласи́л пригласи́ла пригласи́ло пригласи́ли
FUT.	бу́ду приглаша́ть бу́дешь приглаша́ть бу́дет приглаша́ть бу́дем приглаша́ть бу́дете приглаша́ть бу́дут приглаша́ть	приглашу́ пригласи́шь пригласи́т пригласи́м пригласи́те приглася́т
COND.	приглаша́л бы приглаша́ла бы приглаша́ло бы приглаша́ли бы	пригласи́л бы пригласи́ла бы пригласи́ло бы пригласи́ли бы
IMP.	приглаша́й приглаша́йте	пригласи́ пригласи́те

DEVERBALS

PRES. ACT.	приглаша́ющий	
PRES. PASS.	приглаша́емый	
PAST ACT.	приглаша́вший	пригласи́вший
PAST PASS.		приглашённый приглашён, приглашена́
VERBAL ADVERB	приглаша́я	пригласи́в

приглаша́ть кого – что на что

приговáривать / приговори́ть

to sentence, condemn

	IMPERFECTIVE ASPECT	PERFECTIVE ASPECT
INF.	приговáривать	приговори́ть
PRES.	приговáриваю	
	приговáриваешь	
	приговáривает	
	приговáриваем	
	приговáриваете	
	приговáривают	
PAST	приговáривал	приговори́л
	приговáривала	приговори́ла
	приговáривало	приговори́ло
	приговáривали	приговори́ли
FUT.	бýду приговáривать	приговорю́
	бýдешь приговáривать	приговори́шь
	бýдет приговáривать	приговори́т
	бýдем приговáривать	приговори́м
	бýдете приговáривать	приговори́те
	бýдут приговáривать	приговоря́т
COND.	приговáривал бы	приговори́л бы
	приговáривала бы	приговори́ла бы
	приговáривало бы	приговори́ло бы
	приговáривали бы	приговори́ли бы
IMP.	приговáривай	приговори́
	приговáривайте	приговори́те

DEVERBALS

PRES. ACT.	приговáривающий	
PRES. PASS.	приговáриваемый	
PAST ACT.	приговáривавший	приговори́вший
PAST PASS.		приговорённый
		приговорён, приговоренá
VERBAL ADVERB	приговáривая	приговори́в

приговáривать кого − что к чему

325

приготовля́ть (ся) / пригото́вить (ся)
to prepare, make ready, cook (prepare oneself)

	IMPERFECTIVE ASPECT	PERFECTIVE ASPECT
INF.	приготовля́ть (ся)	пригото́вить (ся)
PRES.	приготовля́ю (сь) приготовля́ешь (ся) приготовля́ет (ся) приготовля́ем (ся) приготовля́ете (сь) приготовля́ют (ся)	
PAST	приготовля́л (ся) приготовля́ла (сь) приготовля́ло (сь) приготовля́ли (сь)	пригото́вил (ся) пригото́вила (сь) пригото́вило (сь) пригото́вили (сь)
FUT.	бу́ду приготовля́ть (ся) бу́дешь приготовля́ть (ся) бу́дет приготовля́ть (ся) бу́дем приготовля́ть (ся) бу́дете приготовля́ть (ся) бу́дут приготовля́ть (ся)	пригото́влю (сь) пригото́вишь (ся) пригото́вит (ся) пригото́вим (ся) пригото́вите (сь) пригото́вят (ся)
COND.	приготовля́л (ся) бы приготовля́ла (сь) бы приготовля́ло (сь) бы приготовля́ли (сь) бы	пригото́вил (ся) бы пригото́вила (сь) бы пригото́вило (сь) бы пригото́вили (сь) бы
IMP.	приготовля́й (ся) приготовля́йте (сь)	пригото́вь (ся) пригото́вьте (сь)

DEVERBALS

PRES. ACT.	приготовля́ющий (ся)	
PRES. PASS.	приготовля́емый	
PAST ACT.	приготовля́вший (ся)	пригото́вивший (ся)
PAST PASS.		пригото́вленный
VERBAL ADVERB	приготовля́я (сь)	пригото́вив (шись)

приготовля́ть что

Another verbal pair is **пригота́вливать (ся)** / **пригото́вить (ся)**

придýмывать (ся) / придýмать (ся)
to think up, invent

	IMPERFECTIVE ASPECT	PERFECTIVE ASPECT
INF.	придýмывать (ся)	придýмать (ся)
PRES.	придýмываю придýмываешь придýмывает (ся) придýмываем придýмываете придýмывают (ся)	
PAST	придýмывал (ся) придýмывала (сь) придýмывало (сь) придýмывали (сь)	придýмал (ся) придýмала (сь) придýмало (сь) придýмали (сь)
FUT.	бýду придýмывать бýдешь придýмывать бýдет придýмывать (ся) бýдем придýмывать бýдете придýмывать бýдут придýмывать (ся)	придýмаю придýмаешь придýмает (ся) придýмаем придýмаете придýмают (ся)
COND.	придýмывал (ся) бы придýмывала (сь) бы придýмывало (сь) бы придýмывали (сь) бы	придýмал (ся) бы придýмала (сь) бы придýмало (сь) бы придýмали (сь) бы
IMP.	придýмывай придýмывайте	придýмай придýмайте

	DEVERBALS	
PRES. ACT.	придýмывающий (ся)	
PRES. PASS.	придýмываемый	
PAST ACT.	придýмывавший (ся)	придýмавший (ся)
PAST PASS.		придýманный
VERBAL ADVERB	придýмывая (сь)	придýмав (шись)

придýмывать что

приезжа́ть / прие́хать
to arrive by vehicle, come

	IMPERFECTIVE ASPECT	PERFECTIVE ASPECT
INF.	приезжа́ть	прие́хать
PRES.	приезжа́ю приезжа́ешь приезжа́ет приезжа́ем приезжа́ете приезжа́ют	
PAST	приезжа́л приезжа́ла приезжа́ло приезжа́ли	прие́хал прие́хала прие́хало прие́хали
FUT.	бу́ду приезжа́ть бу́дешь приезжа́ть бу́дет приезжа́ть бу́дем приезжа́ть бу́дете приезжа́ть бу́дут приезжа́ть	прие́ду прие́дешь прие́дет прие́дем прие́дете прие́дут
COND.	приезжа́л бы приезжа́ла бы приезжа́ло бы приезжа́ли бы	прие́хал бы прие́хала бы прие́хало бы прие́хали бы
IMP.	приезжа́й приезжа́йте	

DEVERBALS

PRES. ACT.	приезжа́ющий	
PRES. PASS.		
PAST ACT.	приезжа́вший	прие́хавший
PAST PASS.		
VERBAL ADVERB	приезжа́я	прие́хав

приземля́ть (ся) / приземли́ть (ся)
to land (come in for landing, touch down)

	IMPERFECTIVE ASPECT	PERFECTIVE ASPECT
INF.	приземля́ть (ся)	приземли́ть (ся)
PRES.	приземля́ю (сь) приземля́ешь (ся) приземля́ет (ся) приземля́ем (ся) приземля́ете (сь) приземля́ют (ся)	
PAST	приземля́л (ся) приземля́ла (сь) приземля́ло (сь) приземля́ли (сь)	приземли́л (ся) приземли́ла (сь) приземли́ло (сь) приземли́ли (сь)
FUT.	бу́ду приземля́ть (ся) бу́дешь приземля́ть (ся) бу́дет приземля́ть (ся) бу́дем приземля́ть (ся) бу́дете приземля́ть (ся) бу́дут приземля́ть (ся)	приземлю́ (сь) приземли́шь (ся) приземли́т (ся) приземли́м (ся) приземли́те (сь) приземля́т (ся)
COND.	приземля́л (ся) бы приземля́ла (сь) бы приземля́ло (сь) бы приземля́ли (сь) бы	приземли́л (ся) бы приземли́ла (сь) бы приземли́ло (сь) бы приземли́ли (сь) бы
IMP.	приземля́й (ся) приземля́йте (сь)	приземли́ (сь) приземли́те (сь)

DEVERBALS

PRES. ACT.	приземля́ющий (ся)	
PRES. PASS.	приземля́емый	
PAST ACT.	приземля́вший (ся)	приземли́вший (ся)
PAST PASS.		приземлённый приземлён, приземлена́
VERBAL ADVERB	приземля́я (сь)	приземли́в (шись)

приземля́ть что

признава́ть (ся) / призна́ть (ся)
to recognize, admit (confess)

	IMPERFECTIVE ASPECT	PERFECTIVE ASPECT
INF.	признава́ть (ся)	призна́ть (ся)
PRES.	признаю́ (сь)	
	признаёшь (ся)	
	признаёт (ся)	
	признаём (ся)	
	признаёте (сь)	
	признаю́т (ся)	
PAST	признава́л (ся)	призна́л (ся)
	признава́ла (сь)	призна́ла (сь)
	признава́ло (сь)	призна́ло (сь)
	признава́ли (сь)	призна́ли (сь)
FUT.	бу́ду признава́ть (ся)	призна́ю (сь)
	бу́дешь признава́ть (ся)	призна́ешь (ся)
	бу́дет признава́ть (ся)	призна́ет (ся)
	бу́дем признава́ть (ся)	призна́ем (ся)
	бу́дете признава́ть (ся)	призна́ете (сь)
	бу́дут признава́ть (ся)	призна́ют (ся)
COND.	признава́л (ся) бы	призна́л (ся) бы
	признава́ла (сь) бы	призна́ла (сь) бы
	признава́ло (сь) бы	призна́ло (сь) бы
	признава́ли (сь) бы	призна́ли (сь) бы
IMP.	признава́й (ся)	призна́й (ся)
	признава́йте (сь)	призна́йте (сь)

DEVERBALS

PRES. ACT.	признаю́щий (ся)	
PRES. PASS.	признава́емый	
PAST ACT.	признава́вший (ся)	призна́вший (ся)
PAST PASS.		призна́нный
VERBAL ADVERB	признава́я (сь)	призна́в (шись)

признава́ть кого – что кем – чем, в ком – чём
признава́ться кому – чему в чём

приказывать / приказать

to order, command, give orders

	IMPERFECTIVE ASPECT	PERFECTIVE ASPECT
INF.	приказывать	приказать
PRES.	приказываю приказываешь приказывает приказываем приказываете приказывают	
PAST	приказывал приказывала приказывало приказывали	приказал приказала приказало приказали
FUT.	буду приказывать будешь приказывать будет приказывать будем приказывать будете приказывать будут приказывать	прикажу прикажешь прикажет прикажем прикажете прикажут
COND.	приказывал бы приказывала бы приказывало бы приказывали бы	приказал бы приказала бы приказало бы приказали бы
IMP.	приказывай приказывайте	прикажи прикажите

DEVERBALS

PRES. ACT.	приказывающий	
PRES. PASS.	приказываемый	
PAST ACT.	приказывавший	приказавший
PAST PASS.		приказанный
VERBAL ADVERB	приказывая	приказав

приказывать кому – чему, + infinitive

прилета́ть / прилете́ть
to fly in, arrive by air

	IMPERFECTIVE ASPECT	PERFECTIVE ASPECT
INF.	прилета́ть	прилете́ть
PRES.	прилета́ю прилета́ешь прилета́ет прилета́ем прилета́ете прилета́ют	
PAST	прилета́л прилета́ла прилета́ло прилета́ли	прилете́л прилете́ла прилете́ло прилете́ли
FUT.	бу́ду прилета́ть бу́дешь прилета́ть бу́дет прилета́ть бу́дем прилета́ть бу́дете прилета́ть бу́дут прилета́ть	прилечу́ прилети́шь прилети́т прилети́м прилети́те прилетя́т
COND.	прилета́л бы прилета́ла бы прилета́ло бы прилета́ли бы	прилете́л бы прилете́ла бы прилете́ло бы прилете́ли бы
IMP.	прилета́й прилета́йте	прилети́ прилети́те

DEVERBALS

PRES. ACT.	прилета́ющий	
PRES. PASS.		
PAST ACT.	прилета́вший	прилете́вший
PAST PASS.		
VERBAL ADVERB	прилета́я	прилете́в

принадлежа́ть
to belong [to]

	IMPERFECTIVE ASPECT	PERFECTIVE ASPECT
INF.	принадлежа́ть	
PRES.	принадлежу́ принадлежи́шь принадлежи́т принадлежи́м принадлежи́те принадлежа́т	
PAST	принадлежа́л принадлежа́ла принадлежа́ло принадлежа́ли	
FUT.	бу́ду принадлежа́ть бу́дешь принадлежа́ть бу́дет принадлежа́ть бу́дем принадлежа́ть бу́дете принадлежа́ть бу́дут принадлежа́ть	
COND.	принадлежа́л бы принадлежа́ла бы принадлежа́ло бы принадлежа́ли бы	
IMP.	принадлежи́ принадлежи́те	

DEVERBALS

PRES. ACT.	принадлежа́щий	
PRES. PASS.		
PAST ACT.	принадлежа́вший	
PAST PASS.		
VERBAL ADVERB	принадлежа́	

принадлежа́ть кому – чему, к чему

принима́ть (ся) / приня́ть (ся)
to take, accept, receive, admit

	IMPERFECTIVE ASPECT	PERFECTIVE ASPECT
INF.	принима́ть (ся)	приня́ть (ся)
PRES.	принима́ю (сь) принима́ешь (ся) принима́ет (ся) принима́ем (ся) принима́ете (сь) принима́ют (ся)	
PAST	принима́л (ся) принима́ла (сь) принима́ло (сь) принима́ли (сь)	при́нял – принялся́ приняла́ (сь) при́няло – приняло́сь при́няли – приняли́сь
FUT.	бу́ду принима́ть (ся) бу́дешь принима́ть (ся) бу́дет принима́ть (ся) бу́дем принима́ть (ся) бу́дете принима́ть (ся) бу́дут принима́ть (ся)	приму́ (сь) при́мешь (ся) при́мет (ся) при́мем (ся) при́мете (сь) при́мут (ся)
COND.	принима́л (ся) бы принима́ла (сь) бы принима́ло (сь) бы принима́ли (сь) бы	при́нял – принялся́ бы приняла́ (сь) бы при́няло – приняло́сь бы при́няли – приняли́сь бы
IMP.	принима́й (ся) принима́йте (сь)	прими́ (сь) прими́те (сь)

DEVERBALS

PRES. ACT.	принима́ющий (ся)	
PRES. PASS.	принима́емый	
PAST ACT.	принима́вший (ся)	приня́вший (ся)
PAST PASS.		при́нятый при́нят, принята́, при́нято
VERBAL ADVERB	принима́я (сь)	приня́в (шись)

принима́ть кого – что во что
принима́ться за что, за кого

334

приноси́ть / принести́
to bring, carry to

	IMPERFECTIVE ASPECT	PERFECTIVE ASPECT
INF.	приноси́ть	принести́
PRES.	приношу́ прино́сишь прино́сит прино́сим прино́сите прино́сят	
PAST	приноси́л приноси́ла приноси́ло приноси́ли	принёс принесла́ принесло́ принесли́
FUT.	бу́ду приноси́ть бу́дешь приноси́ть бу́дет приноси́ть бу́дем приноси́ть бу́дете приноси́ть бу́дут приноси́ть	принесу́ принесёшь принесёт принесём принесёте принесу́т
COND.	приноси́л бы приноси́ла бы приноси́ло бы приноси́ли бы	принёс бы принесла́ бы принесло́ бы принесли́ бы
IMP.	приноси́ приноси́те	принеси́ принеси́те

DEVERBALS

PRES. ACT.	принося́щий	
PRES. PASS.	приноси́мый	
PAST ACT.	приноси́вший	принёсший
PAST PASS.		принесённый принесён, принесена́
VERBAL ADVERB	принося́	принеся́

приноси́ть кого – что

присыла́ть / присла́ть
to send, dispatch

	IMPERFECTIVE ASPECT	PERFECTIVE ASPECT
INF.	присыла́ть	присла́ть
PRES.	присыла́ю присыла́ешь присыла́ет присыла́ем присыла́ете присыла́ют	
PAST	присыла́л присыла́ла присыла́ло присыла́ли	присла́л присла́ла присла́ло присла́ли
FUT.	бу́ду присыла́ть бу́дешь присыла́ть бу́дет присыла́ть бу́дем присыла́ть бу́дете присыла́ть бу́дут присыла́ть	пришлю́ пришлёшь пришлёт пришлём пришлёте пришлю́т
COND.	присыла́л бы присыла́ла бы присыла́ло бы присыла́ли бы	присла́л бы присла́ла бы присла́ло бы присла́ли бы
IMP.	присыла́й присыла́йте	пришли́ пришли́те
	DEVERBALS	
PRES. ACT.	присыла́ющий	
PRES. PASS.	присыла́емый	
PAST ACT.	присыла́вший	присла́вший
PAST PASS.		при́сланный
VERBAL ADVERB	присыла́я	присла́в

присыла́ть кого́ — что

приходи́ть (ся) / прийти́ (сь)

to arrive on foot, come to (fit, suit, have to)

	IMPERFECTIVE ASPECT	PERFECTIVE ASPECT
INF.	приходи́ть (ся)	прийти́ (сь)
PRES.	прихожу́ (сь)	
	прихо́дишь (ся)	
	прихо́дит (ся)	
	прихо́дим (ся)	
	прихо́дите (сь)	
	прихо́дят (ся)	
PAST	приходи́л (ся)	пришёл (ся)
	приходи́ла (сь)	пришла́ (сь)
	приходи́ло (сь)	пришло́ (сь)
	приходи́ли (сь)	пришли́ (сь)
FUT.	бу́ду приходи́ть (ся)	приду́ (сь)
	бу́дешь приходи́ть (ся)	придёшь (ся)
	бу́дет приходи́ть (ся)	придёт (ся)
	бу́дем приходи́ть (ся)	придём (ся)
	бу́дете приходи́ть (ся)	придёте (сь)
	бу́дут приходи́ть (ся)	приду́т (ся)
COND.	приходи́л (ся) бы	пришёл (ся) бы
	приходи́ла (сь) бы	пришла́ (сь) бы
	приходи́ло (сь) бы	пришло́ (сь) бы
	приходи́ли (сь) бы	пришли́ (сь) бы
IMP.	приходи́ (сь)	приди́ (сь)
	приходи́те (сь)	приди́те (сь)

DEVERBALS

PRES. ACT.	приходя́щий (ся)	
PRES. PASS.		
PAST ACT.	приходи́вший (ся)	прише́дший (ся)
PAST PASS.		
VERBAL ADVERB	приходя́ (сь)	придя́ (сь)

приходи́ть во / на что
приходи́ться по чему, кому, во / на что

пробега́ть / пробежа́ть
to run across, through

	IMPERFECTIVE ASPECT	PERFECTIVE ASPECT
INF.	пробега́ть	пробежа́ть
PRES.	пробега́ю пробега́ешь пробега́ет пробега́ем пробега́ете пробега́ют	
PAST	пробега́л пробега́ла пробега́ло пробега́ли	пробежа́л пробежа́ла пробежа́ло пробежа́ли
FUT.	бу́ду пробега́ть бу́дешь пробега́ть бу́дет пробега́ть бу́дем пробега́ть бу́дете пробега́ть бу́дут пробега́ть	пробегу́ пробежи́шь пробежи́т пробежи́м пробежи́те пробегу́т
COND.	пробега́л бы пробега́ла бы пробега́ло бы пробега́ли бы	пробежа́л бы пробежа́ла бы пробежа́ло бы пробежа́ли бы
IMP.	пробега́й пробега́йте	пробеги́ пробеги́те

DEVERBALS

PRES. ACT.	пробега́ющий	
PRES. PASS.		
PAST ACT.	пробега́вший	пробежа́вший
PAST PASS.		
VERBAL ADVERB	пробега́я	пробежа́в

338

пробовать / попробовать
to try, taste, sample

	IMPERFECTIVE ASPECT	PERFECTIVE ASPECT
INF.	пробовать	попробовать
PRES.	пробую пробуешь пробует пробуем пробуете пробуют	
PAST	пробовал пробовала пробовало пробовали	попробовал попробовала попробовало попробовали
FUT.	буду пробовать будешь пробовать будет пробовать будем пробовать будете пробовать будут пробовать	попробую попробуешь попробует попробуем попробуете попробуют
COND.	пробовал бы пробовала бы пробовало бы пробовали бы	попробовал бы попробовала бы попробовало бы попробовали бы
IMP.	пробуй пробуйте	попробуй попробуйте

DEVERBALS

PRES. ACT.	пробующий	
PRES. PASS.	пробуемый	
PAST ACT.	пробовавший	попробовавший
PAST PASS.		попробованный
VERBAL ADVERB	пробуя	попробовав

пробовать что

проверя́ть / прове́рить
to check, verify

	IMPERFECTIVE ASPECT	PERFECTIVE ASPECT
INF.	проверя́ть	прове́рить
PRES.	проверя́ю проверя́ешь проверя́ет проверя́ем проверя́ете проверя́ют	
PAST	проверя́л проверя́ла проверя́ло проверя́ли	прове́рил прове́рила прове́рило прове́рили
FUT.	бу́ду проверя́ть бу́дешь проверя́ть бу́дет проверя́ть бу́дем проверя́ть бу́дете проверя́ть бу́дут проверя́ть	прове́рю прове́ришь прове́рит прове́рим прове́рите прове́рят
COND.	проверя́л бы проверя́ла бы проверя́ло бы проверя́ли бы	прове́рил бы прове́рила бы прове́рило бы прове́рили бы
IMP.	проверя́й проверя́йте	прове́рь прове́рьте

DEVERBALS

PRES. ACT.	проверя́ющий	
PRES. PASS.	проверя́емый	
PAST ACT.	проверя́вший	прове́ривший
PAST PASS.		прове́ренный
VERBAL ADVERB	проверя́я	прове́рив

проверя́ть кого – что

	IMPERFECTIVE ASPECT	PERFECTIVE ASPECT
INF.	проводи́ть	провести́
PRES.	провожу́ прово́дишь прово́дит прово́дим прово́дите прово́дят	
PAST	проводи́л проводи́ла проводи́ло проводи́ли	провёл провела́ провело́ провели́
FUT.	бу́ду проводи́ть бу́дешь проводи́ть бу́дет проводи́ть бу́дем проводи́ть бу́дете проводи́ть бу́дут проводи́ть	проведу́ проведёшь проведёт проведём проведёте проведу́т
COND.	проводи́л бы проводи́ла бы проводи́ло бы проводи́ли бы	провёл бы провела́ бы провело́ бы провели́ бы
IMP.	проводи́ проводи́те	проведи́ проведи́те

DEVERBALS

PRES. ACT.	проводя́щий	
PRES. PASS.	проводи́мый	
PAST ACT.	проводи́вший	прове́дший
PAST PASS.		проведённый проведён, проведена́
VERBAL ADVERB	проводя́	проведя́

проводи́ть кого – что мимо кого – чего

провожа́ть / проводи́ть
to see off, accompany

	IMPERFECTIVE ASPECT	PERFECTIVE ASPECT
INF.	провожа́ть	проводи́ть
PRES.	провожа́ю	
	провожа́ешь	
	провожа́ет	
	провожа́ем	
	провожа́ете	
	провожа́ют	
PAST	провожа́л	проводи́л
	провожа́ла	проводи́ла
	провожа́ло	проводи́ло
	провожа́ли	проводи́ли
FUT.	бу́ду провожа́ть	провожу́
	бу́дешь провожа́ть	прово́дишь
	бу́дет провожа́ть	прово́дит
	бу́дем провожа́ть	прово́дим
	бу́дете провожа́ть	прово́дите
	бу́дут провожа́ть	прово́дят
COND.	провожа́л бы	проводи́л бы
	провожа́ла бы	проводи́ла бы
	провожа́ло бы	проводи́ло бы
	провожа́ли бы	проводи́ли бы
IMP.	провожа́й	проводи́
	провожа́йте	проводи́те
	DEVERBALS	
PRES. ACT.	провожа́ющий	
PRES. PASS.	провожа́емый	
PAST ACT.	провожа́вший	проводи́вший
PAST PASS.		
VERBAL ADVERB	провожа́я	проводи́в

провожа́ть кого́ — что

342

продава́ть (ся) / прода́ть (ся)
to sell, sell off (betray, defect)

	IMPERFECTIVE ASPECT	PERFECTIVE ASPECT
INF.	продава́ть (ся)	прода́ть
PRES.	продаю́ (сь) продаёшь (ся) продаёт (ся) продаём (ся) продаёте (сь) продаю́т (ся)	
PAST	продава́л (ся) продава́ла (сь) продава́ло (сь) продава́ли (сь)	про́дал – прода́лся продала́ (сь) про́дало – продало́сь про́дали – продали́сь
FUT.	бу́ду продава́ть (ся) бу́дешь продава́ть (ся) бу́дет продава́ть (ся) бу́дем продава́ть (ся) бу́дете продава́ть (ся) бу́дут продава́ть (ся)	прода́м (ся) прода́шь (ся) прода́ст (ся) продади́м (ся) продади́те (сь) продаду́т (ся)
COND.	продава́л (ся) бы продава́ла (сь) бы продава́ло (сь) бы продава́ли (сь) бы	про́дал – прода́лся бы продала́ (сь) бы про́дало – продало́сь бы про́дали – продали́сь бы
IMP.	продава́й (ся) продава́йте (сь)	прода́й (ся) прода́йте (сь)

	DEVERBALS	
PRES. ACT.	продаю́щий (ся)	
PRES. PASS.	продава́емый	
PAST ACT.	продава́вший (ся)	прода́вший (ся)
PAST PASS.		про́данный, про́дан, продана́, про́дано
VERBAL ADVERB	продава́я (сь)	прода́в (шись)

продава́ть кого – что
продава́ться кому – чему

продолжа́ть (ся) / продо́лжить (ся)

to continue, extend

	IMPERFECTIVE ASPECT	PERFECTIVE ASPECT
INF.	продолжа́ть (ся)	продо́лжить (ся)
PRES.	продолжа́ю продолжа́ешь продолжа́ет (ся) продолжа́ем продолжа́ете продолжа́ют (ся)	
PAST	продолжа́л (ся) продолжа́ла (сь) продолжа́ло (сь) продолжа́ли (сь)	продо́лжил (ся) продо́лжила (сь) продо́лжило (сь) продо́лжили (сь)
FUT.	бу́ду продолжа́ть бу́дешь продолжа́ть бу́дет продолжа́ть (ся) бу́дем продолжа́ть бу́дете продолжа́ть бу́дут продолжа́ть (ся)	продолжу́ продо́лжишь продо́лжит (ся) продо́лжим продо́лжите продо́лжат (ся)
COND.	продолжа́л (ся) бы продолжа́ла (сь) бы продолжа́ло (сь) бы продолжа́ли (сь) бы	продо́лжил (ся) бы продо́лжила (сь) бы продо́лжило (сь) бы продо́лжили (сь) бы
IMP.	продолжа́й продолжа́йте	продо́лжи продо́лжите

DEVERBALS

PRES. ACT.	продолжа́ющий (ся)	
PRES. PASS.	продолжа́емый	
PAST ACT.	продолжа́вший (ся)	продо́лживший (ся)
PAST PASS.		продо́лженный
VERBAL ADVERB	продолжа́я (сь)	продо́лжив (шись)

продолжа́ть что

	IMPERFECTIVE ASPECT	PERFECTIVE ASPECT
INF.	проезжа́ть	прое́хать
PRES.	проезжа́ю проезжа́ешь проезжа́ет проезжа́ем проезжа́ете проезжа́ют	
PAST	проезжа́л проезжа́ла проезжа́ло проезжа́ли	прое́хал прое́хала прое́хало прое́хали
FUT.	бу́ду проезжа́ть бу́дешь проезжа́ть бу́дет проезжа́ть бу́дем проезжа́ть бу́дете проезжа́ть бу́дут проезжа́ть	прое́ду прое́дешь прое́дет прое́дем прое́дете прое́дут
COND.	проезжа́л бы проезжа́ла бы проезжа́ло бы проезжа́ли бы	прое́хал бы прое́хала бы прое́хало бы прое́хали бы
IMP.	проезжа́й проезжа́йте	

DEVERBALS

PRES. ACT.	проезжа́ющий	
PRES. PASS.	проезжа́емый	
PAST ACT.	проезжа́вший	прое́хавший
PAST PASS.		
VERBAL ADVERB	проезжа́я	прое́хав

проезжа́ть что, мимо кого – чего

проживáть / прожи́ть
to live, live through

	IMPERFECTIVE ASPECT	PERFECTIVE ASPECT
INF.	проживáть	прожи́ть
PRES.	проживáю	
	проживáешь	
	проживáет	
	проживáем	
	проживáете	
	проживáют	
PAST	проживáл	прóжил
	проживáла	прожи́ла
	проживáло	прóжило
	проживáли	прóжили
FUT.	бýду проживáть	проживý
	бýдешь проживáть	проживёшь
	бýдет проживáть	проживёт
	бýдем проживáть	проживём
	бýдете проживáть	проживёте
	бýдут проживáть	проживýт
COND.	проживáл бы	прóжил бы
	проживáла бы	прóжила бы
	проживáло бы	прóжило бы
	проживáли бы	прóжили бы
IMP.	проживáй	проживи́
	проживáйте	проживи́те

DEVERBALS

PRES. ACT.	проживáющий	
PRES. PASS.	проживáемый	
PAST ACT.	проживáвший	прожи́вший
PAST PASS.		прóжи́тый
		прóжи́т, прожитá, прóжи́то
VERBAL ADVERB	проживáя	прожи́в

проживáть что

346

	IMPERFECTIVE ASPECT	PERFECTIVE ASPECT
INF.	про́игрывать	проигра́ть
PRES.	про́игрываю про́игрываешь про́игрывает про́игрываем про́игрываете про́игрывают	
PAST	про́игрывал про́игрывала про́игрывало про́игрывали	проигра́л проигра́ла проигра́ло проигра́ли
FUT.	бу́ду про́игрывать бу́дешь про́игрывать бу́дет про́игрывать бу́дем про́игрывать бу́дете про́игрывать бу́дут про́игрывать	проигра́ю проигра́ешь проигра́ет проигра́ем проигра́ете проигра́ют
COND.	про́игрывал бы про́игрывала бы про́игрывало бы про́игрывали бы	проигра́л бы проигра́ла бы проигра́ло бы проигра́ли бы
IMP.	про́игрывай про́игрывайте	проигра́й проигра́йте

DEVERBALS

PRES. ACT.	про́игрывающий	
PRES. PASS.	про́игрываемый	
PAST ACT.	про́игрывавший	проигра́вший
PAST PASS.		проигра́нный
VERBAL ADVERB	про́игрывая	проигра́в

про́игрывать **кому что**
про́игрываться *to gamble away all one's money*

производи́ть / произвести́
to produce, make, carry out, execute

	IMPERFECTIVE ASPECT	PERFECTIVE ASPECT
INF.	производи́ть	произвести́
PRES.	произвожу́ произво́дишь произво́дит произво́дим произво́дите произво́дят	
PAST	производи́л производи́ла производи́ло производи́ли	произвёл произвела́ произвело́ произвели́
FUT.	бу́ду производи́ть бу́дешь производи́ть бу́дет производи́ть бу́дем производи́ть бу́дете производи́ть бу́дут производи́ть	произведу́ произведёшь произведёт произведём произведёте произведу́т
COND.	производи́л бы производи́ла бы производи́ло бы производи́ли бы	произвёл бы произвела́ бы произвело́ бы произвели́ бы
IMP.	производи́ производи́те	произведи́ произведи́те

DEVERBALS

PRES. ACT.	производя́щий	
PRES. PASS.	производи́мый	
PAST ACT.	производи́вший	произве́дший
PAST PASS.		произведённый произведён, произведена́
VERBAL ADVERB	производя́	произведя́

производи́ть кого – что
производи́ть кого во кто *to promote to the rank of*

348

to pronounce, utter

	IMPERFECTIVE ASPECT	PERFECTIVE ASPECT
INF.	произноси́ть	произнести́
PRES.	произношу́ произно́сишь произно́сит произно́сим произно́сите произно́сят	
PAST	произноси́л произноси́ла произноси́ло произноси́ли	произнёс произнесла́ произнесло́ произнесли́
FUT.	бу́ду произноси́ть бу́дешь произноси́ть бу́дет произноси́ть бу́дем произноси́ть бу́дете произноси́ть бу́дут произноси́ть	произнесу́ произнесёшь произнесёт произнесём произнесёте произнесу́т
COND.	произноси́л бы произноси́ла бы произноси́ло бы произноси́ли бы	произнёс бы произнесла́ бы произнесло́ бы произнесли́ бы
IMP.	произноси́ произноси́те	произнеси́ произнеси́те

DEVERBALS

PRES. ACT.	произнося́щий	
PRES. PASS.	произноси́мый	
PAST ACT.	произноси́вший	произнёсший
PAST PASS.		произнесённый произнесён, произнесена́
VERBAL ADVERB	произнося́	произнеся́

произноси́ть что
Как произно́сится? *How is it pronounced?*

происходи́ть / произойти́
to happen, take place

	IMPERFECTIVE ASPECT	PERFECTIVE ASPECT
INF.	происходи́ть	произойти́
PRES.	происхо́дит	
	происхо́дят	
PAST	происходи́л	произошёл
	происходи́ла	произошла́
	происходи́ло	произошло́
	происходи́ли	произошли́
FUT.	бу́дет происходи́ть	произойдёт
	бу́дут происходи́ть	произойду́т
COND.	происходи́л бы	произошёл бы
	происходи́ла бы	произошла́ бы
	происходи́ло бы	произошло́ бы
	происходи́ли бы	произошли́ бы
IMP.		

DEVERBALS

PRES. ACT.	происходя́щий	
PRES. PASS.		
PAST ACT.	происходи́вший	происше́дший
PAST PASS.		
VERBAL ADVERB	происходя́	произойдя́

происходи́ть от кого́ – чего́

350

	IMPERFECTIVE ASPECT	PERFECTIVE ASPECT
INF.	пропадáть	пропáсть
PRES.	пропадáю пропадáешь пропадáет пропадáем пропадáете пропадáют	
PAST	пропадáл пропадáла пропадáло пропадáли	пропáл пропáла пропáло пропáли
FUT.	бýду пропадáть бýдешь пропадáть бýдет пропадáть бýдем пропадáть бýдете пропадáть бýдут пропадáть	пропадý пропадёшь пропадёт пропадём пропадёте пропадýт
COND.	пропадáл бы пропадáла бы пропадáло бы пропадáли бы	пропáл бы пропáла бы пропáло бы пропáли бы
IMP.	пропадáй пропадáйте	пропади́ пропади́те

DEVERBALS

PRES. ACT.	пропадáющий	
PRES. PASS.		
PAST ACT.	пропадáвший	пропáвший
PAST PASS.		
VERBAL ADVERB	пропадáя	пропáв

пропуска́ть / пропусти́ть
to let pass, omit, skip over

	IMPERFECTIVE ASPECT	PERFECTIVE ASPECT
INF.	пропуска́ть	пропусти́ть
PRES.	пропуска́ю пропуска́ешь пропуска́ет пропуска́ем пропуска́ете пропуска́ют	
PAST	пропуска́л пропуска́ла пропуска́ло пропуска́ли	пропусти́л пропусти́ла пропусти́ло пропусти́ли
FUT.	бу́ду пропуска́ть бу́дешь пропуска́ть бу́дет пропуска́ть бу́дем пропуска́ть бу́дете пропуска́ть бу́дут пропуска́ть	пропущу́ пропу́стишь пропу́стит пропу́стим пропу́стите пропу́стят
COND.	пропуска́л бы пропуска́ла бы пропуска́ло бы пропуска́ли бы	пропусти́л бы пропусти́ла бы пропусти́ло бы пропусти́ли бы
IMP.	пропуска́й пропуска́йте	пропусти́ пропусти́те

DEVERBALS

PRES. ACT.	пропуска́ющий	
PRES. PASS.	пропуска́емый	
PAST ACT.	пропуска́вший	пропусти́вший
PAST PASS.		пропу́щенный
VERBAL ADVERB	пропуска́я	пропусти́в

пропуска́ть кого – что

проси́ть (ся) / попроси́ть (ся)

to ask, request, invite

	IMPERFECTIVE ASPECT	PERFECTIVE ASPECT
INF.	проси́ть (ся)	попроси́ть (ся)
PRES.	прошу́ (сь) про́сишь (ся) про́сит (ся) про́сим (ся) про́сите (сь) про́сят (ся)	
PAST	проси́л (ся) проси́ла (сь) проси́ло (сь) проси́ли (сь)	попроси́л (ся) попроси́ла (сь) попроси́ло (сь) попроси́ли (сь)
FUT.	бу́ду проси́ть (ся) бу́дешь проси́ть (ся) бу́дет проси́ть (ся) бу́дем проси́ть (ся) бу́дете проси́ть (ся) бу́дут проси́ть (ся)	попрошу́ (сь) попро́сишь (ся) попро́сит (ся) попро́сим (ся) попро́сите (сь) попро́сят (ся)
COND.	проси́л (ся) бы проси́ла (сь) бы проси́ло (сь) бы проси́ли (сь) бы	попроси́л (ся) бы попроси́ла (сь) бы попроси́ло (сь) бы попроси́ли (сь) бы
IMP.	проси́ (сь) проси́те (сь)	попроси́ (сь) попроси́те (сь)

DEVERBALS

PRES. ACT.	прося́щий (ся)	
PRES. PASS.	проси́мый	
PAST ACT.	проси́вший (ся)	попроси́вший (ся)
PAST PASS.	про́шенный	попро́шенный
VERBAL ADVERB	прося́	попроси́в (шись)

проси́ть кого – что о ком – чём, на что, + infinitive
  к столу́ *to the table*

простужа́ть (ся) / простуди́ть (ся)
to let catch a cold, get cold, let cool (catch a cold)

	IMPERFECTIVE ASPECT	PERFECTIVE ASPECT
INF.	простужа́ть (ся)	простуди́ть (ся)
PRES.	простужа́ю (сь) простужа́ешь (ся) простужа́ет (ся) простужа́ем (ся) простужа́ете (сь) простужа́ют (ся)	
PAST	простужа́л (ся) простужа́ла (сь) простужа́ло (сь) простужа́ли (сь)	простуди́л (ся) простуди́ла (сь) простуди́ло (сь) простуди́ли (сь)
FUT.	бу́ду простужа́ть (ся) бу́дешь простужа́ть (ся) бу́дет простужа́ть (ся) бу́дем простужа́ть (ся) бу́дете простужа́ть (ся) бу́дут простужа́ть (ся)	простужу́ (сь) просту́дишь (ся) просту́дит (ся) просту́дим (ся) просту́дите (сь) просту́дят (ся)
COND.	простужа́л (ся) бы простужа́ла (сь) бы простужа́ло (сь) бы простужа́ли (сь) бы	простуди́л (ся) бы простуди́ла (сь) бы простуди́ло (сь) бы простуди́ли (сь) бы
IMP.	простужа́й (ся) простужа́йте (сь)	простуди́ (сь) простуди́те (сь)

DEVERBALS

PRES. ACT.	простужа́ющий (ся)	
PRES. PASS.	простужа́емый	
PAST ACT.	простужа́вший (ся)	простуди́вший (ся)
PAST PASS.		просту́женный
VERBAL ADVERB	простужа́я (сь)	простуди́в (шись)

простужа́ть кого — что

просыпа́ться / просну́ться
to wake up, awake

	IMPERFECTIVE ASPECT	PERFECTIVE ASPECT
INF.	просыпа́ться	просну́ться
PRES.	просыпа́юсь просыпа́ешься просыпа́ется просыпа́емся просыпа́етесь просыпа́ются	
PAST	просыпа́лся просыпа́лась просыпа́лось просыпа́лись	просну́лся просну́лась просну́лось просну́лись
FUT.	бу́ду просыпа́ться бу́дешь просыпа́ться бу́дет просыпа́ться бу́дем просыпа́ться бу́дете просыпа́ться бу́дут просыпа́ться	просну́сь проснёшься проснётся проснёмся проснётесь просну́тся
COND.	просыпа́лся бы просыпа́лась бы просыпа́лось бы просыпа́лись бы	просну́лся бы просну́лась бы просну́лось бы просну́лись бы
IMP.	просыпа́йся просыпа́йтесь	просни́сь просни́тесь

DEVERBALS

PRES. ACT.	просыпа́ющийся	
PRES. PASS.		
PAST ACT.	просыпа́вшийся	просну́вший (ся)
PAST PASS.		
VERBAL ADVERB	просыпа́ясь	просну́в (шись)

просыпа́ть / проспа́ть **что** *to sleep through something*
просыпа́ть (ся) / просы́пать (ся) *to spill*

проходи́ть / пройти́
to pass by, walk through

	IMPERFECTIVE ASPECT	PERFECTIVE ASPECT
INF.	проходи́ть	пройти́
PRES.	прохожу́ прохо́дишь прохо́дит прохо́дим прохо́дите прохо́дят	
PAST	проходи́л проходи́ла проходи́ло проходи́ли	прошёл прошла́ прошло́ прошли́
FUT.	бу́ду проходи́ть бу́дешь проходи́ть бу́дет проходи́ть бу́дем проходи́ть бу́дете проходи́ть бу́дут проходи́ть	пройду́ пройдёшь пройдёт пройдём пройдёте пройду́т
COND.	проходи́л бы проходи́ла бы проходи́ло бы проходи́ли бы	прошел бы прошла́ бы прошло́ бы прошли́ бы
IMP.	проходи́ проходи́те	пройди́ пройди́те

DEVERBALS

PRES. ACT.	проходя́щий	
PRES. PASS.	проходи́мый	
PAST ACT.	проходи́вший	проше́дший
PAST PASS.		про́йденный
VERBAL ADVERB	проходя́	пройдя́

проходи́ть мимо кого − чего, что

проща́ть (ся) / прости́ть (ся)
to forgive, pardon (say good-bye, bid farewell)

	IMPERFECTIVE ASPECT	PERFECTIVE ASPECT
INF.	проща́ть (ся)	прости́ть (ся)
PRES.	проща́ю (сь) проща́ешь (ся) проща́ет (ся) проща́ем (ся) проща́ете (сь) проща́ют (ся)	
PAST	проща́л (ся) проща́ла (сь) проща́ло (сь) проща́ли (сь)	прости́л (ся) прости́ла (сь) прости́ло (сь) прости́ли (сь)
FUT.	бу́ду проща́ть (ся) бу́дешь проща́ть (ся) бу́дет проща́ть (ся) бу́дем проща́ть (ся) бу́дете проща́ть (ся) бу́дут проща́ть (ся)	прощу́ (сь) прости́шь (ся) прости́т (ся) прости́м (ся) прости́те (сь) простя́т (ся)
COND.	проща́л (ся) бы проща́ла (сь) бы проща́ло (сь) бы проща́ли (сь) бы	прости́л (ся) бы прости́ла (сь) бы прости́ло (сь) бы прости́ли (сь) бы
IMP.	проща́й (ся) проща́йте (сь)	прости́ (сь) прости́те (сь)

DEVERBALS

PRES. ACT.	проща́ющий (ся)	
PRES. PASS.	проща́емый	
PAST ACT.	проща́вший (ся)	прости́вший (ся)
PAST PASS.		прощённый прощён, прощена́
VERBAL ADVERB	проща́я (сь)	прости́в (шись)

проща́ть кого – что кому
проща́ться с кем – чем

пры́гать / пры́гнуть
to jump, leap

	IMPERFECTIVE ASPECT	PERFECTIVE ASPECT
INF.	пры́гать	пры́гнуть
PRES.	пры́гаю пры́гаешь пры́гает пры́гаем пры́гаете пры́гают	
PAST	пры́гал пры́гала пры́гало пры́гали	пры́гнул пры́гнула пры́гнуло пры́гнули
FUT.	бу́ду пры́гать бу́дешь пры́гать бу́дет пры́гать бу́дем пры́гать бу́дете пры́гать бу́дут пры́гать	пры́гну пры́гнешь пры́гнет пры́гнем пры́гнете пры́гнут
COND.	пры́гал бы пры́гала бы пры́гало бы пры́гали бы	пры́гнул бы пры́гнула бы пры́гнуло бы пры́гнули бы
IMP.	пры́гай пры́гайте	пры́гни пры́гните

DEVERBALS

PRES. ACT.	пры́гающий	
PRES. PASS.		
PAST ACT.	пры́гавший	пры́гнувший
PAST PASS.		
VERBAL ADVERB	пры́гая	пры́гнув

пря́тать (ся) / спря́тать (ся)
to hide, conceal

	IMPERFECTIVE ASPECT	PERFECTIVE ASPECT
INF.	пря́тать (ся)	спря́тать (ся)
PRES.	пря́чу (сь) пря́чешь (ся) пря́чет (ся) пря́чем (ся) пря́чете (сь) пря́чут (ся)	
PAST	пря́тал (ся) пря́тала (сь) пря́тало (сь) пря́тали (сь)	спря́тал (ся) спря́тала (сь) спря́тало (сь) спря́тали (сь)
FUT.	бу́ду пря́тать (ся) бу́дешь пря́тать (ся) бу́дет пря́тать (ся) бу́дем пря́тать (ся) бу́дете пря́тать (ся) бу́дут пря́тать (ся)	спря́чу (сь) спря́чешь (ся) спря́чет (ся) спря́чем (ся) спря́чете (сь) спря́чут (ся)
COND.	пря́тал (ся) бы пря́тала (сь) бы пря́тало (сь) бы пря́тали (сь) бы	спря́тал (ся) бы спря́тала (сь) бы спря́тало (сь) бы спря́тали (сь) бы
IMP.	пря́чь (ся) пря́чьте (сь)	спря́чь (ся) спря́чьте (сь)

DEVERBALS

PRES. ACT.	пря́чущий (ся)	
PRES. PASS.		
PAST ACT.	пря́тавший (ся)	спря́тавший (ся)
PAST PASS.		спря́танный
VERBAL ADVERB	пря́ча (сь)	спря́тав (шись)

пря́тать кого́ – что

пуга́ть (ся) / испуга́ть (ся)
to frighten, scare (be frightened, scared)

	IMPERFECTIVE ASPECT	PERFECTIVE ASPECT
INF.	пуга́ть (ся)	испуга́ть (ся)
PRES.	пуга́ю (сь) пуга́ешь (ся) пуга́ет (ся) пуга́ем (ся) пуга́ете (сь) пуга́ют (ся)	
PAST	пуга́л (ся) пуга́ла (сь) пуга́ло (сь) пуга́ли (сь)	испуга́л (ся) испуга́ла (сь) испуга́ло (сь) испуга́ли (сь)
FUT.	бу́ду пуга́ть (ся) бу́дешь пуга́ть (ся) бу́дет пуга́ть (ся) бу́дем пуга́ть (ся) бу́дете пуга́ть (ся) бу́дут пуга́ть (ся)	испуга́ю (сь) испуга́ешь (ся) испуга́ет (ся) испуга́ем (ся) испуга́ете (сь) испуга́ют (ся)
COND.	пуга́л (ся) бы пуга́ла (сь) бы пуга́ло (сь) бы пуга́ли (сь) бы	испуга́л (ся) бы испуга́ла (сь) бы испуга́ло (сь) бы испуга́ли (сь) бы
IMP.	пуга́й (ся) пуга́йте (сь)	испуга́й (ся) испуга́йте (сь)

DEVERBALS

PRES. ACT.	пуга́ющий (ся)	
PRES. PASS.	пуга́емый	
PAST ACT.	пуга́вший (ся)	испуга́вший (ся)
PAST PASS.	пу́ганный	испу́ганный
VERBAL ADVERB	пуга́я (сь)	испуга́в (шись)

пуга́ть кого́ — что

360

путеше́ствовать
to travel, journey

	IMPERFECTIVE ASPECT	PERFECTIVE ASPECT
INF.	путеше́ствовать	
PRES.	путеше́ствую путеше́ствуешь путеше́ствует путеше́ствуем путеше́ствуете путеше́ствуют	
PAST	путеше́ствовал путеше́ствовала путеше́ствовало путеше́ствовали	
FUT.	бу́ду путеше́ствовать бу́дешь путеше́ствовать бу́дет путеше́ствовать бу́дем путеше́ствовать бу́дете путеше́ствовать бу́дут путеше́ствовать	
COND.	путеше́ствовал бы путеше́ствовала бы путеше́ствовало бы путеше́ствовали бы	
IMP.	путеше́ствуй путеше́ствуйте	

DEVERBALS

PRES. ACT.	путеше́ствующий	
PRES. PASS.		
PAST ACT.	путеше́ствовавший	
PAST PASS.		
VERBAL ADVERB	путеше́ствуя	

рабо́тать / порабо́тать
to work, run, function

	IMPERFECTIVE ASPECT	PERFECTIVE ASPECT
INF.	рабо́тать	порабо́тать
PRES.	рабо́таю рабо́таешь рабо́тает рабо́таем рабо́таете рабо́тают	
PAST	рабо́тал рабо́тала рабо́тало рабо́тали	порабо́тал порабо́тала порабо́тало порабо́тали
FUT.	бу́ду рабо́тать бу́дешь рабо́тать бу́дет рабо́тать бу́дем рабо́тать бу́дете рабо́тать бу́дут рабо́тать	порабо́таю порабо́таешь порабо́тает порабо́таем порабо́таете порабо́тают
COND.	рабо́тал бы рабо́тала бы рабо́тало бы рабо́тали бы	порабо́тал бы порабо́тала бы порабо́тало бы порабо́тали бы
IMP.	рабо́тай рабо́тайте	порабо́тай порабо́тайте

DEVERBALS

PRES. ACT.	рабо́тающий	
PRES. PASS.		
PAST ACT.	рабо́тавший	порабо́тавший
PAST PASS.		
VERBAL ADVERB	рабо́тая	порабо́тав

ра́довать (ся) / обра́довать (ся)
to gladden, make happy (rejoice)

	IMPERFECTIVE ASPECT	PERFECTIVE ASPECT
INF.	ра́довать (ся)	обра́довать (ся)
PRES.	ра́дую (сь)	
	ра́дуешь (ся)	
	ра́дует (ся)	
	ра́дуем (ся)	
	ра́дуете (сь)	
	ра́дуют (ся)	
PAST	ра́довал (ся)	обра́довал (ся)
	ра́довала (сь)	обра́довала (сь)
	ра́довало (сь)	обра́довало (сь)
	ра́довали (сь)	обра́довали (сь)
FUT.	бу́ду ра́довать (ся)	обра́дую (сь)
	бу́дешь ра́довать (ся)	обра́дуешь (ся)
	бу́дет ра́довать (ся)	обра́дует (ся)
	бу́дем ра́довать (ся)	обра́дуем (ся)
	бу́дете ра́довать (ся)	обра́дуете (сь)
	бу́дут ра́довать (ся)	обра́дуют (ся)
COND.	ра́довал (ся) бы	обра́довал (ся) бы
	ра́довала (сь) бы	обра́довала (сь) бы
	ра́довало (сь) бы	обра́довало (сь) бы
	ра́довали (сь) бы	обра́довали (сь) бы
IMP.	ра́дуй (ся)	обра́дуй (ся)
	ра́дуйте (сь)	обра́дуйте (сь)

DEVERBALS

PRES. ACT.	ра́дующий (ся)	
PRES. PASS.	ра́дуемый	
PAST ACT.	ра́довавший (ся)	обра́довавший (ся)
PAST PASS.		обра́дованный
VERBAL ADVERB	ра́дуя (сь)	обра́довав (шись)

ра́довать кого — что
ра́доваться кому — чему

разбива́ть (ся) / разби́ть (ся)
to break, smash, break up

	IMPERFECTIVE ASPECT	PERFECTIVE ASPECT
INF.	разбива́ть (ся)	разби́ть (ся)
PRES.	разбива́ю (сь) разбива́ешь (ся) разбива́ет (ся) разбива́ем (ся) разбива́ете (сь) разбива́ют (ся)	
PAST	разбива́л (ся) разбива́ла (сь) разбива́ло (сь) разбива́ли (сь)	разби́л (ся) разби́ла (сь) разби́ло (сь) разби́ли (сь)
FUT.	бу́ду разбива́ть (ся) бу́дешь разбива́ть (ся) бу́дет разбива́ть (ся) бу́дем разбива́ть (ся) бу́дете разбива́ть (ся) бу́дут разбива́ть (ся)	разобью́ (сь) разобьёшь (ся) разобьёт (ся) разобьём (ся) разобьёте (сь) разобью́т (ся)
COND.	разбива́л (ся) бы разбива́ла (сь) бы разбива́ло (сь) бы разбива́ли (сь) бы	разби́л (ся) бы разби́ла (сь) бы разби́ло (сь) бы разби́ли (сь) бы
IMP.	разбива́й (ся) разбива́йте (сь)	разбе́й (ся) разбе́йте (сь)

DEVERBALS

PRES. ACT.	разбива́ющий (ся)	
PRES. PASS.	разбива́емый	
PAST ACT.	разбива́вший (ся)	разби́вший (ся)
PAST PASS.		разби́тый
VERBAL ADVERB	разбива́я	разби́в (шись)

разбива́ть кого – что
разбива́ться обо что

	IMPERFECTIVE ASPECT	PERFECTIVE ASPECT
INF.	разводи́ть	развести́
PRES.	развожу́ разво́дишь разво́дит разво́дим разво́дите разво́дят	
PAST	разводи́л разводи́ла разводи́ло разводи́ли	развёл развела́ развело́ развели́
FUT.	бу́ду разводи́ть бу́дешь разводи́ть бу́дет разводи́ть бу́дем разводи́ть бу́дете разводи́ть бу́дут разводи́ть	разведу́ разведёшь разведёт разведём разведёте разведу́т
COND.	разводи́л бы разводи́ла бы разводи́ло бы разводи́ли бы	развёл бы развела́ бы развело́ бы развели́ бы
IMP.	разводи́ разводи́те	разведи́ разведи́те

DEVERBALS

PRES. ACT.	разводя́	
PRES. PASS.	разводи́мый	
PAST ACT.	разводи́вший	разве́дший
PAST PASS.		разведённый разведён, разведена́
VERBAL ADVERB	разводя́	разведя́

разводи́ть кого́ — что

разводи́ться / развести́сь

to get a divorce; breed, multiply

	IMPERFECTIVE ASPECT	PERFECTIVE ASPECT
INF.	разводи́ться	развести́сь
PRES.	развожу́сь разво́дишься разво́дится разво́димся разво́дитесь разво́дятся	
PAST	разводи́лся разводи́лась разводи́лось разводи́лись	развёлся развела́сь развело́сь развели́сь
FUT.	бу́ду разводи́ться бу́дешь разводи́ться бу́дет разводи́ться бу́дем разводи́ться бу́дете разводи́ться бу́дут разводи́ться	разведу́сь разведёшься разведётся разведемся разведётесь разведу́тся
COND.	разводи́лся бы разводи́лась бы разводи́лось бы разводи́лись бы	развёлся бы развела́сь бы развело́сь бы развели́сь бы
IMP.	разводи́сь разводи́тесь	разведи́сь разведи́тесь

DEVERBALS

PRES. ACT.	разводя́щийся	
PRES. PASS.		
PAST ACT.	разводи́вшийся	разве́дшийся
PAST PASS.		
VERBAL ADVERB	разводя́сь	разведя́сь

разводи́ться с кем

разгова́ривать
to converse

	IMPERFECTIVE ASPECT	PERFECTIVE ASPECT
INF.	разгова́ривать	
PRES.	разгова́риваю разгова́риваешь разгова́ривает разгова́риваем разгова́риваете разгова́ривают	
PAST	разгова́ривал разгова́ривала разгова́ривало разгова́ривали	
FUT.	бу́ду разгова́ривать бу́дешь разгова́ривать бу́дет разгова́ривать бу́дем разгова́ривать бу́дете разгова́ривать бу́дут разгова́ривать	
COND.	разгова́ривал бы разгова́ривала бы разгова́ривало бы разгова́ривали бы	
IMP.	разгова́ривай разгова́ривайте	

DEVERBALS

PRES. ACT.	разгова́ривающий	
PRES. PASS.		
PAST ACT.	разгова́ривавший	
PAST PASS.		
VERBAL ADVERB	разгова́ривав	

раздава́ть (ся) / разда́ть (ся)
to distribute, hand out (resound, be heard)

	IMPERFECTIVE ASPECT	PERFECTIVE ASPECT
INF.	раздава́ть (ся)	разда́ть
PRES.	раздаю́ раздаёшь раздаёт (ся) раздаём раздаёте раздаю́т (ся)	
PAST	раздава́л (ся) раздава́ла (сь) раздава́ло (сь) раздава́ли (сь)	разда́л (ся) раздала́ (сь) разда́ло – разда́ло́сь разда́ли – разда́ли́сь
FUT.	бу́ду раздава́ть бу́дешь раздава́ть бу́дет раздава́ть (ся) бу́дем раздава́ть бу́дете раздава́ть бу́дут раздава́ть (ся)	разда́м разда́шь разда́ст (ся) раздади́м раздади́те раздаду́т (ся)
COND.	раздава́л (ся) бы раздава́ла (сь) бы раздава́ло (сь) бы раздава́ли (сь) бы	разда́л (ся) бы раздала́ (сь) бы разда́ло – разда́ло́сь бы разда́ли – разда́ли́сь бы
IMP.	раздава́й раздава́йте	разда́й разда́йте

DEVERBALS

PRES. ACT.	раздаю́щий (ся)	
PRES. PASS.	раздава́емый	
PAST ACT.	раздава́вший (ся)	разда́вший(ся)
PAST PASS.		ро́зданный ро́здан, раздана́, ро́здано
VERBAL ADVERB	раздава́я (сь)	разда́в (шись)

раздава́ть кого – что кому – чему

Note the spelling of the past passive participial forms.

раздева́ть (ся) / разде́ть (ся)

to undress, take off clothes

	IMPERFECTIVE ASPECT	PERFECTIVE ASPECT
INF.	раздева́ть (ся)	разде́ть (ся)
PRES.	раздева́ю (сь) раздева́ешь (ся) раздева́ет (ся) раздева́ем (ся) раздева́ете (сь) раздева́ют (ся)	
PAST	раздева́л (ся) раздева́ла (сь) раздева́ло (сь) раздева́ли (сь)	разде́л (ся) разде́ла (сь) разде́ло (сь) разде́ли (сь)
FUT.	бу́ду раздева́ть (ся) бу́дешь раздева́ть (ся) бу́дет раздева́ть (ся) бу́дем раздева́ть (ся) бу́дете раздева́ть (ся) бу́дут раздева́ть (ся)	разде́ну (сь) разде́нешь (ся) разде́нет (ся) разде́нем (ся) разде́нете (сь) разде́нут (ся)
COND.	раздева́л (ся) бы раздева́ла (сь) бы раздева́ло (сь) бы раздева́ли (сь) бы	разде́л (ся) бы разде́ла (сь) бы разде́ло (сь) бы разде́ли (сь) бы
IMP.	раздева́й (ся) раздева́йте (сь)	разде́нь (ся) разде́ньте (сь)
DEVERBALS		
PRES. ACT.	раздева́ющий (ся)	
PRES. PASS.	раздева́емый	
PAST ACT.	раздева́вший (ся)	разде́вший (ся)
PAST PASS.		разде́тый
VERBAL ADVERB	раздева́я (сь)	разде́в (шись)

раздева́ть кого – что

разделя́ть (ся) / раздели́ть (ся)
to divide, separate, share (be divisible)

	IMPERFECTIVE ASPECT	PERFECTIVE ASPECT
INF.	разделя́ть (ся)	раздели́ть (ся)
PRES.	разделя́ю (сь) разделя́ешь (ся) разделя́ет (ся) разделя́ем (ся) разделя́ете (сь) разделя́ют (ся)	
PAST	разделя́л (ся) разделя́ла (сь) разделя́ло (сь) разделя́ли (сь)	раздели́л (ся) раздели́ла (сь) раздели́ло (сь) раздели́ли (сь)
FUT.	бу́ду разделя́ть (ся) бу́дешь разделя́ть (ся) бу́дет разделя́ть (ся) бу́дем разделя́ть (ся) бу́дете разделя́ть (ся) бу́дут разделя́ть (ся)	разделю́ (сь) разде́лишь (ся) разде́лит (ся) разде́лим (ся) разде́лите (сь) разде́лят (ся)
COND.	разделя́л (ся) бы разделя́ла (сь) бы разделя́ло (сь) бы разделя́ли (сь) бы	раздели́л (ся) бы раздели́ла (сь) бы раздели́ло (сь) бы раздели́ли (сь) бы
IMP.	разделя́й (ся) разделя́йте (сь)	раздели́ (сь) раздели́те (сь)

DEVERBALS

PRES. ACT.	разделя́ющий (ся)	
PRES. PASS.	разделя́емый	
PAST ACT.	разделя́вший (ся)	раздели́вший (ся)
PAST PASS.		разделённый разделён, разделена́
VERBAL ADVERB	разделя́я (сь)	раздели́в (шись)

разделя́ть кого – что

370

разраба́тывать / разрабо́тать
to work out, exploit, develop

	IMPERFECTIVE ASPECT	PERFECTIVE ASPECT
INF.	разраба́тывать	разрабо́тать
PRES.	разраба́тываю разраба́тываешь разраба́тывает разраба́тываем разраба́тываете разраба́тывают	
PAST	разраба́тывал разраба́тывала разраба́тывало разраба́тывали	разрабо́тал разрабо́тала разрабо́тало разрабо́тали
FUT.	бу́ду разраба́тывать бу́дешь разраба́тывать бу́дет разраба́тывать бу́дем разраба́тывать бу́дете разраба́тывать бу́дут разраба́тывать	разрабо́таю разрабо́таешь разрабо́тает разрабо́таем разрабо́таете разрабо́тают
COND.	разраба́тывал бы разраба́тывала бы разраба́тывало бы разраба́тывали бы	разрабо́тал бы разрабо́тала бы разрабо́тало бы разрабо́тали бы
IMP.	разраба́тывай разраба́тывайте	разрабо́тай разрабо́тайте

DEVERBALS

PRES. ACT.	разраба́тывающий	
PRES. PASS.	разраба́тываемый	
PAST ACT.	разраба́тывавший	разрабо́тавший
PAST PASS.		разрабо́танный
VERBAL ADVERB	разраба́тывая	разрабо́тав

разраба́тывать что

разреша́ть (ся) / разреши́ть (ся)
to allow, permit (be solved)

	IMPERFECTIVE ASPECT	PERFECTIVE ASPECT
INF.	разреша́ть (ся)	разреши́ть (ся)
PRES.	разреша́ю разреша́ешь разреша́ет (ся) разреша́ем разреша́ете разреша́ют (ся)	
PAST	разреша́л (ся) разреша́ла (сь) разреша́ло (сь) разреша́ли (сь)	разреши́л (ся) разреши́ла (сь) разреши́ло (сь) разреши́ли (сь)
FUT.	бу́ду разреша́ть бу́дешь разреша́ть бу́дет разреша́ть (ся) бу́дем разреша́ть бу́дете разреша́ть бу́дут разреша́ть (ся)	разрешу́ разреши́шь разреши́т (ся) разреши́м разреши́те разреша́т (ся)
COND.	разреша́л (ся) бы разреша́ла (сь) бы разреша́ло (сь) бы разреша́ли (сь) бы	разреши́л (ся) бы разреши́ла (сь) бы разреши́ло (сь) бы разреши́ли (сь) бы
IMP.	разреша́й (ся) разреша́йте (сь)	разреши́ (сь) разреши́те (сь)

	DEVERBALS	
PRES. ACT.	разреша́ющий (ся)	
PRES. PASS.	разреша́емый	
PAST ACT.	разреша́вший (ся)	разреши́вший (ся)
PAST PASS.		разрешённый разрешён, разрешена́
VERBAL ADVERB	разреша́я (сь)	разреши́в (шись)

разреша́ть что

372

разруша́ть (ся) / разру́шить (ся)
to destroy, ruin, frustrate

	IMPERFECTIVE ASPECT	PERFECTIVE ASPECT
INF.	разруша́ть (ся)	разру́шить (ся)
PRES.	разруша́ю разруша́ешь разруша́ет (ся) разруша́ем разруша́ете разруша́ют (ся)	
PAST	разруша́л (ся) разруша́ла (сь) разруша́ло (сь) разруша́ли (сь)	разру́шил (ся) разру́шила (сь) разру́шило (сь) разру́шили (сь)
FUT.	бу́ду разруша́ть бу́дешь разруша́ть бу́дет разруша́ть (ся) бу́дем разруша́ть бу́дете разруша́ть бу́дут разруша́ть (ся)	разру́шу разру́шишь разру́шит (ся) разру́шим разру́шите разру́шат (ся)
COND.	разруша́л (ся) бы разруша́ла (сь) бы разруша́ло (сь) бы разруша́ли (сь) бы	разру́шил (ся) бы разру́шила (сь) бы разру́шило (сь) бы разру́шили (сь) бы
IMP.	разруша́й разруша́йте	разру́шь разру́шьте

DEVERBALS

PRES. ACT.	разруша́ющий (ся)	
PRES. PASS.	разруша́емый	
PAST ACT.	разруша́вший (ся)	разру́шивший (ся)
PAST PASS.		разру́шенный
VERBAL ADVERB	разруша́я (сь)	разру́шив (шись)

разруша́ть что

разрыва́ть (ся) / разорва́ть (ся)
to tear up, explode

	IMPERFECTIVE ASPECT	PERFECTIVE ASPECT
INF.	разрыва́ть (ся)	разорва́ть (ся)
PRES.	разрыва́ю разрыва́ешь разрыва́ет (ся) разрыва́ем разрыва́ете разрыва́ют (ся)	
PAST	разрыва́л (ся) разрыва́ла (сь) разрыва́ло (сь) разрыва́ли (сь)	разорва́л (ся) разорвала́ (сь) разорва́ло – разорва́ло́сь разорва́ли – разорва́ли́сь
FUT.	бу́ду разрыва́ть бу́дешь разрыва́ть бу́дет разрыва́ть (ся) бу́дем разрыва́ть бу́дете разрыва́ть бу́дут разрыва́ть (ся)	разорву́ разорвёшь разорвёт (ся) разорвём разорвёте разорву́т (ся)
COND.	разрыва́л (ся) бы разрыва́ла (сь) бы разрыва́ло (сь) бы разрыва́ли (сь) бы	разорва́л (ся) бы разорвала́ (сь) бы разорва́ло – разорва́ло́сь бы разорва́ли – разорва́ли́сь бы
IMP.	разрыва́й разрыва́йте	разорви́ разорви́те

DEVERBALS

PRES. ACT.	разрыва́ющий (ся)	
PRES. PASS.	разрыва́емый	
PAST ACT.	разрыва́вший (ся)	разорва́вший (ся)
PAST PASS.		разо́рванный
VERBAL ADVERB	разрыва́я (сь)	разорва́в (шись)

разрыва́ть кого – что

374

ра́нить / ра́нить
to wound, injure

	IMPERFECTIVE ASPECT	PERFECTIVE ASPECT
INF.	ра́нить	ра́нить
PRES.	ра́ню ра́нишь ра́нит ра́ним ра́ните ра́нят	
PAST	ра́нил ра́нила ра́нило ра́нили	ра́нил ра́нила ра́нило ра́нили
FUT.	бу́ду ра́нить бу́дешь ра́нить бу́дет ра́нить бу́дем ра́нить бу́дете ра́нить бу́дут ра́нить	ра́ню ра́нишь ра́нит ра́ним ра́ните ра́нят
COND.	ра́нил бы ра́нила бы ра́нило бы ра́нили бы	ра́нил бы ра́нила бы ра́нило бы ра́нили бы
IMP.	ра́нь ра́ньте	ра́нь ра́ньте

DEVERBALS

PRES. ACT.	ра́нящий	
PRES. PASS.	ра́нимый	
PAST ACT.	ра́нивший	ра́нивший
PAST PASS.		ра́ненный
VERBAL ADVERB	ра́ня	ра́нив

ра́нить кого – что

Ра́нить can be used in both the imperfective and the perfective aspects.
Another perfective form is **пора́нить.**

расска́зывать / рассказа́ть
to recount, tell, narrate

	IMPERFECTIVE ASPECT	PERFECTIVE ASPECT
INF.	расска́зывать	рассказа́ть
PRES.	расска́зываю	
	расска́зываешь	
	расска́зывает	
	расска́зываем	
	расска́зываете	
	расска́зывают	
PAST	расска́зывал	рассказа́л
	расска́зывала	рассказа́ла
	расска́зывало	рассказа́ло
	расска́зывали	рассказа́ли
FUT.	бу́ду расска́зывать	расскажу́
	бу́дешь расска́зывать	расска́жешь
	бу́дет расска́зывать	расска́жет
	бу́дем расска́зывать	расска́жем
	бу́дете расска́зывать	расска́жете
	бу́дут расска́зывать	расска́жут
COND.	расска́зывал бы	рассказа́л бы
	расска́зывала бы	рассказа́ла бы
	расска́зывало бы	рассказа́ло бы
	расска́зывали бы	рассказа́ли бы
IMP.	расска́зывай	расскажи́
	расска́зывайте	расскажи́те
	DEVERBALS	
PRES. ACT.	расска́зывающий	
PRES. PASS.	расска́зываемый	
PAST ACT.	расска́зывавший	рассказа́вший
PAST PASS.		расска́занный
VERBAL ADVERB	расска́зывая	рассказа́в

расска́зывать что

рассма́тривать / рассмотре́ть
to examine, consider

	IMPERFECTIVE ASPECT	PERFECTIVE ASPECT
INF.	рассма́тривать	рассмотре́ть
PRES.	рассма́триваю рассма́триваешь рассма́тривает рассма́триваем рассма́триваете рассма́тривают	
PAST	рассма́тривал рассма́тривала рассма́тривало рассма́тривали	рассмотре́л рассмотре́ла рассмотре́ло рассмотре́ли
FUT.	бу́ду рассма́тривать бу́дешь рассма́тривать бу́дет рассма́тривать бу́дем рассма́тривать бу́дете рассма́тривать бу́дут рассма́тривать	рассмотрю́ рассмо́тришь рассмо́трит рассмо́трим рассмо́трите рассмо́трят
COND.	рассма́тривал бы рассма́тривала бы рассма́тривало бы рассма́тривали бы	рассмотре́л бы рассмотре́ла бы рассмотре́ло бы рассмотре́ли бы
IMP.	рассма́тривай рассма́тривайте	рассмотри́ рассмотри́те

DEVERBALS

PRES. ACT.	рассма́тривающий	
PRES. PASS.	рассма́триваемый	
PAST ACT.	рассма́тривавший	рассмотре́вший
PAST PASS.		рассмо́тренный
VERBAL ADVERB	рассма́тривая	рассмотре́в

рассма́тривать кого́ — что

расспра́шивать / расспроси́ть

to examine, question

	IMPERFECTIVE ASPECT	PERFECTIVE ASPECT
INF.	расспра́шивать	расспроси́ть
PRES.	расспра́шиваю расспра́шиваешь расспра́шивает расспра́шиваем расспра́шиваете расспра́шивают	
PAST	расспра́шивал расспра́шивала расспра́шивало расспра́шивали	расспроси́л расспроси́ла расспроси́ло расспроси́ли
FUT.	бу́ду расспра́шивать бу́дешь расспра́шивать бу́дет расспра́шивать бу́дем расспра́шивать бу́дете расспра́шивать бу́дут расспра́шивать	расспрошу́ расспро́сишь расспро́сит расспро́сим расспро́сите расспро́сят
COND.	расспра́шивал бы расспра́шивала бы расспра́шивало бы расспра́шивали бы	расспроси́л бы расспроси́ла бы расспроси́ло бы расспроси́ли бы
IMP.	расспра́шивай расспра́шивайте	расспроси́ расспроси́те

DEVERBALS

PRES. ACT.	расспра́шивающий	
PRES. PASS.	расспра́шиваемый	
PAST ACT.	расспра́шивавший	расспроси́вший
PAST PASS.		расспро́шенный
VERBAL ADVERB	расспра́шивая	расспроси́в

расспра́шивать кого – что о ком – чём

рассу́живать / рассуди́ть

to judge, decide, reason

	IMPERFECTIVE ASPECT	PERFECTIVE ASPECT
INF.	рассу́живать	рассуди́ть
PRES.	рассу́живаю	
	рассу́живаешь	
	рассу́живает	
	рассу́живаем	
	рассу́живаете	
	рассу́живают	
PAST	рассу́живал	рассуди́л
	рассу́живала	рассуди́ла
	рассу́живало	рассуди́ло
	рассу́живали	рассуди́ли
FUT.	бу́ду рассу́живать	рассужу́
	бу́дешь рассу́живать	рассу́дишь
	бу́дет рассу́живать	рассу́дит
	бу́дем рассу́живать	рассу́дим
	бу́дете рассу́живать	рассу́дите
	бу́дут рассу́живать	рассу́дят
COND.	рассу́живал бы	рассуди́л бы
	рассу́живала бы	рассуди́ла бы
	рассу́живало бы	рассуди́ло бы
	рассу́живали бы	рассуди́ли бы
IMP.	рассу́живай	рассуди́
	рассу́живайте	рассуди́те

DEVERBALS

PRES. ACT.	рассу́живающий	
PRES. PASS.	рассу́живаемый	
PAST ACT.	рассу́живавший	рассуди́вший
PAST PASS.		рассу́женный
VERBAL ADVERB	рассу́живая	рассуди́в

рассу́живать кого – что

расти́ / вы́расти
to grow up, increase, develop into

	IMPERFECTIVE ASPECT	PERFECTIVE ASPECT
INF.	расти́	вы́расти
PRES.	расту́ растёшь растёт растём растёте расту́т	
PAST	ро́с росла́ росло́ росли́	вы́рос вы́росла вы́росло вы́росли
FUT.	бу́ду расти́ бу́дешь расти́ бу́дет расти́ бу́дем расти́ бу́дете расти́ бу́дут расти́	вы́расту вы́растешь вы́растет вы́растем вы́растете вы́растут
COND.	ро́с бы росла́ бы росло́ бы росли́ бы	вы́рос бы вы́росла бы вы́росло бы вы́росли бы
IMP.	расти́ расти́те	вы́расти вы́растите
DEVERBALS		
PRES. ACT.	расту́щий	
PRES. PASS.		
PAST ACT.	ро́сший	вы́росший
PAST PASS.		
VERBAL ADVERB	растя́	вы́росши

расти́ в кого – что из чего

расходи́ться / разойти́сь

to go away, break up, disperse, dissolve

	IMPERFECTIVE ASPECT	PERFECTIVE ASPECT
INF.	расходи́ться	разойти́сь
PRES.	расхожу́сь расхо́дишься расхо́дится расхо́димся расхо́дитесь расхо́дятся	
PAST	расходи́лся расходи́лась расходи́лось расходи́лись	разошёлся разошла́сь разошло́сь разошли́сь
FUT.	бу́ду расходи́ться бу́дешь расходи́ться бу́дет расходи́ться бу́дем расходи́ться бу́дете расходи́ться бу́дут расходи́ться	разойду́сь разойдёшься разойдётся разойдёмся разойдётесь разойду́тся
COND.	расходи́лся бы расходи́лась бы расходи́лось бы расходи́лись бы	разошёлся бы разошла́сь бы разошло́сь бы разошли́сь бы
IMP.	расходи́сь расходи́тесь	разойди́сь разойди́тесь

DEVERBALS

PRES. ACT.	расходя́щийся	
PRES. PASS.		
PAST ACT.	расходи́вшийся	разоше́дшийся
PAST PASS.		
VERBAL ADVERB	расходя́сь	разойдя́сь

расходи́ться с кем – чем

рва́ть (ся) / порва́ть (ся)
to pull, tear out, break off

	IMPERFECTIVE ASPECT	PERFECTIVE ASPECT
INF.	рва́ть	порва́ть (ся)
PRES.	рву́ рвёшь рвёт (ся) рвём рвёте рву́т (ся)	
PAST	рва́л (ся) рвала́ (сь) рва́ло (сь) рва́ли (сь)	порва́л (ся) порвала́ (сь) порва́ло – порва́ло́сь порва́ли – порва́ли́сь
FUT.	бу́ду рва́ть бу́дешь рва́ть бу́дет рва́ть бу́дем рва́ть бу́дете рва́ть бу́дут рва́ть	порву́ порвёшь порвёт (ся) порвём порвёте порву́т (ся)
COND.	рва́л (ся) бы рвала́ (сь) бы рва́ло (сь) бы рва́ли (сь) бы	порва́л бы порвала́ бы порва́ло – порва́ло́сь бы порва́ли – порва́ли́сь бы
IMP.	рви́ рви́те	порви́ порви́те

DEVERBALS

PRES. ACT.	рву́щий (ся)	
PRES. PASS.		
PAST ACT.	рва́вший (ся)	порва́вший (ся)
PAST PASS.		по́рванный
VERBAL ADVERB	рва́в (шись)	порва́в (шись)

рва́ть что у кого, с кем – чем

Another imperfective verb with the identical meaning is **порыва́ть (ся).**

ре́зать / заре́зать
to cut, knife, slaughter

	IMPERFECTIVE ASPECT	PERFECTIVE ASPECT
INF.	ре́зать	заре́зать
PRES.	ре́жу ре́жешь ре́жет ре́жем ре́жете ре́жут	
PAST	ре́зал ре́зала ре́зало ре́зали	заре́зал заре́зала заре́зало заре́зали
FUT.	бу́ду ре́зать бу́дешь ре́зать бу́дет ре́зать бу́дем ре́зать бу́дете ре́зать бу́дут ре́зать	заре́жу заре́жешь заре́жет заре́жем заре́жете заре́жут
COND.	ре́зал бы ре́зала бы ре́зало бы ре́зали бы	заре́зал бы заре́зала бы заре́зало бы заре́зали бы
IMP.	ре́жь ре́жьте	заре́жь заре́жьте

DEVERBALS

PRES. ACT.	ре́жущий	
PRES. PASS.		
PAST ACT.	ре́завший	заре́завший
PAST PASS.	ре́занный	заре́занный
VERBAL ADVERB	ре́зав	заре́завши

ре́зать кого́ – что

реша́ть (ся) / реши́ть (ся)
to decide, determine, solve (make up one's mind)

	IMPERFECTIVE ASPECT	PERFECTIVE ASPECT
INF.	реша́ть (ся)	реши́ть (ся)
PRES.	реша́ю (сь) реша́ешь (ся) реша́ет (ся) реша́ем (ся) реша́ете (сь) реша́ют (ся)	
PAST	реша́л (ся) реша́ла (сь) реша́ло (сь) реша́ли (сь)	реши́л (ся) реши́ла (сь) реши́ло (сь) реши́ли (сь)
FUT.	бу́ду реша́ть (ся) бу́дешь реша́ть (ся) бу́дет реша́ть (ся) бу́дем реша́ть (ся) бу́дете реша́ть (ся) бу́дут реша́ть (ся)	решу́ (сь) реши́шь (ся) реши́т (ся) реши́м (ся) реши́те (сь) реша́т (ся)
COND.	реша́л (ся) бы реша́ла (сь) бы реша́ло (сь) бы реша́ли (сь) бы	реши́л (ся) бы реши́ла (сь) бы реши́ло (сь) бы реши́ли (сь) бы
IMP.	реша́й (ся) реша́йте (сь)	реши́ (сь) реши́те (сь)

DEVERBALS

PRES. ACT.	реша́ющий (ся)	
PRES. PASS.	реша́емый	
PAST ACT.	реша́вший (ся)	реши́вший (ся)
PAST PASS.		решённый решён, решена́
VERBAL ADVERB	реша́я (сь)	реши́в (шись)

реша́ть что, + infinitive
реша́ться на что, + infinitive

384

рисова́ть / нарисова́ть
to paint, draw

	IMPERFECTIVE ASPECT	PERFECTIVE ASPECT
INF.	рисова́ть	нарисова́ть
PRES.	рису́ю рису́ешь рису́ет рису́ем рису́ете рису́ют	
PAST	рисова́л рисова́ла рисова́ло рисова́ли	нарисова́л нарисова́ла нарисова́ло нарисова́ли
FUT.	бу́ду рисова́ть бу́дешь рисова́ть бу́дет рисова́ть бу́дем рисова́ть бу́дете рисова́ть бу́дут рисова́ть	нарису́ю нарису́ешь нарису́ет нарису́ем нарису́ете нарису́ют
COND.	рисова́л бы рисова́ла бы рисова́ло бы рисова́ли бы	нарисова́л бы нарисова́ла бы нарисова́ло бы нарисова́ли бы
IMP.	рису́й рису́йте	нарису́й нарису́йте

DEVERBALS

PRES. ACT.	рису́ющий	
PRES. PASS.	рису́емый	
PAST ACT.	рисова́вший	нарисова́вший
PAST PASS.	рисо́ванный	нарисо́ванный
VERBAL ADVERB	рису́я	нарисова́в

рисова́ть кого – что

рожда́ть (ся) / роди́ть (ся)
to give birth to (be born, spring up)

	IMPERFECTIVE ASPECT	PERFECTIVE ASPECT
INF.	рожда́ть (ся)	роди́ть (ся)
PRES.	рожда́ю (сь) рожда́ешь (ся) рожда́ет (ся) рожда́ем (ся) рожда́ете (сь) рожда́ют (ся)	
PAST	рожда́л (ся) рожда́ла (сь) рожда́ло (сь) рожда́ли (сь)	роди́л – роди́лся́ родила́ (сь) роди́ло – родило́сь роди́ли – родили́сь
FUT.	бу́ду рожда́ть (ся) бу́дешь рожда́ть (ся) бу́дет рожда́ть (ся) бу́дем рожда́ть (ся) бу́дете рожда́ть (ся) бу́дут рожда́ть (ся)	рожу́ (сь) роди́шь (ся) роди́т (ся) роди́м (ся) роди́те (сь) родя́т (ся)
COND.	рожда́л (ся) бы рожда́ла (сь) бы рожда́ло (сь) бы рожда́ли (сь) бы	роди́л – роди́лся́ бы родила́ (сь) бы роди́ло – родило́сь бы роди́ли – родили́сь бы
IMP.	рожда́й (ся) рожда́йте (сь)	роди́ (сь) роди́те (сь)

DEVERBALS

PRES. ACT.	рожда́ющий (ся)	
PRES. PASS.	рожда́емый	
PAST ACT.	рожда́вший (ся)	роди́вший (ся)
PAST PASS.		рождённый рождён, рождена́
VERBAL ADVERB	рожда́я (сь)	роди́в (шись)

рожда́ть кого – что

Роди́ть (ся) can also be used in the imperfective aspect with the past tense forms: **роди́л (ся), роди́ла (сь), роди́ло (сь), роди́ли (сь).**

ронять / уронить

to drop, let fall, shed, injure, discredit

	IMPERFECTIVE ASPECT	PERFECTIVE ASPECT
INF.	роня́ть	урони́ть
PRES.	роня́ю роня́ешь роня́ет роня́ем роня́ете роня́ют	
PAST	роня́л роня́ла роня́ло роня́ли	урони́л урони́ла урони́ло урони́ли
FUT.	бу́ду роня́ть бу́дешь роня́ть бу́дет роня́ть бу́дем роня́ть бу́дете роня́ть бу́дут роня́ть	уроню́ уро́нишь уро́нит уро́ним уро́ните уро́нят
COND.	роня́л бы роня́ла бы роня́ло бы роня́ли бы	урони́л бы урони́ла бы урони́ло бы урони́ли бы
IMP.	роня́й роня́йте	урони́ урони́те

DEVERBALS

PRES. ACT.	роня́ющий	
PRES. PASS.	роня́емый	
PAST ACT.	роня́вший	урони́вший
PAST PASS.		уро́ненный
VERBAL ADVERB	роня́я	урони́в

роня́ть кого − что

рубить / срубить
to fell, chop up, hack

	IMPERFECTIVE ASPECT	PERFECTIVE ASPECT
INF.	рубить	срубить
PRES.	рублю́ руби́шь ру́бит ру́бим ру́бите ру́бят	
PAST	руби́л руби́ла руби́ло руби́ли	сруби́л сруби́ла сруби́ло сруби́ли
FUT.	бу́ду руби́ть бу́дешь руби́ть бу́дет руби́ть бу́дем руби́ть бу́дете руби́ть бу́дут руби́ть	срублю́ сру́бишь сру́бит сру́бим сру́бите сру́бят
COND.	руби́л бы руби́ла бы руби́ло бы руби́ли бы	сруби́л бы сруби́ла бы сруби́ло бы сруби́ли бы
IMP.	руби́ руби́те	сруби́ сруби́те

DEVERBALS

PRES. ACT.	ру́бящий	
PRES. PASS.		
PAST ACT.	руби́вший	сруби́вший
PAST PASS.	рубленный	сру́бленный
VERBAL ADVERB	рубя́	сруби́в

руби́ть кого – что

388

ругáть (ся) / вы́ругать (ся)
to swear at, criticize

	IMPERFECTIVE ASPECT	PERFECTIVE ASPECT
INF.	ругáть (ся)	вы́ругать (ся)
PRES.	ругáю (сь) ругáешь (ся) ругáет (ся) ругáем (ся) ругáете (сь) ругáют (ся)	
PAST	ругáл (ся) ругáла (сь) ругáло (сь) ругáли (сь)	вы́ругал (ся) вы́ругала (сь) вы́ругало (сь) вы́ругали (сь)
FUT.	бýду ругáть (ся) бýдешь ругáть (ся) бýдет ругáть (ся) бýдем ругáть (ся) бýдете ругáть (ся) бýдут ругáть (ся)	вы́ругаю (сь) вы́ругаешь (ся) вы́ругает (ся) вы́ругаем (ся) вы́ругаете (сь) вы́ругают (ся)
COND.	ругáл (ся) бы ругáла (сь) бы ругáло (сь) бы ругáли (сь) бы	вы́ругал (ся) бы вы́ругала (сь) бы вы́ругало (сь) бы вы́ругали (сь) бы
IMP.	ругáй (ся) ругáйте (сь)	вы́ругай (ся) вы́ругайте (сь)

DEVERBALS

PRES. ACT.	ругáющий (ся)	
PRES. PASS.	ругáемый	
PAST ACT.	ругáвший (ся)	вы́ругавший (ся)
PAST PASS.	ругáнный	вы́руганный
VERBAL ADVERB	ругáя (сь)	вы́ругав (шись)

ругáть кого – что
ругáться с кем

садиться / сесть
to sit down, take a seat

	IMPERFECTIVE ASPECT	PERFECTIVE ASPECT
INF.	садиться	сесть
PRES.	сажусь садишься садится садимся садитесь садятся	
PAST	садился садилась садилось садились	сел села село сели
FUT.	буду садиться будешь садиться будет садиться будем садиться будете садиться будут садиться	сяду сядешь сядет сядем сядете сядут
COND.	садился бы садилась бы садилось бы садились бы	сел бы села бы село бы сели бы
IMP.	садись садитесь	сядь сядьте

DEVERBALS

PRES. ACT.	садящийся	
PRES. PASS.		
PAST ACT.	садившийся	севший
PAST PASS.		
VERBAL ADVERB	садясь	сев

садиться во / на что

The verbal pair **садить / посадить** means *to seat, imprison.*

390

сажáть / посадúть
to plant, seat, imprison

	IMPERFECTIVE ASPECT	PERFECTIVE ASPECT
INF.	сажáть	посадúть
PRES.	сажáю	
	сажáешь	
	сажáет	
	сажáем	
	сажáете	
	сажáют	
PAST	сажáл	посадúл
	сажáла	посадúла
	сажáло	посадúло
	сажáли	посадúли
FUT.	бýду сажáть	посажý
	бýдешь сажáть	посáдишь
	бýдет сажáть	посáдит
	бýдем сажáть	посáдим
	бýдете сажáть	посáдите
	бýдут сажáть	посáдят
COND.	сажáл бы	посадúл бы
	сажáла бы	посадúла бы
	сажáло бы	посадúло бы
	сажáли бы	посадúли бы
IMP.	сажáй	посадú
	сажáйте	посадúте

DEVERBALS

PRES. ACT.	сажáющий	
PRES. PASS.	сажáемый	
PAST ACT.	сажáвший	посадúвший
PAST PASS.		посáженный
VERBAL ADVERB	сажáя	посадúв

сажáть кого – что в / на что, за что

светить (ся) / посветить
to shine

	IMPERFECTIVE ASPECT	PERFECTIVE ASPECT
INF.	светить	посветить
PRES.	свечу́ све́тишь све́тит (ся) све́тим све́тите све́тят (ся)	
PAST	светил (ся) светила (сь) светило (сь) светили (сь)	посветил посветила посветило посветили
FUT.	бу́ду светить бу́дешь светить бу́дет светить бу́дем светить бу́дете светить бу́дут светить	посвечу́ посве́тишь посве́тит посве́тим посве́тите посве́тят
COND.	светил (ся) бы светила (сь) бы светило (сь) бы светили (сь) бы	посветил бы посветила бы посветило бы посветили бы
IMP.	свети́ свети́те	посвети́ посвети́те

DEVERBALS

PRES. ACT.	све́тящий (ся)	
PRES. PASS.		
PAST ACT.	светивший (ся)	посветивший
PAST PASS.		
VERBAL ADVERB	светя́ (сь)	посветив

светить кому – чему

сдава́ть (ся) / сда́ть (ся)
to hand over, rent, pass (surrender)

	IMPERFECTIVE ASPECT	PERFECTIVE ASPECT
INF.	сдава́ть (ся)	сда́ть
PRES.	сдаю́ (сь) сдаёшь (ся) сдаёт (ся) сдаём (ся) сдаёте (сь) сдаю́т (ся)	
PAST	сдава́л (ся) сдава́ла (сь) сдава́ло (сь) сдава́ли (сь)	сда́л (ся) сдала́ (сь) сда́ло – сда́ло́сь сда́ли – сда́ли́сь
FUT.	бу́ду сдава́ть (ся) бу́дешь сдава́ть (ся) бу́дет сдава́ть (ся) бу́дем сдава́ть (ся) бу́дете сдава́ть (ся) бу́дут сдава́ть (ся)	сда́м (ся) сда́шь (ся) сда́ст (ся) сдади́м (ся) сдади́те (сь) сдаду́т (ся)
COND.	сдава́л (ся) бы сдава́ла (сь) бы сдава́ло (сь) бы сдава́ли (сь) бы	сда́л (ся) бы сдала́ (сь) бы сда́ло – сда́ло́сь бы сда́ли – сда́ли́сь бы
IMP.	сдава́й (ся) сдава́йте (сь)	сда́й (ся) сда́йте (сь)

DEVERBALS

PRES. ACT.	сдаю́щий (ся)	
PRES. PASS.	сдава́емый	
PAST ACT.	сдава́вший (ся)	сда́вший (ся)
PAST PASS.		сда́нный, сда́н, сдана́
VERBAL ADVERB	сдава́я (сь)	сда́в (шись)

сдава́ть что

сердить (ся) / рассердить (ся)
to annoy, anger (get angry)

	IMPERFECTIVE ASPECT	PERFECTIVE ASPECT
INF.	сердить (ся)	рассердить (ся)
PRES.	сержу́ (сь) се́рдишь (ся) се́рдит (ся) се́рдим (ся) се́рдите (сь) се́рдят (ся)	
PAST	сердил (ся) сердила (сь) сердило (сь) сердили (сь)	рассердил (ся) рассердила (сь) рассердило (сь) рассердили (сь)
FUT.	бу́ду сердить (ся) бу́дешь сердить (ся) бу́дет сердить (ся) бу́дем сердить (ся) бу́дете сердить (ся) бу́дут сердить (ся)	рассержу́ (сь) рассе́рдишь (ся) рассе́рдит (ся) рассе́рдим (ся) рассе́рдите (сь) рассе́рдят (ся)
COND.	сердил (ся) бы сердила (сь) бы сердило (сь) бы сердили (сь) бы	рассердил (ся) бы рассердила (сь) бы рассердило (сь) бы рассердили (сь) бы
IMP.	серди (сь) сердите (сь)	рассерди (сь) рассердите (сь)

DEVERBALS

PRES. ACT.	сердя́щий (ся)	
PRES. PASS.		
PAST ACT.	сердивший (ся)	рассердивший (ся)
PAST PASS.		рассе́рженный
VERBAL ADVERB	сердя́ (сь)	рассердив (шись)

сердить кого – что
сердиться на кого – что

	IMPERFECTIVE ASPECT	PERFECTIVE ASPECT
INF.	сиде́ть	посиде́ть
PRES.	сижу́	
	сиди́шь	
	сиди́т	
	сиди́м	
	сиди́те	
	сидя́т	
PAST	сиде́л	посиде́л
	сиде́ла	посиде́ла
	сиде́ло	посиде́ло
	сиде́ли	посиде́ли
FUT.	бу́ду сиде́ть	посижу́
	бу́дешь сиде́ть	посиди́шь
	бу́дет сиде́ть	посиди́т
	бу́дем сиде́ть	посиди́м
	бу́дете сиде́ть	посиди́те
	бу́дут сиде́ть	посидя́т
COND.	сиде́л бы	посиде́л бы
	сиде́ла бы	посиде́ла бы
	сиде́ло бы	посиде́ло бы
	сиде́ли бы	посиде́ли бы
IMP.	сиди́	посиди́
	сиди́те	посиди́те

DEVERBALS

PRES. ACT.	сидя́щий	
PRES. PASS.		
PAST ACT.	сиде́вший	посиде́вший
PAST PASS.		
VERBAL ADVERB	си́дя	посиде́в

сиде́ть за чем, на чём, с чем

слѐдовать / послѐдовать
to follow, comply with, ought, should

	IMPERFECTIVE ASPECT	PERFECTIVE ASPECT
INF.	слѐдовать	послѐдовать
PRES.	слѐдую	
	слѐдуешь	
	слѐдует	
	слѐдуем	
	слѐдуете	
	слѐдуют	
PAST	слѐдовал	послѐдовал
	слѐдовала	послѐдовала
	слѐдовало	послѐдовало
	слѐдовали	послѐдовали
FUT.	бу́ду слѐдовать	послѐдую
	бу́дешь слѐдовать	послѐдуешь
	бу́дет слѐдовать	послѐдует
	бу́дем слѐдовать	послѐдуем
	бу́дете слѐдовать	послѐдуете
	бу́дут слѐдовать	послѐдуют
COND.	слѐдовал бы	послѐдовал бы
	слѐдовала бы	послѐдовала бы
	слѐдовало бы	послѐдовало бы
	слѐдовали бы	послѐдовали бы
IMP.	слѐдуй	послѐдуй
	слѐдуйте	послѐдуйте

DEVERBALS

PRES. ACT.	слѐдующий	
PRES. PASS.		
PAST ACT.	слѐдовавший	послѐдовавший
PAST PASS.		
VERBAL ADVERB	слѐдуя	послѐдовав

слѐдовать за кем – чем, кому

This verb can mean *ought, should* in the imperfective aspect only.

	IMPERFECTIVE ASPECT	PERFECTIVE ASPECT
INF.	служи́ть	послужи́ть
PRES.	служу́ слу́жишь слу́жит слу́жим слу́жите слу́жат	
PAST	служи́л служи́ла служи́ло служи́ли	послужи́л послужи́ла послужи́ло послужи́ли
FUT.	бу́ду служи́ть бу́дешь служи́ть бу́дет служи́ть бу́дем служи́ть бу́дете служи́ть бу́дут служи́ть	послужу́ послу́жишь послу́жит послу́жим послу́жите послу́жат
COND.	служи́л бы служи́ла бы служи́ло бы служи́ли бы	послужи́л бы послужи́ла бы послужи́ло бы послужи́ли бы
IMP.	служи́ служи́те	послужи́ послужи́те

DEVERBALS

PRES. ACT.	слу́жащий	
PRES. PASS.		
PAST ACT.	служи́вший	послужи́вший
PAST PASS.		
VERBAL ADVERB	служа́	послужи́в

служи́ть кому – чему, кем в чём, что

случáться / случи́ться
to happen, occur

	IMPERFECTIVE ASPECT	PERFECTIVE ASPECT
INF.	случáться	случи́ться
PRES.		
	случáется	
	случáются	
PAST	случáлся	случи́лся
	случáлась	случи́лась
	случáлось	случи́лось
	случáлись	случи́лись
FUT.		
	бýдет случáться	случи́тся
	бýдут случáться	случáтся
COND.	случáлся бы	случи́лся бы
	случáлась бы	случи́лась бы
	случáлось бы	случи́лось бы
	случáлись бы	случи́лись бы
IMP.		

DEVERBALS

PRES. ACT.	случáющийся	
PRES. PASS.		
PAST ACT.	случáвшийся	случи́вшийся
PAST PASS.		
VERBAL ADVERB	случáясь	случи́вшись

слу́шать (ся) / послу́шать (ся)
to listen to, attend lectures, obey (obey)

	IMPERFECTIVE ASPECT	PERFECTIVE ASPECT
INF.	слу́шать (ся)	послу́шать (ся)
PRES.	слу́шаю (сь) слу́шаешь (ся) слу́шает (ся) слу́шаем (ся) слу́шаете (сь) слу́шают (ся)	
PAST	слу́шал (ся) слу́шала (сь) слу́шало (сь) слу́шали (сь)	послу́шал (ся) послу́шала (сь) послу́шало (сь) послу́шали (сь)
FUT.	бу́ду слу́шать (ся) бу́дешь слу́шать (ся) бу́дет слу́шать (ся) бу́дем слу́шать (ся) бу́дете слу́шать (ся) бу́дут слу́шать (ся)	послу́шаю (сь) послу́шаешь (ся) послу́шает (ся) послу́шаем (ся) послу́шаете (сь) послу́шают (ся)
COND.	слу́шал (ся) бы слу́шала (сь) бы слу́шало (сь) бы слу́шали (сь) бы	послу́шал (ся) бы послу́шала (сь) бы послу́шало (сь) бы послу́шали (сь) бы
IMP.	слу́шай (ся) слу́шайте (сь)	послу́шай (ся) послу́шайте (сь)

DEVERBALS

PRES. ACT.	слу́шающий (ся)	
PRES. PASS.	слу́шаемый	
PAST ACT.	слу́шавший (ся)	послу́шавший (ся)
PAST PASS.		послу́шанный
VERBAL ADVERB	слу́шая (сь)	послу́шав (шись)

слу́шать кого – что
слу́шаться кого – чего

слы́шать (ся) / услы́шать (ся)
to hear, notice, feel, sense

	IMPERFECTIVE ASPECT	PERFECTIVE ASPECT
INF.	слы́шать (ся)	услы́шать (ся)
PRES.	слы́шу слы́шишь слы́шит (ся) слы́шим слы́шите слы́шат (ся)	
PAST	слы́шал (ся) слы́шала (сь) слы́шало (сь) слы́шали (сь)	услы́шал (ся) услы́шала (сь) услы́шало (сь) услы́шали (сь)
FUT.	бу́ду слы́шать бу́дешь слы́шать бу́дет слы́шать (ся) бу́дем слы́шать бу́дете слы́шать бу́дут слы́шать (ся)	услы́шу услы́шишь услы́шит (ся) услы́шим услы́шите услы́шат (ся)
COND.	слы́шал (ся) бы слы́шала (сь) бы слы́шало (сь) бы слы́шали (сь) бы	услы́шал (ся) бы услы́шала (сь) бы услы́шало (сь) бы услы́шали (сь) бы
IMP.		услы́шь услы́шьте

DEVERBALS

PRES. ACT.	слы́шащий (ся)	
PRES. PASS.	слы́шимый	
PAST ACT.	слы́шавший (ся)	услы́шавший (ся)
PAST PASS.	слы́шанный	услы́шанный
VERBAL ADVERB	слы́ша (сь)	услы́шав (шись)

слы́шать кого – что, о ком – чём, про кого – что

	IMPERFECTIVE ASPECT	PERFECTIVE ASPECT
INF.	смéть	посмéть
PRES.	смéю	
	смéешь	
	смéет	
	смéем	
	смéете	
	смéют	
PAST	смéл	посмéл
	смéла	посмéла
	смéло	посмéло
	смéли	посмéли
FUT.	бýду смéть	посмéю
	бýдешь смéть	посмéешь
	бýдет смéть	посмéет
	бýдем смéть	посмéем
	бýдете смéть	посмéете
	бýдут смéть	посмéют
COND.	смéл бы	посмéл бы
	смéла бы	посмéла бы
	смéло бы	посмéло бы
	смéли бы	посмéли бы
IMP.	смéй	посмéй
	смéйте	посмéйте

DEVERBALS

PRES. ACT.	смéющий	
PRES. PASS.		
PAST ACT.	смéвший	посмéвший
PAST PASS.		
VERBAL ADVERB	смéя	посмéв

смéть + infinitive

смея́ться / засмея́ться
to laugh

	IMPERFECTIVE ASPECT	PERFECTIVE ASPECT
INF.	смея́ться	засмея́ться
PRES.	смею́сь	
	смеёшься	
	смеётся	
	смеёмся	
	смеётесь	
	смею́тся	
PAST	смея́лся	засмея́лся
	смея́лась	засмея́лась
	смея́лось	засмея́лось
	смея́лись	засмея́лись
FUT.	бу́ду смея́ться	засмею́сь
	бу́дешь смея́ться	засмеёшься
	бу́дет смея́ться	засмеётся
	бу́дем смея́ться	засмеёмся
	бу́дете смея́ться	засмеётесь
	бу́дут смея́ться	засмею́тся
COND.	смея́лся бы	засмея́лся бы
	смея́лась бы	засмея́лась бы
	смея́лось бы	засмея́лось бы
	смея́лись бы	засмея́лись бы
IMP.	сме́йся	засме́йся
	сме́йтесь	засме́йтесь

DEVERBALS

PRES. ACT.	смею́щийся	
PRES. PASS.		
PAST ACT.	смея́вшийся	засмея́вшийся
PAST PASS.		
VERBAL ADVERB	смея́сь	засмея́вшись

смея́ться над кем – чем

смотре́ть (ся) / посмотре́ть (ся)
to look, see, watch

	IMPERFECTIVE ASPECT	PERFECTIVE ASPECT
INF.	смотре́ть (ся)	посмотре́ть (ся)
PRES.	смотрю́ (сь) смо́тришь (ся) смо́трит (ся) смо́трим (ся) смо́трите (сь) смо́трят (ся)	
PAST	смотре́л (ся) смотре́ла (сь) смотре́ло (сь) смотре́ли (сь)	посмотре́л (ся) посмотре́ла (сь) посмотре́ло (сь) посмотре́ли (сь)
FUT.	бу́ду смотре́ть (ся) бу́дешь смотре́ть (ся) бу́дет смотре́ть (ся) бу́дем смотре́ть (ся) бу́дете смотре́ть (ся) бу́дут смотре́ть (ся)	посмотрю́ (сь) посмо́тришь (ся) посмо́трит (ся) посмо́трим (ся) посмо́трите (сь) посмо́трят (ся)
COND.	смотре́л (ся) бы смотре́ла (сь) бы смотре́ло (сь) бы смотре́ли (сь) бы	посмотре́л (ся) бы посмотре́ла (сь) бы посмотре́ло (сь) бы посмотре́ли (сь) бы
IMP.	смотри́ (сь) смотри́те (сь)	посмотри́ (сь) посмотри́те (сь)

DEVERBALS

PRES. ACT.	смотря́щий (ся)	
PRES. PASS.		
PAST ACT.	смотре́вший (ся)	посмотре́вший (ся)
PAST PASS.	смо́тренный	посмо́тренный
VERBAL ADVERB	смотря́ (сь)	посмотре́в (шись)

смотре́ть кого – что, в / на кого – что

смуща́ть (ся) / смути́ть (ся)
to confuse, embarrass

	IMPERFECTIVE ASPECT	PERFECTIVE ASPECT
INF.	смуща́ть (ся)	смути́ть (ся)
PRES.	смуща́ю (сь) смуща́ешь (ся) смуща́ет (ся) смуща́ем (ся) смуща́ете (сь) смуща́ют (ся)	
PAST	смуща́л (ся) смуща́ла (сь) смуща́ло (сь) смуща́ли (сь)	смути́л (ся) смути́ла (сь) смути́ло (сь) смути́ли (сь)
FUT.	бу́ду смуща́ть (ся) бу́дешь смуща́ть (ся) бу́дет смуща́ть (ся) бу́дем смуща́ть (ся) бу́дете смуща́ть (ся) бу́дут смуща́ть (ся)	смущу́ (сь) смути́шь (ся) смути́т (ся) смути́м (ся) смути́те (сь) смутя́т (ся)
COND.	смуща́л (ся) бы смуща́ла (сь) бы смуща́ло (сь) бы смуща́ли (сь) бы	смути́л (ся) бы смути́ла (сь) бы смути́ло (сь) бы смути́ли (сь) бы
IMP.	смуща́й (ся) смуща́йте (сь)	смути́ (сь) смути́те (сь)

DEVERBALS

PRES. ACT.	смуща́ющий (ся)	
PRES. PASS.	смуща́емый	
PAST ACT.	смуща́вший (ся)	смути́вший (ся)
PAST PASS.		смущённый смущён, смущена́
VERBAL ADVERB	смуща́я (сь)	смути́в (шись)

смуща́ть кого – что

снима́ть (ся) / сня́ть (ся)
to take off, remove, rent

	IMPERFECTIVE ASPECT	PERFECTIVE ASPECT
INF.	снима́ть (ся)	сня́ть (ся)
PRES.	снима́ю (сь) снима́ешь (ся) снима́ет (ся) снима́ем (ся) снима́ете (сь) снима́ют (ся)	
PAST	снима́л (ся) снима́ла (сь) снима́ло (сь) снима́ли (сь)	сня́л (ся) сняла́ (сь) сня́ло – сня́ло́сь сня́ли – сня́ли́сь
FUT.	бу́ду снима́ть (ся) бу́дешь снима́ть (ся) бу́дет снима́ть (ся) бу́дем снима́ть (ся) бу́дете снима́ть (ся) бу́дут снима́ть (ся)	сниму́ (сь) сни́мешь (ся) сни́мет (ся) сни́мем (ся) сни́мете (сь) сни́мут (ся)
COND.	снима́л (ся) бы снима́ла (сь) бы снима́ло (сь) бы снима́ли (сь) бы	сня́л (ся) бы сняла́ (сь) бы сня́ло – сня́ло́сь бы сня́ли – сня́ли́сь бы
IMP.	снима́й (ся) снима́йте (сь)	сними́ (сь) сними́те (сь)

DEVERBALS

PRES. ACT.	снима́ющий (ся)	
PRES. PASS.	снима́емый	
PAST ACT.	снима́вший (ся)	сня́вший (ся)
PAST PASS.		сня́тый сня́т, снята́, сня́то
VERBAL ADVERB	снима́я (сь)	сня́в (шись)

снима́ть кого – что с кого – чего

405

собира́ть (ся) / собра́ть (ся)
to collect, gather, pick (gather, assemble, get ready to)

	IMPERFECTIVE ASPECT	PERFECTIVE ASPECT
INF.	собира́ть (ся)	собра́ть (ся)
PRES.	собира́ю (ся)	
	собира́ешь (ся)	
	собира́ет (ся)	
	собира́ем (ся)	
	собира́ете (сь)	
	собира́ют (ся)	
PAST	собира́л (ся)	собра́л (ся)
	собира́ла (сь)	собрала́ (сь)
	собира́ло (сь)	собра́ло – собра́лось
	собира́ли (сь)	собра́ли – собра́лись
FUT.	бу́ду собира́ть (ся)	соберу́ (сь)
	бу́дешь собира́ть (ся)	соберёшь (ся)
	бу́дет собира́ть (ся)	соберёт (ся)
	бу́дем собира́ть (ся)	соберём (ся)
	бу́дете собира́ть (ся)	соберёте (сь)
	бу́дут собира́ть (ся)	соберу́т (ся)
COND.	собира́л (ся) бы	собра́л (ся) бы
	собира́ла (сь) бы	собрала́ (сь) бы
	собира́ло (сь) бы	собра́ло – собра́лось бы
	собира́ли (сь) бы	собра́ли – собра́лись бы
IMP.	собира́й (ся)	собери́ (сь)
	собира́йте (сь)	собери́те (сь)

	DEVERBALS	
PRES. ACT.	собира́ющий (ся)	
PRES. PASS.	собира́емый	
PAST ACT.	собира́вший (ся)	собра́вший (ся)
PAST PASS.		со́бранный
		со́бран, собрана́, со́брано
VERBAL ADVERB	собира́я (сь)	собра́в (шись)

собира́ть кого – что
собира́ться + infinitive

406

совать (ся) / сунуть (ся)
to thrust, shove

	IMPERFECTIVE ASPECT	PERFECTIVE ASPECT
INF.	совать (ся)	сунуть (ся)
PRES.	сую (сь)	
	суёшь (ся)	
	суёт (ся)	
	суём (ся)	
	суёте (сь)	
	суют (ся)	
PAST	совал (ся)	сунул (ся)
	совала (сь)	сунула (сь)
	совало (сь)	сунуло (сь)
	совали (сь)	сунули (сь)
FUT.	буду совать (ся)	суну (сь)
	будешь совать (ся)	сунешь (ся)
	будет совать (ся)	сунет (ся)
	будем совать (ся)	сунем (ся)
	будете совать (ся)	сунете (сь)
	будут совать (ся)	сунут (ся)
COND.	совал (ся) бы	сунул (ся) бы
	совала (сь) бы	сунула (сь) бы
	совало (сь) бы	сунуло (сь) бы
	совали (сь) бы	сунули (сь) бы
IMP.	суй (ся)	сунь (ся)
	суйте (сь)	суньте (сь)

DEVERBALS

PRES. ACT.	сующий (ся)	
PRES. PASS.		
PAST ACT.	совавший (ся)	сунувший (ся)
PAST PASS.	сованный	сунутый
VERBAL ADVERB	суя (сь)	сунув (шись)

совать что кому, в / на что

советовать (ся) / посоветовать (ся)
to advise, counsel, give advice (consult)

	IMPERFECTIVE ASPECT	PERFECTIVE ASPECT
INF.	советовать (ся)	посоветовать (ся)
PRES.	советую (сь) советуешь (ся) советует (ся) советуем (ся) советуете (сь) советуют (ся)	
PAST	советовал (ся) советовала (сь) советовало (сь) советовали (сь)	посоветовал (ся) посоветовала (сь) посоветовало (сь) посоветовали (сь)
FUT.	буду советовать (ся) будешь советовать (ся) будет советовать (ся) будем советовать (ся) будете советовать (ся) будут советовать (ся)	посоветую (сь) посоветуешь (ся) посоветует (ся) посоветуем (ся) посоветуете (сь) посоветуют (ся)
COND.	советовал (ся) бы советовала (сь) бы советовало (сь) бы советовали (сь) бы	посоветовал (ся) бы посоветовала (сь) бы посоветовало (сь) бы посоветовали (сь) бы
IMP.	советуй (ся) советуйте (сь)	посоветуй (ся) посоветуйте (сь)
DEVERBALS		
PRES. ACT.	советующий (ся)	
PRES. PASS.		
PAST ACT.	советовавший (ся)	посоветовавший (ся)
PAST PASS.		
VERBAL ADVERB	советуя (сь)	посоветовав (шись)

советовать кому – чему что + infinitive
советоваться с кем – чем

	IMPERFECTIVE ASPECT	PERFECTIVE ASPECT
INF.	соглаша́ться	согласи́ться
PRES.	соглаша́юсь соглаша́ешься соглаша́ется соглаша́емся соглаша́етесь соглаша́ются	
PAST	соглаша́лся соглаша́лась соглаша́лось соглаша́лись	согласи́лся согласи́лась согласи́лось согласи́лись
FUT.	бу́ду соглаша́ться бу́дешь соглаша́ться бу́дет соглаша́ться бу́дем соглаша́ться бу́дете соглаша́ться бу́дут соглаша́ться	соглашу́сь согласи́шься согласи́тся согласи́мся согласи́тесь соглася́тся
COND.	соглаша́лся бы соглаша́лась бы соглаша́лось бы соглаша́лись бы	согласи́лся бы согласи́лась бы согласи́лось бы согласи́лись бы
IMP.	соглаша́йся соглаша́йтесь	согласи́сь согласи́тесь

DEVERBALS

PRES. ACT.	соглаша́ющийся	
PRES. PASS.		
PAST ACT.	соглаша́вшийся	согласи́вшийся
PAST PASS.		
VERBAL ADVERB	соглаша́ясь	согласи́вшись

соглаша́ться на что, с кем – чем

соединя́ть (ся) / соедини́ть (ся)
to unite, join together

	IMPERFECTIVE ASPECT	PERFECTIVE ASPECT
INF.	соединя́ть (ся)	соедини́ть (ся)
PRES.	соединя́ю (сь) соединя́ешь (ся) соединя́ет (ся) соединя́ем (ся) соединя́ете (сь) соединя́ют (ся)	
PAST	соединя́л (ся) соединя́ла (сь) соединя́ло (сь) соединя́ли (сь)	соедини́л (ся) соедини́ла (сь) соедини́ло (сь) соедини́ли (сь)
FUT.	бу́ду соединя́ть (ся) бу́дешь соединя́ть (ся) бу́дет соединя́ть (ся) бу́дем соединя́ть (ся) бу́дете соединя́ть (ся) бу́дут соединя́ть (ся)	соединю́ (сь) соедини́шь (ся) соедини́т (ся) соедини́м (ся) соедини́те (сь) соединя́т (ся)
COND.	соединя́л (ся) бы соединя́ла (сь) бы соединя́ло (сь) бы соединя́ли (сь) бы	соедини́л (ся) бы соедини́ла (сь) бы соедини́ло (сь) бы соедини́ли (сь) бы
IMP.	соединя́й (ся) соединя́йте (сь)	соедини́ (сь) соедини́те (сь)

DEVERBALS

PRES. ACT.	соединя́ющий (ся)	
PRES. PASS.	соединя́емый	
PAST ACT.	соединя́вший (ся)	соедини́вший (ся)
PAST PASS.		соединённый соединён, соединена́
VERBAL ADVERB	соединя́я (сь)	соедини́в (шись)

соединя́ть кого − что

410

создава́ть (ся) / созда́ть (ся)
to create, found

	IMPERFECTIVE ASPECT	PERFECTIVE ASPECT
INF.	создава́ть (ся)	созда́ть (ся)
PRES.	создаю́ создаёшь создаёт (ся) создаём создаёте создаю́т (ся)	
PAST	создава́л (ся) создава́ла (сь) создава́ло (сь) создава́ли (сь)	со́здал – созда́лся создала́ (сь) со́здало – созда́ло́сь со́здали – созда́ли́сь
FUT.	бу́ду создава́ть бу́дешь создава́ть бу́дет создава́ть (ся) бу́дем создава́ть бу́дете создава́ть бу́дут создава́ть (ся)	созда́м созда́шь созда́ст (ся) создади́м создади́те создаду́т (ся)
COND.	создава́л (ся) бы создава́ла (сь) бы создава́ло (сь) бы создава́ли (сь) бы	со́здал – созда́лся бы создала́ (сь) бы со́здало – созда́ло́сь бы со́здали – созда́ли́сь бы
IMP.	создава́й создава́йте	созда́й созда́йте

DEVERBALS

PRES. ACT.	создаю́щий (ся)	
PRES. PASS.	создава́емый	
PAST ACT.	создава́вший(ся)	созда́вший(ся)
PAST PASS.		со́зданный, со́здан, создана́, со́здано
VERBAL ADVERB	создава́я (сь)	созда́в (шись)

создава́ть кого́ – что

411

сомнева́ться
to doubt

	IMPERFECTIVE ASPECT	PERFECTIVE ASPECT
INF.	сомнева́ться	
PRES.	сомнева́юсь сомнева́ешься сомнева́ется сомнева́емся сомнева́етесь сомнева́ются	
PAST	сомнева́лся сомнева́лась сомнева́лось сомнева́лись	
FUT.	бу́ду сомнева́ться бу́дешь сомнева́ться бу́дет сомнева́ться бу́дем сомнева́ться бу́дете сомнева́ться бу́дут сомнева́ться	
COND.	сомнева́лся бы сомнева́лась бы сомнева́лось бы сомнева́лись бы	
IMP.	сомнева́йся сомнева́йтесь	

DEVERBALS

PRES. ACT.	сомнева́ющийся	
PRES. PASS.		
PAST ACT.	сомнева́вшийся	
PAST PASS.		
VERBAL ADVERB	сомнева́ясь	

сомнева́ться в ком – чем

412

сообща́ть (ся) / сообщи́ть (ся)

to inform, communicate

	IMPERFECTIVE ASPECT	PERFECTIVE ASPECT
INF.	сообща́ть (ся)	сообщи́ть (ся)
PRES.	сообща́ю сообща́ешь сообща́ет (ся) сообща́ем сообща́ете сообща́ют (ся)	
PAST	сообща́л (ся) сообща́ла (сь) сообща́ло (сь) сообща́ли (сь)	сообщи́л (ся) сообщи́ла (сь) сообщи́ло (сь) сообщи́ли (сь)
FUT.	бу́ду сообща́ть бу́дешь сообща́ть бу́дет сообща́ть (ся) бу́дем сообща́ть бу́дете сообща́ть бу́дут сообща́ть (ся)	сообщу́ сообщи́шь сообщи́т (ся) сообщи́м сообщи́те сообща́т (ся)
COND.	сообща́л (ся) бы сообща́ла (сь) бы сообща́ло (сь) бы сообща́ли (сь) бы	сообщи́л (ся) бы сообщи́ла (сь) бы сообщи́ло (сь) бы сообщи́ли (сь) бы
IMP.	сообща́й сообща́йте	сообщи́ сообщи́те

DEVERBALS

PRES. ACT.	сообща́ющий (ся)	
PRES. PASS.	сообща́емый	
PAST ACT.	сообща́вший (ся)	сообщи́вший (ся)
PAST PASS.		сообщённый сообщён, сообщена́
VERBAL ADVERB	сообща́я (сь)	сообщи́в (шись)

сообща́ть что о чем

сосáть / пососáть
to suck

	IMPERFECTIVE ASPECT	PERFECTIVE ASPECT
INF.	сосáть	пососáть
PRES.	сосу́ сосёшь сосёт сосём сосёте сосу́т	
PAST	сосáл сосáла сосáло сосáли	пососáл пососáла пососáло пососáли
FUT.	бу́ду сосáть бу́дешь сосáть бу́дет сосáть бу́дем сосáть бу́дете сосáть бу́дут сосáть	пососу́ пососёшь пососёт пососём пососёте пососу́т
COND.	сосáл бы сосáла бы сосáло бы сосáли бы	пососáл бы пососáла бы пососáло бы пососáли бы
IMP.	соси́ соси́те	пососи́ пососи́те

DEVERBALS

PRES. ACT.	сосу́щий	
PRES. PASS.		
PAST ACT.	сосáвший	пососáвший
PAST PASS.	сóсанный	посóсанный
VERBAL ADVERB	сося́	пососáв

составля́ть (ся) / соста́вить (ся)

to put together, compose (consist of)

	IMPERFECTIVE ASPECT	PERFECTIVE ASPECT
INF.	составля́ть (ся)	соста́вить (ся)
PRES.	составля́ю составля́ешь составля́ет (ся) составля́ем составля́ете составля́ют (ся)	
PAST	составля́л (ся) составля́ла (сь) составля́ло (сь) составля́ли (сь)	соста́вил (ся) соста́вила (сь) соста́вило (сь) соста́вили (сь)
FUT.	бу́ду составля́ть бу́дешь составля́ть бу́дет составля́ть (ся) бу́дем составля́ть бу́дете составля́ть бу́дут составля́ть (ся)	соста́влю соста́вишь соста́вит (ся) соста́вим соста́вите соста́вят (ся)
COND.	составля́л (ся) бы составля́ла (сь) бы составля́ло (сь) бы составля́ли (сь) бы	соста́вил (ся) бы соста́вила (сь) бы соста́вило (сь) бы соста́вили (сь) бы
IMP.	составля́й составля́йте	соста́вь соста́вьте

DEVERBALS

PRES. ACT.	составля́ющий (ся)	
PRES. PASS.	составля́емый	
PAST ACT.	составля́вший (ся)	соста́вивший (ся)
PAST PASS.		соста́вленный
VERBAL ADVERB	составля́я (сь)	соста́вив (шись)

составля́ть что

состоя́ть (ся)
to consist of, be composed of (take place)

	IMPERFECTIVE ASPECT	PERFECTIVE ASPECT
INF.	состоя́ть (ся)	
PRES.	состою́ состои́шь состои́т (ся) состои́м состои́те состоя́т (ся)	
PAST	состоя́л (ся) состоя́ла (сь) состоя́ло (сь) состоя́ли (сь)	
FUT.	бу́ду состоя́ть бу́дешь состоя́ть бу́дет состоя́ть (ся) бу́дем состоя́ть бу́дете состоя́ть бу́дут состоя́ть (ся)	
COND.	состоя́л (ся) бы состоя́ла (сь) бы состоя́ло (сь) бы состоя́ли (сь) бы	
IMP.		

DEVERBALS

PRES. ACT.	состоя́щий (ся)	
PRES. PASS.		
PAST ACT.	состоя́вший (ся)	
PAST PASS.		
VERBAL ADVERB	состоя́ (сь)	

состоя́ть из кого – чего, в чём, кем – чем, при ком – чём

сохраня́ть (ся) / сохрани́ть (ся)

to protect, preserve

	IMPERFECTIVE ASPECT	PERFECTIVE ASPECT
INF.	сохраня́ть (ся)	сохрани́ть (ся)
PRES.	сохраня́ю (сь) сохраня́ешь (ся) сохраня́ет (ся) сохраня́ем (ся) сохраня́ете (сь) сохраня́ют (ся)	
PAST	сохраня́л (ся) сохраня́ла (сь) сохраня́ло (сь) сохраня́ли (сь)	сохрани́л (ся) сохрани́ла (сь) сохрани́ло (сь) сохрани́ли (сь)
FUT.	бу́ду сохраня́ть (ся) бу́дешь сохраня́ть (ся) бу́дет сохраня́ть (ся) бу́дем сохраня́ть (ся) бу́дете сохраня́ть (ся) бу́дут сохраня́ть (ся)	сохраню́ (сь) сохрани́шь (ся) сохрани́т (ся) сохрани́м (ся) сохрани́те (сь) сохраня́т (ся)
COND.	сохраня́л (ся) бы сохраня́ла (сь) бы сохраня́ло (сь) бы сохраня́ли (сь) бы	сохрани́л (ся) бы сохрани́ла (сь) бы сохрани́ло (сь) бы сохрани́ли (сь) бы
IMP.	сохраня́й (ся) сохраня́йте (сь)	сохрани́ (сь) сохрани́те (сь)

DEVERBALS

PRES. ACT.	сохраня́ющий (ся)	
PRES. PASS.	сохраня́емый	
PAST ACT.	сохраня́вший (ся)	сохрани́вший (ся)
PAST PASS.		сохранённый сохранён, сохранена́
VERBAL ADVERB	сохраня́я (сь)	сохрани́в (шись)

сохраня́ть кого – что

417

спаса́ть (ся) / спасти́ (сь)
to save, rescue

	IMPERFECTIVE ASPECT	PERFECTIVE ASPECT
INF.	спаса́ть (ся)	спасти́ (сь)
PRES.	спаса́ю (сь) спаса́ешь (ся) спаса́ет (ся) спаса́ем (ся) спаса́ете (сь) спаса́ют (ся)	
PAST	спаса́л (ся) спаса́ла (сь) спаса́ло (сь) спаса́ли (сь)	спа́с (ся) спасла́ (сь) спасло́ (сь) спасли́ (сь)
FUT.	бу́ду спаса́ть (ся) бу́дешь спаса́ть (ся) бу́дет спаса́ть (ся) бу́дем спаса́ть (ся) бу́дете спаса́ть (ся) бу́дут спаса́ть (ся)	спасу́ (сь) спасёшь (ся) спасёт (ся) спасём (ся) спасёте (сь) спасу́т (ся)
COND.	спаса́л (ся) бы спаса́ла (сь) бы спаса́ло (сь) бы спаса́ли (сь) бы	спа́с (ся) бы спасла́ (сь) бы спасло́ (сь) бы спасли́ (сь) бы
IMP.	спаса́й (ся) спаса́йте (сь)	спаси́ (сь) спаси́те (сь)

DEVERBALS

PRES. ACT.	спаса́ющий (ся)	
PRES. PASS.	спаса́емый	
PAST ACT.	спаса́вший (ся)	спа́сший (ся)
PAST PASS.		спасённый спасён, спасена́
VERBAL ADVERB	спаса́я (сь)	спа́сши (сь)

спаса́ть кого́ — что

	IMPERFECTIVE ASPECT	PERFECTIVE ASPECT
INF.	спа́ть	поспа́ть
PRES.	сплю́ спи́шь спи́т спи́м спи́те спя́т	
PAST	спа́л спала́ спа́ло спа́ли	поспа́л поспала́ поспа́ло поспа́ли
FUT.	бу́ду спа́ть бу́дешь спа́ть бу́дет спа́ть бу́дем спа́ть бу́дете спа́ть бу́дут спа́ть	посплю́ поспи́шь поспи́т поспи́м поспи́те поспя́т
COND.	спа́л бы спала́ бы спа́ло бы спа́ли бы	поспа́л бы поспала́ бы поспа́ло бы поспа́ли бы
IMP.	спи́ спи́те	поспи́ поспи́те

DEVERBALS

PRES. ACT.	спя́щий	
PRES. PASS.		
PAST ACT.	спа́вший	поспа́вший
PAST PASS.		
VERBAL ADVERB	спа́в	поспа́в

спеши́ть / поспеши́ть
to hurry, rush

	IMPERFECTIVE ASPECT	PERFECTIVE ASPECT
INF.	спеши́ть	поспеши́ть
PRES.	спешу́ спеши́шь спеши́т спеши́м спеши́те спеша́т	
PAST	спеши́л спеши́ла спеши́ло спеши́ли	поспеши́л поспеши́ла поспеши́ло поспеши́ли
FUT.	бу́ду спеши́ть бу́дешь спеши́ть бу́дет спеши́ть бу́дем спеши́ть бу́дете спеши́ть бу́дут спеши́ть	поспешу́ поспеши́шь поспеши́т поспеши́м поспеши́те поспеша́т
COND.	спеши́л бы спеши́ла бы спеши́ло бы спеши́ли бы	поспеши́л бы поспеши́ла бы поспеши́ло бы поспеши́ли бы
IMP.	спеши́ спеши́те	поспеши́ поспеши́те

DEVERBALS

PRES. ACT.	спеша́щий	
PRES. PASS.		
PAST ACT.	спеши́вший	поспеши́вший
PAST PASS.		
VERBAL ADVERB	спеша́	поспеши́в

спеши́ть с чем, + infinitive
Часы́ спеша́т. *The watch (clock) is fast.*

420

спо́рить / поспо́рить
to argue, quarrel, debate

	IMPERFECTIVE ASPECT	PERFECTIVE ASPECT
INF.	спо́рить	поспо́рить
PRES.	спо́рю спо́ришь спо́рит спо́рим спо́рите спо́рят	
PAST	спо́рил спо́рила спо́рило спо́рили	поспо́рил поспо́рила поспо́рило поспо́рили
FUT.	бу́ду спо́рить бу́дешь спо́рить бу́дет спо́рить бу́дем спо́рить бу́дете спо́рить бу́дут спо́рить	поспо́рю поспо́ришь поспо́рит поспо́рим поспо́рите поспо́рят
COND.	спо́рил бы спо́рила бы спо́рило бы спо́рили бы	поспо́рил бы поспо́рила бы поспо́рило бы поспо́рили бы
IMP.	спо́рь спо́рьте	поспо́рь поспо́рьте

DEVERBALS

PRES. ACT.	спо́рящий	
PRES. PASS.		
PAST ACT.	спо́ривший	поспо́ривший
PAST PASS.		
VERBAL ADVERB	спо́ря	поспо́рив

спо́рить с кем – чем о ком – чём

спра́шивать / спроси́ть
to ask [a question], inquire

	IMPERFECTIVE ASPECT	PERFECTIVE ASPECT
INF.	спра́шивать	спроси́ть
PRES.	спра́шиваю спра́шиваешь спра́шивает спра́шиваем спра́шиваете спра́шивают	
PAST	спра́шивал спра́шивала спра́шивало спра́шивали	спроси́л спроси́ла спроси́ло спроси́ли
FUT.	бу́ду спра́шивать бу́дешь спра́шивать бу́дет спра́шивать бу́дем спра́шивать бу́дете спра́шивать бу́дут спра́шивать	спрошу́ спро́сишь спро́сит спро́сим спро́сите спро́сят
COND.	спра́шивал бы спра́шивала бы спра́шивало бы спра́шивали бы	спроси́л бы спроси́ла бы спроси́ло бы спроси́ли бы
IMP.	спра́шивай спра́шивайте	спроси́ спроси́те

DEVERBALS

PRES. ACT.	спра́шивающий	
PRES. PASS.	спра́шиваемый	
PAST ACT.	спра́шивавший	спроси́вший
PAST PASS.		спро́шенный
VERBAL ADVERB	спра́шивая	спроси́в

спра́шивать кого – что о ком – чём

спуска́ть (ся) / спусти́ть (ся)
to lower, let down (descend)

	IMPERFECTIVE ASPECT	PERFECTIVE ASPECT
INF.	спуска́ть (ся)	спусти́ть (ся)
PRES.	спуска́ю (сь) спуска́ешь (ся) спуска́ет (ся) спуска́ем (ся) спуска́ете (сь) спуска́ют (ся)	
PAST	спуска́л (ся) спуска́ла (сь) спуска́ло (сь) спуска́ли (сь)	спусти́л (ся) спусти́ла (сь) спусти́ло (сь) спусти́ли (сь)
FUT.	бу́ду спуска́ть (ся) бу́дешь спуска́ть (ся) бу́дет спуска́ть (ся) бу́дем спуска́ть (ся) бу́дете спуска́ть (ся) бу́дут спуска́ть (ся)	спущу́ (сь) спу́стишь (ся) спу́стит (ся) спу́стим (ся) спу́стите (сь) спу́стят (ся)
COND.	спуска́л (ся) бы спуска́ла (сь) бы спуска́ло (сь) бы спуска́ли (сь) бы	спусти́л (ся) бы спусти́ла (сь) бы спусти́ло (сь) бы спусти́ли (сь) бы
IMP.	спуска́й (ся) спуска́йте (сь)	спусти́ (сь) спусти́те (сь)

DEVERBALS

PRES. ACT.	спуска́ющий (ся)	
PRES. PASS.	спуска́емый	
PAST ACT.	спуска́вший (ся)	спусти́вший (ся)
PAST PASS.		спу́щенный
VERBAL ADVERB	спуска́я (сь)	спусти́в (шись)

спуска́ть кого – что
спуска́ться на что

сра́внивать (ся) / сравни́ть (ся)
to compare

	IMPERFECTIVE ASPECT	PERFECTIVE ASPECT
INF.	сра́внивать (ся)	сравни́ть (ся)
PRES.	сра́вниваю (сь) сра́вниваешь (ся) сра́внивает (ся) сра́вниваем (ся) сра́вниваете (сь) сра́внивают (ся)	
PAST	сра́внивал (ся) сра́внивала (сь) сра́внивало (сь) сра́внивали (сь)	сравни́л (ся) сравни́ла (сь) сравни́ло (сь) сравни́ли (сь)
FUT.	бу́ду сра́внивать (ся) бу́дешь сра́внивать (ся) бу́дет сра́внивать (ся) бу́дем сра́внивать (ся) бу́дете сра́внивать (ся) бу́дут сра́внивать (ся)	сравню́ (сь) сравни́шь (ся) сравни́т (ся) сравни́м (ся) сравни́те (сь) сравня́т (ся)
COND.	сра́внивал (ся) бы сра́внивала (сь) бы сра́внивало (сь) бы сра́внивали (сь) бы	сравни́л (ся) бы сравни́ла (сь) бы сравни́ло (сь) бы сравни́ли (сь) бы
IMP.	сра́внивай (ся) сра́внивайте (сь)	сравни́ (сь) сравни́те (сь)

DEVERBALS

PRES. ACT.	сра́внивающий (ся)	
PRES. PASS.	сра́вниваемый	
PAST ACT.	сра́внивавший (ся)	сравни́вший (ся)
PAST PASS.		сравнённый сравнён, сравнена́
VERBAL ADVERB	сра́внивая (сь)	сравни́в (шись)

сра́внивать кого – что с кем – чем
сра́вниваться с кем – чем в чём

424

ссóрить (ся) / поссóрить (ся)

to come between, split (quarrel)

	IMPERFECTIVE ASPECT	PERFECTIVE ASPECT
INF.	ссóрить (ся)	поссóрить (ся)
PRES.	ссóрю (сь) ссóришь (ся) ссóрит (ся) ссóрим (ся) ссóрите (сь) ссóрят (ся)	
PAST	ссóрил (ся) ссóрила (сь) ссóрило (сь) ссóрили (сь)	поссóрил (ся) поссóрила (сь) поссóрило (сь) поссóрили (сь)
FUT.	бýду ссóрить (ся) бýдешь ссóрить (ся) бýдет ссóрить (ся) бýдем ссóрить (ся) бýдете ссóрить (ся) бýдут ссóрить (ся)	поссóрю (сь) поссóришь (ся) поссóрит (ся) поссóрим (ся) поссóрите (сь) поссóрят (ся)
COND.	ссóрил (ся) бы ссóрила (сь) бы ссóрило (сь) бы ссóрили (сь) бы	поссóрил (ся) бы поссóрила (сь) бы поссóрило (сь) бы поссóрили (сь) бы
IMP.	ссóрь (ся) ссóрьте (сь)	поссóрь (ся) поссóрьте (сь)

DEVERBALS

PRES. ACT.	ссóрящий (ся)	
PRES. PASS.		
PAST ACT.	ссóривший (ся)	поссóривший (ся)
PAST PASS.		поссóренный
VERBAL ADVERB	ссóря (сь)	поссóрив (шись)

ссóрить кого – что с кем – чем
ссóриться с кем – чем

ста́вить / поста́вить
to place, stand, put on [a performance]

	IMPERFECTIVE ASPECT	PERFECTIVE ASPECT
INF.	ста́вить	поста́вить
PRES.	ста́влю	
	ста́вишь	
	ста́вит	
	ста́вим	
	ста́вите	
	ста́вят	
PAST	ста́вил	поста́вил
	ста́вила	поста́вила
	ста́вило	поста́вило
	ста́вили	поста́вили
FUT.	бу́ду ста́вить	поста́влю
	бу́дешь ста́вить	поста́вишь
	бу́дет ста́вить	поста́вит
	бу́дем ста́вить	поста́вим
	бу́дете ста́вить	поста́вите
	бу́дут ста́вить	поста́вят
COND.	ста́вил бы	поста́вил бы
	ста́вила бы	поста́вила бы
	ста́вило бы	поста́вило бы
	ста́вили бы	поста́вили бы
IMP.	ста́вь	поста́вь
	ста́вьте	поста́вьте

DEVERBALS

PRES. ACT.	ста́вящий	
PRES. PASS.		
PAST ACT.	ста́вивший	поста́вивший
PAST PASS.	ста́вленный	поста́вленный
VERBAL ADVERB	ста́вя	поста́вив

ста́вить что, кого – что

	IMPERFECTIVE ASPECT	PERFECTIVE ASPECT
INF.	становиться	стать
PRES.	становлюсь становишься становится становимся становитесь становятся	
PAST	становился становилась становилось становились	стал стала стало стали
FUT.	буду становиться будешь становиться будет становиться будем становиться будете становиться будут становиться	стану станешь станет станем станете станут
COND.	становился бы становилась бы становилось бы становились бы	стал бы стала бы стало бы стали бы
IMP.	становись становитесь	стань станьте

DEVERBALS

PRES. ACT.	становящийся	
PRES. PASS.		
PAST ACT.	становившийся	ставший
PAST PASS.		
VERBAL ADVERB	становясь	став

становиться кем – чем в чём, + infinitive

стара́ться / постара́ться
to try, make an effort

	IMPERFECTIVE ASPECT	PERFECTIVE ASPECT
INF.	стара́ться	постара́ться
PRES.	стара́юсь	
	стара́ешься	
	стара́ется	
	стара́емся	
	стара́етесь	
	стара́ются	
PAST	стара́лся	постара́лся
	стара́лась	постара́лась
	стара́лось	постара́лось
	стара́лись	постара́лись
FUT.	бу́ду стара́ться	постара́юсь
	бу́дешь стара́ться	постара́ешься
	бу́дет стара́ться	постара́ется
	бу́дем стара́ться	постара́емся
	бу́дете стара́ться	постара́етесь
	бу́дут стара́ться	постара́ются
COND.	стара́лся бы	постара́лся бы
	стара́лась бы	постара́лась бы
	стара́лось бы	постара́лось бы
	стара́лись бы	постара́лись бы
IMP.	стара́йся	постара́йся
	стара́йтесь	постара́йтесь

DEVERBALS

PRES. ACT.	стара́ющийся	
PRES. PASS.		
PAST ACT.	стара́вшийся	постара́вшийся
PAST PASS.		
VERBAL ADVERB	стара́ясь	постара́вшись

428

стира́ть (ся) / вы́стирать (ся)

to launder, wash

	IMPERFECTIVE ASPECT	PERFECTIVE ASPECT
INF.	стира́ть (ся)	вы́стирать (ся)
PRES.	стира́ю стира́ешь стира́ет (ся) стира́ем стира́ете стира́ют (ся)	
PAST	стира́л (ся) стира́ла (сь) стира́ло (сь) стира́ли (сь)	вы́стирал (ся) вы́стирала (сь) вы́стирало (сь) вы́стирали (сь)
FUT.	бу́ду стира́ть бу́дешь стира́ть бу́дет стира́ть (ся) бу́дем стира́ть бу́дете стира́ть бу́дут стира́ть (ся)	вы́стираю вы́стираешь вы́стирает (ся) вы́стираем вы́стираете вы́стирают (ся)
COND.	стира́л (ся) бы стира́ла (сь) бы стира́ло (сь) бы стира́ли (сь) бы	вы́стирал (ся) бы вы́стирала (сь) бы вы́стирало (сь) бы вы́стирали (сь) бы
IMP.	стира́й стира́йте	вы́стирай вы́стирайте

DEVERBALS

PRES. ACT.	стира́ющий (ся)	
PRES. PASS.	стира́емый	
PAST ACT.	стира́вший (ся)	вы́стиравший (ся)
PAST PASS.	стира́нный	вы́стиранный
VERBAL ADVERB	стира́я (сь)	вы́стиравши (сь)

стира́ть что

стира́ть (ся) / стере́ть (ся)
to rub out, wipe off, erase,

	IMPERFECTIVE ASPECT	PERFECTIVE ASPECT
INF.	стира́ть (ся)	стере́ть (ся)
PRES.	стира́ю (сь)	
	стира́ешь (ся)	
	стира́ет (ся)	
	стира́ем (ся)	
	стира́ете (сь)	
	стира́ют (ся)	
PAST	стира́л (ся)	стёр (ся)
	стира́ла (сь)	стёрла (сь)
	стира́ло (сь)	стёрло (сь)
	стира́ли (сь)	стёрли (сь)
FUT.	бу́ду стира́ть	сотру́ (сь)
	бу́дешь стира́ть	сотрёшь (ся)
	бу́дет стира́ть (ся)	сотрёт (ся)
	бу́дем стира́ть	сотрём (ся)
	бу́дете стира́ть	сотрёте (сь)
	бу́дут стира́ть (ся)	сотру́т (ся)
COND.	стира́л (ся) бы	стёр (ся) бы
	стира́ла (сь) бы	стёрла (сь) бы
	стира́ло (сь) бы	стёрло (сь) бы
	стира́ли (сь) бы	стёрли (сь) бы
IMP.	стира́й (ся)	сотри́ (сь)
	стира́йте (сь)	сотри́те (сь)
	DEVERBALS	
PRES. ACT.	стира́ющий (ся)	
PRES. PASS.	стира́емый	
PAST ACT.	стира́вший (ся)	стёрший (ся)
PAST PASS.		стёртый
VERBAL ADVERB	стира́я (сь)	стере́в – стёршись

стира́ть что

	IMPERFECTIVE ASPECT	PERFECTIVE ASPECT
INF.	стóить	
PRES.	стóю стóишь стóит стóим стóите стóят	
PAST	стóил стóила стóило стóили	
FUT.	бýду стóить бýдешь стóить бýдет стóить бýдем стóить бýдете стóить бýдут отбить	
COND.	стóил бы стóила бы стóило бы стóили бы	
IMP.		

DEVERBALS

PRES. ACT.	стóящий
PRES. PASS.	
PAST ACT.	стóивший
PAST PASS.	
VERBAL ADVERB	стóя

стóить что, чего, кому + infinitive

стоя́ть / постоя́ть
to stand, be situated, stop

	IMPERFECTIVE ASPECT	PERFECTIVE ASPECT
INF.	стоя́ть	постоя́ть
PRES.	стою́ стои́шь стои́т стои́м стои́те стоя́т	
PAST	стоя́л стоя́ла стоя́ло стоя́ли	постоя́л постоя́ла постоя́ло постоя́ли
FUT.	бу́ду стоя́ть бу́дешь стоя́ть бу́дет стоя́ть бу́дем стоя́ть бу́дете стоя́ть бу́дут стоя́ть	постою́ постои́шь постои́т постои́м постои́те постоя́т
COND.	стоя́л бы стоя́ла бы стоя́ло бы стоя́ли бы	постоя́л бы постоя́ла бы постоя́ло бы постоя́ли бы
IMP.	сто́й сто́йте	посто́й посто́йте

DEVERBALS

PRES. ACT.	стоя́щий	
PRES. PASS.		
PAST ACT.	стоя́вший	постоя́вший
PAST PASS.		
VERBAL ADVERB	сто́я	постоя́в

стоя́ть за кого́ — что

432

to suffer, be in pain

	IMPERFECTIVE ASPECT	PERFECTIVE ASPECT
INF.	страда́ть	пострада́ть
PRES.	страда́ю страда́ешь страда́ет страда́ем страда́ете страда́ют	
PAST	страда́л страда́ла страда́ло страда́ли	пострада́л пострада́ла пострада́ло пострада́ли
FUT.	бу́ду страда́ть бу́дешь страда́ть бу́дет страда́ть бу́дем страда́ть бу́дете страда́ть бу́дут страда́ть	пострада́ю пострада́ешь пострада́ет пострада́ем пострада́ете пострада́ют
COND.	страда́л бы страда́ла бы страда́ло бы страда́ли бы	пострада́л бы пострада́ла бы пострада́ло бы пострада́ли бы
IMP.	страда́й страда́йте	пострада́й пострада́йте

DEVERBALS

PRES. ACT.	страда́ющий	
PRES. PASS.		
PAST ACT.	страда́вший	пострада́вший
PAST PASS.		
VERBAL ADVERB	страда́я	пострада́в

страда́ть чем, от чего, за что

стреля́ть (ся) / вы́стрелить
to shoot at, kill (duel)

	IMPERFECTIVE ASPECT	PERFECTIVE ASPECT
INF.	стреля́ть (ся)	вы́стрелить
PRES.	стреля́ю (сь)	
	стреля́ешь (ся)	
	стреля́ет (ся)	
	стреля́ем (ся)	
	стреля́ете (сь)	
	стреля́ют (ся)	
PAST	стреля́л (ся)	вы́стрелил
	стреля́ла (сь)	вы́стрелила
	стреля́ло (сь)	вы́стрелило
	стреля́ли (сь)	вы́стрелили
FUT.	бу́ду стреля́ть (ся)	вы́стрелю
	бу́дешь стреля́ть (ся)	вы́стрелишь
	бу́дет стреля́ть (ся)	вы́стрелит
	бу́дем стреля́ть (ся)	вы́стрелим
	бу́дете стреля́ть (ся)	вы́стрелите
	бу́дут стреля́ть (ся)	вы́стрелят
COND.	стреля́л (ся) бы	вы́стрелил бы
	стреля́ла (сь) бы	вы́стрелила бы
	стреля́ло (сь) бы	вы́стрелило бы
	стреля́ли (сь) бы	вы́стрелили бы
IMP.	стреля́й (сь)	вы́стрели
	стреля́йте (сь)	вы́стрелите

DEVERBALS

PRES. ACT.	стреля́ющий (ся)	
PRES. PASS.		
PAST ACT.	стреля́вший (ся)	вы́стреливший
PAST PASS.		
VERBAL ADVERB	стреля́я (сь)	вы́стрелив

стреля́ть в кого – что, кого – что
стреля́ться с кем

	IMPERFECTIVE ASPECT	PERFECTIVE ASPECT
INF.	стреми́ться	
PRES.	стремлю́сь стреми́шься стреми́тся стреми́мся стреми́тесь стремя́тся	
PAST	стреми́лся стреми́лась стреми́лось стреми́лись	
FUT.	бу́ду стреми́ться бу́дешь стреми́ться бу́дет стреми́ться бу́дем стреми́ться бу́дете стреми́ться бу́дут стреми́ться	
COND.	стреми́лся бы стреми́лась бы стреми́лось бы стреми́лись бы	
IMP.	стреми́сь стреми́тесь	

DEVERBALS

PRES. ACT.	стремя́щийся	
PRES. PASS.		
PAST ACT.	стреми́вшийся	
PAST PASS.		
VERBAL ADVERB	стремя́сь	

стреми́ться к чему, + infinitive

стри́чь (ся) / остри́чь (ся)
to cut, clip, shear (get a haircut)

	IMPERFECTIVE ASPECT	PERFECTIVE ASPECT
INF.	стри́чь (ся)	остри́чь (ся)
PRES.	стригу́ (сь) стрижёшь (ся) стрижёт (ся) стрижём (ся) стрижёте (сь) стригу́т (ся)	
PAST	стри́г (ся) стри́гла (сь) стри́гло (сь) стри́гли (сь)	остри́г (ся) остри́гла (сь) остри́гло (сь) остри́гли (сь)
FUT.	бу́ду стри́чь (ся) бу́дешь стри́чь (ся) бу́дет стри́чь (ся) бу́дем стри́чь (ся) бу́дете стри́чь (ся) бу́дут стри́чь (ся)	остригу́ (сь) острижёшь (ся) острижёт (ся) острижём (ся) острижёте (сь) остригу́т (ся)
COND.	стри́г (ся) бы стри́гла (сь) бы стри́гло (сь) бы стри́гли (сь) бы	остри́г (ся) бы остри́гла (сь) бы остри́гло (сь) бы остри́гли (сь) бы
IMP.	стриги́ (сь) стриги́те (сь)	остриги́ (сь) остриги́те (сь)

DEVERBALS

PRES. ACT.	стри́гущий (ся)	
PRES. PASS.		
PAST ACT.	стри́гший (ся)	остри́гший (ся)
PAST PASS.	стри́женный	остри́женный
VERBAL ADVERB		остри́гши (сь)

стри́чь кого – что

There is also the verbal pair **острига́ть (ся) / остри́чь (ся)**.

стро́ить (ся) / постро́ить (ся)
to build, construct (line up)

	IMPERFECTIVE ASPECT	PERFECTIVE ASPECT
INF.	стро́ить (ся)	постро́ить (ся)
PRES.	стро́ю (сь) стро́ишь (ся) стро́ит (ся) стро́им (ся) стро́ите (сь) стро́ят (ся)	
PAST	стро́ил (ся) стро́ила (сь) стро́ило (сь) стро́или (сь)	постро́ил (ся) постро́ила (сь) постро́ило (сь) постро́или (сь)
FUT.	бу́ду стро́ить (ся) бу́дешь стро́ить (ся) бу́дет стро́ить (ся) бу́дем стро́ить (ся) бу́дете стро́ить (ся) бу́дут стро́ить (ся)	постро́ю (сь) постро́ишь (ся) постро́ит (ся) постро́им (ся) постро́ите (сь) постро́ят (ся)
COND.	стро́ил (ся) бы стро́ила (сь) бы стро́ило (сь) бы стро́или (сь) бы	постро́ил (ся) бы постро́ила (сь) бы постро́ило (сь) бы постро́или (сь) бы
IMP.	стро́й (ся) стро́йте (сь)	постро́й (ся) постро́йте (сь)

DEVERBALS

PRES. ACT.	стро́ящий (ся)	
PRES. PASS.	стро́имый	
PAST ACT.	стро́ивший (ся)	постро́ивший (ся)
PAST PASS.		постро́енный
VERBAL ADVERB	стро́я (сь)	постро́ив (шись)

стро́ить что, на чём, кого – что

стуча́ть (ся) / постуча́ть (ся)
to knock, rap (knock at the door)

	IMPERFECTIVE ASPECT	PERFECTIVE ASPECT
INF.	стуча́ть (ся)	постуча́ть (ся)
PRES.	стучу́ (сь) стучи́шь (ся) стучи́т (ся) стучи́м (ся) стучи́те (сь) стуча́т (ся)	
PAST	стуча́л (ся) стуча́ла (сь) стуча́ло (сь) стуча́ли (сь)	постуча́л (ся) постуча́ла (сь) постуча́ло (сь) постуча́ли (сь)
FUT.	бу́ду стуча́ть (ся) бу́дешь стуча́ть (ся) бу́дет стуча́ть (ся) бу́дем стуча́ть (ся) бу́дете стуча́ть (ся) бу́дут стуча́ть (ся)	постучу́ (сь) постучи́шь (ся) постучи́т (ся) постучи́м (ся) постучи́те (сь) постуча́т (ся)
COND.	стуча́л (ся) бы стуча́ла (сь) бы стуча́ло (сь) бы стуча́ли (сь) бы	постуча́л (ся) бы постуча́ла (сь) бы постуча́ло (сь) бы постуча́ли (сь) бы
IMP.	стучи́ (сь) стучи́те (сь)	постучи́ (сь) постучи́те (сь)

DEVERBALS

PRES. ACT.	стуча́щий (ся)	
PRES. PASS.		
PAST ACT.	стуча́вший (ся)	постуча́вший (ся)
PAST PASS.		
VERBAL ADVERB	стуча́ (сь)	постуча́в (шись)

438

	IMPERFECTIVE ASPECT	PERFECTIVE ASPECT
INF.	судить (ся)	
PRES.	сужу́ (сь) су́дишь (ся) су́дит (ся) су́дим (ся) су́дите (сь) су́дят (ся)	
PAST	суди́л (ся) суди́ла (сь) суди́ло (сь) суди́ли (сь)	
FUT.	бу́ду суди́ть (ся) бу́дешь суди́ть (ся) бу́дет суди́ть (ся) бу́дем суди́ть (ся) бу́дете суди́ть (ся) бу́дут суди́ть (ся)	
COND.	суди́л (ся) бы суди́ла (сь) бы суди́ло (сь) бы суди́ли (сь) бы	
IMP.	суди́ (сь) суди́те (сь)	

DEVERBALS

PRES. ACT.	судя́щий (ся)	
PRES. PASS.	суди́мый	
PAST ACT.	суди́вший (ся)	
PAST PASS.	суждённый суждён, суждена́	
VERBAL ADVERB	судя́ (сь)	

суди́ть о ком – чём, кого – что
суди́ться с кем – чем

Note the stress in the phrase **су́дя по кому – чему** *judging by.*

существова́ть

to exist, live on

	IMPERFECTIVE ASPECT	PERFECTIVE ASPECT
INF.	существова́ть	
PRES.	существу́ю существу́ешь существу́ет существу́ем существу́ете существу́ют	
PAST	существова́л существова́ла существова́ло существова́ли	
FUT.	бу́ду существова́ть бу́дешь существова́ть бу́дет существова́ть бу́дем существова́ть бу́дете существова́ть бу́дут существова́ть	
COND.	существова́л бы существова́ла бы существова́ло бы существова́ли бы	
IMP.	существу́й существу́йте	

DEVERBALS

PRES. ACT.	существу́ющий	
PRES. PASS.		
PAST ACT.	существова́вший	
PAST PASS.		
VERBAL ADVERB	существу́я	

существова́ть чем, на что

440

схва́тывать (ся) / схвати́ть (ся)

to grab, comprehend

	IMPERFECTIVE ASPECT	PERFECTIVE ASPECT
INF.	схва́тывать (ся)	схвати́ть (ся)
PRES.	схва́тываю (сь) схва́тываешь (ся) схва́тывает (ся) схва́тываем (ся) схва́тываете (сь) схва́тывают (ся)	
PAST	схва́тывал (ся) схва́тывала (сь) схва́тывало (сь) схва́тывали (сь)	схвати́л (ся) схвати́ла (сь) схвати́ло (сь) схвати́ли (сь)
FUT.	бу́ду схва́тывать (ся) бу́дешь схва́тывать (ся) бу́дет схва́тывать (ся) бу́дем схва́тывать (ся) бу́дете схва́тывать (ся) бу́дут схва́тывать (ся)	схвачу́ (сь) схва́тишь (ся) схва́тит (ся) схва́тим (ся) схва́тите (сь) схва́тят (ся)
COND.	схва́тывал (ся) бы схва́тывала (сь) бы схва́тывало (сь) бы схва́тывали (сь) бы	схвати́л (ся) бы схвати́ла (сь) бы схвати́ло (сь) бы схвати́ли (сь) бы
IMP.	схва́тывай (ся) схва́тывайте (сь)	схвати́ (сь) схвати́те (сь)

DEVERBALS

PRES. ACT.	схва́тывающий (ся)	
PRES. PASS.	схва́тываемый	
PAST ACT.	схва́тывавший (ся)	схвати́вший (ся)
PAST PASS.		схва́ченный
VERBAL ADVERB	схва́тывая (сь)	схвати́в (шись)

схва́тывать кого – что
схва́тываться за кого – что

441

сходи́ть (ся) / сойти́ (сь)
to come down, go down, get off (assemble)

	IMPERFECTIVE ASPECT	PERFECTIVE ASPECT
INF.	сходи́ть (ся)	сойти́ (сь)
PRES.	схожу́ (сь)	
	схо́дишь (ся)	
	схо́дит (ся)	
	схо́дим (ся)	
	схо́дите (сь)	
	схо́дят (ся)	
PAST	сходи́л (ся)	сошёл (ся)
	сходи́ла (сь)	сошла́ (сь)
	сходи́ло (сь)	сошло́ (сь)
	сходи́ли (сь)	сошли́ (сь)
FUT.	бу́ду сходи́ть (ся)	сойду́ (сь)
	бу́дешь сходи́ть (ся)	сойдёшь (ся)
	бу́дет сходи́ть (ся)	сойдёт (ся)
	бу́дем сходи́ть (ся)	сойдём (ся)
	бу́дете сходи́ть (ся)	сойдёте (сь)
	бу́дут сходи́ть (ся)	сойду́т (ся)
COND.	сходи́л (ся) бы	сошёл (ся) бы
	сходи́ла (сь) бы	сошла́ (сь) бы
	сходи́ло (сь) бы	сошло́ (сь) бы
	сходи́ли (сь) бы	сошли́ (сь) бы
IMP.	сходи́ (сь)	сойди́ (сь)
	сходи́те (сь)	сойди́те (сь)

DEVERBALS

PRES. ACT.	сходя́щий (ся)	
PRES. PASS.		
PAST ACT.	сходи́вший (ся)	соше́дший (ся)
PAST PASS.		
VERBAL ADVERB	сходя́ (сь)	сойдя́ (сь)

сходи́ть с чего на что
сходи́ться в чём, чем, на чём

As a perfective verb, **сходи́ть** means *to go somewhere and return.*

считáть (ся) / сосчитáть (ся)
to count, settle accounts

	IMPERFECTIVE ASPECT	PERFECTIVE ASPECT
INF.	считáть (ся)	сосчитáть (ся)
PRES.	считáю (сь)	
	считáешь (ся)	
	считáет (ся)	
	считáем (ся)	
	считáете (сь)	
	считáют (ся)	
PAST	считáл (ся)	сосчитáл (ся)
	считáла (сь)	сосчитáла (сь)
	считáло (сь)	сосчитáло (сь)
	считáли (сь)	сосчитáли (сь)
FUT.	бýду считáть (ся)	сосчитáю (сь)
	бýдешь считáть (ся)	сосчитáешь (ся)
	бýдет считáть (ся)	сосчитáет (ся)
	бýдем считáть (ся)	сосчитáем (ся)
	бýдете считáть (ся)	сосчитáете (сь)
	бýдут считáть (ся)	сосчитáют (ся)
COND.	считáл (ся) бы	сосчитáл (ся) бы
	считáла (сь) бы	сосчитáла (сь) бы
	считáло (сь) бы	сосчитáло (сь) бы
	считáли (сь) бы	сосчитáли (сь) бы
IMP.	считáй (ся)	сосчитáй (сь)
	считáйте (сь)	сосчитáйте (сь)

DEVERBALS

PRES. ACT.	считáющий (ся)	
PRES. PASS.	считáемый	
PAST ACT.	считáвший (ся)	сосчитáвший (ся)
PAST PASS.	считáнный	сосчи́танный
VERBAL ADVERB	считáя (сь)	сосчитáв (шись)

считáть кого – что кем – чем, за кого – что

танцева́ть (ся) / потанцева́ть
to dance (dance steps)

	IMPERFECTIVE ASPECT	PERFECTIVE ASPECT
INF.	танцева́ть (ся)	потанцева́ть
PRES.	танцу́ю танцу́ешь танцу́ет (ся) танцу́ем танцу́ете танцу́ют (ся)	
PAST	танцева́л (ся) танцева́ла (сь) танцева́ло (сь) танцева́ли (сь)	потанцева́л потанцева́ла потанцева́ло потанцева́ли
FUT.	бу́ду танцева́ть бу́дешь танцева́ть бу́дет танцева́ть (ся) бу́дем танцева́ть бу́дете танцева́ть бу́дут танцева́ть (ся)	потанцу́ю потанцу́ешь потанцу́ет потанцу́ем потанцу́ете потанцу́ют
COND.	танцева́л (ся) бы танцева́ла (сь) бы танцева́ло (сь) бы танцева́ли (сь) бы	потанцева́л бы потанцева́ла бы потанцева́ло бы потанцева́ли бы
IMP.	танцу́й танцу́йте	потанцу́й потанцу́йте

DEVERBALS

PRES. ACT.	танцу́ющий (ся)	
PRES. PASS.		
PAST ACT.	танцева́вший (ся)	потанцева́вший
PAST PASS.		
VERBAL ADVERB	танцу́я (сь)	потанцева́в

танцева́ть что с кем

Another perfective verb is **станцева́ть.**

444

	MULTIDIRECTIONAL	UNIDIRECTIONAL	PERFECTIVE ASPECT
INF.	таска́ть	тащи́ть	потащи́ть
PRES.	таска́ю	тащу́	
	таска́ешь	та́щишь	
	таска́ет	та́щит	
	таска́ем	та́щим	
	таска́ете	та́щите	
	таска́ют	та́щат	
PAST	таска́л	тащи́л	потащи́л
	таска́ла	тащи́ла	потащи́ла
	таска́ло	тащи́ло	потащи́ло
	таска́ли	тащи́ли	потащи́ли
FUT.	бу́ду таска́ть	бу́ду тащи́ть	потащу́
	бу́дешь таска́ть	бу́дешь тащи́ть	пота́щишь
	бу́дет таска́ть	бу́дет тащи́ть	пота́щит
	бу́дем таска́ть	бу́дем тащи́ть	пота́щим
	бу́дете таска́ть	бу́дете тащи́ть	пота́щите
	бу́дут таска́ть	бу́дут тащи́ть	пота́щут
COND.	таска́л бы	тащи́л бы	потащи́л бы
	таска́ла бы	тащи́ла бы	потащи́ла бы
	таска́ло бы	тащи́ло бы	потащи́ло бы
	таска́ли бы	тащи́ли бы	потащи́ли бы
IMP.	таска́й	тащи́	потащи́
	таска́йте	тащи́те	потащи́те

DEVERBALS

PRES. ACT.	таска́ющий	та́щащий	
PRES. PASS.	таска́емый	тащи́мый	
PAST ACT.	таска́вший	тащи́вший	потащи́вший
PAST PASS.	та́сканный		пота́щенный
VERBAL ADVERB	таска́я	таща́	потащи́вши

таска́ть – тащи́ть кого – что

та́ять / раста́ять
to melt, thaw, melt away

	IMPERFECTIVE ASPECT	PERFECTIVE ASPECT
INF.	та́ять	раста́ять
PRES.	та́ю та́ешь та́ет та́ем та́ете та́ют	
PAST	та́ял та́яла та́яло та́яли	раста́ял раста́яла раста́яло раста́яли
FUT.	бу́ду та́ять бу́дешь та́ять бу́дет та́ять бу́дем та́ять бу́дете та́ять бу́дут та́ять	раста́ю раста́ешь раста́ет раста́ем раста́ете раста́ют
COND.	та́ял бы та́яла бы та́яло бы та́яли бы	раста́ял бы раста́яла бы раста́яло бы раста́яли бы
IMP.	та́й та́йте	раста́й раста́йте

DEVERBALS

PRES. ACT.	та́ющий	
PRES. PASS.		
PAST ACT.	та́явший	раста́явший
PAST PASS.		
VERBAL ADVERB	та́я	раста́яв

та́ять от чего

	IMPERFECTIVE ASPECT	PERFECTIVE ASPECT
INF.	терпе́ть	потерпе́ть
PRES.	терплю́ те́рпишь те́рпит те́рпим те́рпите те́рпят	
PAST	терпе́л терпе́ла терпе́ло терпе́ли	потерпе́л потерпе́ла потерпе́ло потерпе́ли
FUT.	бу́ду терпе́ть бу́дешь терпе́ть бу́дет терпе́ть бу́дем терпе́ть бу́дете терпе́ть бу́дут терпе́ть	потерплю́ поте́рпишь поте́рпит поте́рпим поте́рпите поте́рпят
COND.	терпе́л бы терпе́ла бы терпе́ло бы терпе́ли бы	потерпе́л бы потерпе́ла бы потерпе́ло бы потерпе́ли бы
IMP.	терпи́ терпи́те	потерпи́ потерпи́те

DEVERBALS

PRES. ACT.	те́рпящий	
PRES. PASS.	терпи́мый	
PAST ACT.	терпе́вший	потерпе́вший
PAST PASS.		
VERBAL ADVERB	терпя́	потерпе́в

терпе́ть кого́ — что

теря́ть (ся) / потеря́ть (ся)
to lose

	IMPERFECTIVE ASPECT	PERFECTIVE ASPECT
INF.	теря́ть (ся)	потеря́ть (ся)
PRES.	теря́ю (сь) теря́ешь (ся) теря́ет (ся) теря́ем (ся) теря́ете (сь) теря́ют (ся)	
PAST	теря́л (ся) теря́ла (сь) теря́ло (сь) теря́ли (сь)	потеря́л (ся) потеря́ла (сь) потеря́ло (сь) потеря́ли (сь)
FUT.	бу́ду теря́ть (ся) бу́дешь теря́ть (ся) бу́дет теря́ть (ся) бу́дем теря́ть (ся) бу́дете теря́ть (ся) бу́дут теря́ть (ся)	потеря́ю (сь) потеря́ешь (ся) потеря́ет (ся) потеря́ем (ся) потеря́ете (сь) потеря́ют (ся)
COND.	теря́л (ся) бы теря́ла (сь) бы теря́ло (сь) бы теря́ли (сь) бы	потеря́л (ся) бы потеря́ла (сь) бы потеря́ло (сь) бы потеря́ли (сь) бы
IMP.	теря́й (ся) теря́йте (сь)	потеря́й (ся) потеря́йте (сь)

DEVERBALS

PRES. ACT.	теря́ющий (ся)	
PRES. PASS.	теря́емый	
PAST ACT.	теря́вший (ся)	потеря́вший (ся)
PAST PASS.		потеря́нный
VERBAL ADVERB	теря́я (сь)	потеря́в (шись)

теря́ть кого – что

	IMPERFECTIVE ASPECT	PERFECTIVE ASPECT
INF.	тону́ть	утону́ть
PRES.	тону́ то́нешь то́нет то́нем то́нете то́нут	
PAST	тону́л тону́ла тону́ло тону́ли	утону́л утону́ла утону́ло утону́ли
FUT.	бу́ду тону́ть бу́дешь тону́ть бу́дет тону́ть бу́дем тону́ть бу́дете тону́ть бу́дут тону́ть	утону́ уто́нешь уто́нет уто́нем уто́нете уто́нут
COND.	тону́л бы тону́ла бы тону́ло бы тону́ли бы	утону́л бы утону́ла бы утону́ло бы утону́ли бы
IMP.	тони́ тони́те	утони́ утони́те

DEVERBALS

PRES. ACT.	то́нущий	
PRES. PASS.		
PAST ACT.	тону́вший	утону́вший
PAST PASS.		
VERBAL ADVERB	тону́в	утону́в

тону́ть в чём

There is also the perfective verb **потону́ть.**

торопи́ть (ся) / поторопи́ть (ся)
to urge on, hurry (be in a hurry)

	IMPERFECTIVE ASPECT	PERFECTIVE ASPECT
INF.	торопи́ть (ся)	поторопи́ть (ся)
PRES.	тороплю́ (сь) торо́пишь (ся) торо́пит (ся) торо́пим (ся) торо́пите (сь) торо́пят (ся)	
PAST	торопи́л (ся) торопи́ла (сь) торопи́ло (сь) торопи́ли (сь)	поторопи́л (ся) поторопи́ла (сь) поторопи́ло (сь) поторопи́ли (сь)
FUT.	бу́ду торопи́ть (ся) бу́дешь торопи́ть (ся) бу́дет торопи́ть (ся) бу́дем торопи́ть (ся) бу́дете торопи́ть (ся) бу́дут торопи́ть (ся)	поторошлю́ (сь) поторо́пишь (ся) поторо́пит (ся) поторо́пим (ся) поторо́пите (сь) поторо́пят (ся)
COND.	торопи́л (ся) бы торопи́ла (сь) бы торопи́ло (сь) бы торопи́ли (сь) бы	поторопи́л (ся) бы поторопи́ла (сь) бы поторопи́ло (сь) бы поторопи́ли (сь) бы
IMP.	торопи́ (сь) торопи́те (сь)	поторопи́ (сь) поторопи́те (сь)

DEVERBALS

PRES. ACT.	торопя́щий (ся)	
PRES. PASS.		
PAST ACT.	торопи́вший (ся)	поторопи́вший (ся)
PAST PASS.		поторо́пленный
VERBAL ADVERB	торопя́ (сь)	поторопи́в (шись)

торопи́ть кого – что с чем

тра́тить (ся) / потра́тить (ся)

to spend, expend, waste (spend money on something)

	IMPERFECTIVE ASPECT	PERFECTIVE ASPECT
INF.	тра́тить (ся)	потра́тить (ся)
PRES.	тра́чу (сь) тра́тишь (ся) тра́тит (ся) тра́тим (ся) тра́тите (сь) тра́тят (ся)	
PAST	тра́тил (ся) тра́тила (сь) тра́тило (сь) тра́тили (сь)	потра́тил (ся) потра́тила (сь) потра́тило (сь) потра́тили (сь)
FUT.	бу́ду тра́тить (ся) бу́дешь тра́тить (ся) бу́дет тра́тить (ся) бу́дем тра́тить (ся) бу́дете тра́тить (ся) бу́дут тра́тить (ся)	потра́чу (сь) потра́тишь (ся) потра́тит (ся) потра́тим (ся) потра́тите (сь) потра́тят (ся)
COND.	тра́тил (ся) бы тра́тила (сь) бы тра́тило (сь) бы тра́тили (сь) бы	потра́тил (ся) бы потра́тила (сь) бы потра́тило (сь) бы потра́тили (сь) бы
IMP.	тра́ть (ся) тра́тьте (сь)	потра́ть (ся) потра́тьте (сь)

DEVERBALS

PRES. ACT.	тра́тящий (ся)	
PRES. PASS.		
PAST ACT.	тра́тивший (ся)	потра́тивший (ся)
PAST PASS.	тра́ченный	потра́ченный
VERBAL ADVERB	тра́тя (сь)	потра́тив (шись)

тра́тить что
тра́титься на что

требовать (ся) / потре́бовать (ся)
to demand, request (required)

	IMPERFECTIVE ASPECT	PERFECTIVE ASPECT
INF.	требовать (ся)	потре́бовать (ся)
PRES.	требую требуешь требует (ся) требуем требуете требуют (ся)	
PAST	требовал (ся) требовала (сь) требовало (сь) требовали (сь)	потре́бовал (ся) потре́бовала (сь) потре́бовало (сь) потре́бовали (сь)
FUT.	бу́ду требовать бу́дешь требовать бу́дет требовать (ся) бу́дем требовать бу́дете требовать бу́дут требовать (ся)	потре́бую потре́буешь потре́бует (ся) потре́буем потре́буете потре́буют (ся)
COND.	требовал (ся) бы требовала (сь) бы требовало (сь) бы требовали (сь) бы	потре́бовал (ся) бы потре́бовала (сь) бы потре́бовало (сь) бы потре́бовали (сь) бы
IMP.	требуй требуйте	потре́буй потре́буйте

DEVERBALS

PRES. ACT.	требующий (ся)	
PRES. PASS.	требуемый	
PAST ACT.	требовавший (ся)	потре́бовавший (ся)
PAST PASS.		потре́бованный
VERBAL ADVERB	требуя (сь)	потре́бовав (шись)

требовать кого – что, чего от кого – чего

452

трудиться / потрудиться

to labor, work

	IMPERFECTIVE ASPECT	PERFECTIVE ASPECT
INF.	трудиться	потрудиться
PRES.	тружусь трудишься трудится трудимся трудитесь трудятся	
PAST	трудился трудилась трудилось трудились	потрудился потрудилась потрудилось потрудились
FUT.	буду трудиться будешь трудиться будет трудиться будем трудиться будете трудиться будут трудиться	потружусь потрудишься потрудится потрудимся потрудитесь потрудятся
COND.	трудился бы трудилась бы трудилось бы трудились бы	потрудился бы потрудилась бы потрудилось бы потрудились бы
IMP.	трудись трудитесь	потрудись потрудитесь

DEVERBALS

PRES. ACT.	трудящийся	
PRES. PASS.		
PAST ACT.	трудившийся	потрудившийся
PAST PASS.		
VERBAL ADVERB	трудясь	потрудившись

трудиться над кем – чем

тяну́ть (ся) / потяну́ть (ся)
to pull, draw (stretch, reach out)

	IMPERFECTIVE ASPECT	PERFECTIVE ASPECT
INF.	тяну́ть (ся)	потяну́ть (ся)
PRES.	тяну́ (сь) тя́нешь (ся) тя́нет (ся) тя́нем (ся) тя́нете (сь) тя́нут (ся)	
PAST	тяну́л (ся) тяну́ла (сь) тяну́ло (сь) тяну́ли (сь)	потяну́л (ся) потяну́ла (сь) потяну́ло (сь) потяну́ли (сь)
FUT.	бу́ду тяну́ть (ся) бу́дешь тяну́ть (ся) бу́дет тяну́ть (ся) бу́дем тяну́ть (ся) бу́дете тяну́ть (ся) бу́дут тяну́ть (ся)	потяну́ (сь) потя́нешь (ся) потя́нет (ся) потя́нем (ся) потя́нете (сь) потя́нут (ся)
COND.	тяну́л (ся) бы тяну́ла (сь) бы тяну́ло (сь) бы тяну́ли (сь) бы	потяну́л (ся) бы потяну́ла (сь) бы потяну́ло (сь) бы потяну́ли (сь) бы
IMP.	тяни́ (сь) тяни́те (сь)	потяни́ (сь) потяни́те (сь)

DEVERBALS

PRES. ACT.	тя́нущий (ся)	
PRES. PASS.		
PAST ACT.	тяну́вший (ся)	потяну́вший (ся)
PAST PASS.	тя́нутый	потя́нутый
VERBAL ADVERB	тяну́в (шись)	потяну́в (шись)

тяну́ть кого – что с чем
тяну́ться к кому – чему, за кем – чем

There is also the verbal pair **потя́гивать (ся)** / **потяну́ть (ся)**

	IMPERFECTIVE ASPECT	PERFECTIVE ASPECT
INF.	убега́ть	убежа́ть
PRES.	убега́ю убега́ешь убега́ет убега́ем убега́ете убега́ют	
PAST	убега́л убега́ла убега́ло убега́ли	убежа́л убежа́ла убежа́ло убежа́ли
FUT.	бу́ду убега́ть бу́дешь убега́ть бу́дет убега́ть бу́дем убега́ть бу́дете убега́ть бу́дут убега́ть	убегу́ убежи́шь убежи́т убежи́м убежи́те убегу́т
COND.	убега́л бы убега́ла бы убега́ло бы убега́ли бы	убежа́л бы убежа́ла бы убежа́ло бы убежа́ли бы
IMP.	убега́й убега́йте	убеги́ убеги́те

DEVERBALS

PRES. ACT.	убега́ющий	
PRES. PASS.		
PAST ACT.	убега́вший	убежа́вший
PAST PASS.		
VERBAL ADVERB	убега́я	убежа́в

убежда́ть (ся) / убеди́ть (ся)
to convince, persuade (assure oneself)

	IMPERFECTIVE ASPECT	PERFECTIVE ASPECT
INF.	убежда́ть (ся)	убеди́ть (ся)
PRES.	убежда́ю (сь) убежда́ешь (ся) убежда́ет (ся) убежда́ем (ся) убежда́ете (сь) убежда́ют (ся)	
PAST	убежда́л (ся) убежда́ла (сь) убежда́ло (сь) убежда́ли (сь)	убеди́л (ся) убеди́ла (сь) убеди́ло (сь) убеди́ли (сь)
FUT.	бу́ду убежда́ть (ся) бу́дешь убежда́ть (ся) бу́дет убежда́ть (ся) бу́дем убежда́ть (ся) бу́дете убежда́ть (ся) бу́дут убежда́ть (ся)	убеди́шь (ся) убеди́т (ся) убеди́м (ся) убеди́те (сь) убедя́т (ся)
COND.	убежда́л (ся) бы убежда́ла (сь) бы убежда́ло (сь) бы убежда́ли (сь) бы	убеди́л (ся) бы убеди́ла (сь) бы убеди́ло (сь) бы убеди́ли (сь) бы
IMP.	убежда́й (ся) убежда́йте (сь)	убеди́ (сь) убеди́те (сь)

DEVERBALS

PRES. ACT.	убежда́ющий (ся)	
PRES. PASS.	убежда́емый	
PAST ACT.	убежда́вший (ся)	убеди́вший (ся)
PAST PASS.		убеждённый убеждён, убеждена́
VERBAL ADVERB	убежда́я (сь)	убеди́в (шись)

убежда́ть кого – что в чём, + infinitive
убежда́ться в чём

The first person singular of the perfective future is not used.

	IMPERFECTIVE ASPECT	PERFECTIVE ASPECT
INF.	убива́ть	уби́ть
PRES.	убива́ю убива́ешь убива́ет убива́ем убива́ете убива́ют	
PAST	убива́л убива́ла убива́ло убива́ли	уби́л уби́ла уби́ло уби́ли
FUT.	бу́ду убива́ть бу́дешь убива́ть бу́дет убива́ть бу́дем убива́ть бу́дете убива́ть бу́дут убива́ть	убью́ убьёшь убьёт убьём убьёте убью́т
COND.	убива́л бы убива́ла бы убива́ло бы убива́ли бы	уби́л бы уби́ла бы уби́ло бы уби́ли бы
IMP.	убива́й убива́йте	убе́й убе́йте

DEVERBALS

PRES. ACT.	убива́ющий	
PRES. PASS.		
PAST ACT.	убива́вший	уби́вший
PAST PASS.	убива́емый	уби́тый
VERBAL ADVERB	убива́я	уби́в

убива́ть кого – что

уважа́ть

to respect, esteem, honor

	IMPERFECTIVE ASPECT	PERFECTIVE ASPECT
INF.	уважа́ть	
PRES.	уважа́ю	
	уважа́ешь	
	уважа́ет	
	уважа́ем	
	уважа́ете	
	уважа́ют	
PAST	уважа́л	
	уважа́ла	
	уважа́ло	
	уважа́ли	
FUT.	бу́ду уважа́ть	
	бу́дешь уважа́ть	
	бу́дет уважа́ть	
	бу́дем уважа́ть	
	бу́дете уважа́ть	
	бу́дут уважа́ть	
COND.	уважа́л бы	
	уважа́ла бы	
	уважа́ло бы	
	уважа́ли бы	
IMP.	уважа́й	
	уважа́йте	

DEVERBALS

PRES. ACT.	уважа́ющий	
PRES. PASS.	уважа́емый	
PAST ACT.	уважа́вший	
PAST PASS.		
VERBAL ADVERB	уважа́я	

уважа́ть кого́ — что

увлека́ть (ся) / увле́чь (ся)
to carry away, draw along (be captivated by)

	IMPERFECTIVE ASPECT	PERFECTIVE ASPECT
INF.	увлека́ть (ся)	увле́чь (ся)
PRES.	увлека́ю (ся) увлека́ешь (ся) увлека́ет (ся) увлека́ем (ся) увлека́ете (сь) увлека́ют (ся)	
PAST	увлека́л (ся) увлека́ла (сь) увлека́ло (сь) увлека́ли (сь)	увлёк (ся) увлекла́ (сь) увлекло́ (сь) увлекли́ (сь)
FUT.	бу́ду увлека́ть (ся) бу́дешь увлека́ть (ся) бу́дет увлека́ть (ся) бу́дем увлека́ть (ся) бу́дете увлека́ть (ся) бу́дут увлека́ть (ся)	увлеку́ (сь) увлечёшь (ся) увлечёт (ся) увлечём (ся) увлечёте (сь) увлеку́т (ся)
COND.	увлека́л (ся) бы увлека́ла (сь) бы увлека́ло (сь) бы увлека́ли (сь) бы	увлёк (ся) бы увлекла́ (сь) бы увлекло́ (сь) бы увлекли́ (сь) бы
IMP.	увлека́й (ся) увлека́йте (сь)	увлеки́ (сь) увлеки́те (сь)

DEVERBALS

PRES. ACT.	увлека́ющий (ся)	
PRES. PASS.	увлека́емый	
PAST ACT.	увлека́вший (ся)	увлёкший (ся)
PAST PASS.		увлечённый увлечён, увлечена́
VERBAL ADVERB	увлека́я (сь)	увлёкши (сь)

увлека́ть кого – что
увлека́ться кем – чем

угоща́ть / угости́ть
to entertain, treat

	IMPERFECTIVE ASPECT	PERFECTIVE ASPECT
INF.	угоща́ть	угости́ть
PRES.	угоща́ю угоща́ешь угоща́ет угоща́ем угоща́ете угоща́ют	
PAST	угоща́л угоща́ла угоща́ло угоща́ли	угости́л угости́ла угости́ло угости́ли
FUT.	бу́ду угоща́ть бу́дешь угоща́ть бу́дет угоща́ть бу́дем угоща́ть бу́дете угоща́ть бу́дут угоща́ть	угощу́ угости́шь угости́т угости́м угости́те угостя́т
COND.	угоща́л бы угоща́ла бы угоща́ло бы угоща́ли бы	угости́л бы угости́ла бы угости́ло бы угости́ли бы
IMP.	угоща́й угоща́йте	угости́ угости́те

DEVERBALS

PRES. ACT.	угоща́ющий	
PRES. PASS.	угоща́емый	
PAST ACT.	угоща́вший	угости́вший
PAST PASS.		угощённый угощён, угощена́
VERBAL ADVERB	угоща́я	угости́в

угоща́ть кого – что чем

460

удава́ться / уда́ться
to succeed, turn out well

	IMPERFECTIVE ASPECT	PERFECTIVE ASPECT
INF.	удава́ться	уда́ться
PRES.	удаётся	
	удаю́тся	
PAST	удава́лся	уда́лся
	удава́лась	удала́сь
	удава́лось	удало́сь
	удава́лись	удали́сь
FUT.	бу́дет удава́ться	уда́стся
	бу́дут удава́ться	удаду́тся
COND.	удава́лся бы	уда́лся бы
	удава́лась бы	удала́сь бы
	удава́лось бы	удало́сь бы
	удава́лись бы	удали́сь бы
IMP.		

DEVERBALS

PRES. ACT.	удаю́щийся	
PRES. PASS.		
PAST ACT.	удава́вшийся	уда́вшийся
PAST PASS.		
VERBAL ADVERB	удава́ясь	уда́вшись

удава́ться кому

удивля́ть (ся) / удиви́ть (ся)
to amaze, surprise

	IMPERFECTIVE ASPECT	PERFECTIVE ASPECT
INF.	удивля́ть (ся)	удиви́ть (ся)
PRES.	удивля́ю (сь) удивля́ешь (ся) удивля́ет (ся) удивля́ем (ся) удивля́ете (сь) удивля́ют (ся)	
PAST	удивля́л (ся) удивля́ла (сь) удивля́ло (сь) удивля́ли (сь)	удиви́л (ся) удиви́ла (сь) удиви́ло (сь) удиви́ли (сь)
FUT.	бу́ду удивля́ть (ся) бу́дешь удивля́ть (ся) бу́дет удивля́ть (ся) бу́дем удивля́ть (ся) бу́дете удивля́ть (ся) бу́дут удивля́ть (ся)	удивлю́ (сь) удиви́шь (ся) удиви́т (ся) удиви́м (ся) удиви́те (сь) удивя́т (ся)
COND.	удивля́л (ся) бы удивля́ла (сь) бы удивля́ло (сь) бы удивля́ли (сь) бы	удиви́л (ся) бы удиви́ла (сь) бы удиви́ло (сь) бы удиви́ли (сь) бы
IMP.	удивля́й (ся) удивля́йте (сь)	удиви́ (сь) удиви́те (сь)

DEVERBALS

PRES. ACT.	удивля́ющий (ся)	
PRES. PASS.	удивля́емый	
PAST ACT.	удивля́вший (ся)	удиви́вший (ся)
PAST PASS.		удивлённый удивлён, удивлена́
VERBAL ADVERB	удивля́я (сь)	удиви́в (шись) – удивя́сь

удивля́ть кого – что
удивля́ться чему

462

	IMPERFECTIVE ASPECT	PERFECTIVE ASPECT
INF.	уезжа́ть	уе́хать
PRES.	уезжа́ю	
	уезжа́ешь	
	уезжа́ет	
	уезжа́ем	
	уезжа́ете	
	уезжа́ют	
PAST	уезжа́л	уе́хал
	уезжа́ла	уе́хала
	уезжа́ло	уе́хало
	уезжа́ли	уе́хали
FUT.	бу́ду уезжа́ть	уе́ду
	бу́дешь уезжа́ть	уе́дешь
	бу́дет уезжа́ть	уе́дет
	бу́дем уезжа́ть	уе́дем
	бу́дете уезжа́ть	уе́дете
	бу́дут уезжа́ть	уе́дут
COND.	уезжа́л бы	уе́хал бы
	уезжа́ла бы	уе́хала бы
	уезжа́ло бы	уе́хало бы
	уезжа́ли бы	уе́хали бы
IMP.	уезжа́й	
	уезжа́йте	

DEVERBALS

PRES. ACT.	уезжа́ющий	
PRES. PASS.		
PAST ACT.	уезжа́вший	уе́хавший
PAST PASS.		
VERBAL ADVERB	уезжа́я	уе́хав

у́жинать / поу́жинать
to have supper

	IMPERFECTIVE ASPECT	PERFECTIVE ASPECT
INF.	у́жинать	поу́жинать
PRES.	у́жинаю у́жинаешь у́жинает у́жинаем у́жинаете у́жинают	
PAST	у́жинал у́жинала у́жинало у́жинали	поу́жинал поу́жинала поу́жинало поу́жинали
FUT.	бу́ду у́жинать бу́дешь у́жинать бу́дет у́жинать бу́дем у́жинать бу́дете у́жинать бу́дут у́жинать	поу́жинаю поу́жинаешь поу́жинает поу́жинаем поу́жинаете поу́жинают
COND.	у́жинал бы у́жинала бы у́жинало бы у́жинали бы	поу́жинал бы поу́жинала бы поу́жинало бы поу́жинали бы
IMP.	у́жинай у́жинайте	поу́жинай поу́жинайте

DEVERBALS

PRES. ACT.	у́жинающий	
PRES. PASS.		
PAST ACT.	у́жинавший	поу́жинавший
PAST PASS.		
VERBAL ADVERB	у́жиная	поу́жинав

	IMPERFECTIVE ASPECT	PERFECTIVE ASPECT
INF.	узнава́ть	узна́ть
PRES.	узнаю́ узнаёшь узнаёт узнаём узнаёте узнаю́т	
PAST	узнава́л узнава́ла узнава́ло узнава́ли	узна́л узна́ла узна́ло узна́ли
FUT.	бу́ду узнава́ть бу́дешь узнава́ть бу́дет узнава́ть бу́дем узнава́ть бу́дете узнава́ть бу́дут узнава́ть	узна́ю узна́ешь узна́ет узна́ем узна́ете узна́ют
COND.	узнава́л бы узнава́ла бы узнава́ло бы узнава́ли бы	узна́л бы узна́ла бы узна́ло бы узна́ли бы
IMP.	узнава́й узнава́йте	узна́й узна́йте

DEVERBALS

PRES. ACT.	узнаю́щий	
PRES. PASS.	узнава́емый	
PAST ACT.	узнава́вший	узна́вший
PAST PASS.		узна́нный
VERBAL ADVERB	узнава́я	узна́в

узнава́ть кого́ — что о чём

ука́зывать / указа́ть
to indicate, point out

	IMPERFECTIVE ASPECT	PERFECTIVE ASPECT
INF.	ука́зывать	указа́ть
PRES.	ука́зываю	
	ука́зываешь	
	ука́зывает	
	ука́зываем	
	ука́зываете	
	ука́зывают	
PAST	ука́зывал	указа́л
	ука́зывала	указа́ла
	ука́зывало	указа́ло
	ука́зывали	указа́ли
FUT.	бу́ду ука́зывать	укажу́
	бу́дешь ука́зывать	ука́жешь
	бу́дет ука́зывать	ука́жет
	бу́дем ука́зывать	ука́жем
	бу́дете ука́зывать	ука́жете
	бу́дут ука́зывать	ука́жут
COND.	ука́зывал бы	указа́л бы
	ука́зывала бы	указа́ла бы
	ука́зывало бы	указа́ло бы
	ука́зывали бы	указа́ли бы
IMP.	ука́зывай	укажи́
	ука́зывайте	укажи́те
	DEVERBALS	
PRES. ACT.	ука́зывающий	
PRES. PASS.	ука́зываемый	
PAST ACT.	ука́зывавший	указа́вший
PAST PASS.		ука́занный
VERBAL ADVERB	ука́зывая	указа́в

ука́зывать на кого – что

украша́ть (ся) / укра́сить (ся)

to adorn, decorate, paint

	IMPERFECTIVE ASPECT	PERFECTIVE ASPECT
INF.	украша́ть (ся)	укра́сить (ся)
PRES.	украша́ю украша́ешь украша́ет (ся) украша́ем украша́ете украша́ют (ся)	
PAST	украша́л (ся) украша́ла (сь) украша́ло (сь) украша́ли (сь)	укра́сил (ся) укра́сила (сь) укра́сило (сь) укра́сили (сь)
FUT.	бу́ду украша́ть бу́дешь украша́ть бу́дет украша́ть (ся) бу́дем украша́ть бу́дете украша́ть бу́дут украша́ть (ся)	укра́шу укра́сишь укра́сит (ся) укра́сим укра́сите укра́сят (ся)
COND.	украша́л (ся) бы украша́ла (сь) бы украша́ло (сь) бы украша́ли (сь) бы	укра́сил (ся) бы укра́сила (сь) бы укра́сило (сь) бы укра́сили (сь) бы
IMP.	украша́й украша́йте	укра́сь укра́сьте

DEVERBALS

PRES. ACT.	украша́ющий (ся)	
PRES. PASS.	украша́емый	
PAST ACT.	украша́вший (ся)	укра́сивший (ся)
PAST PASS.		укра́шенный
VERBAL ADVERB	украша́я (сь)	укра́сив (шись)

украша́ть кого – что чем

улета́ть / улете́ть
to fly off, away

	IMPERFECTIVE ASPECT	PERFECTIVE ASPECT
INF.	улета́ть	улете́ть
PRES.	улета́ю улета́ешь улета́ет улета́ем улета́ете улета́ют	
PAST	улета́л улета́ла улета́ло улета́ли	улете́л улете́ла улете́ло улете́ли
FUT.	бу́ду улета́ть бу́дешь улета́ть бу́дет улета́ть бу́дем улета́ть бу́дете улета́ть бу́дут улета́ть	улечу́ улети́шь улети́т улети́м улети́те улетя́т
COND.	улета́л бы улета́ла бы улета́ло бы улета́ли бы	улете́л бы улете́ла бы улете́ло бы улете́ли бы
IMP.	улета́й улета́йте	улети́ улети́те

DEVERBALS

PRES. ACT.	улета́ющий	
PRES. PASS.		
PAST ACT.	улета́вший	улете́вший
PAST PASS.		
VERBAL ADVERB	улета́я	улете́в

улыбáться / улыбнýться

to smile

	IMPERFECTIVE ASPECT	PERFECTIVE ASPECT
INF.	улыбáться	улыбнýться
PRES.	улыбáюсь улыбáешься улыбáется улыбáемся улыбáетесь улыбáются	
PAST	улыбáлся улыбáлась улыбáлось улыбáлись	улыбнýлся улыбнýлась улыбнýлось улыбнýлись
FUT.	бýду улыбáться бýдешь улыбáться бýдет улыбáться бýдем улыбáться бýдете улыбáться бýдут улыбáться	улыбнýсь улыбнёшься улыбнётся улыбнёмся улыбнётесь улыбнýтся
COND.	улыбáлся бы улыбáлась бы улыбáлось бы улыбáлись бы	улыбнýлся бы улыбнýлась бы улыбнýлось бы улыбнýлись бы
IMP.	улыбáйся улыбáйтесь	улыбнúсь улыбнúтесь

DEVERBALS

PRES. ACT.	улыбáющийся	
PRES. PASS.		
PAST ACT.	улыбáвшийся	улыбнýвшийся
PAST PASS.		
VERBAL ADVERB	улыбáясь	улыбнýвшись

улыбáться кому – чему

уменьша́ть (ся) / уме́ньшить (ся)
to decrease, lessen

	IMPERFECTIVE ASPECT	PERFECTIVE ASPECT
INF.	уменьша́ть (ся)	уме́ньшить (ся)
PRES.	уменьша́ю (сь) уменьша́ешь (ся) уменьша́ет (ся) уменьша́ем (ся) уменьша́ете (сь) уменьша́ют (ся)	
PAST	уменьша́л (ся) уменьша́ла (сь) уменьша́ло (сь) уменьша́ли (сь)	уме́ньшил (ся) уме́ньшила (сь) уме́ньшило (сь) уме́ньшили (сь)
FUT.	бу́ду уменьша́ть (ся) бу́дешь уменьша́ть (ся) бу́дет уменьша́ть (ся) бу́дем уменьша́ть (ся) бу́дете уменьша́ть (ся) бу́дут уменьша́ть (ся)	уме́ньшу (сь) уме́ньшишь (ся) уме́ньшит (ся) уме́ньшим (ся) уме́ньшите (сь) уме́ньшат (ся)
COND.	уменьша́л (ся) бы уменьша́ла (сь) бы уменьша́ло (сь) бы уменьша́ли (сь) бы	уме́ньшил (ся) бы уме́ньшила (сь) бы уме́ньшило (сь) бы уме́ньшили (сь) бы
IMP.	уменьша́й (ся) уменьша́йте (сь)	уме́ньши (сь) уме́ньшите (сь)

DEVERBALS

PRES. ACT.	уменьша́ющий (ся)	
PRES. PASS.	уменьша́емый	
PAST ACT.	уменьша́вший (ся)	уме́ньшивший (ся)
PAST PASS.		уме́ньшенный
VERBAL ADVERB	уменьша́я (сь)	уме́ньшив (шись)

уменьша́ть что

	IMPERFECTIVE ASPECT	PERFECTIVE ASPECT
INF.	умéть	сумéть
PRES.	умéю умéешь умéет умéем умéете умéют	
PAST	умéл умéла умéло умéли	сумéл сумéла сумéло сумéли
FUT.	бýду умéть бýдешь умéть бýдет умéть бýдем умéть бýдете умéть бýдут умéть	сумéю сумéешь сумéет сумéем сумéете сумéют
COND.	умéл бы умéла бы умéло бы умéли бы	сумéл бы сумéла бы сумéло бы сумéли бы
IMP.	умéй умéйте	сумéй сумéйте
	DEVERBALS	
PRES. ACT.	умéющий	
PRES. PASS.		
PAST ACT.	умéвший	сумéвший
PAST PASS.		
VERBAL ADVERB	умéя	сумéв

умéть + infinitive

умира́ть / умере́ть
to die

	IMPERFECTIVE ASPECT	PERFECTIVE ASPECT
INF.	умира́ть	умере́ть
PRES.	умира́ю умира́ешь умира́ет умира́ем умира́ете умира́ют	
PAST	умира́л умира́ла умира́ло умира́ли	у́мер умерла́ у́мерло у́мерли
FUT.	бу́ду умира́ть бу́дешь умира́ть бу́дет умира́ть бу́дем умира́ть бу́дете умира́ть бу́дут умира́ть	умру́ умрёшь умрёт умрём умрёте умру́т
COND.	умира́л бы умира́ла бы умира́ло бы умира́ли бы	у́мер бы умерла́ бы у́мерло бы у́мерли бы
IMP.	умира́й умира́йте	умри́ умри́те

DEVERBALS

PRES. ACT.	умира́ющий	
PRES. PASS.		
PAST ACT.	умира́вший	уме́рший
PAST PASS.		
VERBAL ADVERB	умира́я	умере́в – уме́рши

умира́ть с чего, от чего

умыва́ть (ся) / умы́ть (ся)
to wash up (wash yourself)

	IMPERFECTIVE ASPECT	PERFECTIVE ASPECT
INF.	умыва́ть (ся)	умы́ть (ся)
PRES.	умыва́ю (сь)	
	умыва́ешь (ся)	
	умыва́ет (ся)	
	умыва́ем (ся)	
	умыва́ете (ся)	
	умыва́ют (ся)	
PAST	умыва́л (ся)	умы́л (ся)
	умыва́ла (сь)	умы́ла (сь)
	умыва́ло (сь)	умы́ло (сь)
	умыва́ли (сь)	умы́ли (сь)
FUT.	бу́ду умыва́ть (ся)	умо́ю (сь)
	бу́дешь умыва́ть (ся)	умо́ешь (ся)
	бу́дет умыва́ть (ся)	умо́ет (ся)
	бу́дем умыва́ть (ся)	умо́ем (ся)
	бу́дете умыва́ть (ся)	умо́ете (сь)
	бу́дут умыва́ть (ся)	умо́ют (ся)
COND.	умыва́л (ся) бы	умы́л (ся) бы
	умыва́ла (сь) бы	умы́ла (сь) бы
	умыва́ло (сь) бы	умы́ло (сь) бы
	умыва́ли (сь) бы	умы́ли (сь) бы
IMP.	умыва́й (ся)	умо́й (сь)
	умыва́йте (сь)	умо́йте (сь)

DEVERBALS

PRES. ACT.	умыва́ющий (ся)	
PRES. PASS.	умыва́емый	
PAST ACT.	умыва́вший (ся)	умы́вший (ся)
PAST PASS.		умы́тый
VERBAL ADVERB	умыва́я (сь)	умы́в (шись)

умыва́ть кого — что

473

уничтожа́ть (ся) / уничто́жить (ся)
to destroy, annihilate

	IMPERFECTIVE ASPECT	PERFECTIVE ASPECT
INF.	уничтожа́ть (ся)	уничто́жить (ся)
PRES.	уничтожа́ю уничтожа́ешь уничтожа́ет (ся) уничтожа́ем уничтожа́ете уничтожа́ют (ся)	
PAST	уничтожа́л (ся) уничтожа́ла (сь) уничтожа́ло (сь) уничтожа́ли (сь)	уничто́жил (ся) уничто́жила (сь) уничто́жило (сь) уничто́жили (сь)
FUT.	бу́ду уничтожа́ть бу́дешь уничтожа́ть бу́дет уничтожа́ть (ся) бу́дем уничтожа́ть бу́дете уничтожа́ть бу́дут уничтожа́ть (ся)	уничто́жу уничто́жишь уничто́жит (ся) уничто́жим уничто́жите уничто́жат (ся)
COND.	уничтожа́л (ся) бы уничтожа́ла (сь) бы уничтожа́ло (сь) бы уничтожа́ли (сь) бы	уничто́жил (ся) бы уничто́жила (сь) бы уничто́жило (сь) бы уничто́жили (сь) бы
IMP.	уничтожа́й уничтожа́йте	уничто́жь уничто́жьте
DEVERBALS		
PRES. ACT.	уничтожа́ющий (ся)	
PRES. PASS.	уничтожа́емый	
PAST ACT.	уничтожа́вший (ся)	уничто́живший (ся)
PAST PASS.		уничто́женный
VERBAL ADVERB	уничтожа́я (сь)	уничто́жив (шись)

уничтожа́ть кого́ — что

употребля́ть (ся) / употреби́ть (ся)

to use, make use of

	IMPERFECTIVE ASPECT	PERFECTIVE ASPECT
INF.	употребля́ть (ся)	употреби́ть (ся)
PRES.	употребля́ю употребля́ешь употребля́ет (ся) употребля́ем употребля́ете употребля́ют (ся)	
PAST	употребля́л (ся) употребля́ла (сь) употребля́ло (сь) употребля́ли (сь)	употреби́л (ся) употреби́ла (сь) употреби́ло (сь) употреби́ли (сь)
FUT.	бу́ду употребля́ть бу́дешь употребля́ть бу́дет употребля́ть (ся) бу́дем употребля́ть бу́дете употребля́ть бу́дут употребля́ть (ся)	употреблю́ употреби́шь употреби́т (ся) употреби́м употреби́те употребя́т (ся)
COND.	употребля́л (ся) бы употребля́ла (сь) бы употребля́ло (сь) бы употребля́ли (сь) бы	употреби́л (ся) бы употреби́ла (сь) бы употреби́ло (сь) бы употреби́ли (сь) бы
IMP.	употребля́й употребля́йте	употреби́ употреби́те

DEVERBALS

PRES. ACT.	употребля́ющий (ся)	
PRES. PASS.	употребля́емый	
PAST ACT.	употребля́вший (ся)	употреби́вший (ся)
PAST PASS.		употреблённый употреблён, употреблена́
VERBAL ADVERB	употребля́я (сь)	употреби́в (шись)

употребля́ть кого – что

управля́ть (ся) / упра́вить (ся)
to manage, administer, operate a vehicle

	IMPERFECTIVE ASPECT	PERFECTIVE ASPECT
INF.	управля́ть (ся)	упра́вить (ся)
PRES.	управля́ю (сь) управля́ешь (ся) управля́ет (ся) управля́ем (ся) управля́ете (сь) управля́ют (ся)	
PAST	управля́л (ся) управля́ла (сь) управля́ло (сь) управля́ли (сь)	упра́вил (ся) упра́вила (сь) упра́вило (сь) упра́вили (сь)
FUT.	бу́ду управля́ть (ся) бу́дешь управля́ть (ся) бу́дет управля́ть (ся) бу́дем управля́ть (ся) бу́дете управля́ть (ся) бу́дут управля́ть (ся)	упра́влю (сь) упра́вишь (ся) упра́вит (ся) упра́вим (ся) упра́вите (сь) упра́вят (ся)
COND.	управля́л (ся) бы управля́ла (сь) бы управля́ло (сь) бы управля́ли (сь) бы	упра́вил (ся) бы упра́вила (сь) бы упра́вило (сь) бы упра́вили (сь) бы
IMP.	управля́й (ся) управля́йте (сь)	упра́вь (ся) упра́вьте (сь)

DEVERBALS

PRES. ACT.	управля́ющий (ся)	
PRES. PASS.	управля́емый	
PAST ACT.	управля́вший (ся)	упра́вивший (ся)
PAST PASS.		
VERBAL ADVERB	управля́я (сь)	упра́вив (шись)

управля́ть кем – чем
управля́ться с кем – чем

476

	IMPERFECTIVE ASPECT	PERFECTIVE ASPECT
INF.	успева́ть	успе́ть
PRES.	успева́ю успева́ешь успева́ет успева́ем успева́ете успева́ют	
PAST	успева́л успева́ла успева́ло успева́ли	успе́л успе́ла успе́ло успе́ли
FUT.	бу́ду успева́ть бу́дешь успева́ть бу́дет успева́ть бу́дем успева́ть бу́дете успева́ть бу́дут успева́ть	успе́ю успе́ешь успе́ет успе́ем успе́ете успе́ют
COND.	успева́л бы успева́ла бы успева́ло бы успева́ли бы	успе́л бы успе́ла бы успе́ло бы успе́ли бы
IMP.	успева́й успева́йте	успе́й успе́йте

DEVERBALS

PRES. ACT.	успева́ющий	
PRES. PASS.		
PAST ACT.	успева́вший	успе́вший
PAST PASS.		
VERBAL ADVERB	успева́я	успе́в

успева́ть к чему, на что, в чём

успока́ивать (ся) / успоко́ить (ся)

to calm, soothe, reassure

	IMPERFECTIVE ASPECT	PERFECTIVE ASPECT
INF.	успока́ивать (ся)	успоко́ить (ся)
PRES.	успока́иваю (сь) успока́иваешь (ся) успока́ивает (ся) успока́иваем (ся) успока́иваете (сь) успока́ивают (ся)	
PAST	успока́ивал (ся) успока́ивала (сь) успока́ивало (сь) успока́ивали (сь)	успоко́ил (ся) успоко́ила (сь) успоко́ило (сь) успоко́или (сь)
FUT.	бу́ду успока́ивать (ся) бу́дешь успока́ивать (ся) бу́дет успока́ивать (ся) бу́дем успока́ивать (ся) бу́дете успока́ивать (ся) бу́дут успока́ивать (ся)	успоко́ю (сь) успоко́ишь (ся) успоко́ит (ся) успоко́им (ся) успоко́ите (сь) успоко́ят (ся)
COND.	успока́ивал (ся) бы успока́ивала (сь) бы успока́ивало (сь) бы успока́ивали (сь) бы	успоко́ил (ся) бы успоко́ила (сь) бы успоко́ило (сь) бы успоко́или (сь) бы
IMP.	успока́ивай (ся) успока́ивайте (сь)	успоко́й (ся) успоко́йте (сь)

DEVERBALS

PRES. ACT.	успока́ивающий (ся)	
PRES. PASS.	успока́иваемый	
PAST ACT.	успока́ивавший (ся)	успоко́ивший (ся)
PAST PASS.		успоко́енный
VERBAL ADVERB	успока́ивая (сь)	успоко́ив (шись)

успока́ивать кого – что

478

уставáть / устáть
to get tired

	IMPERFECTIVE ASPECT	PERFECTIVE ASPECT
INF.	уставáть	устáть
PRES.	устаю́ устаёшь устаёт устаём устаёте устаю́т	
PAST	уставáл уставáла уставáло уставáли	устáл устáла устáло устáли
FUT.	бу́ду уставáть бу́дешь уставáть бу́дет уставáть бу́дем уставáть бу́дете уставáть бу́дут уставáть	устáну устáнешь устáнет устáнем устáнете устáнут
COND.	уставáл бы уставáла бы уставáло бы уставáли бы	устáл бы устáла бы устáло бы устáли бы
IMP.	уставáй уставáйте	устáнь устáньте

DEVERBALS

PRES. ACT.	устаю́щий	
PRES. PASS.		
PAST ACT.	уставáвший	устáвший
PAST PASS.		
VERBAL ADVERB	уставáя	устáв

устана́вливать (ся) / установи́ть (ся)
to run / start running

	IMPERFECTIVE ASPECT	PERFECTIVE ASPECT
INF.	устана́вливать (ся)	установи́ть (ся)
PRES.	устана́вливаю устана́вливаешь устана́вливает (ся) устана́вливаем устана́вливаете устана́вливают (ся)	
PAST	устана́вливал (ся) устана́вливала (сь) устана́вливало (сь) устана́вливали (сь)	установи́л (ся) установи́ла (сь) установи́ло (сь) установи́ли (сь)
FUT.	бу́ду устана́вливать бу́дешь устана́вливать бу́дет устана́вливать (ся) бу́дем устана́вливать бу́дете устана́вливать бу́дут устана́вливать (ся)	установлю́ устано́вишь устано́вит (ся) устано́вим устано́вите устано́вят (ся)
COND.	устана́вливал (ся) бы устана́вливала (сь) бы устана́вливало (сь) бы устана́вливали (сь) бы	установи́л (ся) бы установи́ла (сь) бы установи́ло (сь) бы установи́ли (сь) бы
IMP.	устана́вливай устана́вливайте	установи́ установи́те

DEVERBALS

PRES. ACT.	устана́вливающий (ся)	
PRES. PASS.	устана́вливаемый	
PAST ACT.	устана́вливавший (ся)	установи́вший (ся)
PAST PASS.		устано́вленный
VERBAL ADVERB	устана́вливая (сь)	установи́в (шись)

устана́вливать что

устра́ивать (ся) / устро́ить (ся)
to arrange, put in order (get a job)

	IMPERFECTIVE ASPECT	PERFECTIVE ASPECT
INF.	устра́ивать (ся)	устро́ить (ся)
PRES.	устра́иваю (сь) устра́иваешь (ся) устра́ивает (ся) устра́иваем (ся) устра́иваете (сь) устра́ивают (ся)	
PAST	устра́ивал (ся) устра́ивала (сь) устра́ивало (сь) устра́ивали (сь)	устро́ил (ся) устро́ила (сь) устро́ило (сь) устро́или (сь)
FUT.	бу́ду устра́ивать (ся) бу́дешь устра́ивать (ся) бу́дет устра́ивать (ся) бу́дем устра́ивать (ся) бу́дете устра́ивать (ся) бу́дут устра́ивать (ся)	устро́ю (сь) устро́ишь (ся) устро́ит (ся) устро́им (ся) устро́ите (сь) устро́ят (ся)
COND.	устра́ивал (ся) бы устра́ивала (сь) бы устра́ивало (сь) бы устра́ивали (сь) бы	устро́ил (ся) бы устро́ила (сь) бы устро́ило (сь) бы устро́или (сь) бы
IMP.	устра́ивай (ся) устра́ивайте (сь)	устро́й (ся) устро́йте (сь)

DEVERBALS

PRES. ACT.	устра́ивающий (ся)	
PRES. PASS.	устра́иваемый	
PAST ACT.	устра́ивавший (ся)	устро́ивший (ся)
PAST PASS.		устро́енный
VERBAL ADVERB	устра́ивая (сь)	устро́ив (шись)

устра́ивать кого – что на что

уступа́ть / уступи́ть
to yield, give in

	IMPERFECTIVE ASPECT	PERFECTIVE ASPECT
INF.	уступа́ть	уступи́ть
PRES.	уступа́ю уступа́ешь уступа́ет уступа́ем уступа́ете уступа́ют	
PAST	уступа́л уступа́ла уступа́ло уступа́ли	уступи́л уступи́ла уступи́ло уступи́ли
FUT.	бу́ду уступа́ть бу́дешь уступа́ть бу́дет уступа́ть бу́дем уступа́ть бу́дете уступа́ть бу́дут уступа́ть	уступлю́ усту́пишь усту́пит усту́пим усту́пите усту́пят
COND.	уступа́л бы уступа́ла бы уступа́ло бы уступа́ли бы	уступи́л бы уступи́ла бы уступи́ло бы уступи́ли бы
IMP.	уступа́й уступа́йте	уступи́ уступи́те

DEVERBALS

PRES. ACT.	уступа́ющий	
PRES. PASS.	уступа́емый	
PAST ACT.	уступа́вший	уступи́вший
PAST PASS.		усту́пленный
VERBAL ADVERB	уступа́я	уступи́в

уступа́ть кого – что кому – чему, в чём

уха́живать / поуха́живать
to nurse, tend to, make advances

	IMPERFECTIVE ASPECT	PERFECTIVE ASPECT
INF.	уха́живать	поуха́живать
PRES.	уха́живаю уха́живаешь уха́живает уха́живаем уха́живаете уха́живают	
PAST	уха́живал уха́живала уха́живало уха́живали	поуха́живал поуха́живала поуха́живало поуха́живали
FUT.	бу́ду уха́живать бу́дешь уха́живать бу́дет уха́живать бу́дем уха́живать бу́дете уха́живать бу́дут уха́живать	поуха́живаю поуха́живаешь поуха́живает поуха́живаем поуха́живаете поуха́живают
COND.	уха́живал бы уха́живала бы уха́живало бы уха́живали бы	поуха́живал бы поуха́живала бы поуха́живало бы поуха́живали бы
IMP.	уха́живай уха́живайте	поуха́живай поуха́живайте

DEVERBALS

PRES. ACT.	уха́живающий	
PRES. PASS.		
PAST ACT.	уха́живавший	поуха́живавший
PAST PASS.		
VERBAL ADVERB	уха́живая	поуха́жив

уха́живать за кем – чем

уходи́ть / уйти́
to walk away, leave

	IMPERFECTIVE ASPECT	PERFECTIVE ASPECT
INF.	уходи́ть	уйти́
PRES.	ухожу́ ухо́дишь ухо́дит ухо́дим ухо́дите ухо́дят	
PAST	уходи́л уходи́ла уходи́ло уходи́ли	ушёл ушла́ ушло́ ушли́
FUT.	бу́ду уходи́ть бу́дешь уходи́ть бу́дет уходи́ть бу́дем уходи́ть бу́дете уходи́ть бу́дут уходи́ть	уйду́ уйдёшь уйдёт уйдём уйдёте уйду́т
COND.	уходи́л бы уходи́ла бы уходи́ло бы уходи́ли бы	ушёл бы ушла́ бы ушло́ бы ушли́ бы
IMP.	уходи́ уходи́те	уйди́ уйди́те

DEVERBALS

PRES. ACT.	уходя́щий	
PRES. PASS.		
PAST ACT.	уходи́вший	уше́дший
PAST PASS.		
VERBAL ADVERB	уходя́	уйдя́

	IMPERFECTIVE ASPECT	PERFECTIVE ASPECT
INF.	уча́ствовать	
PRES.	уча́ствую уча́ствуешь уча́ствует уча́ствуем уча́ствуете уча́ствуют	
PAST	уча́ствовал уча́ствовала уча́ствовало уча́ствовали	
FUT.	бу́ду уча́ствовать бу́дешь уча́ствовать бу́дет уча́ствовать бу́дем уча́ствовать бу́дете уча́ствовать бу́дут уча́ствовать	
COND.	уча́ствовал бы уча́ствовала бы уча́ствовало бы уча́ствовали бы	
IMP.	уча́ствуй уча́ствуйте	

	DEVERBALS	
PRES. ACT.	уча́ствующий	
PRES. PASS.		
PAST ACT.	уча́ствовавший	
PAST PASS.		
VERBAL ADVERB	уча́ствуя	

уча́ствовать в чём

учи́ть (ся) / научи́ть (ся)
to teach, study / learn (learn, study)

	IMPERFECTIVE ASPECT	PERFECTIVE ASPECT
INF.	учи́ть (ся)	научи́ть (ся)
PRES.	учу́ (сь) у́чишь (ся) у́чит (ся) у́чим (ся) у́чите (сь) у́чат (ся)	
PAST	учи́л (ся) учи́ла (сь) учи́ло (сь) учи́ли (сь)	научи́л (ся) научи́ла (сь) научи́ло (сь) научи́ли (сь)
FUT.	бу́ду учи́ть (ся) бу́дешь учи́ть (ся) бу́дет учи́ть (ся) бу́дем учи́ть (ся) бу́дете учи́ть (ся) бу́дут учи́ть (ся)	научу́ (сь) нау́чишь (ся) нау́чит (ся) нау́чим (ся) нау́чите (сь) нау́чат (ся)
COND.	учи́л (ся) бы учи́ла (сь) бы учи́ло (сь) бы учи́ли (сь) бы	научи́л (ся) бы научи́ла (сь) бы научи́ло (сь) бы научи́ли (сь) бы
IMP.	учи́ (сь) учи́те (сь)	научи́ (сь) научи́те (сь)

DEVERBALS

PRES. ACT.	уча́щий (ся)	
PRES. PASS.		
PAST ACT.	учи́вший (ся)	научи́вший (ся)
PAST PASS.	у́ченный	нау́ченный
VERBAL ADVERB	уча́ (сь)	научи́в (шись)

учи́ть кого – что чему *teach someone something*
учи́ть что *study something*
учи́ться чему *study;* **научи́ться чему,** or infinitive *learn*

характеризова́ть (ся) / охарактеризова́ть (ся)

to characterize, describe

	IMPERFECTIVE ASPECT	PERFECTIVE ASPECT
INF.	характеризова́ть (ся)	охарактеризова́ть (ся)
PRES.	характеризу́ю характеризу́ешь характеризу́ет (ся) характеризу́ем характеризу́ете характеризу́ют (ся)	
PAST	характеризова́л (ся) характеризова́ла (сь) характеризова́ло (сь) характеризова́ли (сь)	охарактеризова́л (ся) охарактеризова́ла (сь) охарактеризова́ло (сь) охарактеризова́ли (сь)
FUT.	бу́ду характеризова́ть бу́дешь характеризова́ть бу́дет характеризова́ть (ся) бу́дем характеризова́ть бу́дете характеризова́ть бу́дут характеризова́ть (ся)	охарактеризу́ю охарактеризу́ешь охарактеризу́ет (ся) охарактеризу́ем охарактеризу́ете охарактеризу́ют (ся)
COND.	характеризова́л (ся) бы характеризова́ла (сь) бы характеризова́ло (сь) бы характеризова́ли (сь) бы	охарактеризова́л (ся) бы охарактеризова́ла (сь) бы охарактеризова́ло (сь) бы охарактеризова́ли (сь) бы
IMP.	характеризу́й характеризу́йте	охарактеризу́й охарактеризу́йте

DEVERBALS

PRES. ACT.	характеризу́ющий (ся)	
PRES. PASS.	характеризу́емый	
PAST ACT.	характеризова́вший (ся)	охарактеризова́вший (ся)
PAST PASS.		охарактеризо́ванный
VERBAL ADVERB	характеризу́я (сь)	охарактеризова́в (шись)

характеризова́ть кого – что
характеризова́ться чем

Характеризова́ть can be used in both the imperfective and the perfective aspects.

хвали́ть (ся) / похвали́ть (ся)
to praise, compliment

	IMPERFECTIVE ASPECT	PERFECTIVE ASPECT
INF.	хвали́ть (ся)	похвали́ть (ся)
PRES.	хвалю́ (сь)	
	хва́лишь (ся)	
	хва́лит (ся)	
	хва́лим (ся)	
	хва́лите (сь)	
	хва́лят (ся)	
PAST	хвали́л (ся)	похвали́л (ся)
	хвали́ла (сь)	похвали́ла (сь)
	хвали́ло (сь)	похвали́ло (сь)
	хвали́ли (сь)	похвали́ли (сь)
FUT.	бу́ду хвали́ть (ся)	похвалю́ (сь)
	бу́дешь хвали́ть (ся)	похва́лишь (ся)
	бу́дет хвали́ть (ся)	похва́лит (ся)
	бу́дем хвали́ть (ся)	похва́лим (ся)
	бу́дете хвали́ть (ся)	похва́лите (сь)
	бу́дут хвали́ть (ся)	похва́лят (ся)
COND.	хвали́л (ся) бы	похвали́л (ся) бы
	хвали́ла (сь) бы	похвали́ла (сь) бы
	хвали́ло (сь) бы	похвали́ло (сь) бы
	хвали́ли (сь) бы	похвали́ли (сь) бы
IMP.	хвали́ (сь)	похвали́ (сь)
	хвали́те (сь)	похвали́те (сь)

DEVERBALS

PRES. ACT.	хваля́щий (ся)	
PRES. PASS.	хвали́мый	
PAST ACT.	хвали́вший (ся)	похвали́вший (ся)
PAST PASS.		похва́ленный
VERBAL ADVERB	хваля́ (сь)	похвали́в (шись)

хвали́ть кого́ – что за что
хвали́ться кем – чем

хвата́ть (ся) / схвати́ть (ся)

to seize, grasp

	IMPERFECTIVE ASPECT	PERFECTIVE ASPECT
INF.	хвата́ть (ся)	схвати́ть (ся)
PRES.	хвата́ю (сь)	
	хвата́ешь (ся)	
	хвата́ет (ся)	
	хвата́ем (ся)	
	хвата́ете (сь)	
	хвата́ют (ся)	
PAST	хвата́л (ся)	схвати́л (ся)
	хвата́ла (сь)	схвати́ла (сь)
	хвата́ло (сь)	схвати́ло (сь)
	хвата́ли (сь)	схвати́ли (сь)
FUT.	бу́ду хвата́ть (ся)	схвачу́ (сь)
	бу́дешь хвата́ть (ся)	схва́тишь (ся)
	бу́дет хвата́ть (ся)	схва́тит (ся)
	бу́дем хвата́ть (ся)	схва́тим (ся)
	бу́дете хвата́ть (ся)	схва́тите (сь)
	бу́дут хвата́ть (ся)	схва́тят (ся)
COND.	хвата́л (ся) бы	схвати́л (ся) бы
	хвата́ла (сь) бы	схвати́ла (сь) бы
	хвата́ло (сь) бы	схвати́ло (сь) бы
	хвата́ли (сь) бы	схвати́ли (сь) бы
IMP.	хвата́й (ся)	схвати́ (сь)
	хвата́йте (сь)	схвати́те (сь)

DEVERBALS

PRES. ACT.	хвата́ющий (ся)	
PRES. PASS.	хвата́емый	
PAST ACT.	хвата́вший (ся)	схвати́вший (ся)
PAST PASS.		схва́ченный
VERBAL ADVERB	хвата́я (сь)	схвати́в (шись)

хвата́ть кого – что
хвата́ться за кого – что
Хвата́ть / хватить чего is used in impersonal constructions to mean *be enough, suffice.*

ходи́ть – идти́ / пойти́
to go by foot, walk / set off

	MULTIDIRECTIONAL	UNIDIRECTIONAL	PERFECTIVE ASPECT
INF.	ходи́ть	идти́	пойти́
PRES.	хожу́	иду́	
	хо́дишь	идёшь	
	хо́дит	идёт	
	хо́дим	идём	
	хо́дите	идёте	
	хо́дят	иду́т	
PAST	ходи́л	шёл	пошёл
	ходи́ла	шла́	пошла́
	ходи́ло	шло́	пошло́
	ходи́ли	шли́	пошли́
FUT.	бу́ду ходи́ть	бу́ду идти́	пойду́
	бу́дешь ходи́ть	бу́дешь идти́	пойдёшь
	бу́дет ходи́ть	бу́дет идти́	пойдёт
	бу́дем ходи́ть	бу́дем идти́	пойдём
	бу́дете ходи́ть	бу́дете идти́	пойдёте
	бу́дут ходи́ть	бу́дут идти́	пойду́т
COND.	ходи́л бы	шёл бы	пошёл бы
	ходи́ла бы	шла́ бы	пошла́ бы
	ходи́ло бы	шло́ бы	пошло́ бы
	ходи́ли бы	шли́ бы	пошли́ бы
IMP.	ходи́	иди́	пойди́
	ходи́те	иди́те	пойди́те

DEVERBALS

PRES. ACT.	ходя́щий	иду́щий	
PRES. PASS.			
PAST ACT.	ходи́вший	шéдший	пошéдший
PAST PASS.			
VERBAL ADVERB	ходя́ – ходи́в	идя́	пойдя́

ходи́ть – идти́ во что, на что, к кому – чему, за кем – чем, в чём

With an imperfective infinitive, **пойти** can mean *start to*.

хотéть (ся) / захотéть (ся)

to want

	IMPERFECTIVE ASPECT	PERFECTIVE ASPECT
INF.	хотéть (ся)	захотéть (ся)
PRES.	хочý хóчешь хóчет (ся) хотИм хотИте хотЯт	
PAST	хотéл хотéла хотéло (сь) хотéли	захотéл захотéла захотéло (сь) захотéли
FUT.		захочý захóчешь захóчет (ся) захотИм захотИте захотЯт
COND.	хотéл бы хотéла бы хотéло (сь) бы хотéли бы	захотéл бы захотéла бы захотéло (сь) бы захотéли бы
IMP.		

DEVERBALS

PRES. ACT.	хотЯщий	
PRES. PASS.		
PAST ACT.	хотéвший	захотéвший
PAST PASS.		
VERBAL ADVERB	хотéв	захотéв

хотéть чего, + infinitive, + **чтобы**
хóчется кому

This verb is not used in the future tense of the imperfective aspect.

храни́ть (ся)
to keep, preserve

	IMPERFECTIVE ASPECT	PERFECTIVE ASPECT
INF.	храни́ть (ся)	
PRES.	храню́ храни́шь храни́т (ся) храни́м храни́те храня́т (ся)	
PAST	храни́л (ся) храни́ла (сь) храни́ло (сь) храни́ли (сь)	
FUT.	бу́ду храни́ть бу́дешь храни́ть бу́дет храни́ть (ся) бу́дем храни́ть бу́дете храни́ть бу́дут храни́ть (ся)	
COND.	храни́л (ся) бы храни́ла (сь) бы храни́ло (сь) бы храни́ли (сь) бы	
IMP.	храни́ храни́те	

DEVERBALS

PRES. ACT.	храня́щий (ся)
PRES. PASS.	храни́мый
PAST ACT.	храни́вший (ся)
PAST PASS.	
VERBAL ADVERB	храня́ (сь)

храни́ть что

There is the verbal pair **сохраня́ть (ся)** / **сохрани́ть (ся)**

целова́ть (ся) / поцелова́ть (ся)

to kiss

	IMPERFECTIVE ASPECT	PERFECTIVE ASPECT
INF.	целова́ть (ся)	поцелова́ть (ся)
PRES.	целу́ю (сь)	
	целу́ешь (ся)	
	целу́ет (ся)	
	целу́ем (ся)	
	целу́ете (сь)	
	целу́ют (ся)	
PAST	целова́л (ся)	поцелова́л (ся)
	целова́ла (сь)	поцелова́ла (сь)
	целова́ло (сь)	поцелова́ло (сь)
	целова́ли (сь)	поцелова́ли (сь)
FUT.	бу́ду целова́ть (ся)	поцелу́ю (сь)
	бу́дешь целова́ть (ся)	поцелу́ешь (ся)
	бу́дет целова́ть (ся)	поцелу́ет (ся)
	бу́дем целова́ть (ся)	поцелу́ем (ся)
	бу́дете целова́ть (ся)	поцелу́ете (сь)
	бу́дут целова́ть (ся)	поцелу́ют (ся)
COND.	целова́л (ся) бы	поцелова́л (ся) бы
	целова́ла (сь) бы	поцелова́ла (сь) бы
	целова́ло (сь) бы	поцелова́ло (сь) бы
	целова́ли (сь) бы	поцелова́ли (сь) бы
IMP.	целу́й (ся)	поцелу́й (ся)
	целу́йте (сь)	поцелу́йте (сь)

	DEVERBALS	
PRES. ACT.	целу́ющий (ся)	
PRES. PASS.	целу́емый	
PAST ACT.	целова́вший (ся)	поцелова́вший (ся)
PAST PASS.	цело́ванный	поцело́ванный
VERBAL ADVERB	целу́я (сь)	поцелова́в (шись)

целова́ть кого – что
целова́ться с кем

чернéть / почернéть
to turn black

	IMPERFECTIVE ASPECT	PERFECTIVE ASPECT
INF.	чернéть	почернéть
PRES.	чернéю чернéешь чернéет чернéем чернéете чернéют	
PAST	чернéл чернéла чернéло чернéли	почернéл почернéла почернéло почернéли
FUT.	бýду чернéть бýдешь чернéть бýдет чернéть бýдем чернéть бýдете чернéть бýдут чернéть	почернéю почернéешь почернéет почернéем почернéете почернéют
COND.	чернéл бы чернéла бы чернéло бы чернéли бы	почернéл бы почернéла бы почернéло бы почернéли бы
IMP.	чернéй чернéйте	почернéй почернéйте

DEVERBALS

PRES. ACT.	чернéющий	
PRES. PASS.		
PAST ACT.	чернéвший	почернéвший
PAST PASS.		
VERBAL ADVERB	чернéя	почернéв

чи́стить (ся) / почи́стить (ся)
to clean, peel

	IMPERFECTIVE ASPECT	PERFECTIVE ASPECT
INF.	чи́стить (ся)	почи́стить (ся)
PRES.	чи́щу (сь)	
	чи́стишь (ся)	
	чи́стит (ся)	
	чи́стим (ся)	
	чи́стите (сь)	
	чи́стят (ся)	
PAST	чи́стил (ся)	почи́стил (ся)
	чи́стила (сь)	почи́стила (сь)
	чи́стило (сь)	почи́стило (сь)
	чи́стили (сь)	почи́стили (сь)
FUT.	бу́ду чи́стить (ся)	почи́щу (сь)
	бу́дешь чи́стить (ся)	почи́стишь (ся)
	бу́дет чи́стить (ся)	почи́стит (ся)
	бу́дем чи́стить (ся)	почи́стим (ся)
	бу́дете чи́стить (ся)	почи́стите (сь)
	бу́дут чи́стить (ся)	почи́стят (ся)
COND.	чи́стил (ся) бы	почи́стил (ся) бы
	чи́стила (сь) бы	почи́стила (сь) бы
	чи́стило (сь) бы	почи́стило (сь) бы
	чи́стили (сь) бы	почи́стили (сь) бы
IMP.	чи́сти (сь)	почи́сти (сь)
	чи́стите (сь)	почи́стите (сь)

DEVERBALS

PRES. ACT.	чи́стящий (ся)	
PRES. PASS.	чи́стимый	
PAST ACT.	чи́стивший	почи́стивший
PAST PASS.	чи́щенный	почи́щенный
VERBAL ADVERB	чи́стя (сь)	почи́стив (шись)

чи́стить кого́ – что

чита́ть / прочита́ть
to read, give a lecture

	IMPERFECTIVE ASPECT	PERFECTIVE ASPECT
INF.	чита́ть	прочита́ть
PRES.	чита́ю чита́ешь чита́ет чита́ем чита́ете чита́ют	
PAST	чита́л чита́ла чита́ло чита́ли	прочита́л прочита́ла прочита́ло прочита́ли
FUT.	бу́ду чита́ть бу́дешь чита́ть бу́дет чита́ть бу́дем чита́ть бу́дете чита́ть бу́дут чита́ть	прочита́ю прочита́ешь прочита́ет прочита́ем прочита́ете прочита́ют
COND.	чита́л бы чита́ла бы чита́ло бы чита́ли бы	прочита́л бы прочита́ла бы прочита́ло бы прочита́ли бы
IMP.	чита́й чита́йте	прочита́й прочита́йте

DEVERBALS

PRES. ACT.	чита́ющий	
PRES. PASS.	чита́емый	
PAST ACT.	чита́вший	прочита́вший
PAST PASS.	чита́нный	прочи́танный
VERBAL ADVERB	чита́я	прочита́в

чита́ть кого́ — что

There is also the verbal pair **прочи́тывать / прочита́ть.**

чу́вствовать (ся) / почу́вствовать (ся)
to feel (be noticeable)

	IMPERFECTIVE ASPECT	PERFECTIVE ASPECT
INF.	чу́вствовать (ся)	почу́вствовать (ся)
PRES.	чу́вствую (сь)	
	чу́вствуешь (ся)	
	чу́вствует (ся)	
	чу́вствуем (ся)	
	чу́вствуете (сь)	
	чу́вствуют (ся)	
PAST	чу́вствовал (ся)	почу́вствовал (ся)
	чу́вствовала (сь)	почу́вствовала (сь)
	чу́вствовало (сь)	почу́вствовало (сь)
	чу́вствовали (сь)	почу́вствовали (сь)
FUT.	бу́ду чу́вствовать (ся)	почу́вствую (сь)
	бу́дешь чу́вствовать (ся)	почу́вствуешь (ся)
	бу́дет чу́вствовать (ся)	почу́вствует (ся)
	бу́дем чу́вствовать (ся)	почу́вствуем (ся)
	бу́дете чу́вствовать (ся)	почу́вствуете (сь)
	бу́дут чу́вствовать (ся)	почу́вствуют (ся)
COND.	чу́вствовал (ся) бы	почу́вствовал (ся) бы
	чу́вствовала (сь) бы	почу́вствовала (сь) бы
	чу́вствовало (сь) бы	почу́вствовало (сь) бы
	чу́вствовали (сь) бы	почу́вствовали (сь) бы
IMP.	чу́вствуй (ся)	почу́вствуй (ся)
	чу́вствуйте (сь)	почу́вствуйте (сь)

DEVERBALS

PRES. ACT.	чу́вствующий (ся)	
PRES. PASS.	чу́вствуемый	
PAST ACT.	чу́вствовавший (ся)	почу́вствовавший (ся)
PAST PASS.		
VERBAL ADVERB	чу́вствуя (сь)	почу́вствовав (шись)

чу́вствовать что, себя

ШИ́ТЬ / СШИ́ТЬ
to sew

	IMPERFECTIVE ASPECT	PERFECTIVE ASPECT
INF.	ши́ть	сши́ть
PRES.	шью́ шьёшь шьёт шьём шьёте шью́т	
PAST	ши́л ши́ла ши́ло ши́ли	сши́л сши́ла сши́ло сши́ли
FUT.	бу́ду ши́ть бу́дешь ши́ть бу́дет ши́ть бу́дем ши́ть бу́дете ши́ть бу́дут ши́ть	сошью́ сошьёшь сошьёт сошьём сошьёте сошью́т
COND.	ши́л бы ши́ла бы ши́ло бы ши́ли бы	сши́л бы сши́ла бы сши́ло бы сши́ли бы
IMP.	ше́й ше́йте	сше́й сше́йте

DEVERBALS

PRES. ACT.	шью́щий	
PRES. PASS.		
PAST ACT.	ши́вший	сши́вший
PAST PASS.	ши́тый	сши́тый
VERBAL ADVERB	ши́в	сши́в

ши́ть что чем, по чему

The pair **сши́вать / сши́ть** also means *to sew*.

	IMPERFECTIVE ASPECT	PERFECTIVE ASPECT
INF.	шуме́ть	пошуме́ть
PRES.	шумлю́ шуми́шь шуми́т шуми́м шуми́те шумя́т	
PAST	шуме́л шуме́ла шуме́ло шуме́ли	пошуме́л пошуме́ла пошуме́ло пошуме́ли
FUT.	бу́ду шуме́ть бу́дешь шуме́ть бу́дет шуме́ть бу́дем шуме́ть бу́дете шуме́ть бу́дут шуме́ть	пошумлю́ пошуми́шь пошуми́т пошуми́м пошуми́те пошумя́т
COND.	шуме́л бы шуме́ла бы шуме́ло бы шуме́ли бы	пошуме́л бы пошуме́ла бы пошуме́ло бы пошуме́ли бы
IMP.	шуми́ шуми́те	пошуми́ пошуми́те

DEVERBALS

PRES. ACT.	шумя́щий	
PRES. PASS.		
PAST ACT.	шуме́вший	пошуме́вший
PAST PASS.		
VERBAL ADVERB	шумя́	пошуме́в

ШУТИ́ТЬ / ПОШУТИ́ТЬ
to joke, jest

	IMPERFECTIVE ASPECT	PERFECTIVE ASPECT
INF.	шути́ть	пошути́ть
PRES.	шучу́ шу́тишь шу́тит шу́тим шу́тите шу́тят	
PAST	шути́л шути́ла шути́ло шути́ли	пошути́л пошути́ла пошути́ло пошути́ли
FUT.	бу́ду шути́ть бу́дешь шути́ть бу́дет шути́ть бу́дем шути́ть бу́дете шути́ть бу́дут шути́ть	пошучу́ пошу́тишь пошу́тит пошу́тим пошу́тите пошу́тят
COND.	шути́л бы шути́ла бы шути́ло бы шути́ли бы	пошути́л бы пошути́ла бы пошути́ло бы пошути́ли бы
IMP.	шути́ шути́те	пошути́ пошути́те

DEVERBALS

PRES. ACT.	шутя́щий	
PRES. PASS.		
PAST ACT.	шути́вший	пошути́вший
PAST PASS.		
VERBAL ADVERB	шутя́	пошути́в

шути́ть над кем – чем

явля́ть (ся) / яви́ть (ся)
to reveal (present oneself, turn up, to be)

	IMPERFECTIVE ASPECT	PERFECTIVE ASPECT
INF.	явля́ть (ся)	яви́ть (Ся)
PRES.	явля́ю (сь)	
	явля́ешь (ся)	
	явля́ет (ся)	
	явля́ем (ся)	
	явля́ете (сь)	
	явля́ют (ся)	
PAST	явля́л (ся)	яви́л (ся)
	явля́ла (сь)	яви́ла (сь)
	явля́ло (сь)	яви́ло (сь)
	явля́ли (сь)	яви́ли (сь)
FUT.	бу́ду явля́ть (ся)	явлю́ (сь)
	бу́дешь явля́ть (ся)	я́вишь (ся)
	бу́дет явля́ть (ся)	я́вит (ся)
	бу́дем явля́ть (ся)	я́вим (ся)
	бу́дете явля́ть (ся)	я́вите (сь)
	бу́дут явля́ть (ся)	я́вят (ся)
COND.	явля́л (ся) бы	яви́л (ся) бы
	явля́ла (сь) бы	яви́ла (сь) бы
	явля́ло (сь) бы	яви́ло (сь) бы
	явля́ли (сь) бы	яви́ли (сь) бы
IMP.	явля́й (ся)	яви́ (сь)
	явля́йте (сь)	яви́те (сь)

DEVERBALS

PRES. ACT.	явля́ющий (ся)	
PRES. PASS.	явля́емый	
PAST ACT.	явля́вший (ся)	яви́вший (ся)
PAST PASS.		я́вленный
VERBAL ADVERB	явля́я (сь)	яви́в (шись)

явля́ть кого – что
явля́ться кем – чем

Russian Verbs in the Twenty-First Century

The advent of the personal computer and the spread of the internet, including the World Wide Web, have brought new vocabulary to the Russian language. As could be expected, many new nouns have appeared, such as the words for *browser* (браузер). Many old words are used in new meanings: *The Net* is Сеть. There is also an increasing use of English words in Roman script in Russian publications, such as **Internet.** For the most part, however, the verbal system simply uses already existing verbs to encompass new meanings. Note the following usage of verbs already found in the original *501 Russian Verbs.*

открывать / открыть окно	to open a window
закрывать / закрыть папку	to close a file
включать / включить принтер	to turn on the printer
выключать / выключить монитор	to turn off the monitor
показывать / показать все окна	to show all windows
создавать / создать псевдоним	to create an alias

The dramatic democratic reforms that brought an end to the Soviet Union and the emergence of the Russian Federation were also accompanied by an influx or re-emergence in the language of a vocabulary needed to explain new political realities and structures, and economic concepts such as private property, real estate, free market economy forces, and so on. Here too, many existing words were called upon anew or ever more frequently.

There has also been a tendency to use words similar to those in common usage in English and other European languages. Many of these verbs end in -овать or -ировать and when pronounced aloud will seem very familiar: программировать = to program, приватизировать = to privatize.

The language continues to adapt to changing times. On the next few pages we have 100 verbal pairs selected from contemporary newspapers, journals, and web sites that are representative of this new, up-to-date Russian language. This list is just a beginning. The twenty-first century will surely yield more!

The verbs are presented in a somewhat abbreviated form, listing the principal parts from which all the other forms of the verb can be easily derived. The following example indicates in *italics* the forms that are to be derived or deduced from those in the standard, non-italic font.

Some of these verbs are listed with perfective forms in standard reference works. In many cases one form of the verb, particularly those ending in -ировать, serves as an imperfective and perfective verb. The use of the particle ся is widespread (particularly in writing), transforming a transitive verb into an intransitive one or a passive construction. As with the original *501 Russian Verbs,* only those forms we have found in standard reference works or have actually encountered are provided.

SAMPLE VERB:

адапти́ровать / адапти́ровать
to adapt

	IMPERFECTIVE ASPECT	PERFECTIVE ASPECT
INF.	адапти́ровать	адапти́ровать
PRES.	адапти́рую адапти́руешь *адапти́рует* *адапти́руем* *адапти́руете* адапти́руют	
PAST	адапти́ровал *адапти́ровала* *адапти́ровало* *адапти́ровали*	адапти́ровал *адапти́ровала* *адапти́ровало* *адапти́ровали*
FUT.	бу́ду адапти́ровать бу́дешь адапти́ровать *бу́дет адапти́ровать* *бу́дем адапти́ровать* *бу́дете адапти́ровать* бу́дут адапти́ровать	адапти́рую адапти́руешь *адапти́рует* *адапти́руем* *адапти́руете* адапти́руют
COND.	адапти́ровал бы *адапти́ровала бы* *адапти́ровало бы* *адапти́ровали бы*	адапти́ровал бы *адапти́ровала бы* *адапти́ровало бы* *адапти́ровали бы*
IMP.	адапти́руй *адапти́руйте*	адапти́руй *адапти́руйте*

DEVERBALS

PRES. ACT.	адапти́рующий	
PRES. PASS.	*адапти́руемый*	
PAST ACT.	адапти́ровавший	адапти́ровавший
PAST PASS.		адапти́рованный
VERBAL ADVERB	адапти́руя	адапти́ровав

адапти́ровать что

Principal Parts of
100 Russian Verbs
for the Twenty-First Century

адапти́ровать (ся) / адапти́ровать (ся)

to adapt

	IMPERFECTIVE ASPECT	PERFECTIVE ASPECT
INF.	адапти́ровать (ся)	адапти́ровать (ся)
PRES.	адапти́рую (сь)	
	адапти́руешь (ся)	
	адапти́руют (ся)	
PAST	адапти́ровал (ся)	адапти́ровал (ся)
FUT.	бу́ду адапти́ровать (ся)	адапти́рую (сь)
	бу́дешь адапти́ровать (ся)	адапти́руешь (ся)
	бу́дут адапти́ровать (ся)	адапти́руют (ся)
COND.	адапти́ровал (ся) бы	адапти́ровал (ся) бы
IMP.	адапти́руй (ся) (те) (сь)	адапти́руй (ся) (те) (сь)
DEVERBALS		
PRES. ACT.	адапти́рующий (ся)	
PAST ACT.	адапти́ровавший (ся)	адапти́ровавший (ся)
PAST PASS.		адапти́рованный
VERBAL ADVERB	адапти́руя	адапти́ровав (шись)

адапти́ровать что, адапти́роваться к кому-чему

администри́ровать

to administer, manage

	IMPERFECTIVE ASPECT	PERFECTIVE ASPECT
INF.	администри́ровать	
PRES.	администри́рую	
	администри́руешь	
	администри́руют	
PAST	администри́ровал	
FUT.	бу́ду администри́ровать	
	бу́дешь администри́ровать	
	бу́дут администри́ровать	
COND.	администри́ровал бы	
IMP.	администри́руй (те)	
DEVERBALS		
PRES. ACT.	администри́рующий	
PAST ACT.	администри́ровавший	
PAST PASS.		
VERBAL ADVERB	администри́руя	

адресова́ть (ся) / адресова́ть (ся)
to address

	IMPERFECTIVE ASPECT	PERFECTIVE ASPECT
INF.	адресова́ть (ся)	адресова́ть (ся)
PRES.	адресу́ю (сь)	
	адресу́ешь (ся)	
	адресу́ют (ся)	
PAST	адресова́л (ся)	адресова́л (ся)
FUT.	бу́ду адресова́ть (ся)	адресу́ю (сь)
	бу́дешь адресова́ть (ся)	адресу́ешь (ся)
	бу́дут адресова́ть (ся)	адресу́ют (ся)
COND.	адресова́л (ся) бы	адресова́л (ся) бы
IMP.	адресу́й (ся) (те) (сь)	адресу́й (ся) (те) (сь)
	DEVERBALS	
PRES. ACT.	адресу́ющий (ся)	
PAST ACT.	адресова́вший (ся)	адресова́вший (ся)
PAST PASS.		адресо́ванный
VERBAL ADVERB	адресу́я (сь)	адресова́в (шись)

адресова́ть что кому

анноти́ровать / анноти́ровать
to annotate

	IMPERFECTIVE ASPECT	PERFECTIVE ASPECT
INF.	анноти́ровать	анноти́ровать
PRES.	анноти́рую	
	анноти́руешь	
	анноти́руют	
PAST	анноти́ровал	анноти́ровал
FUT.	бу́ду анноти́ровать	анноти́рую
	бу́дешь анноти́ровать	анноти́руешь
	бу́дут анноти́ровать	анноти́руют
COND.	анноти́ровал бы	анноти́ровал бы
IMP.	анноти́руй (те)	анноти́руй (те)
	DEVERBALS	
PRES. ACT.	анноти́рующий	
PAST ACT.	анноти́ровавший	анноти́ровавший
PAST PASS.		анноти́рованный
VERBAL ADVERB	анноти́руя	анноти́ровав

анноти́ровать что

арендова́ть / арендова́ть

to rent, lease

	IMPERFECTIVE ASPECT	PERFECTIVE ASPECT
INF.	арендова́ть	арендова́ть
PRES.	аренду́ю	
	аренду́ешь	
	аренду́ют	
PAST	арендова́л	арендова́л
FUT.	бу́ду арендова́ть	аренду́ю
	бу́дешь арендова́ть	аренду́ешь
	бу́дут арендова́ть	аренду́ют
COND.	арендова́л бы	арендова́л бы
IMP.	аренду́й (те)	аренду́й (те)
	DEVERBALS	
PRES. ACT.	аренду́ющий	
PAST ACT.	арендова́вший	арендова́вший
PAST PASS.		арендо́ванный
VERBAL ADVERB	аренду́я	арендова́в

арендова́ть что

ассоции́ровать (ся) / ассоции́ровать (ся)

to associate with

	IMPERFECTIVE ASPECT	PERFECTIVE ASPECT
INF.	ассоции́ровать (ся)	ассоции́ровать (ся)
PRES.	ассоции́рую (сь)	
	ассоции́руешь (ся)	
	ассоции́руют (ся)	
PAST	ассоции́ровал (ся)	ассоции́ровал (ся)
FUT.	бу́ду ассоции́ровать (ся)	ассоции́рую (сь)
	бу́дешь ассоции́ровать (ся)	ассоции́руешь (ся)
	бу́дут ассоции́ровать (ся)	ассоции́руют ся)
COND.	ассоции́ровал (ся) бы	ассоции́ровал (ся) бы
IMP.	ассоции́руй (ся) (те) (сь)	ассоции́руй (ся) (те) (сь)
	DEVERBALS	
PRES. ACT.	ассоции́рующий (ся)	
PAST ACT.	ассоции́ровавший (ся)	ассоции́ровавший (ся)
PAST PASS.		ассоции́рованный
VERBAL ADVERB	ассоции́руя (сь)	ассоции́ровав (шись)

ассоции́ровать что с чем, с кем

базировать (ся)
to base on

	IMPERFECTIVE ASPECT	PERFECTIVE ASPECT
INF.	бази́ровать (ся)	
PRES.	бази́рую (сь)	
	бази́руешь (ся)	
	бази́руют (ся)	
PAST	бази́ровал (ся)	
FUT.	бу́ду бази́ровать (ся)	
	бу́дешь бази́ровать (ся)	
	бу́дут бази́ровать (ся)	
COND.	бази́ровал (ся) бы	
IMP.	бази́руй (ся) (те) (сь)	
	DEVERBALS	
PRES. ACT.	бази́рующий (ся)	
PAST ACT.	бази́ровавший (ся)	
PAST PASS.		
VERBAL ADVERB	бази́руя (сь)	

бази́ровать что на чём

баллоти́ровать (ся)
to vote for, vote on (run for office)

	IMPERFECTIVE ASPECT	PERFECTIVE ASPECT
INF.	баллоти́ровать (ся)	
PRES.	баллоти́рую (сь)	
	баллоти́руешь (ся)	
	баллоти́руют (ся)	
PAST	баллоти́ровал (ся)	
FUT.	бу́ду баллоти́ровать (ся)	
	бу́дешь баллоти́ровать (ся)	
	бу́дут баллоти́ровать (ся)	
COND.	баллоти́ровал (ся) бы	
IMP.	баллоти́руй (ся) (те) (сь)	
	DEVERBALS	
PRES. ACT.	баллоти́рующий (ся)	
PAST ACT.	баллоти́ровавший (ся)	
PAST PASS.		
VERBAL ADVERB	баллоти́руя (сь)	

баллоти́ровать кого-что, баллоти́роваться в кто

блоки́ровать / блоки́ровать

to blockade

	IMPERFECTIVE ASPECT	PERFECTIVE ASPECT
INF.	блоки́ровать	блоки́ровать
PRES.	блоки́рую	
	блоки́руешь	
	блоки́руют	
PAST	блоки́ровал	блоки́ровал
FUT.	бу́ду блоки́ровать	блоки́рую
	бу́дешь блоки́ровать	блоки́руешь
	бу́дут блоки́ровать	блоки́руют
COND.	блоки́ровал бы	блоки́ровал бы
IMP.	блоки́руй (те)	блоки́руй (те)

DEVERBALS

PRES. ACT.	блоки́рующий	
PAST ACT.	блоки́ровавший	
PAST PASS.		блоки́ровавший
		блоки́рованный
VERBAL ADVERB	блоки́руя	блоки́ровав

блоки́ровать кого-что

блоки́роваться / сблоки́роваться

to form a political bloc

	IMPERFECTIVE ASPECT	PERFECTIVE ASPECT
INF.	блоки́роваться	сблоки́роваться
PRES.	блоки́руюсь	
	блоки́руешься	
	блоки́руются	
PAST	блоки́ровался	сблоки́ровался
FUT.	бу́ду блоки́роваться	сблоки́руюсь
	бу́дешь блоки́роваться	сблоки́руешься
	бу́дут блоки́роваться	сблоки́руются
COND.	блоки́ровался бы	сблоки́ровался бы
IMP.	блоки́руйся (тесь)	сблоки́руйся (тесь)

DEVERBALS

PRES. ACT.	блоки́рующийся	
PAST ACT.	блоки́ровавшийся	
PAST PASS.		сблоки́ровавшийся
VERBAL ADVERB	блоки́руясь	сблоки́ровавшись

блоки́роваться с кем-чем

взрыва́ть (ся) / взорва́ть (ся)

to explode, blow up

	IMPERFECTIVE ASPECT	PERFECTIVE ASPECT
INF.	взрыва́ть (ся)	взорва́ть (ся)
PRES.	взрыва́ю	
	взрыва́ешь	
	взрыва́ют (ся)	
PAST	взрыва́л (ся)	взорва́л (ся)
FUT.	бу́ду взрыва́ть	взорву́
	бу́дешь взрыва́ть	взорвёшь
	бу́дут взрыва́ть (ся)	взорву́т (ся)
COND.	взрыва́л (ся) бы	взорва́л (ся) бы
IMP.	взрыва́й (те)	взорви́ (те)

DEVERBALS

PRES. ACT.	взрыва́ющий (ся)	
PAST ACT.	взрыва́вший (ся)	взорва́вший (ся)
PAST PASS.		взро́рванный
VERBAL ADVERB	взрыва́я (сь)	взорва́в (шись)

взрыва́ть кого-что

возлага́ть / возложи́ть

to entrust, lay something on

	IMPERFECTIVE ASPECT	PERFECTIVE ASPECT
INF.	возлага́ть	возложи́ть
PRES.	возлага́ю	
	возлага́ешь	
	возлага́ют	
PAST	возлага́л	возложи́л
FUT.	бу́ду возлага́ть	возложу́
	бу́дешь возлага́ть	возло́жишь
	бу́дут возлага́ть	возло́жат
COND.	возлага́л бы	возложи́л бы
IMP.	возлага́й (те)	возложи́ (те)

DEVERBALS

PRES. ACT.	возлага́ющий	
PAST ACT.	возлага́вший	возложи́вший
PAST PASS.		возло́женный
VERBAL ADVERB	возлага́я	возложи́в

возлага́ть что на кого-что

голосова́ть / проголосова́ть
to vote

	IMPERFECTIVE ASPECT	PERFECTIVE ASPECT
INF.	голосова́ть	проголосова́ть
PRES.	голосу́ю	
	голосу́ешь	
	голосу́ют	
PAST	голосова́л	проголосова́л
FUT.	бу́ду голосова́ть	проголосу́ю
	бу́дешь голосова́ть	проголосу́ешь
	бу́дут голосова́ть	проголосу́ют
COND.	голосова́л бы	проголосова́л бы
IMP.	голосу́й (те)	проголосу́й (те)
	DEVERBALS	
PRES. ACT.	голосу́ющий	
PAST ACT.	голосова́вший	проголосова́вший
PAST PASS.		проголосо́ванный
VERBAL ADVERB	голосу́я	проголосова́в

голосова́ть что за кого-что

грози́ть / погрози́ть
to threaten

	IMPERFECTIVE ASPECT	PERFECTIVE ASPECT
INF.	грози́ть	погрози́ть
PRES.	грожу́	
	грози́шь	
	грозя́т	
PAST	грози́л	погрози́л
FUT.	бу́ду грози́ть	погрожу́
	бу́дешь грози́ть	погрози́шь
	бу́дут грози́ть	погрозя́т
COND.	грози́л бы	погрози́л бы
IMP.	грози́ (те)	погрози́ (те)
	DEVERBALS	
PRES. ACT.	грозя́щий	
PAST ACT.	грози́вший	погрози́вший
PAST PASS.		
VERBAL ADVERB	грозя́	погрози́в

грози́ть кому-чему чем

демонстри́ровать / продемонстри́ровать
to demonstrate, show

	IMPERFECTIVE ASPECT	PERFECTIVE ASPECT
INF.	демонстри́ровать	продемонстри́ровать
PRES.	демонстри́рую	
	демонстри́руешь	
	демонстри́руют	
PAST	демонстри́ровал	продемонстри́ровал
FUT.	бу́ду демонстри́ровать	продемонстри́рую
	бу́дешь демонстри́ровать	продемонстри́руешь
	бу́дут демонстри́ровать	продемонстри́руют
COND.	демонстри́ровал бы	продемонстри́ровал бы
IMP.	демонстри́руй (те)	продемонстри́руй (те)

DEVERBALS

PRES. ACT.	демонстри́рующий	
PAST ACT.	демонстри́ровавший	продемонстри́ровавший
PAST PASS.		продемонстри́рованный
VERBAL ADVERB	демонстри́руя	продемонстри́ровав

демонстри́ровать что
демонстри́ровать used as a perfective verb means *to participate in a demon-stration*

дога́дываться / догада́ться
to guess

	IMPERFECTIVE ASPECT	PERFECTIVE ASPECT
INF.	дога́дываться	догада́ться
PRES.	дога́дываюсь	
	дога́дываешься	
	дога́дываются	
PAST	дога́дывался	догада́лся
FUT.	бу́ду дога́дываться	догада́юсь
	бу́дешь дога́дываться	догада́ешься
	бу́дут дога́дываться	догада́ются
COND.	дога́дывался бы	догада́лся бы
IMP.	дога́дывайся (тесь)	догада́йся (тесь)

DEVERBALS

PRES. ACT.	дога́дывающийся	
PAST ACT.	дога́дывавшийся	догада́вшийся
PAST PASS.		
VERBAL ADVERB	дога́дываясь	догада́вшись

	IMPERFECTIVE ASPECT	PERFECTIVE ASPECT
INF.	домини́ровать	
PRES.	домини́рую	
	домини́руешь	
	домини́руют	
PAST	домини́ровал	
FUT.	бу́ду домини́ровать	
	бу́дешь домини́ровать	
	бу́дут домини́ровать	
COND.	домини́ровал бы	
IMP.	домини́руй (те)	

	DEVERBALS	
PRES. ACT.	домини́рующий	
PAST ACT.	домини́ровавший	
PAST PASS.		
VERBAL ADVERB	домини́руя	

домини́ровать над чем

	IMPERFECTIVE ASPECT	PERFECTIVE ASPECT
INF.	дубли́ровать	
PRES.	дубли́рую	
	дубли́руешь	
	дубли́руют	
PAST	дубли́ровал	
FUT.	бу́ду дубли́ровать	
	бу́дешь дубли́ровать	
	бу́дут дубли́ровать	
COND.	дубли́ровал бы	
IMP.	дубли́руй (те)	

	DEVERBALS	
PRES. ACT.	дубли́рующий	
PAST ACT.	дубли́ровавший	
PAST PASS.	дубли́рованный	
VERBAL ADVERB	дубли́руя	

дубли́ровать что

жева́ть / пожева́ть
to chew

	IMPERFECTIVE ASPECT	PERFECTIVE ASPECT
INF.	жева́ть	пожева́ть
PRES.	жу́ю	
	жу́ешь	
	жу́ют	
PAST	жева́л	пожева́л
FUT.	бу́ду жева́ть	пожую́
	бу́дешь жева́ть	пожуёшь
	бу́дут жева́ть	пожую́т
COND.	жева́л бы	пожева́л бы
IMP.	жу́й (те)	пожу́й (те)
	DEVERBALS	
PRES. ACT.	жу́ющий	
PAST ACT.	жева́вший	пожева́вший
PAST PASS.		пожёванный
VERBAL ADVERB	жу́я	пожева́в

жева́ть что, чего

заблужда́ться / заблуди́ться
to get lost, lose one's way

	IMPERFECTIVE ASPECT	PERFECTIVE ASPECT
INF.	заблужда́ться	заблуди́ться
PRES.	заблужда́юсь	
	заблужда́ешься	
	заблужда́ются	
PAST	заблужда́лся	заблуди́лся
FUT.	бу́ду заблужда́ться	заблужу́сь
	бу́дешь заблужда́ться	заблу́дишься
	бу́дут заблужда́ться	заблу́дятся
COND.	заблужда́лся бы	заблуди́лся бы
IMP.	заблужда́йся (тесь)	заблуди́сь (тесь)
	DEVERBALS	
PRES. ACT.	заблужда́ющийся	
PAST ACT.	заблужда́вшийся	заблуди́вшийся
PAST PASS.		
VERBAL ADVERB	заблужда́ясь	заблуди́вшись

загружа́ть (ся) / загрузи́ть (ся)
to load (start up computer)

	IMPERFECTIVE ASPECT	PERFECTIVE ASPECT
INF.	загружа́ть (ся)	загрузи́ть (ся)
PRES.	загру́жа́ю (сь)	
	загру́жа́ешь (ся)	
	загру́жа́ют (ся)	
PAST	загружа́л (ся)	загрузи́л (ся)
FUT.	бу́ду загружа́ть (ся)	загружу́ (сь)
	бу́дешь загружа́ть (ся)	загру́зишь (ся)
	бу́дут загружа́ть (ся)	загру́зят (ся)
COND.	загружа́л (ся) бы	загрузи́л (ся) бы
IMP.	загружа́й (ся) (те) (сь)	загрузи́ (сь) (те) (сь)

	DEVERBALS	
PRES. ACT.	загружа́ющий (ся)	
PAST ACT.	загружа́вший (ся)	загрузи́вший (ся)
PAST PASS.		загру́женный
VERBAL ADVERB	загружа́я (сь)	загрузи́в (шись)

загружа́ть кого-что, загружа́ть програ́мму

заполня́ть (ся) / запо́лнить (ся)
to fill in, fill out

	IMPERFECTIVE ASPECT	PERFECTIVE ASPECT
INF.	заполня́ть (ся)	запо́лнить (ся)
PRES.	заполня́ю	
	заполня́ешь	
	заполня́ют (ся)	
PAST	заполня́л (ся)	запо́лнил (ся)
FUT.	бу́ду заполня́ть	запо́лню
	бу́дешь заполня́ть	запо́лнишь
	бу́дут заполня́ть (ся)	запо́лнят (ся)
COND.	заполня́л (ся) бы	запо́лнил (ся) бы
IMP.	заполня́й (те)	запо́лни (те)

	DEVERBALS	
PRES. ACT.	заполня́ющий (ся)	
PAST ACT.	заполня́вший (ся)	запо́лнивший (ся)
PAST PASS.		запо́лненный
VERBAL ADVERB	заполня́я (сь)	запо́лнив (шись)

заполня́ть что

заража́ть (ся) / зарази́ть (ся)
to infect

	IMPERFECTIVE ASPECT	PERFECTIVE ASPECT
INF.	заража́ть (ся)	зарази́ть (ся)
PRES.	заража́ю (сь)	
	заража́ешь (ся)	
	заража́ют (ся)	
PAST	заража́л (ся)	зарази́л (ся)
FUT.	бу́ду заража́ть (ся)	заражу́ (сь)
	бу́дешь заража́ть (ся)	зарази́шь (ся)
	бу́дут заража́ть (ся)	заразя́т (ся)
COND.	заража́л (ся) бы	зарази́л (ся) бы
IMP.	заража́й (ся) (те) (сь)	зарази́ (сь) (те) (сь)
	DEVERBALS	
PRES. ACT.	заража́ющий (ся)	
PAST ACT.	заража́вший (ся)	зарази́вший (ся)
PAST PASS.		заражённый
VERBAL ADVERB	заража́я (сь)	зарази́в (шись)

заража́ть кого-что чем, заража́ться вирусом

иллюстри́ровать / иллюстри́ровать
to illustrate

	IMPERFECTIVE ASPECT	PERFECTIVE ASPECT
INF.	иллюстри́ровать	иллюстри́ровать
PRES.	иллюстри́рую	
	иллюстри́руешь	
	иллюстри́руют	
PAST	иллюстри́ровал	иллюстри́ровал
FUT.	бу́ду иллюстри́ровать	иллюстри́рую
	бу́дешь иллюстри́ровать	иллюстри́руешь
	бу́дут иллюстри́ровать	иллюстри́руют
COND.	иллюстри́ровал бы	иллюстри́ровал бы
IMP.	иллюстри́руй (те)	иллюстри́руй (те)
	DEVERBALS	
PRES. ACT.	иллюстри́рующий	
PAST ACT.	иллюстри́ровавший	иллюстри́ровавший
PAST PASS.		иллюстри́рованный
VERBAL ADVERB	иллюстри́руя	иллюстри́ровав

иллюстри́ровать что

иммигри́ровать / иммигри́ровать
to immigrate

	IMPERFECTIVE ASPECT	PERFECTIVE ASPECT
INF.	иммигри́ровать	иммигри́ровать
PRES.	иммигри́рую	
	иммигри́руешь	
	иммигри́руют	
PAST	иммигри́ровал	иммигри́ровал
FUT.	бу́ду иммигри́ровать	иммигри́рую
	бу́дешь иммигри́ровать	иммигри́руешь
	бу́дут иммигри́ровать	иммигри́руют
COND.	иммигри́ровал бы	иммигри́ровал бы
IMP.	иммигри́руй (те)	иммигри́руй (те)
	DEVERBALS	
PRES. ACT.	иммигри́рующий	
PAST ACT.	иммигри́ровавший	иммигри́ровавший
PAST PASS.		
VERBAL ADVERB	иммигри́руя	иммигри́ровав

инвести́ровать / инвести́ровать
to invest

	IMPERFECTIVE ASPECT	PERFECTIVE ASPECT
INF.	инвести́ровать	инвести́ровать
PRES.	инвести́рую	
	инвести́руешь	
	инвести́руют	
PAST	инвести́ровал	инвести́ровал
FUT.	бу́ду инвести́ровать	инвести́рую
	бу́дешь инвести́ровать	инвести́руешь
	бу́дут инвести́ровать	инвести́руют
COND.	инвести́ровал бы	инвести́ровал бы
IMP.	инвести́руй (те)	инвести́руй (те)
	DEVERBALS	
PRES. ACT.	инвести́рующий	
PAST ACT.	инвести́ровавший	инвести́ровавший
PAST PASS.		инвести́рованный
VERBAL ADVERB	инвести́руя	инвести́ровав

инвести́ровать что

интегри́ровать / интегри́ровать
to integrate

	IMPERFECTIVE ASPECT	PERFECTIVE ASPECT
INF.	интегри́ровать	интегри́ровать
PRES.	интегри́рую	
	интегри́руешь	
	интегри́руют	
PAST	интегри́ровал	интегри́ровал
FUT.	бу́ду интегри́ровать	интегри́рую
	бу́дешь интегри́ровать	интегри́руешь
	бу́дут интегри́ровать	интегри́руют
COND.	интегри́ровал бы	интегри́ровал бы
IMP.	интегри́руй (те)	интегри́руй (те)
	DEVERBALS	
PRES. ACT.	интегри́рующий	
PAST ACT.	интегри́ровавший	интегри́ровавший
PAST PASS.		интегри́рованный
VERBAL ADVERB	интегри́руя	интегри́ровав

интегри́ровать что

инфици́ровать / инфици́ровать
to infect

	IMPERFECTIVE ASPECT	PERFECTIVE ASPECT
INF.	инфици́ровать	инфици́ровать
PRES.	инфици́рую	
	инфици́руешь	
	инфици́руют	
PAST	инфици́ровал	инфици́ровал
FUT.	бу́ду инфици́ровать	инфици́рую
	бу́дешь инфици́ровать	инфици́руешь
	бу́дут инфици́ровать	инфици́руют
COND.	инфици́ровал бы	инфици́ровал бы
IMP.	инфици́руй (те)	инфици́руй (те)
	DEVERBALS	
PRES. ACT.	инфици́рующий	
PAST ACT.	инфици́ровавший	инфици́ровавший
PAST PASS.		инфици́рованный
VERBAL ADVERB	инфици́руя	инфици́ровав

инфици́ровать кого-что чем

комбини́ровать / скомбини́ровать
to combine

	IMPERFECTIVE ASPECT	PERFECTIVE ASPECT
INF.	комбини́ровать	скомбини́ровать
PRES.	комбини́рую	
	комбини́руешь	
	комбини́руют	
PAST	комбини́ровал	скомбини́ровал
FUT.	бу́ду комбини́ровать	скомбини́рую
	бу́дешь комбини́ровать	скомбини́руешь
	бу́дут комбини́ровать	скомбини́руют
COND.	комбини́ровал бы	скомбини́ровал бы
IMP.	комбини́руй (те)	скомбини́руй (те)

	DEVERBALS	
PRES. ACT.	комбини́рующий	
PAST ACT.	комбини́ровавший	скомбини́ровавший
PAST PASS.		скомбини́рованный
VERBAL ADVERB	комбини́руя	скомбини́ровав

комбини́ровать что

компенси́ровать / компенси́ровать
to compensate

	IMPERFECTIVE ASPECT	PERFECTIVE ASPECT
INF.	компенси́ровать	компенси́ровать
PRES.	компенси́рую	
	компенси́руешь	
	компенси́руют	
PAST	компенси́ровал	компенси́ровал
FUT.	бу́ду компенси́ровать	компенси́рую
	бу́дешь компенси́ровать	компенси́руешь
	бу́дут компенси́ровать	компенси́руют
COND.	компенси́ровал бы	компенси́ровал бы
IMP.	компенси́руй (те)	компенси́руй (те)

	DEVERBALS	
PRES. ACT.	компенси́рующий	
PAST ACT.	компенси́ровавший	компенси́ровавший
PAST PASS.		компенси́рованный
VERBAL ADVERB	компенси́руя	компенси́ровав

компенси́ровать кого-что

компили́ровать / скомпили́ровать
to compile

	IMPERFECTIVE ASPECT	PERFECTIVE ASPECT
INF.	компили́ровать	скомпили́ровать
PRES.	компили́рую	
	компили́руешь	
	компили́руют	
PAST	компили́ровал	скомпили́ровал
FUT.	бу́ду компили́ровать	скомпили́рую
	бу́дешь компили́ровать	скомпили́руешь
	бу́дут компили́ровать	скомпили́руют
COND.	компили́ровал бы	скомпили́ровал бы
IMP.	компили́руй (те)	скомпили́руй (те)

	DEVERBALS	
PRES. ACT.	компили́рующий	
PAST ACT.	компили́ровавший	скомпили́ровавший
PAST PASS.		скомпили́рованный
VERBAL ADVERB	компили́руя	скомпили́ровав

компили́ровать кого-что

конкури́ровать
to compete

	IMPERFECTIVE ASPECT	PERFECTIVE ASPECT
INF.	конкури́ровать	
PRES.	конкури́рую	
	конкури́руешь	
	конкури́руют	
PAST	конкури́ровал	
FUT.	бу́ду конкури́ровать	
	бу́дешь конкури́ровать	
	бу́дут конкури́ровать	
COND.	конкури́ровал бы	
IMP.	конкури́руй (те)	

	DEVERBALS	
PRES. ACT.	конкури́рующий	
PAST ACT.	конкури́ровавший	
PAST PASS.		
VERBAL ADVERB	конкури́руя	

конкури́ровать с кем-чем

консульти́ровать (ся) / проконсульти́ровать (ся)

to consult

	IMPERFECTIVE ASPECT	PERFECTIVE ASPECT
INF.	консульти́ровать (ся)	проконсульти́ровать (ся)
PRES.	консульти́рую (сь)	
	консульти́руешь (ся)	
	консульти́руют (ся)	
PAST	консульти́ровал (ся)	проконсульти́ровал (ся)
FUT.	бу́ду консульти́ровать (ся)	проконсульти́рую (сь)
	бу́дешь консульти́ровать (ся)	проконсульти́руешь (ся)
	бу́дут консульти́ровать (ся)	проконсульти́руют (ся)
COND.	консульти́ровал (ся) бы	проконсульти́ровал (ся) бы
IMP.	консульти́руй (ся) (те) (сь)	проконсульти́руй (ся) (те) (сь)

DEVERBALS

PRES. ACT.	консульти́рующий (ся)	
PAST ACT.	консульти́ровавший (ся)	проконсульти́ровавший (ся)
PAST PASS.		проконсульти́рованный
VERBAL ADVERB	консульти́руя (сь)	проконсульти́ровав (шись)

консульти́ровать кого-что, с кем-чем
консульти́роваться с кем-чем

копи́ровать / скопи́ровать

to copy, imitate

	IMPERFECTIVE ASPECT	PERFECTIVE ASPECT
INF.	копи́ровать	скопи́ровать
PRES.	копи́рую	
	копи́руешь	
	копи́руют	
PAST	копи́ровал	скопи́ровал
FUT.	бу́ду копи́ровать	скопи́рую
	бу́дешь копи́ровать	скопи́руешь
	бу́дут копи́ровать	скопи́руют
COND.	копи́ровал бы	скопи́ровал бы
IMP.	копи́руй (те)	скопи́руй (те)

DEVERBALS

PRES. ACT.	копи́рующий	
PAST ACT.	копи́ровавший	скопи́ровавший
PAST PASS.		скопи́рованный
VERBAL ADVERB	копи́руя	скопи́ровав

копи́ровать кого-что

краснéть (ся) / покраснéть
to redden, blush

	IMPERFECTIVE ASPECT	PERFECTIVE ASPECT
INF.	краснéть (ся)	покраснéть
PRES.	краснéю	
	краснéешь	
	краснéют (ся)	
PAST	краснéл (ся)	покраснéл
FUT.	бýду краснéть (ся)	покраснéю
	бýдешь краснéть (ся)	покраснéешь
	бýдут краснéть (ся)	покраснéют
COND.	краснéл (ся) бы	покраснéл бы
IMP.	краснéй (те)	покраснéй (те)
	DEVERBALS	
PRES. ACT.	краснéющий (ся)	
PAST ACT.	краснéвший (ся)	покраснéвший
PAST PASS.		
VERBAL ADVERB	краснéя (сь)	покраснéв

легализи́ровать (ся) / легализи́ровать (ся)
to legalize

	IMPERFECTIVE ASPECT	PERFECTIVE ASPECT
INF.	легализи́ровать (ся)	легализи́ровать (ся)
PRES.	легализи́рую (сь)	
	легализи́руешь (ся)	
	легализи́руют (ся)	
PAST	легализи́ровал (ся)	легализи́ровал (ся)
FUT.	бýду легализи́ровать (ся)	легализи́рую (сь)
	бýдешь легализи́ровать (ся)	легализи́руешь (ся)
	бýдут легализи́ровать (ся)	легализи́руют (ся)
COND.	легализи́ровал (ся) бы	легализи́ровал (ся) бы
IMP.	легализи́руй (ся) (те) (сь)	легализи́руй (ся) (те) (сь)
	DEVERBALS	
PRES. ACT.	легализи́рующий (ся)	
PAST ACT.	легализи́ровавший (ся)	легализи́ровавший (ся)
PAST PASS.		легализи́рованный
VERBAL ADVERB	легализи́руя (сь)	легализи́ровав (сь)

легализи́ровать что

ликвиди́ровать (ся) / ликвиди́ровать (ся)

to liquidate, go out of business

	IMPERFECTIVE ASPECT	PERFECTIVE ASPECT
INF.	ликвиди́ровать (ся)	ликвиди́ровать (ся)
PRES.	ликвиди́рую	
	ликвиди́руешь	
	ликвиди́руют (ся)	
PAST	ликвиди́ровал (ся)	ликвиди́ровал (ся)
FUT.	бу́ду ликвиди́ровать	ликвиди́рую
	бу́дешь ликвиди́ровать	ликвиди́руешь
	бу́дут ликвиди́ровать (ся)	ликвиди́руют (ся)
COND.	ликвиди́ровал (ся) бы	ликвиди́ровал (ся) бы
IMP.	ликвиди́руй (те)	ликвиди́руй (те)

	DEVERBALS	
PRES. ACT.	ликвиди́рующий (ся)	
PAST ACT.	ликвиди́ровавший (ся)	ликвиди́ровавший (ся)
PAST PASS.		ликвиди́рованный
VERBAL ADVERB	ликвиди́руя (сь)	ликвиди́ровав (шись)

ликвиди́ровать что

лиша́ть (ся) / лиши́ть (ся)

to deprive, take away

	IMPERFECTIVE ASPECT	PERFECTIVE ASPECT
INF.	лиша́ть (ся)	лиши́ть (ся)
PRES.	лиша́ю (сь)	
	лиша́ешь (ся)	
	лиша́ют (ся)	
PAST	лиша́л (ся)	лиши́л (ся)
FUT.	бу́ду лиша́ть (ся)	лишу́ (сь)
	бу́дешь лиша́ть (ся)	лиши́шь (ся)
	бу́дут лиша́ть (ся)	лиша́т (ся)
COND.	лиша́л (ся) бы	лиши́л (ся) бы
IMP.	лиша́й (ся) (те) (сь)	лиши́ (сь) (те) (сь)

	DEVERBALS	
PRES. ACT.	лиша́ющий (ся)	
PAST ACT.	лиша́вший (ся)	лиши́вший (ся)
PAST PASS.		лишённый
VERBAL ADVERB	лиша́я (сь)	лиши́в (шись)

лиша́ть кого-что чего

мёрзнуть / замёрзнуть
to freeze, feel cold / freeze to death

	IMPERFECTIVE ASPECT	PERFECTIVE ASPECT
INF.	мёрзнуть	замёрзнуть
PRES.	мёрзну	
	мёрзнешь	
	мёрзнут	
PAST	мёрзнул, мёрз	замёрз
FUT.	бу́ду мёрзнуть	замёрзну
	бу́дешь мёрзнуть	замёрзнешь
	бу́дут мёрзнуть	замёрзнут
COND.	мёрзнул, мёрз бы	замёрз бы
IMP.	мёрзни (те)	замёрзни (те)
	DEVERBALS	
PRES. ACT.	мёрзнущий	
PAST ACT.	мёрзнувший, мёрзший	замёрзший
PAST PASS.		
VERBAL ADVERB	мёрзнув	замёрзнув, замёрзши

модернизи́ровать / модернизи́ровать
to modernize

	IMPERFECTIVE ASPECT	PERFECTIVE ASPECT
INF.	модернизи́ровать	модернизи́ровать
PRES.	модернизи́рую	
	модернизи́руешь	
	модернизи́руют	
PAST	модернизи́ровал	модернизи́ровал
FUT.	бу́ду модернизи́ровать	модернизи́рую
	бу́дешь модернизи́ровать	модернизи́руешь
	бу́дут модернизи́ровать	модернизи́руют
COND.	модернизи́ровал бы	модернизи́ровал бы
IMP.	модернизи́руй (те)	модернизи́руй (те)
	DEVERBALS	
PRES. ACT.	модернизи́рующий	
PAST ACT.	модернизи́ровавший	модернизи́ровавший
PAST PASS.		модернизи́рованный
VERBAL ADVERB	модернизи́руя	модернизи́ровав

модернизи́ровать что

528

модифици́ровать / модифици́ровать
to modify

	IMPERFECTIVE ASPECT	PERFECTIVE ASPECT
INF.	модифици́ровать	модифици́ровать
PRES.	модифици́рую	
	модифици́руешь	
	модифици́руют	
PAST	модифици́ровал	модифици́ровал
FUT.	бу́ду модифици́ровать	модифици́рую
	бу́дешь модифици́ровать	модифици́руешь
	бу́дут модифици́ровать	модифици́руют
COND.	модифици́ровал бы	модифици́ровал бы
IMP.	модифици́руй (те)	модифици́руй (те)
	DEVERBALS	
PRES. ACT.	модифици́рующий	
PAST ACT.	модифици́ровавший	модифици́ровавший
PAST PASS.		модифици́рованный
VERBAL ADVERB	модифици́руя	модифици́ровав

модифици́ровать что

молоде́ть / помолоде́ть
to look younger, grow younger

	IMPERFECTIVE ASPECT	PERFECTIVE ASPECT
INF.	молоде́ть	помолоде́ть
PRES.	молоде́ю	
	молоде́ешь	
	молоде́ют	
PAST	молоде́л	помолоде́л
FUT.	бу́ду молоде́ть	помолоде́ю
	бу́дешь молоде́ть	помолоде́ешь
	бу́дут молоде́ть	помолоде́ют
COND.	молоде́л бы	помолоде́л бы
IMP.	молоде́й (те)	помолоде́й (те)
	DEVERBALS	
PRES. ACT.	молоде́ющий	
PAST ACT.	молоде́вший	помолоде́вший
PAST PASS.		
VERBAL ADVERB	молоде́в	помолоде́в

мотиви́ровать / мотиви́ровать
to motivate

	IMPERFECTIVE ASPECT	PERFECTIVE ASPECT
INF.	мотиви́ровать	мотиви́ровать
PRES.	мотиви́рую	
	мотиви́руешь	
	мотиви́руют	
PAST	мотиви́ровал	мотиви́ровал
FUT.	бу́ду мотиви́ровать	мотиви́рую
	бу́дешь мотиви́ровать	мотиви́руешь
	бу́дут мотиви́ровать	мотиви́руют
COND.	мотиви́ровал бы	мотиви́ровал бы
IMP.	мотиви́руй (те)	мотиви́руй (те)

	DEVERBALS	
PRES. ACT.	мотиви́рующий	
PAST ACT.	мотиви́ровавший	мотиви́ровавший
PAST PASS.		мотиви́рованный
VERBAL ADVERB	мотиви́руя	мотиви́ровав

мотиви́ровать кого-что

нажима́ть / нажа́ть
to press

	IMPERFECTIVE ASPECT	PERFECTIVE ASPECT
INF.	нажима́ть	нажа́ть
PRES.	нажима́ю	
	нажима́ешь	
	нажима́ют	
PAST	нажима́л	нажа́л
FUT.	бу́ду нажима́ть	нажму́
	бу́дешь нажима́ть	нажмёшь
	бу́дут нажима́ть	нажму́т
COND.	нажима́л бы	нажа́л бы
IMP.	нажима́й (те)	нажми́ (те)

	DEVERBALS	
PRES. ACT.	нажима́ющий	
PAST ACT.	нажима́вший	нажа́вший
PAST PASS.		нажа́тый
VERBAL ADVERB	нажима́я	нажа́в

нажима́ть что, на что, нажимать клавишу

намерева́ться
to intend to

	IMPERFECTIVE ASPECT	PERFECTIVE ASPECT
INF.	намерева́ться	
PRES.	намерева́юсь	
	намерева́ешься	
	намерева́ются	
PAST	намерева́лся	
FUT.	бу́ду намерева́ться	
	бу́дешь намерева́ться	
	бу́дут намерева́ться	
COND.	намерева́лся бы	
IMP.	намерева́йся (тесь)	

	DEVERBALS	
PRES. ACT.	намерева́ющийся	
PAST ACT.	намерева́вшийся	
PAST PASS.		
VERBAL ADVERB	намерева́ясь	

намерева́ться + infinitive

нотифици́ровать / нотифици́ровать
to notify

	IMPERFECTIVE ASPECT	PERFECTIVE ASPECT
INF.	нотифици́ровать	нотифици́ровать
PRES.	нотифици́рую	
	нотифици́руешь	
	нотифици́руют	
PAST	нотифици́ровал	нотифици́ровал
FUT.	бу́ду нотифици́ровать	нотифици́рую
	бу́дешь нотифици́ровать	нотифици́руешь
	бу́дут нотифици́ровать	нотифици́руют
COND.	нотифици́ровал бы	нотифици́ровал бы
IMP.	нотифици́руй (те)	нотифици́руй (те)

	DEVERBALS	
PRES. ACT.	нотифици́рующий	
PAST ACT.	нотифици́ровавший	нотифици́ровавший
PAST PASS.		нотифици́рованный
VERBAL ADVERB	нотифици́руя	нотифици́ровав

нотифици́ровать кого-что

обнару́живать (ся) / обнару́жить (ся)
to reveal, discover

	IMPERFECTIVE ASPECT	PERFECTIVE ASPECT
INF.	обнару́живать (ся)	обнару́жить (ся)
PRES.	обнару́живаю	
	обнару́живаешь	
	обнару́живают (ся)	
PAST	обнару́живал (ся)	обнару́жил (ся)
FUT.	бу́ду обнару́живать	обнару́жу
	бу́дешь обнару́живать	обнару́жишь
	бу́дут обнару́живать (ся)	обнару́жат (ся)
COND.	обнару́живал (ся) бы	обнару́жил (ся) бы
IMP.	обнару́живай (те)	обнару́жь (те)
	DEVERBALS	
PRES. ACT.	обнару́живающий (ся)	
PAST ACT.	обнару́живавший (ся)	обнару́живший (ся)
PAST PASS.		обнару́женный
VERBAL ADVERB	обнару́живая (сь)	обнару́жив (шись)

обнару́живать что

одобря́ть / одо́брить
to approve, support

	IMPERFECTIVE ASPECT	PERFECTIVE ASPECT
INF.	одобря́ть	одо́брить
PRES.	одобря́ю	
	одобря́ешь	
	одобря́ют	
PAST	одобря́л	одо́брил
FUT.	бу́ду одобря́ть	одо́брю
	бу́дешь одобря́ть	одо́бришь
	бу́дут одобря́ть	одо́брят
COND.	одобря́л бы	одо́брил бы
IMP.	одобря́й (те)	одо́бри (те)
	DEVERBALS	
PRES. ACT.	одобря́ющий	
PAST ACT.	одобря́вший	одо́бривший
PAST PASS.		одо́бренный
VERBAL ADVERB	одобря́я	одо́брив

одобря́ть что

ориенти́ровать (ся) / сориенти́ровать (ся)

to guide toward (manage, cope)

	IMPERFECTIVE ASPECT	PERFECTIVE ASPECT
INF.	ориенти́ровать (ся)	сориенти́ровать (ся)
PRES.	ориенти́рую (сь)	
	ориенти́руешь (ся)	
	ориенти́руют (ся)	
PAST	ориенти́ровал (ся)	сориенти́ровал (ся)
FUT.	бу́ду ориенти́ровать (ся)	сориенти́рую (сь)
	бу́дешь ориенти́ровать (ся)	сориенти́руешь (ся)
	бу́дут ориенти́ровать (ся)	сориенти́руют (ся)
COND.	ориенти́ровал (ся) бы	сориенти́ровал (ся) бы
IMP.	ориенти́руй (ся) (те) (сь)	сориенти́руй (ся) (те) (сь)

DEVERBALS

PRES. ACT.	ориенти́рующий (ся)	
PAST ACT.	ориенти́ровавший (ся)	сориенти́ровавший (ся)
PAST PASS.		сориенти́рованный
VERBAL ADVERB	ориенти́руя (сь)	сориенти́ровав (шись)

ориенти́ровать кого-что в чем

отпуска́ть / отпусти́ть

to release

	IMPERFECTIVE ASPECT	PERFECTIVE ASPECT
INF.	отпуска́ть	отпусти́ть
PRES.	отпуска́ю	
	отпуска́ешь	
	отпуска́ют	
PAST	отпуска́л	отпусти́л
FUT.	бу́ду отпуска́ть	отпущу́
	бу́дешь отпуска́ть	отпу́стишь
	бу́дут отпуска́ть	отпу́стят
COND.	отпуска́л бы	отпусти́л бы
IMP.	отпуска́й (те)	отпусти́ (те)

DEVERBALS

PRES. ACT.	отпуска́ющий	
PAST ACT.	отпуска́вший	отпусти́вший
PAST PASS.		отпу́щеннный
VERBAL ADVERB	отпуска́я	отпусти́в

отпуска́ть кого-что, отпуска́ть клавишу

оты́скивать (ся) / отыска́ть (ся)
to search / find

	IMPERFECTIVE ASPECT	PERFECTIVE ASPECT
INF.	оты́скивать (ся)	отыска́ть (ся)
PRES.	оты́скиваю (сь)	
	оты́скиваешь (ся)	
	оты́скивают (ся)	
PAST	оты́скивал (ся)	отыска́л (ся)
FUT.	бу́ду оты́скивать (ся)	отищу́ (сь)
	бу́дешь оты́скивать (ся)	оты́щишь (ся)
	бу́дут оты́скивать (ся)	оты́щат (ся)
COND.	оты́скивал (ся) бы	отыска́л (ся) бы
IMP.	оты́скивай (ся) (те) (сь)	отыщи́ (сь) (те) (сь)
	DEVERBALS	
PRES. ACT.	оты́скивающий (ся)	
PAST ACT.	оты́скивавший (ся)	отыска́вший (ся)
PAST PASS.		оты́сканный
VERBAL ADVERB	оты́скивая (сь)	отыска́в (шись)

оты́скивать кого-что

очища́ть (ся) / очи́стить (ся)
to clean

	IMPERFECTIVE ASPECT	PERFECTIVE ASPECT
INF.	очища́ть (ся)	очи́стить (ся)
PRES.	очища́ю (сь)	
	очища́ешь (ся)	
	очища́ют (ся)	
PAST	очища́л (ся)	очи́стил (ся)
FUT.	бу́ду очища́ть (ся)	очи́щу (сь)
	бу́дешь очища́ть (ся)	очи́стишь (ся)
	бу́дут очища́ть (ся)	очи́стят (ся)
COND.	очища́л (ся) бы	очи́стил (ся) бы
IMP.	очища́й (ся) (те) (сь)	очи́сти (сь) (те) (сь)
	DEVERBALS	
PRES. ACT.	очища́ющий (ся)	
PAST ACT.	очища́вший (ся)	очи́стивший (ся)
PAST PASS.		очи́щенный
VERBAL ADVERB	очища́я (сь)	очи́стив (шись)

очища́ть кого-что, очища́ть корзину means *to empty trash.*

планировать / спланировать
to plan

	IMPERFECTIVE ASPECT	PERFECTIVE ASPECT
INF.	плани́ровать	сплани́ровать
PRES.	плани́рую	
	плани́руешь	
	плани́руют	
PAST	плани́ровал	сплани́ровал
FUT.	бу́ду плани́ровать	сплани́рую
	бу́дешь плани́ровать	сплани́руешь
	бу́дут плани́ровать	сплани́руют
COND.	плани́ровал бы	сплани́ровал бы
IMP.	плани́руй (те)	сплани́руй (те)

	DEVERBALS	
PRES. ACT.	плани́рующий	
PAST ACT.	плани́ровавший	сплани́ровавший
PAST PASS.		сплани́рованный
VERBAL ADVERB	плани́руя	сплани́ровав

плани́ровать что

подключа́ть (ся) / подключи́ть (ся)
to connect

	IMPERFECTIVE ASPECT	PERFECTIVE ASPECT
INF.	подключа́ть (ся)	подключи́ть (ся)
PRES.	подключа́ю (сь)	
	подключа́ешь (ся)	
	подключа́ют (ся)	
PAST	подключа́л (ся)	подключи́л (ся)
FUT.	бу́ду подключа́ть (ся)	подключу́ (сь)
	бу́дешь подключа́ть (ся)	подключи́шь (ся)
	бу́дут подключа́ть (ся)	подключа́т (ся)
COND.	подключа́л (ся) бы	подключи́л (ся) бы
IMP.	подключа́й (ся) (те) (сь)	подключи́ (сь) (те) (сь)

	DEVERBALS	
PRES. ACT.	подключа́ющий (ся)	
PAST ACT.	подключа́вший (ся)	подключи́вший (ся)
PAST PASS.		подключённый
VERBAL ADVERB	подключа́я (сь)	подключи́в (шись)

подключа́ть кого-что к чему, к Сети means *connected to the internet*

подкрепля́ть (ся) / подкрепи́ть (ся)
to fortify, refresh

	IMPERFECTIVE ASPECT	PERFECTIVE ASPECT
INF.	подкрепля́ть (ся)	подкрепи́ть (ся)
PRES.	подкрепля́ю (сь)	
	подкрепля́ешь (ся)	
	подкрепля́ют (ся)	
PAST	подкрепля́л (ся)	подкрепи́л (ся)
FUT.	бу́ду подкрепля́ть (ся)	подкреплю́ (сь)
	бу́дешь подкрепля́ть (ся)	подкрепи́шь (ся)
	бу́дут подкрепля́ть (ся)	подкрепя́т (ся)
COND.	подкрепля́л (ся) бы	подкрепи́л (ся) бы
IMP.	подкрепля́й (ся) (те) (сь)	подкрепи́ (сь) (те) (сь)

	DEVERBALS	
PRES. ACT.	подкрепля́ющий (ся)	
PAST ACT.	подкрепля́вший (ся)	подкрепи́вший (ся)
PAST PASS.		подкреплённый
VERBAL ADVERB	подкрепля́я (сь)	подкрепи́в (шись)

подкрепля́ть кого-что

подозрева́ть (ся)
to suspect, assume

	IMPERFECTIVE ASPECT	PERFECTIVE ASPECT
INF.	подозрева́ть (ся)	
PRES.	подозрева́ю (сь)	
	подозрева́ешь (ся)	
	подозрева́ют (ся)	
PAST	подозрева́л (ся)	
FUT.	бу́ду подозрева́ть (ся)	
	бу́дешь подозрева́ть (ся)	
	бу́дут подозрева́ть (ся)	
COND.	подозрева́л (ся) бы	
IMP.	подозрева́й (ся) (те) (сь)	

	DEVERBALS	
PRES. ACT.	подозрева́ющий (ся)	
PAST ACT.	подозрева́вший (ся)	
PAST PASS.		
VERBAL ADVERB	подозрева́я (сь)	

подозрева́ть кого-что в чём

536

подтвержда́ть (ся) / подтверди́ть (ся)

to confirm, reaffirm

	IMPERFECTIVE ASPECT	PERFECTIVE ASPECT
INF.	подтвержда́ть (ся)	подтверди́ть (ся)
PRES.	подтвержда́ю	
	подтвержда́ешь	
	подтвержда́ют (ся)	
PAST	подтвержда́л (ся)	подтверди́л (ся)
FUT.	бу́ду подтвержда́ть	подтвержу́
	бу́дешь подтвержда́ть	подтверди́шь
	бу́дут подтвержда́ть (ся)	подтвердя́т (ся)
COND.	подтвержда́л (ся) бы	подтверди́л (ся) бы
IMP.	подтвержда́й (те)	подтверди́ (те)

DEVERBALS		
PRES. ACT.	подтвержда́ющий (ся)	
PAST ACT.	подтвержда́вший (ся)	подтверди́вший (ся)
PAST PASS.		подтверждённый
VERBAL ADVERB	подтвержда́я (сь)	подтверди́в (шись)

подтвержда́ть что

превраща́ть (ся) / преврати́ть (ся)

to change, transform

	IMPERFECTIVE ASPECT	PERFECTIVE ASPECT
INF.	превраща́ть (ся)	преврати́ть (ся)
PRES.	превраща́ю (сь)	
	превраща́ешь (ся)	
	превраща́ют (ся)	
PAST	превраща́л (ся)	преврати́л (ся)
FUT.	бу́ду превраща́ть (ся)	превращу́ (сь)
	бу́дешь превраща́ть (ся)	преврати́шь (ся)
	бу́дут превраща́ть (ся)	превратя́т (ся)
COND.	превраща́л (ся) бы	преврати́л (ся) бы
IMP.	превраща́й (ся) (те) (сь)	преврати́ (сь) (те) (сь)

DEVERBALS		
PRES. ACT.	превраща́ющий (ся)	
PAST ACT.	превраща́вший (ся)	преврати́вший (ся)
PAST PASS.		превращённый
VERBAL ADVERB	превраща́я (сь)	преврати́в (шись)

превраща́ть кого-что в кого-что

прекраща́ть (ся) / прекрати́ть (ся)
to stop, put an end to

	IMPERFECTIVE ASPECT	PERFECTIVE ASPECT
INF.	прекраща́ть (ся)	прекрати́ть (ся)
PRES.	прекраща́ю	
	прекраща́ешь	
	прекраща́ют (ся)	
PAST	прекраща́л (ся)	прекрати́л (ся)
FUT.	бу́ду прекраща́ть	прекращу́
	бу́дешь прекраща́ть	прекрати́шь
	бу́дут прекраща́ть (ся)	прекратя́т (ся)
COND.	прекраща́л (ся) бы	прекрати́л (ся) бы
IMP.	прекраща́й (те)	прекрати́ (те)
	DEVERBALS	
PRES. ACT.	прекраща́ющий (ся)	
PAST ACT.	прекраща́вший (ся)	прекрати́вший (ся)
PAST PASS.		прекращённый
VERBAL ADVERB	прекраща́я (сь)	прекрати́в (шись)

прекраща́ть что + infinitive

приватизи́ровать / приватизи́ровать
to privatize

	IMPERFECTIVE ASPECT	PERFECTIVE ASPECT
INF.	приватизи́ровать	приватизи́ровать
PRES.	приватизи́рую	
	приватизи́руешь	
	приватизи́руют	
PAST	приватизи́ровал	приватизи́ровал
FUT.	бу́ду приватизи́ровать	приватизи́рую
	бу́дешь приватизи́ровать	приватизи́руешь
	бу́дут приватизи́ровать	приватизи́руют
COND.	приватизи́ровал бы	приватизи́ровал бы
IMP.	приватизи́руй (те)	приватизи́руй (те)
	DEVERBALS	
PRES. ACT.	приватизи́рующий	
PAST ACT.	приватизи́ровавший	приватизи́ровавший
PAST PASS.		приватизи́рованный
VERBAL ADVERB	приватизи́руя	приватизи́ровав

приватизи́ровать что

провоци́ровать / спровоци́ровать
to provoke

	IMPERFECTIVE ASPECT	PERFECTIVE ASPECT
INF.	провоци́ровать	спровоци́ровать
PRES.	провоци́рую	
	провоци́руешь	
	провоци́руют	
PAST	провоци́ровал	спровоци́ровал
FUT.	бу́ду провоци́ровать	спровоци́рую
	бу́дешь провоци́ровать	спровоци́руешь
	бу́дут провоци́ровать	спровоци́руют
COND.	провоци́ровал бы	спровоци́ровал бы
IMP.	провоци́руй (те)	спровоци́руй (те)
	DEVERBALS	
PRES. ACT.	провоци́рующий	
PAST ACT.	провоци́ровавший	спровоци́ровавший
PAST PASS.		спровоци́рованный
VERBAL ADVERB	провоци́руя	спровоци́ровав

провоци́ровать кого-что
провоци́ровать can also be a perfective verb

программи́ровать / запрограмми́ровать
to program

	IMPERFECTIVE ASPECT	PERFECTIVE ASPECT
INF.	программи́ровать	запрограмми́ровать
PRES.	программи́рую	
	программи́руешь	
	программи́руют	
PAST	программи́ровал	запрограмми́ровал
FUT.	бу́ду программи́ровать	запрограмми́рую
	бу́дешь программи́ровать	запрограмми́руешь
	бу́дут программи́ровать	запрограмми́руют
COND.	программи́ровал бы	запрограмми́ровал бы
IMP.	программи́руй (те)	запрограмми́руй (те)
	DEVERBALS	
PRES. ACT.	программи́рующий	
PAST ACT.	программи́ровавший	запрограмми́ровавший
PAST PASS.		запрограмми́рованный
VERBAL ADVERB	программи́руя	запрограмми́ровав

программи́ровать что

протестовать / протестовать
to protest, dispute, contest

	IMPERFECTIVE ASPECT	PERFECTIVE ASPECT
INF.	протестова́ть	протестова́ть
PRES.	протесту́ю	
	протесту́ешь	
	протесту́ют	
PAST	протестова́л	протестова́л
FUT.	бу́ду протестова́ть	протесту́ю
	бу́дешь протестова́ть	протесту́ешь
	бу́дут протестова́ть	протесту́ют
COND.	протестова́л бы	протестова́л бы
IMP.	протесту́й (те)	протесту́й (те)
	DEVERBALS	
PRES. ACT.	протесту́ющий	
PAST ACT.	протестова́вший	протестова́вший
PAST PASS.		протесто́ванный
VERBAL ADVERB	протесту́я	протестова́в

протестова́ть против кого-чего
протестова́ть / опротестова́ть что

публикова́ть / опубликова́ть
to publish

	IMPERFECTIVE ASPECT	PERFECTIVE ASPECT
INF.	публикова́ть	опубликова́ть
PRES.	публику́ю	
	публику́ешь	
	публику́ют	
PAST	публикова́л	опубликова́л
FUT.	бу́ду публикова́ть	опублику́ю
	бу́дешь публикова́ть	опублику́ешь
	бу́дут публикова́ть	опублику́ют
COND.	публикова́л бы	опубликова́л бы
IMP.	публику́й (те)	опублику́й (те)
	DEVERBALS	
PRES. ACT.	публику́ющий	
PAST ACT.	публикова́вший	опубликова́вший
PAST PASS.		опублико́ванный
VERBAL ADVERB	публику́я	опубликова́в

публикова́ть что

развёртывать (ся) / развернуть (ся)
to display, unfold

	IMPERFECTIVE ASPECT	PERFECTIVE ASPECT
INF.	развёртывать (ся)	развернуть (ся)
PRES.	развёртываю (сь)	
	развёртываешь (ся)	
	развёртывают (ся)	
PAST	развёртывал (ся)	развернул (ся)
FUT.	буду развёртывать (ся)	разверну (сь)
	будешь развёртывать (ся)	развернёшь (ся)
	будут развёртывать (ся)	развернут (ся)
COND.	развёртывал (ся) бы	развернул (ся) бы
IMP.	развёртывай (ся) (те) (сь)	разверни (сь) (те) (сь)

	DEVERBALS	
PRES. ACT.	развёртывающий (ся)	
PAST ACT.	развёртывавший (ся)	развернувший (ся)
PAST PASS.		развёрнутый
VERBAL ADVERB	развёртывая (сь)	развернув (шись)

развёртывать что, развернуть means to *maximize the window*

расширять (ся) / расширить (ся)
to widen, expand, increase

	IMPERFECTIVE ASPECT	PERFECTIVE ASPECT
INF.	расширять (ся)	расширить (ся)
PRES.	расширяю	
	расширяешь	
	расширяют (ся)	
PAST	расширял (ся)	расширил (ся)
FUT.	буду расширять	расширю
	будешь расширять	расширишь
	будут расширять (ся)	расширят (ся)
COND.	расширял (ся) бы	расширил (ся) бы
IMP.	расширяй (те)	расширь (те)

	DEVERBALS	
PRES. ACT.	расширяющий (ся)	
PAST ACT.	расширявший (ся)	расширивший (ся)
PAST PASS.		расширенный
VERBAL ADVERB	расширяя (сь)	расширив (шись)

расширять что

реаги́ровать / отреаги́ровать
to react to

	IMPERFECTIVE ASPECT	PERFECTIVE ASPECT
INF.	реаги́ровать	отреаги́ровать
PRES.	реаги́рую	
	реаги́руешь	
	реаги́руют	
PAST	реаги́ровал	отреаги́ровал
FUT.	бу́ду реаги́ровать	отреаги́рую
	бу́дешь реаги́ровать	отреаги́руешь
	бу́дут реаги́ровать	отреаги́руют
COND.	реаги́ровал бы	отреаги́ровал бы
IMP.	реаги́руй (те)	отреаги́руй (те)

DEVERBALS		
PRES. ACT.	реаги́рующий	
PAST ACT.	реаги́ровавший	отреаги́ровавший
PAST PASS.		отреаги́рованный
VERBAL ADVERB	реаги́руя	отреаги́ровав

реаги́ровать на что

регистри́ровать (ся) / зарегистри́ровать (ся)
to register

	IMPERFECTIVE ASPECT	PERFECTIVE ASPECT
INF.	регистри́ровать (ся)	зарегистри́ровать (ся)
PRES.	регистри́рую (сь)	
	регистри́руешь (ся)	
	регистри́руют (ся)	
PAST	регистри́ровал (ся)	зарегистри́ровал (ся)
FUT.	бу́ду регистри́ровать (ся)	зарегистри́рую (сь)
	бу́дешь регистри́ровать (ся)	зарегистри́руешь (ся)
	бу́дут регистри́ровать (ся)	зарегистри́руют (ся)
COND.	регистри́ровал (ся) бы	зарегистри́ровал (ся) бы
IMP.	регистри́руй (ся) (те) (сь)	зарегистри́руй (ся) (те)(сь)

DEVERBALS		
PRES. ACT.	регистри́рующий (ся)	
PAST ACT.	регистри́ровавший (ся)	зарегистри́ровавший (ся)
PAST PASS.		зарегистри́рованный
VERBAL ADVERB	регистри́руя (сь)	зарегистри́ровав (шись)

регистри́ровать что

регламенти́ровать / регламенти́ровать

to regulate

	IMPERFECTIVE ASPECT	PERFECTIVE ASPECT
INF.	регламенти́ровать	регламенти́ровать
PRES.	регламенти́рую	
	регламенти́руешь	
	регламенти́руют	
PAST	регламенти́ровал	регламенти́ровал
FUT.	бу́ду регламенти́ровать	регламенти́рую
	бу́дешь регламенти́ровать	регламенти́руешь
	бу́дут регламенти́ровать	регламенти́руют
COND.	регламенти́ровал бы	регламенти́ровал бы
IMP.	регламенти́руй (те)	регламенти́руй (те)

	DEVERBALS	
PRES. ACT.	регламенти́рующий	
PAST ACT.	регламенти́ровавший	регламенти́ровавший
PAST PASS.		
VERBAL ADVERB	регламенти́руя	регламенти́ровав

редакти́ровать / отредакти́ровать

to edit

	IMPERFECTIVE ASPECT	PERFECTIVE ASPECT
INF.	редакти́ровать	отредакти́ровать
PRES.	редакти́рую	
	редакти́руешь	
	редакти́руют	
PAST	редакти́ровал	отредакти́ровал
FUT.	бу́ду редакти́ровать	отредакти́рую
	бу́дешь редакти́ровать	отредакти́руешь
	бу́дут редакти́ровать	отредакти́руют
COND.	редакти́ровал бы	отредакти́ровал бы
IMP.	редакти́руй (те)	отредакти́руй (те)

	DEVERBALS	
PRES. ACT.	редакти́рующий	
PAST ACT.	редакти́ровавший	отредакти́ровавший
PAST PASS.		отредакти́рованный
VERBAL ADVERB	редакти́руя	отредакти́ровав

редакти́ровать что
редакти́ровать is also a perfective verb

рекла́мировать / рекла́мировать
to advertise, make a complaint, seek compensation

	IMPERFECTIVE ASPECT	PERFECTIVE ASPECT
INF.	рекла́мировать	рекла́мировать
PRES.	рекла́мирую	
	рекла́мируешь	
	рекла́мируют	
PAST	рекла́мировал	рекла́мировал
FUT.	бу́ду рекла́мировать	рекла́мирую
	бу́дешь рекла́мировать	рекла́мируешь
	бу́дут рекла́мировать	рекла́мируют
COND.	рекла́мировал бы	рекла́мировал бы
IMP.	рекла́мируй (те)	рекла́мируй (те)

	DEVERBALS	
PRES. ACT.	рекла́мирующий	
PAST ACT.	рекла́мировавший	рекла́мировавший
PAST PASS.		рекла́мированный
VERBAL ADVERB	рекла́мируя	рекла́мировав

рекла́мировать что

рискова́ть / рискну́ть
to risk

	IMPERFECTIVE ASPECT	PERFECTIVE ASPECT
INF.	рискова́ть	рискну́ть
PRES.	риску́ю	
	риску́ешь	
	риску́ют	
PAST	рискова́л	рискну́л
FUT.	бу́ду рискова́ть	рискну́
	бу́дешь рискова́ть	рискнёшь
	бу́дут рискова́ть	рискну́т
COND.	рискова́л бы	рискну́л бы
IMP.	риску́й (те)	рискни́ (те)

	DEVERBALS	
PRES. ACT.	риску́ющий	
PAST ACT.	рискова́вший	рискну́вший
PAST PASS.		
VERBAL ADVERB	риску́я	рискну́в

рискова́ть чем + infinitive
рискну́ть на что + infinitive

русифици́ровать / русифици́ровать

to Russify, Russianize

	IMPERFECTIVE ASPECT	PERFECTIVE ASPECT
INF.	русифици́ровать	русифици́ровать
PRES.	русифици́рую	
	русифици́руешь	
	русифици́руют	
PAST	русифици́ровал	русифици́ровал
FUT.	бу́ду русифици́ровать	русифици́рую
	бу́дешь русифици́ровать	русифици́руешь
	бу́дут русифици́ровать	русифици́руют
COND.	русифици́ровал бы	русифици́ровал бы
IMP.	русифици́руй (те)	русифици́руй (те)
	DEVERBALS	
PRES. ACT.	русифици́рующий	
PAST ACT.	русифици́ровавший	русифици́ровавший
PAST PASS.		русифици́рованный
VERBAL ADVERB	русифици́руя	русифици́ровав

русифици́ровать кого-что

свёртывать (ся) / сверну́ть (ся)

to roll up, conceal

	IMPERFECTIVE ASPECT	PERFECTIVE ASPECT
INF.	свёртывать (ся)	сверну́ть (ся)
PRES.	свёртываю (сь)	
	свёртываешь (ся)	
	свёртывают (ся)	
PAST	свёртывал (ся)	сверну́л (ся)
FUT.	бу́ду свёртывать (ся)	сверну́ (сь)
	бу́дешь свёртывать (ся)	сверне́шь (ся)
	бу́дут свёртывать (ся)	сверну́т (ся)
COND.	свёртывал (ся) бы	сверну́л (ся) бы
IMP.	свёртывай (ся) (те) (сь)	сверни́ (сь) (те) (сь)
	DEVERBALS	
PRES. ACT.	свёртывающий (ся)	
PAST ACT.	свёртывавший (ся)	сверну́вший (ся)
PAST PASS.		свёрнутый
VERBAL ADVERB	свёртывая (сь)	сверну́в (шись)

свёртывать что, сверну́ть means *to minimize the window*

симпатизи́ровать
to sympathize with, like

	IMPERFECTIVE ASPECT	PERFECTIVE ASPECT
INF.	симпатизи́ровать	
PRES.	симпатизи́рую	
	симпатизи́руешь	
	симпатизи́руют	
PAST	симпатизи́ровал	
FUT.	бу́ду симпатизи́ровать	
	бу́дешь симпатизи́ровать	
	бу́дут симпатизи́ровать	
COND.	симпатизи́ровал бы	
IMP.	симпатизи́руй (те)	
	DEVERBALS	
PRES. ACT.	симпатизи́рующий	
PAST ACT.	симпатизи́ровавший	
PAST PASS.		
VERBAL ADVERB	симпатизи́руя	

симпатизи́ровать кому-чему

снижа́ть (ся) / сни́зить (ся)
to reduce, lower

	IMPERFECTIVE ASPECT	PERFECTIVE ASPECT
INF.	снижа́ть (ся)	сни́зить (ся)
PRES.	снижа́ю (сь)	
	снижа́ешь (ся)	
	снижа́ют (ся)	
PAST	снижа́л (ся)	сни́зил (ся)
FUT.	бу́ду снижа́ть (ся)	сни́жу(сь)
	бу́дешь снижа́ть (ся)	сни́зишь (ся)
	бу́дут снижа́ть (ся)	сни́зят (ся)
COND.	снижа́л (ся) бы	сни́зил (ся) бы
IMP.	снижа́й (ся) (те) (сь)	сни́зь (ся) (те) (сь)
	DEVERBALS	
PRES. ACT.	снижа́ющий (ся)	
PAST ACT.	снижа́вший (ся)	сни́зивший (ся)
PAST PASS.		сни́женный
VERBAL ADVERB	снижа́я (сь)	сни́зив (шись)

снижа́ть кого-что

сокраща́ть (ся) / сократи́ть (ся)

to shorten, reduce

	IMPERFECTIVE ASPECT	PERFECTIVE ASPECT
INF.	сокраща́ть (ся)	сократи́ть (ся)
PRES.	сокраща́ю	
	сокраща́ешь	
	сокраща́ют (ся)	
PAST	сокраща́л (ся)	сократи́л (ся)
FUT.	бу́ду сокраща́ть	сокращу́
	бу́дешь сокраща́ть	сократи́шь
	бу́дут сокраща́ть (ся)	сократя́т (ся)
COND.	сокраща́л (ся) бы	сократи́л (ся) бы
IMP.	сокраща́й (те)	сократи́ (те)

	DEVERBALS	
PRES. ACT.	сокраща́ющий (ся)	
PAST ACT.	сокраща́вший (ся)	сократи́вший (ся)
PAST PASS.		сокращённый
VERBAL ADVERB	сокраща́я (сь)	сократи́в (шись)

сокраща́ть кого-что

сосредото́чивать (ся) / сосредото́чить (ся)

to concentrate

	IMPERFECTIVE ASPECT	PERFECTIVE ASPECT
INF.	сосредото́чивать (ся)	сосредото́чить (ся)
PRES.	сосредото́чиваю (сь)	
	сосредото́чиваешь (ся)	
	сосредото́чивают (ся)	
PAST	сосредото́чивал (ся)	сосредото́чил (ся)
FUT.	бу́ду сосредото́чивать (ся)	сосредото́чу (сь)
	бу́дешь сосредото́чивать (ся)	сосредото́чишь (ся)
	бу́дут сосредото́чивать (ся)	сосредото́чат (ся)
COND.	сосредото́чивал (ся) бы	сосредото́чил (ся) бы
IMP.	сосредото́чивай (ся) (те) (сь)	сосредото́чь (ся) (те) (сь)

	DEVERBALS	
PRES. ACT.	сосредото́чивающий (ся)	
PAST ACT.	сосредото́чивавший (ся)	сосредото́чивший (ся)
PAST PASS.		сосредото́ченный
VERBAL ADVERB	сосредото́чивая (сь)	сосредото́чив (шись)

сосредото́чивать кого-что на чём

старе́ть / постаре́ть
to grow old, age

	IMPERFECTIVE ASPECT	PERFECTIVE ASPECT
INF.	старе́ть	постаре́ть
PRES.	старе́ю	
	старе́ешь	
	старе́ют	
PAST	старе́л	постаре́л
FUT.	бу́ду старе́ть	постаре́ю
	бу́дешь старе́ть	постаре́ешь
	бу́дут старе́ть	постаре́ют
COND.	старе́л бы	постаре́л бы
IMP.	старе́й (те)	постаре́й (те)
	DEVERBALS	
PRES. ACT.	старе́ющий	
PAST ACT.	старе́вший	постаре́вший
PAST PASS.		
VERBAL ADVERB	старе́в	постаре́в

стимули́ровать / стимули́ровать
to stimulate, encourage

	IMPERFECTIVE ASPECT	PERFECTIVE ASPECT
INF.	стимули́ровать	стимули́ровать
PRES.	стимули́рую	
	стимули́руешь	
	стимули́руют	
PAST	стимули́ровал	стимули́ровал
FUT.	бу́ду стимули́ровать	стимули́рую
	бу́дешь стимули́ровать	стимули́руешь
	бу́дут стимули́ровать	стимули́руют
COND.	стимули́ровал бы	стимули́ровал бы
IMP.	стимули́руй (те)	стимули́руй (те)
	DEVERBALS	
PRES. ACT.	стимули́рующий	
PAST ACT.	стимули́ровавший	стимули́ровавший
PAST PASS.		стимули́рованный
VERBAL ADVERB	стимули́руя	стимули́ровав

стимули́ровать что

толка́ть (ся) / толкну́ть (ся)
to push, shove

	IMPERFECTIVE ASPECT	PERFECTIVE ASPECT
INF.	толка́ть (ся)	толкну́ть (ся)
PRES.	толка́ю (сь)	
	толка́ешь (ся)	
	толка́ют (ся)	
PAST	толка́л (ся)	толкну́л (ся)
FUT.	бу́ду толка́ть (ся)	толкну́ (сь)
	бу́дешь толка́ть (ся)	толкнёшь (ся)
	бу́дут толка́ть (ся)	толкну́т (ся)
COND.	толка́л (ся) бы	толкну́л (ся) бы
IMP.	толка́й (ся) (те) (сь)	толкни́ (сь) (те) (сь)
	DEVERBALS	
PRES. ACT.	толка́ющий (ся)	
PAST ACT.	толка́вший (ся)	толкну́вший (ся)
PAST PASS.		то́лкнутый
VERBAL ADVERB	толка́я (сь)	толкну́в (шись)

толка́ть кого-что

толсте́ть / потолсте́ть
to gain weight, grow fat

	IMPERFECTIVE ASPECT	PERFECTIVE ASPECT
INF.	толсте́ть	потолсте́ть
PRES.	толсте́ю	
	толсте́ешь	
	толсте́ют	
PAST	толсте́л	потолсте́л
FUT.	бу́ду толсте́ть	потолсте́ю
	бу́дешь толсте́ть	потолсте́ешь
	бу́дут толсте́ть	потолсте́ют
COND.	толсте́л бы	потолсте́л бы
IMP.	толсте́й (те)	потолсте́й (те)
	DEVERBALS	
PRES. ACT.	толсте́ющий	
PAST ACT.	толсте́вший	потолсте́вший
PAST PASS.		
VERBAL ADVERB	толсте́в	потолсте́в

транслировать / транслировать
to transmit, relay

	IMPERFECTIVE ASPECT	PERFECTIVE ASPECT
INF.	транслировать	транслировать
PRES.	транслирую	
	транслируешь	
	транслируют	
PAST	транслировал	транслировал
FUT.	буду транслировать	транслирую
	будешь транслировать	транслируешь
	будут транслировать	транслируют
COND.	транслировал бы	транслировал бы
IMP.	транслируй (те)	транслируй (те)
	DEVERBALS	
PRES. ACT.	транслирующий	
PAST ACT.	транслировавший	транслировавший
PAST PASS.		транслированный
VERBAL ADVERB	транслируя	транслировав

транслировать что

увеличивать (ся) / увеличить (ся)
to increase, enlarge

	IMPERFECTIVE ASPECT	PERFECTIVE ASPECT
INF.	увеличивать (ся)	увеличить (ся)
PRES.	увеличиваю	
	увеличиваешь	
	увеличивают (ся)	
PAST	увеличивал (ся)	увеличил (ся)
FUT.	буду увеличивать	увеличу
	будешь увеличивать	увеличишь
	будут увеличивать (ся)	увеличат (ся)
COND.	увеличивал (ся) бы	увеличил (ся) бы
IMP.	увеличивай (те)	увеличь (те)
	DEVERBALS	
PRES. ACT.	увеличивающий (ся)	
PAST ACT.	увеличивавший (ся)	увеличивший (ся)
PAST PASS.		увеличенный
VERBAL ADVERB	увеличивая (сь)	увеличив (шись)

увеличивать кого-что

удаля́ть (ся) / удали́ть (ся)

to remove, delete

	IMPERFECTIVE ASPECT	PERFECTIVE ASPECT
INF.	удаля́ть (ся)	удали́ть (ся)
PRES.	удаля́ю (сь)	
	удаля́ешь (ся)	
	удаля́ют (ся)	
PAST	удаля́л (ся)	удали́л (ся)
FUT.	бу́ду удаля́ть (ся)	удалю́ (сь)
	бу́дешь удаля́ть (ся)	удали́шь (ся)
	бу́дут удаля́ть (ся)	удаля́т (ся)
COND.	удаля́л (ся) бы	удали́л (ся) бы
IMP.	удаля́й (ся) (те) (сь)	удали́ (сь) (те) (сь)

	DEVERBALS	
PRES. ACT.	удаля́ющий (ся)	
PAST ACT.	удаля́вший (ся)	удали́вший (ся)
PAST PASS.		удалённый
VERBAL ADVERB	удаля́я (сь)	удали́в (шись)

удаля́ть кого́-что , удаля́ть ви́рус

уде́рживать (ся) / удержа́ть (ся)

to hold down, restrain

	IMPERFECTIVE ASPECT	PERFECTIVE ASPECT
INF.	уде́рживать (ся)	удержа́ть (ся)
PRES.	уде́рживаю (сь)	
	уде́рживаешь (ся)	
	уде́рживают (ся)	
PAST	уде́рживал (ся)	удержа́л (ся)
FUT.	бу́ду уде́рживать (ся)	удержу́ (сь)
	бу́дешь уде́рживать (ся)	уде́ржишь (ся)
	бу́дут уде́рживать (ся)	уде́ржат (ся)
COND.	уде́рживал (ся) бы	удержа́л (ся) бы
IMP.	уде́рживай (ся) (те) (сь)	удержи́ (сь) (те) (сь)

	DEVERBALS	
PRES. ACT.	уде́рживающий (ся)	
PAST ACT.	уде́рживавший (ся)	удержа́вший (ся)
PAST PASS.		уде́ржанный
VERBAL ADVERB	уде́рживая (сь)	удержа́в (шись)

уде́рживать кого́-что, уде́рживать кно́пку

ула́живать (ся) / ула́дить (ся)
to settle, resolve, arrange

	IMPERFECTIVE ASPECT	PERFECTIVE ASPECT
INF.	ула́живать (ся)	ула́дить (ся)
PRES.	ула́живаю	
	ула́живаешь	
	ула́живают (ся)	
PAST	ула́живал (ся)	ула́дил (ся)
FUT.	бу́ду ула́живать	ула́жу
	бу́дешь ула́живать	ула́дишь
	бу́дут ула́живать (ся)	ула́дят (ся)
COND.	ула́живал (ся) бы	ула́дил (ся) бы
IMP.	ула́живай (те)	ула́дь (те)
	DEVERBALS	
PRES. ACT.	ула́живающий (ся)	
PAST ACT.	ула́живавший (ся)	ула́дивший (ся)
PAST PASS.		ула́женный
VERBAL ADVERB	ула́живая (сь)	ула́див (шись)

ула́живать что

форматѝровать / отформатѝровать
to format

	IMPERFECTIVE ASPECT	PERFECTIVE ASPECT
INF.	форматѝровать	отформатѝровать
PRES.	форматѝрую	
	форматѝруешь	
	форматѝруют	
PAST	форматѝровал	отформатѝровал
FUT.	бу́ду форматѝровать	отформатѝрую
	бу́дешь форматѝровать	отформатѝруешь
	бу́дут форматѝровать	отформатѝруют
COND.	форматѝровал бы	отформатѝровал бы
IMP.	форматѝруй (те)	отформатѝруй (те)
	DEVERBALS	
PRES. ACT.	форматѝрующий	
PAST ACT.	форматѝровавший	отформатѝровавший
PAST PASS.		отформатѝрованный
VERBAL ADVERB	форматѝруя	отформатѝровав

форматѝровать что

формирова́ть (ся) / сформирова́ть (ся)

to form, formulate

	IMPERFECTIVE ASPECT	PERFECTIVE ASPECT
INF.	формирова́ть (ся)	сформирова́ть (ся)
PRES.	формиру́ю (сь)	
	формиру́ешь (ся)	
	формиру́ют (ся)	
PAST	формирова́л (ся)	сформирова́л (ся)
FUT.	бу́ду формирова́ть (ся)	сформиру́ю (сь)
	бу́дешь формирова́ть (ся)	сформиру́ешь (ся)
	бу́дут формирова́ть (ся)	сформиру́ют (ся)
COND.	формирова́л (ся) бы	сформирова́л (ся) бы
IMP.	формиру́й (ся) (те) (сь)	сформиру́й (ся) (те)(сь)

DEVERBALS		
PRES. ACT.	формиру́ющий (ся)	
PAST ACT.	формирова́вший (ся)	сформирова́вший (ся)
PAST PASS.		сформиро́ванный
VERBAL ADVERB	формиру́я (сь)	сформирова́в (шись)

формирова́ть что

фотографи́ровать (ся) / сфотографи́ровать (ся)

to photograph, take a picture

	IMPERFECTIVE ASPECT	PERFECTIVE ASPECT
INF.	фотографи́ровать (ся)	сфотографи́ровать (ся)
PRES.	фотографи́рую (сь)	
	фотографи́руешь (ся)	
	фотографи́руют (ся)	
PAST	фотографи́ровал (ся)	сфотографи́ровал (ся)
FUT.	бу́ду фотографи́ровать (ся)	сфотографи́рую (сь)
	бу́дешь фотографи́ровать (ся)	сфотографи́руешь (ся)
	бу́дут фотографи́ровать (ся)	сфотографи́руют (ся)
COND.	фотографи́ровал (ся) бы	сфотографи́ровал (ся) бы
IMP.	фотографи́руй (ся) (те) (сь)	сфотографи́руй (ся) (те)(сь)

DEVERBALS		
PRES. ACT.	фотографи́рующий (ся)	
PAST ACT.	фотографи́ровавший (ся)	сфотографи́ровавший (ся)
PAST PASS.		сфотографи́рованный
VERBAL ADVERB	фотографи́руя (сь)	сфотографи́ровав (шись)

фотографи́ровать кого-что

функциони́ровать

to function

	IMPERFECTIVE ASPECT	PERFECTIVE ASPECT
INF.	функциони́ровать	
PRES.	функциони́рую	
	функциони́руешь	
	функциони́руют	
PAST	функциони́ровал	
FUT.	бу́ду функциони́ровать	
	бу́дешь функциони́ровать	
	бу́дут функциони́ровать	
COND.	функциони́ровал бы	
IMP.	функциони́руй (те)	
	DEVERBALS	
PRES. ACT.	функциони́рующий	
PAST ACT.	функциони́ровавший	
PAST PASS.	функциони́ровавший	
VERBAL ADVERB	функциони́руя	

худе́ть / похуде́ть

to grow thin, lose weight

	IMPERFECTIVE ASPECT	PERFECTIVE ASPECT
INF.	худе́ть	похуде́ть
PRES.	худе́ю	
	худе́ешь	
	худе́ют	
PAST	худе́л	похуде́л
FUT.	бу́ду худе́ть	похуде́ю
	бу́дешь худе́ть	похуде́ешь
	бу́дут худе́ть	похуде́ют
COND.	худе́л бы	похуде́л бы
IMP.	худе́й (те)	похуде́й (те)
	DEVERBALS	
PRES. ACT.	худе́ющий	
PAST ACT.	худе́вший	похуде́вший
PAST PASS.		
VERBAL ADVERB	худе́в	похуде́в

штрафова́ть / оштрафова́ть
to fine

	IMPERFECTIVE ASPECT	PERFECTIVE ASPECT
INF.	штрафова́ть	оштрафова́ть
PRES.	штрафу́ю	
	штрафу́ешь	
	штрафу́ют	
PAST	штрафова́л	оштрафова́л
FUT.	бу́ду штрафова́ть	оштрафу́ю
	бу́дешь штрафова́ть	оштрафу́ешь
	бу́дут штрафова́ть	оштрафу́ют
COND.	штрафова́л бы	оштрафова́л бы
IMP.	штрафу́й (те)	оштрафу́й (те)

DEVERBALS		
PRES. ACT.	штрафу́ющий	
PAST ACT.	штрафова́вший	оштрафова́вший
PAST PASS.		оштрафо́ванный
VERBAL ADVERB	штрафу́я	оштрафова́в

штрафова́ть кого́-что

щёлкать / щёлкнуть
to click

	IMPERFECTIVE ASPECT	PERFECTIVE ASPECT
INF.	щёлкать	щёлкнуть
PRES.	щёлкаю	
	щёлкаешь	
	щёлкают	
PAST	щёлкал	щёлкнул
FUT.	бу́ду щёлкать	щёлкну
	бу́дешь щёлкать	щёлкнешь
	бу́дут щёлкать	щёлкнут
COND.	щёлкал бы	щёлкнул бы
IMP.	щёлкай (те)	щёлкни (те)

DEVERBALS		
PRES. ACT.	щёлкающий	
PAST ACT.	щёлкавший	щёлкнувший
PAST PASS.		щёлкнутый
VERBAL ADVERB	щёлкая	щёлкнув

щёлкать кого́-что чем, щёлкать мы́шью means *to click with the mouse*

эконо́мить (ся) / сэконо́мить
to save, economize

	IMPERFECTIVE ASPECT	PERFECTIVE ASPECT
INF.	эконо́мить (ся)	сэконо́мить
PRES.	эконо́млю	
	эконо́мишь	
	эконо́мят (ся)	
PAST	эконо́мил (ся)	сэконо́мил
FUT.	бу́ду эконо́мить	сэконо́млю
	бу́дешь эконо́мить	сэконо́мишь
	бу́дут эконо́мить (ся)	сэконо́мят
COND.	эконо́мил (ся) бы	сэконо́мил бы
IMP.	эконо́мь (те)	сэконо́мь (те)
	DEVERBALS	
PRES. ACT.	эконо́мящий (ся)	
PAST ACT.	эконо́мивший (ся)	сэконо́мивший
PAST PASS.		сэконо́мленный
VERBAL ADVERB	эконо́мя (сь)	сэконо́мив

эконо́мить что на чем

эмигри́ровать / эмигри́ровать
to emigrate

	IMPERFECTIVE ASPECT	PERFECTIVE ASPECT
INF.	эмигри́ровать	эмигри́ровать
PRES.	эмигри́рую	
	эмигри́руешь	
	эмигри́руют	
PAST	эмигри́ровал	эмигри́ровал
FUT.	бу́ду эмигри́ровать	эмигри́рую
	бу́дешь эмигри́ровать	эмигри́руешь
	бу́дут эмигри́ровать	эмигри́руют
COND.	эмигри́ровал бы	эмигри́ровал бы
IMP.	эмигри́руй (те)	эмигри́руй (те)
	DEVERBALS	
PRES. ACT.	эмигри́рующий	
PAST ACT.	эмигри́ровавший	
PAST PASS.		
VERBAL ADVERB	эмигри́руя	

English-Russian Verb Index

This index contains all the Russian verbs found in the book. The English meanings are provided as a guide; for further meanings of Russian verbs, consult a good dictionary.

The preposition *to* of the English infinitive form has been omitted. In most cases, both the imperfective and the perfective verb forms are provided, separated by a slash /. Parentheses around (ся) indicate verbs that can be used both with and without the reflexive particle. For more complete information, consult the page(s) listed after the verbs.

A

abandon оставля́ть / оста́вить 234

accept принима́ть (ся) / приня́ть (ся) 334

accompany провожа́ть / проводи́ть 342

ache боле́ть / заболе́ть 10

achieve достига́ть / дости́гнуть – дости́чь 94

acquaint знако́мить (ся) / познако́мить (ся) 144

act де́йствовать / поде́йствовать 82, поступа́ть / поступи́ть 307

adapt адапти́ровать (ся) / адапти́ровать (ся) 507

add добавля́ть (ся) / доба́вить (ся) 86, прибавля́ть (ся) / приба́вить (ся) 317

address адресова́ть (ся) / адресова́ть (ся) 508

administer администри́ровать 507, управля́ть (ся) / упра́вить (ся) 476

admire восхища́ть (ся) / восхити́ть (ся) 40

advance наступа́ть / наступи́ть 202

advertise реклами́ровать / реклами́ровать 544

advise сове́товать (ся) / посове́товать (ся) 408

agree соглаша́ться / согласи́ться 409

agree on догова́ривать (ся) / договори́ть (ся) 89

allow разреша́ть (ся) / разреши́ть (ся) 372

annotate анноти́ровать / анноти́ровать 508

annoy серди́ть (ся) / рассерди́ть (ся) 394

answer отвеча́ть / отве́тить 237

apologize извиня́ть (ся) / извини́ться 149

appear появля́ться / появи́ться 309

applaud аплоди́ровать / зааплоди́ровать 1

appoint назначáть / назнáчить 196

approach подходúть / подойтú 285

approve одобря́ть / одóбрить 532

argue спóрить / поспóрить 421

arise возникáть / вознúкнуть 36

arrange устрáивать (ся) / устрóить (ся) 481

arrest арестóвывать / арестовáть 2

arrive on foot приходúть / прийтú 337

arrive by vehicle приезжáть / приéхать 328

ascend всходúть / взойтú 45

ask [a question] спрáшивать / спросúть 422

associate ассоциúровать (ся) / ассоциúровать (ся) 509

assign задавáть / задáть 122

assure oneself убеждáть / убедúть 456

attract привлекáть / привлéчь 320

avoid избегáть / избежáть 148

awake просыпáться / проснýться 355

B

bake пéчь (ся) / испéчь (ся) 271

base on базúровать (ся) 510

bathe купáть (ся) / вы́купать (ся) 174

be бы́ть 19, явля́ться / яви́ться 501

be able мóчь / смóчь 191, умéть / сумéть 471

be afraid of боя́ться / побоя́ться 12

be born рождáться / родúться 386

be called, be named называ́ть (ся) / назва́ть (ся) 197

be enough хватáть / хватúть 489

be friends дружúть (ся) / подружúться 98

be ill болéть / заболéть 9

be late опáздывать / опоздáть 223

be mistaken ошибáться / ошибúться 253

be on duty дежýрить 81

be patient терпéть / потерпéть 447

be present имéться 154

be proud of гордúться / возгордúться 73

be published печáтаться / напечáтаться 270

be registered оформля́ться / офóрмиться 252

be solved разрешáться / разрешúться 372

beat бúть / побúть 6

become становúться / стáть 427

become ill заболéть 9

begin начинáть (ся) / начáть (ся) 204, стáть 427

begin applauding зааплодúровать 1

begin pulling потащúть 445

begin swimming поплы́ть 274

begin talking заговаривать (ся) / заговорить (ся) 120

begin to work заработать 134

believe верить / поверить 22

belong to принадлежать 333

beware of беречься / поберечься 4

blacken чернеть / почернеть 494

blockade блокировать / блокировать 511

blow дуть / дунуть 100

boil варить (ся) / сварить (ся) 20

borrow занимать (ся) / занять (ся) 131

bother надоедать / надоесть 195

break ломать (ся) / сломать (ся) 183, разбивать (ся) / разбить (ся) 364

breakfast завтракать / позавтракать 119

breathe дышать / подышать 101

bring приводить / привести 321

bring, carry to приносить / принести 335

bring by vehicle привозить / привезти 322

bring in вводить / ввести 21, вносить / внести 31

bring out выводить / вывести 50

bring up воспитывать (ся) / воспитать (ся) 39

broadcast передавать (ся) / передать (ся) 259

build строить (ся) / построить (ся) 437

burn гореть / сгореть 74, жечь (ся) / сжечь (ся) 112

buy покупать / купить 292

C

call звать (ся) / позвать 140

call, send for вызывать / вызвать 54

calm успокаивать (ся) / успокоить (ся) 478

captivate увлекать (ся) / увлечь (ся) 459

carry носить (ся) – нести (сь) понести (сь) 206

carry in вносить / внести 31

carry off, away относить (ся) / отнести (сь) 246

carry out выносить (ся) / вынести (сь) 59

carry over переносить / перенести 262

catch ловить / поймать 181

catch a cold простужаться / простудиться 354

catch fire, burn загораться / загореться 121

catch sight of увидеть 26

cease переставать / перестать 267

celebrate праздновать / отпраздновать 311

change изменять (ся) / изменить (ся) 151

change [vehicles], change one's seat
   переса́живаться / пересе́сть
   266

change превраща́ть (ся) /
   преврати́ть 537

characterize характеризова́ть (ся) /
   охарактеризова́ть (ся) 487

chase гоня́ть – гна́ть / погна́ть
   72

check out выпи́сываться /
   вы́писаться 61

check, verify проверя́ть /
   прове́рить 340

chew жева́ть / пожева́ть 518

choose выбира́ть / вы́брать 49

clean очища́ть (ся) / очи́стить
   (ся) 534

clean чи́стить (ся) / почи́стить
   (ся) 495

click щёлкать / щёлкнуть 555

climb ла́зить – ле́зть / поле́зть
   176

climb up поднима́ться / подня́ться
   283

clip стричь (ся) / остричь (ся)
   436

collect собира́ть (ся) / собра́ть
   (ся) 406

combine комбини́ровать /
   скомбини́ровать 523

come between ссо́рить (ся) /
   поссо́рить (ся) 425

come down, go down сходи́ть (ся) /
   сойти́ (сь) 442

come forward, go forward
   выступа́ть / вы́ступить 65

come running прибега́ть /
   прибежа́ть 318

command прика́зывать / приказа́ть
   331

compare сра́внивать (ся) /
   сравни́ть (ся) 424

compensate компенси́ровать /
   компенси́ровать 523

compete конкури́ровать 524

compile компили́ровать /
   скомпили́ровать 524

complain жа́ловаться /
   пожа́ловаться 105

compose составля́ть (ся) /
   соста́вить (ся) 415

concentrate сосредото́чивать (ся) /
   сосредото́чить (ся) 547

conclude заключа́ть (ся) /
   заключи́ть (ся) 126

condemn осужда́ть / осуди́ть 236

conduct проводи́ть / провести́
   341

confess признава́ться / призна́ться
   330

confirm подтвержда́ть (ся) /
   подтверди́ть (ся) 537

confuse смуща́ть (ся) / смути́ть
   (ся) 404

connect подключа́ть (ся) /
   подключи́ть (ся) 535

consult консульти́ровать (ся) /
   проконсульти́ровать (ся) 525

continue продолжа́ть (ся) /
   продо́лжить (ся) 344

control владе́ть / овладе́ть 29

converse разгова́ривать 367

convert обраща́ть (ся) / обрати́ть (ся) 214

convince убежда́ть (ся) / убеди́ть (ся) 456

cook вари́ть (ся) / свари́ть (ся) 20, гото́вить (ся) / пригото́вить (ся) 75

copy копи́ровать / скопи́ровать 525

copy out выпи́сывать (ся) / вы́писать (ся) 61

correct исправля́ть (ся) / испра́вить (ся) 159

correspond перепи́сываться 263

cost сто́ить 431

cough ка́шлять / пока́шлять 165

count счита́ть (ся) / сосчита́ть (ся) 443

crack [with the teeth] разгры́зть 76

crawl по́лзать – ползти́ / поползти́ 293

create создава́ть (ся) / созда́ть (ся) 411

cross by vehicle переезжа́ть / перее́хать 260

cross on foot переходи́ть / перейти́ 268

cry пла́кать / запла́кать 275

cultivate выра́щивать / вы́растить 64

cure вылечивать (ся) / вы́лечить (ся) 58, 179

cut ре́зать / заре́зать 383

cut off отреза́ть / отре́зать 248

cut out выреза́ть / вы́резать 514

D

dance танцева́ть (ся) / потанцева́ть 444

dare to сме́ть / посме́ть 401

daydream мечта́ть / помечта́ть 188

deceive обма́нывать (ся) / обману́ть (ся) 212

decide реша́ть (ся) / реши́ть (ся) 384

declare объявля́ть (ся) / объяви́ть (ся) 217

decorate украша́ть (ся) / укра́сить (ся) 467

decrease уменьша́ть (ся) / уме́ньшить (ся) 470

defeat побежда́ть / победи́ть 277

defend защища́ть (ся) / защити́ть (ся) 139

deliberate рассужда́ть / порассужда́ть 379

delight восхища́ть (ся) / восхити́ть (ся) 40

demand тре́бовать (ся) / потре́бовать (ся) 452

demonstrate демонстри́ровать / продемонстри́ровать 516

depend on зави́сеть 117

deprive лиша́ть (ся) / лиши́ть (ся) 527

describe опи́сывать (ся) / описа́ть (ся)   224

destroy разруша́ть (ся) / разру́шить (ся)   373, уничтожа́ть (ся) / уничто́жить (ся)   474

determine определя́ть (ся) / определи́ть (ся)   226

devote oneself отдава́ться / отда́ться   239

die умира́ть / умере́ть   472

differentiate отлича́ть (ся) / отличи́ть (ся)   243

dig копа́ть / копну́ть   169

direct направля́ть (ся) / напра́вить (ся)   200

disappear исчеза́ть / исче́знуть   161, пропада́ть / пропа́сть   351

discuss обсужда́ть / обсуди́ть   216

dispatch присыла́ть / присла́ть   336

display развёртывать (ся) / разверну́ть (ся)   541

disperse расходи́ться / разойти́сь   381

distribute раздава́ть (ся) / разда́ть (ся)   368

disturb беспоко́ить (ся) / побеспоко́ить (ся)   5

divide дели́ть (ся) / подели́ть (ся)   84, разделя́ть (ся) / раздели́ть (ся)   370

divorce разводи́ться / развести́сь   366

do де́лать (ся) / сде́лать (ся)   83

dominate over домини́ровать   517

doubt сомнева́ться   412

drag таска́ть – тащи́ть / потащи́ть   445

drag out выта́скивать (ся) / вы́тащить (ся)   66

draw рисова́ть / нарисова́ть   385

dress одева́ть (ся) / оде́ть (ся)   219

drink пить / вы́пить   273

drive води́ть – вести́ / повести́   32

drive off уезжа́ть / уе́хать   463

drive up to подъезжа́ть / подъе́хать   287

drop роня́ть / урони́ть   387

drop by on foot заходи́ть / зайти́   138

drop by in a vehicle заезжа́ть / зае́хать   123

drown тону́ть / утону́ть   449

duel стреля́ться   434

duplicate дубли́ровать   517

E

earn зараба́тывать / зарабо́тать   134

eat есть / съесть   103

edit редакти́ровать / отредакти́ровать   543

educate воспи́тывать (ся) / воспита́ть (ся)   39

embrace обнима́ть (ся) / обня́ть (ся)   213

emigrate эмигри́ровать /
эмигри́ровать 556

employ по́льзоваться /
воспо́льзоваться 296

encourage поощря́ть / поощри́ть
301

endure выноси́ть / вы́нести 59,
переноси́ть / перенести́ 262

enter входи́ть / войти́ 46

enter, join [university, etc.] поступа́ть /
поступи́ть 307

enter, ride in въезжа́ть / въе́хать
47

entertain угоща́ть / угости́ть 460

entrust возлага́ть / возложи́ть
512

envy зави́довать / позави́довать
116

establish осно́вывать (ся) /
основа́ть (ся) 232,
устана́вливать (ся) / установи́ть
(ся) 480

examine осма́тривать (ся) /
осмотре́ть (ся) 231,
рассма́тривать / рассcмотре́ть
377

exchange меня́ть (ся) / поменя́ть
(ся) 186

excite волнова́ть (ся) /
взволнова́ть (ся) 38

exclude выключа́ть / вы́ключить
56

excuse извиня́ть (ся) / извини́ть
(ся) 149

exist существова́ть 440

exit выходи́ть / вы́йти 68

expend тра́тить (ся) / потра́тить
(ся) 451

experience испы́тывать / испыта́ть
160

explain объясня́ть (ся) / объясни́ть
(ся) 218

explode взрыва́ть (ся) / взорва́ть
(ся) 512

explode разрыва́ть (ся) / разорва́ть
(ся) 374

express выража́ть (ся) / вы́разить
(ся) 63

extend продолжа́ть (ся) /
продо́лжить (ся) 344

F

fade бледне́ть / побледне́ть 8

fall па́дать / упа́сть 254

fall asleep засыпа́ть / засну́ть 136

fall behind отстава́ть / отста́ть
250

fall ill заболева́ть / заболе́ть 114

fall in love влюбля́ться /
влюби́ться 30

fall out выпада́ть / вы́пасть 60

feed корми́ть / накорми́ть 170

feel чу́вствовать (ся) /
почу́вствовать (ся) 497

fell руби́ть / сруби́ть 388

fight дра́ться / подра́ться 96

fill in заполня́ть (ся) / запо́лнить
(ся) 519

find оты́скивать (ся) / отыска́ть
(ся) 534

find out находи́ть (ся) / найти́ (сь) 203

fine штрафова́ть / оштрафова́ть 555

finish зака́нчивать (ся) / зако́нчить (ся) 125, конча́ть (ся) / ко́нчить (ся) 168

finish talking догова́ривать (ся) / договори́ть (ся) 89

fly лета́ть – лете́ть / полете́ть 178

fly in прилета́ть / прилете́ть 178

fly off, away улета́ть / улете́ть 468

fly out, take off вылета́ть / вы́лететь 57

follow сле́довать / после́довать 396

force заставля́ть / заста́вить 135

forget забыва́ть (ся) / забы́ть (ся) 115

forgive проща́ть / прости́ть 357

form формирова́ть (ся) / сформирова́ть (ся) 553

form a bloc блоки́роваться / сблоки́роваться 511

formalize оформля́ть (ся) / офо́рмить (ся) 252

format формати́ровать / отформати́ровать 552

fortify подкрепля́ть (ся) / подкрепи́ть (ся) 536

found осно́вывать (ся) / основа́ть (ся) 232

freeze замерза́ть / замёрзнуть 129

freeze мёрзнуть / замёрзнуть 528

frighten пуга́ть (ся) / испуга́ть (ся) 360

fry жа́рить / зажа́рить 106

fulfil выполня́ть / вы́полнить 62

function функциони́ровать 554

G

gain оде́рживать / одержа́ть 220

gain weight толсте́ть / потолсте́ть 549

get a haircut стри́чься / остри́чься 436

get a job устра́иваться / устро́иться 481

get angry серди́ться / рассерди́ться 394

get dressed одева́ться / оде́ться 219

get lost заблужда́ться / заблуди́ться 518

get ready to собира́ться / собра́ться 406

get up встава́ть / встать 43

get used to привыка́ть / привы́кнуть 323

give дава́ть / дать 78

give a present дари́ть / подари́ть 79

give back, give away отдава́ть (ся) / отда́ть (ся) 239

give birth to рожда́ть / роди́ть 386

gladden ра́довать (ся) / обра́довать (ся) 363

glow горе́ть / сгоре́ть 74

gnaw грызть / разгрызть 76

go as far as доходить / дойти 95

go away расходиться / разойтись 381

go by foot ходить – идти / пойти 490

go out выходить / выйти 68

go swimming купатся / выкупаться 174

grab схватывать (ся) / схватить (ся) 441

greet здороваться / поздороваться 143

grow thin худеть / похудеть 554

grow old стареть / постареть 548

grow up расти / вырасти 380

guard беречь (ся) / поберечь (ся) 4

guess догадываться / догадаться 516

guide towards ориентировать (ся) / сориентировать (ся) 533

hate ненавидеть / возненавидеть 205

have иметь (ся) 154

have a meal поедать / поесть 288

have to приходиться / прийтись 337

hear слышать (ся) / услышать (ся) 400

help помогать / помочь 298

hide прятать (ся) / спрятать (ся) 359

hinder мешать (ся) / помешать (ся) 189

hit бить / побить 6, попадать (ся) / попасть (ся) 302

hold держать (ся) / подержать (ся) 85

hold down удерживать (ся) / удержать (ся) 551

hope надеяться / понадеяться 194

hurry спешить / поспешить 420, торопить (ся) / поторопить (ся) 450

H

halt останавливать (ся) / остановить (ся) 235

hand over сдавать (ся) / сдать (ся) 393

hang вешать (ся) / повесить (ся) 24, висеть / повисеть 27

happen бывать 18, происходить / произойти 350, случаться / случиться 398

I

illuminate освещать (ся) / осветить (ся) 229

illustrate иллюстрировать / иллюстрировать 520

immigrate иммигрировать / иммигрировать 521

include включать (ся) / включить (ся) 28

increase увели́чивать (ся) / увели́чить (ся)   550

indicate ука́зывать / указа́ть   466

infect заража́ть (ся) / зарази́ть (ся)   520

infect инфици́ровать / инфици́ровать   522

inform сообша́ть (ся) / сообщи́ть (ся)   413

insert вставля́ть / вста́вить   513

insist наста́ивать / настоя́ть   201

insult обижа́ть (ся) / оби́деть (ся)   211

integrate интегри́ровать / интегри́ровать   522

intend to намерева́ться   531

interest интересова́ть (ся) / заинтересова́ть (ся)   155

interrupt перебива́ть (ся) / переби́ть (ся)   256

interrupt oneself остана́вливаться / останови́ться   235

invent изобрета́ть / изобрести́   152

invest инвести́ровать / инвести́ровать   521

invite приглаша́ть / пригласи́ть   324

iron гла́дить / погла́дить   69

J

joke шути́ть / пошути́ть   500

judge рассу́живать / рассуди́ть   379, суди́ть (ся)   439

jump пры́гать / пры́гнуть   538

justify опра́вдывать (ся) / оправда́ть (ся)   225

K

keep silent молча́ть / помолча́ть   190

kill убива́ть / уби́ть   457

kiss целова́ть (ся) / поцелова́ть (ся)   493

knock стуча́ть (ся) / постуча́ть (ся)   438

know знать   145

know how уме́ть / суме́ть   471

L

labor труди́ться / потруди́ться   453

land приземля́ть (ся) / приземли́ть (ся)   329

laugh смея́ться / засмея́ться   402

launder стира́ть (ся) / вы́стирать (ся)   429

lead води́ть – вести́ / повести́   32

lead across переводи́ть (ся) / перевести́ (сь)   257

lead out выводи́ть / вы́вести   50

lead up подводи́ть / подвести́   281

lead, conduct up to поводи́ть / довести́   88

learn научи́ть (ся)   486

legalize легализи́ровать (ся) / легализи́ровать (ся)   526

liberate   освобожда́ть (ся) /
   освободи́ть (ся)   230

lie down   ложи́ться / ле́чь
   182

lie, be in lying position   лежа́ть /
   полежа́ть   177

lie, tell lies   вра́ть / совра́ть   41

like   нра́виться / понра́виться
   208

liquidate   ликвиди́ровать (ся) /
   ликвиди́ровать (ся)   527

listen to   слу́шать (ся) / послу́шать
   (ся)   399

live   жи́ть / пожи́ть   113

live, live through   прожива́ть /
   прожи́ть   346

load   загружа́ть (ся) / загрузи́ть
   (ся)   519

located   находи́ться / найти́сь
   203

look   смотре́ть (ся) / посмотре́ть
   (ся)   403

look around   осма́триваться /
   осмотре́ться   231

look at   гляде́ть (ся) / погляде́ть
   (ся)   70

look like   вы́глядеть   51

look younger   молоде́ть /
   помолоде́ть   529

lose   прои́грывать / проигра́ть
   347,   теря́ть (ся) / потеря́ть
   (ся)   448

love   люби́ть / полюби́ть   184

lower   опуска́ть (ся) / опусти́ть
   (ся)   227,   спуска́ть (ся) /
   спусти́ть (ся)   423

lunch   обе́дать / пообе́дать
   209

M

make   де́лать (ся) / сде́лать (ся)
   83

make a complaint   реклами́ровать /
   реклами́ровать   544

make a mistake   опи́сыватья /
   описа́ться   224,   ошиба́ться /
   ошиби́ться   253

make friends   подружи́ться   98

make noise   шуме́ть / пошуме́ть   499

manage   управля́ть (ся) / упра́вить
   (ся)   476

manifest   ока́зывать (ся) / оказа́ть
   (ся)   221

mark   отмеча́ть (ся) / отме́тить
   (ся)   244

marry   выходи́ть / вы́йти замуж
   68,   жени́ть (ся) / пожени́ться
   111

mean   зна́чить   146

measure   ме́рить (ся) / поме́рить
   (ся)   187

meet   встреча́ть (ся) / встре́тить
   (ся)   44

melt   та́ять / раста́ять   446

mix   меша́ть (ся) / помеша́ть (ся)
   189

modernize   модернизи́ровать /
   модернизи́ровать   528

modify   модифици́ровать /
   модифици́ровать   529

motivate мотиви́ровать /
    мотиви́ровать 530
move переезжа́ть / перее́хать 260
move, advance дви́гать (ся) /
    дви́нуть (ся) 80
move closer приближа́ть (ся) /
    прибли́зить (ся) 319
multiply разводи́ться / развести́сь
    366

N

name называ́ть (ся) / назва́ть (ся)
    197
narrate расска́зывать / рассказа́ть
    376
nod [one's head] кива́ть / кивну́ть
    166
notice замеча́ть / заме́тить 130
notify нотифици́ровать /
    нотифици́ровать 531
nurse корми́ть / накорми́ть 170,
    уха́живать / поуха́живать 483

O

obey слу́шать (ся) / послу́шать
    (ся) 399
object возража́ть / возрази́ть 37
obtain добива́ться / доби́ться 87,
    достава́ть (ся) / доста́ть (ся)
    93
occupy занима́ть (ся) / заня́ть (ся)
    131

occur быва́ть 18
omit пропуска́ть / пропусти́ть
    352
open открыва́ть (ся) / откры́ть
    (ся) 242
order зака́зывать / заказа́ть 124
organize организо́вывать (ся) /
    организова́ть (ся) 228
overwork перераба́тываться /
    перерабо́таться 264

P

paint рисова́ть / нарисова́ть 385
pale бледне́ть / побледне́ть 8
participate уча́ствовать 485
pass by проходи́ть / пройти́ 356
pass on передава́ть (ся) / переда́ть
    (ся) 259
pay плати́ть / заплати́ть 276
perform исполня́ть (ся) /
    испо́лнить (ся) 157
perish погиба́ть / поги́бнуть 279
permit позволя́ть / позво́лить 289
photograph фотографи́ровать (ся) /
    сфотографи́ровать (ся) 553
pity жале́ть / пожале́ть 104
place класть / положи́ть 167
place, stand ста́вить / поста́вить
    426
plan плани́ровать / сплани́ровать
    535
plant сажа́ть / посади́ть 391
play игра́ть / сыгра́ть 147
plow паха́ть / вспаха́ть 255

pour лить (ся) / полить (ся) 180,
наливать (ся) / налить (ся) 198

pour on поливать (ся) / полить
(ся) 294

praise хвалить (ся) / похвалить
(ся) 488

prefer предпочитать / предпочесть
313

prepare готовить (ся) /
приготовить (ся) 75,
подготавливать (ся) /
подготовить (ся) 282,
приготовлять (ся) / приготовить
(ся) 326

present подавать (ся) / подать
(ся) 280, представлять (ся) /
представить (ся) 314

preserve хранить (ся) 492

press жать / пожать 107,
нажимать / нажать 530

print печатать (ся) / напечатать
(ся) 270

privatize приватизировать /
приватизировать 538

produce производить / произвести
348

program программировать /
запрограммировать 539

promise обещать / пообещать
210

pronounce произносить /
произнести 349

propose предлагать / предложить
312

protect сохранять (ся) / сохранить
(ся) 417

protest протестовать /
протестовать 540

provoke провоцировать /
спровоцировать 539

publish издавать / издать 150,
публиковать / опубликовать
540

pull тянуть (ся) / потянуть (ся)
454

pull, tear out рвать (ся) / порвать
(ся) 382

push толкать (ся) / толкнуть (ся)
549

put on [clothes, etc.] надевать (ся) /
надеть (ся) 193

Q

quarrel ссориться / поссориться
425

question расспрашивать /
расспросить 378

R

raise поднимать (ся) / поднять
(ся) 283

react реагировать / отреагировать
542

read читать / прочитать 496

reap жать / сжать 108

rear выращивать / вырастить 64

receive получать (ся) / получить
(ся) 295

recognize признава́ть (ся) /
признА́ть (ся) 330, узнава́ть /
узна́ть 465

recount расска́зывать / рассказа́ть
376

recover выздора́вливать /
вы́здороветь 53

redden красне́ть (ся) / покрасне́ть
526

reduce понижа́ть (ся) / пони́зить
(ся) 299

reduce снижа́ть (ся) / сни́зить
(ся) 546

refuse отка́зывать (ся) / отказа́ть
(ся) 241

register запи́сываться / записа́ться
132

register регистри́ровать (ся) /
зарегистри́ровать (ся) 542

regulate регламенти́ровать /
регламенти́ровать 543

rejoice ра́доваться / обра́доваться
363

relax отдыха́ть / отдохну́ть
240

release отпуска́ть / отпусти́ть
533

remain остава́ться / оста́ться
233

remember вспомина́ть (ся) /
вспо́мнить (ся) 42,
запомина́ть (ся) / запо́мнить
(ся) 133, по́мнить 297

remove удаля́ть (ся) / удали́ть
(ся) 551

rent арендова́ть / арендова́ть 509

rent сдава́ть (ся) / сда́ть (ся)
393

repair поправля́ть (ся) / попра́вить
(ся) 303

repeat повторя́ть (ся) / повтори́ть
(ся) 278

replace заменя́ть / замени́ть 128

reprint перепи́сывать (ся) /
переписа́ть (ся) 263

request проси́ть (ся) / попроси́ть
(ся) 353

respect уважа́ть 458

restore восстановля́ть (ся) /
восстанови́ть (ся) 513

return возвраща́ть (ся) /
возврати́ть (ся) 34

reveal обнару́живать (ся) /
обнару́жить (ся) 532

reveal явля́ть (ся) / яви́ть (ся)
501

rework перераба́тывать (ся) /
перерабо́тать (ся) 264

ride as far as доезжа́ть / дое́хать
90

ride by, ride through проезжа́ть /
прое́хать 345

ride out выезжа́ть / вы́ехать 52

ride, drive, go by vehicle е́здить –
е́хать / пое́хать 102

rip off отрыва́ть (ся) / оторва́ть
(ся) 249

ripen налива́ться / нали́ться 198

risk рискова́ть / рискну́ть 544

roast жа́рить / зажа́рить 106

roll ката́ть (ся) – кати́ть (ся) /
покати́ть (ся) 164

roll up   свёртывать (ся) / свернýть
(ся)   545

rub out   стирáть (ся) / стерéть (ся)
430

rule   владéть / овладéть   29,
прáвить   310

run   бéгать – бежáть / побежáть
3

run across, through   пробегáть /
пробежáть   338

run away   убегáть / убежáть   455

run for office   баллотúроваться   510

run out   выбегáть / вы́бежать   48

rush off   носúться – нестúсь /
понестúсь   206

rush toward   бросáться / брóситься
16

Russify   русифицúровать /
русифицúровать   545

S

sail   плáвать – плы́ть / поплы́ть
274

save   спасáть (ся) / спастú (сь)
418

save   эконóмить (ся) / сэконóмить
556

say good-bye   прощáться /
простúться   357

search   искáть / поискáть   156

search   оты́скивать (ся) / отыскáть
(ся)   534

see   вúдеть / увúдеть   26

seem   казáться / показáться   162

seize   захвáтывать / захватúть
137,   хватáть (ся) / схватúть
(ся)   489

select   выделя́ть (ся) / вы́делить
(ся)   514

sell   продавáть (ся) / продáть (ся)
343

send   посылáть / послáть   308

send, forward   отправля́ть (ся) /
отпрáвить (ся)   247

sentence   приговáривать /
приговорúть   325

separate   разводúть / развестú   365

serve   обслýживать / обслужúть
215,   служúть / послужúть   397

settle   улáживать (ся) / улáдить
(ся)   552

set out   отправля́ться / отпрáвиться
247

sew   шúть / сшúть   498

shake [hands]   жáть / пожáть   107

share   делúть (ся) / поделúть (ся)
84

shave   брúть (ся) / побрúть (ся)
14

shine   светúть / посветúть   392

shiver   дрожáть / дрóгнуть   97

shoot at   стреля́ть (ся)   434

shorten   сокращáть (ся) /
сократúть (ся)   547

shout   кричáть / крúкнуть   172

show   покáзывать (ся) / показáть
(ся)   291

shut   закрывáть (ся) / закры́ть (ся)
127

sigh   вздыхáть / вздохнýть   25

sign подпи́сывать (ся) / подписа́ть
(ся) 284

sing петь / спеть 269

sit сиде́ть / посиде́ть 395

sit down сади́ться / сесть 390

skip over пропуска́ть / пропусти́ть
352

sleep спать / поспа́ть 419

smash разбива́ть (ся) / разби́ть
(ся) 364

smile улыба́ться / улыбну́ться
469

smoke кури́ть / покури́ть 175

sound звуча́ть / прозвуча́ть 142

speak говори́ть / сказа́ть –
поговори́ть 71

spend the night ночева́ть /
переночева́ть 207

spin кружи́ть (ся) / закружи́ть
(ся) 173

spoil по́ртить (ся) / испо́ртить
(ся) 304

stand стоя́ть / постоя́ть 432

stand up встава́ть / встать 43

start climbing поле́зть 176

start flying полете́ть 178

start running побежа́ть 3

steal красть / укра́сть 171

step on наступа́ть / наступи́ть
202

stimulate стимули́ровать /
стимули́ровать 548

stop прекраща́ть (ся) / прекрати́ть
(ся) 538

strive стреми́ться 435

stroll гуля́ть / погуля́ть 77

struggle боро́ться / поборо́ться 11

study изуча́ть / изучи́ть 153,
учи́ть (ся) / научи́ть (ся) 486

succeed удава́ться / уда́ться 461,
успева́ть / успе́ть 477

suck соса́ть / пососа́ть 414

suffer страда́ть / пострада́ть 433

sunburn загора́ть (ся) / загоре́ть
(ся) 121

sup у́жинать / поу́жинать 464

supplement дополня́ть / допо́лнить
92

support держа́ть (ся) / подержа́ть
(ся) 85

surprise удивля́ть (ся) / удиви́ть
(ся) 462

surrender сдава́ться / сда́ться 393

surround окружа́ть / окружи́ть
222

survive пережива́ть / пережи́ть
261

suspect подозрева́ть (ся) 536

suspend висе́ть / повисе́ть 27

swear at руга́ть (ся) / вы́ругать
(ся) 389

swim пла́вать – плыть / поплы́ть
274

sympathize with симпатизи́ровать
546

T

take брать (ся) / взять (ся) 13,
принима́ть (ся) / приня́ть (ся)
334

take around   разводи́ть / развести́   365

take away, remove   отнима́ть (ся) / отня́ть (ся)   245

take by vehicle   вози́ть – везти́ / повезти́   35

take off   снима́ть (ся) / сня́ть (ся)   405

take somewhere   отводи́ть / отвести́   238

talk a little   поговори́ть   71

teach   преподава́ть   316, учи́ть / научи́ть   486

tear up   порыва́ть (ся) / порва́ть (ся)   305, разрыва́ть (ся) / разорва́ть (ся)   374

telephone   звони́ть (ся) / позвони́ть (ся)   141

tell   говори́ть / сказа́ть   71

tend to   уха́живать / поуха́живать   483

thank   благодари́ть / поблагодари́ть   7

think   ду́мать / поду́мать   99

think up   приду́мывать (ся) / приду́мать (ся)   327

threaten   грози́ть / погрози́ть   515

throw   броса́ть (ся) / бро́сить (ся)   16

thrust   сова́ть (ся) / су́нуть (ся)   407

tire   устава́ть / уста́ть   479

touch   каса́ться / косну́ться   163

translate   переводи́ть (ся) / превести́ (сь)   257

transmit   трансли́ровать / трансли́ровать   550

transplant   переса́живать / пересади́ть   265

transport   перевози́ть / перевезти́   258

travel   путеше́ствовать   361

treat   лечи́ть (ся) / вы́лечить (ся)   179, относи́ться / отнести́сь   246

tremble   дрожа́ть / дро́гнуть   97

trust   ве́рить / пове́рить   22

tried in court   суди́ть (ся)   439

try   испы́тывать / испыта́ть   160, стара́ться / постара́ться   428

try, taste, sample   про́бовать / попро́бовать   339

turn off   выключа́ть / вы́ключить   56

turn on   включа́ть (ся) / включи́ть (ся)   28

turn out to be   ока́зываться / оказа́ться   221

turn to   обраща́ться / обрати́ться   214

turn up   попада́ться / попа́сться   302, явля́ться / яви́ться   501

type   печа́тать (ся) / напеча́тать (ся)   270

U

underline   подчёркивать / подчеркну́ть   286

understand понима́ть / поня́ть 300

undress раздева́ть (ся) / разде́ть (ся) 369

unite соединя́ть (ся) / соедини́ть (ся) 410

use употребля́ть (ся) / употреби́ть (ся) 475

utilize испо́льзовать (ся) / испо́льзовать 158

V

vacation отдыха́ть / отдохну́ть 240

visit посеща́ть / посети́ть 306

vote голосова́ть / проголосова́ть 515

vote for баллоти́ровать 510

W

wage war воева́ть / повоева́ть 33

wait жда́ть / подожда́ть 109

wait for дожида́ться / дожда́ться 91

wake up буди́ть / разбуди́ть 17

walk ходи́ть – идти́ / пойти́ 490

walk away уходи́ть / уйти́ 484

walk away, walk off отходи́ть / отойти́ 251

walk through проходи́ть / пройти́ 356

wander броди́ть – брести́ / побрести́ 15

want хоте́ть (ся) / захоте́ть (ся) 491

warn предупрежда́ть / предупреди́ть 315

wash мы́ть (ся) / помы́ть (ся) 192

wash up умыва́ть (ся) / умы́ть (ся) 473

watch смотре́ть (ся) / посмотре́ть (ся) 403

wave маха́ть / махну́ть 185

weigh ве́сить 23

weld свари́ть (ся) 20

widen расширя́ть (ся) / расши́рить (ся) 541

win выи́грывать / вы́играть 55

wipe dry вытира́ть (ся) / вы́тереть (ся) 67

wish for жела́ть / пожела́ть 110

work рабо́тать / порабо́тать 362

work out разраба́тывать / разрабо́тать 371

worry беспоко́ить (ся) / побеспоко́ить (ся) 5, волнова́ть (ся) / взволнова́ть (ся) 38

wound ра́нить / ра́нить 375

write писа́ть (ся) / написа́ть 272

write down запи́сывать (ся) / записа́ть (ся) 132

Y

yield уступа́ть / уступи́ть 482

Index of Russian Verbs

The index of Russian verbs is an alphabetical list of all the verbs found in *501 Russian Verbs*. Each verb is followed by the page number where the verbal forms can be found. When a verb is used both with and without the reflexive particle, (ся) is found in parentheses. When the ся is not set off by parentheses, the verb is not used without this particle.

А

адапти́ровать (ся)   507
администри́ровать   507
адресова́ть (ся)   508
анноти́ровать   508
аплоди́ровать   1
арендова́ть   509
арестова́ть   2
аресто́вывать   2
ассоци́ровать (ся)   509

боя́ться   12
бра́ть (ся)   13
брести́   15
бри́ть (ся)   14
броди́ть   15
броса́ть (ся)   16
бро́сить (ся)   16
буди́ть   17
быва́ть   18
бы́ть   19

Б

бази́ровать (ся)   510
баллоти́ровать (ся)   510
бе́гать   3
бежа́ть   3
бере́чь (ся)   4
беспоко́ить (ся)   5
би́ть   6
благодари́ть   7
бледне́ть   8
блоки́ровать   511
блоки́роваться   511
боле́ть   9, 10
боро́ться   11

В

вари́ть (ся)   20
ввести́   21
вводи́ть   21
везти́   35
ве́рить   22
ве́сить   23
вести́   32
ве́шать (ся)   24
взволнова́ть (ся)   38
вздохну́ть   25
вздыха́ть   25
взойти́   45

взорва́ть (ся)   512

взрыва́ть (ся)   512

взя́ть (ся)   13

ви́деть   26

висе́ть   27

включа́ть (ся)   28

включи́ть (ся)   28

владе́ть   29

влюби́ть (ся)   30

влюбля́ть (ся)   30

внести́   31

вноси́ть   31

води́ть   32

воева́ть   33

возврати́ть (ся)   34

возвраща́ть (ся)   34

вози́ть   35

возлага́ть   512

возложи́ть   512

возненави́деть   205

возника́ть   36

возни́кнуть   36

возража́ть   37

возрази́ть   37

войти́   46

волнова́ть (ся)   38

воспита́ть (ся)   39

воспи́тывать (ся)   39

воспо́льзоваться   296

восстанови́ть (ся)   513

восстановля́ть (ся)   513

восхити́ть (ся)   40

восхища́ть (ся)   40

вра́ть   41

вспаха́ть   255

вспомина́ть (ся)   42

вспо́мнить (ся)   42

встава́ть   43

вста́вить   513

вставля́ть   513

вста́ть   43

встре́тить (ся)   44

встреча́ть (ся)   44

всходи́ть   45

входи́ть   46

въезжа́ть   47

въе́хать   47

выбега́ть   48

вы́бежать   48

выбира́ть   49

вы́брать   49

вы́вести   50

выводи́ть   50

вы́глядеть   51

вы́делить (ся)   514

выделя́ть (ся)   514

выезжа́ть   52

вы́ехать   52

вы́звать   54

выздора́вливать   53

вы́здороветь   53

вызыва́ть   54

вы́играть   55

выи́грывать   55

вы́йти   68

выключа́ть   56

вы́ключить   56

вы́купать (ся)   174

вылета́ть   57

вы́лететь   57

выле́чивать (ся)   58

вы́лечить (ся)   58, 179

вы́нести   59
выноси́ть   59
выпада́ть   60
вы́пасть   60
вы́писать (ся)   61
выпи́сывать (ся)   61
вы́пить   273
вы́полнить   62
выполня́ть   62
выража́ть (ся)   63
вы́разить (ся)   63
вы́расти   380
вы́растить   64
выра́щивать   64
вы́резать   514
выреза́ть   514
вы́ругать (ся)   389
вы́стирать (ся)   429
вы́стрелить   434
выступа́ть   65
вы́ступить   65
выта́скивать (ся)   66
вы́тащить (ся)   66
вы́тереть (ся)   67
вытира́ть (ся)   67
выходи́ть   68

Г

гла́дить   69
гляде́ть (ся)   70
гна́ть   72
говори́ть   71
голосова́ть   515
гоня́ть   72

горди́ться   73
горе́ть   74
гото́вить (ся)   75
грози́ть   515
гры́зть   76
гуля́ть   77

Д

дава́ть   78
дари́ть   79
да́ть   78
дви́гать (ся)   80
дви́нуть (ся)   80
дежу́рить   81
де́йствовать   82
де́лать (ся)   83
дели́ть (ся)   84
демонстри́ровать   516
держа́ть (ся)   85
добавля́ть (ся)   86
доба́вить (ся)   86
добива́ться   87
доби́ться   87
довести́   88
доводи́ть   88
догада́ться   516
дога́дываться   516
догова́ривать (ся)   89
договори́ть (ся)   89
доезжа́ть   90
дое́хать   90
дожда́ться   91
дожида́ться   91
дойти́   95

домини́ровать   517
допо́лнить   92
дополня́ть   92
достава́ть (ся)   93
доста́ть (ся)   93
достига́ть   94
дости́гнуть   94
дости́чь   94
доходи́ть   95
дра́ться   96
дро́гнуть   97
дрожа́ть   97
дружи́ть (ся)   98
дубли́ровать   517
ду́мать   99
ду́нуть   100
ду́ть   100
дыша́ть   101

Е

е́здить   102
е́сть   103
е́хать   102

Ж

жале́ть   104
жа́ловаться   105
жа́рить   106
жа́ть   107, 108
жда́ть   109
жева́ть   518
жела́ть   110

жени́ть (ся)   111
же́чь (ся)   112
жи́ть   113

З

зааплоди́ровать   1
заблужда́ться   518
заблуди́ться   518
заболева́ть   114
заболе́ть   9, 10, 114
забыва́ть (ся)   115
забы́ть (ся)   115
зави́довать   116
зави́сеть   117
завоева́ть   118
завоёвывать   118
за́втракать   119
загова́ривать (ся)   120
заговори́ть (ся)   120
загора́ть (ся)   121
загоре́ть (ся)   121
загружа́ть (ся)   519
загрузи́ть (ся)   519
задава́ть   122
зада́ть   122
заезжа́ть   123
зае́хать   123
зажа́рить   106
заинтересова́ть (ся)   155
зайти́   138
заказа́ть   124
зака́зывать   124
зака́нчивать (ся)   125
заключа́ть (ся)   126

заключи́ть (ся)   126
зако́нчить (ся)   125
закружи́ть (ся)   173
закрыва́ть (ся)   127
закры́ть (ся)   127
замени́ть   128
заменя́ть   128
замерза́ть   129
замёрзнуть   129
заме́тить   130
замеча́ть   130
занима́ть (ся)   131
заня́ть (ся)   131
записа́ть (ся)   132
запи́сывать (ся)   132
запла́кать   275
заплати́ть   276
запо́лнить (ся)   519
заполня́ть (ся)   519
запомина́ть (ся)   133
запо́мнить (ся)   133
запрограмми́ровать   539
зараба́тывать   134
зарабо́тать   134
заража́ть (ся)   520
зарази́ть (ся)   520
зарегистри́ровать (ся)   542
заре́зать   383
засмея́ться   402
засну́ть   136
заста́вить   135
заставля́ть   135
засыпа́ть   136
захвати́ть   137
захва́тывать   137
заходи́ть   138

захоте́ть (ся)   491
защити́ть (ся)   139
защища́ть (ся)   139
зва́ть (ся)   140
звони́ть (ся)   141
звуча́ть   142
здоро́ваться   143
знако́мить (ся)   144
зна́ть   145
зна́чить   146

И

игра́ть   147
идти́   490
избега́ть   148
избежа́ть   148
извини́ть (ся)   149
извиня́ть (ся)   149
издава́ть   150
изда́ть   150
измени́ть (ся)   151
изменя́ть (ся)   151
изобрести́   152
изобрета́ть   152
изуча́ть   153
изучи́ть   153
иллюстри́ровать   520
име́ть (ся)   154
иммигри́ровать   521
инвести́ровать   521
интегри́ровать   522
интересова́ть (ся)   155
инфици́ровать   522
иска́ть   156

испе́чь (ся) 271
испо́лнить (ся) 157
исполня́ть (ся) 157
испо́льзовать (ся) 158
испо́ртить (ся) 304
испра́вить (ся) 159
исправля́ть (ся) 159
испуга́ть (ся) 360
испыта́ть 160
испы́тывать 160
исчеза́ть 161
исче́знуть 161

красне́ть (ся) 526
кра́сть 171
кри́кнуть 172
крича́ть 172
кружи́ть (ся) 173
купа́ть (ся) 174
купи́ть 292
кури́ть 175

К

каза́ться 162
каса́ться 163
ката́ть (ся) 164
кати́ть (ся) 164
ка́шлять 165
кива́ть 166
кивну́ть 166
кла́сть 167
комбини́ровать 523
компенси́ровать 523
компили́ровать 524
конкури́ровать 524
консульти́ровать (ся) 525
конча́ть (ся) 168
ко́нчить (ся) 168
копа́ть 169
копи́ровать 525
копну́ть 169
корми́ть 170
косну́ться 163

Л

ла́зить 176
легализи́ровать (ся) 526
лежа́ть 177
ле́зть 176
лета́ть 178
лете́ть 178
лечи́ть (ся) 179
ле́чь 182
ликвиди́ровать (ся) 527
ли́ть (ся) 180
лиша́ть (ся) 527
лиши́ть (ся) 527
лови́ть 181
лома́ть (ся) 183
люби́ть 184

М

маха́ть 185
махну́ть 185
меня́ть (ся) 186
мёрзнуть 528
ме́рить (ся) 187

мечта́ть 188
меша́ть (ся) 189
модернизи́ровать 528
модифици́ровать 529
молоде́ть 529
молча́ть 190
мотиви́ровать 530
мо́чь 191
мы́ть (ся) 192

Н

надева́ть (ся) 193
наде́ть (ся) 193
наде́яться 194
надоеда́ть 195
надое́сть 195
нажа́ть 530
нажима́ть 530
назва́ть (ся) 197
назнача́ть 196
назна́чить 196
называ́ть (ся) 197
найти́ (ся) 203
накорми́ть 170
налива́ть (ся) 198
нали́ть (ся) 198
намерева́ться 531
напеча́тать (ся) 270
написа́ть 272
напомина́ть 199
напо́мнить 199
напра́вить (ся) 200
направля́ть (ся) 200
нарисова́ть 385

наста́ивать 201
настоя́ть 201
наступа́ть 202
наступи́ть 202
научи́ть (ся) 486
находи́ть (ся) 203
нача́ть (ся) 204
начина́ть (ся) 204
ненави́деть 205
нести́ (сь) 206
носи́ть (ся) 206
нотифици́ровать 531
ночева́ть 207
нра́виться 208

О

обе́дать 209
обеща́ть 210
оби́деть (ся) 211
обижа́ть (ся) 211
обману́ть (ся) 212
обма́нывать (ся) 212
обнару́живать (ся) 532
обнару́жить (ся) 532
обнима́ть (ся) 213
обня́ть (ся) 213
обра́довать (ся) 363
обрати́ть (ся) 214
обраща́ть (ся) 214
обслу́живать 215
обслужи́ть 215
обсуди́ть 216
обсужда́ть 216
объяви́ть (ся) 217

объявля́ть (ся)   217

объясни́ть (ся)   218

объясня́ть (ся)   218

овладе́ть   29

одева́ть (ся)   219

одержа́ть   220

оде́рживать   220

оде́ть (ся)   219

одо́брить   532

одобря́ть   532

оказа́ть (ся)   221

ока́зывать (ся)   221

окружа́ть   222

окружи́ть   222

опа́здывать   223

описа́ть (ся)   224

опи́сывать (ся)   224

опозда́ть   223

оправда́ть (ся)   225

опра́вдывать (ся)   225

определи́ть (ся)   226

определя́ть (ся)   226

опубликова́ть   540

опуска́ть (ся)   227

опусти́ть (ся)   227

организова́ть (ся)   228

организо́вывать (ся)   228

ориенти́ровать (ся)   533

освети́ть (ся)   229

освеща́ть (ся)   229

освободи́ть (ся)   230

освобожда́ть (ся)   230

осма́тривать (ся)   231

осмотре́ть (ся)   231

основа́ть (ся)   232

осно́вывать (ся)   232

остава́ться   233

оста́вить   234

оставля́ть   234

остана́вливать (ся)   235

останови́ть (ся)   235

оста́ться   233

остри́чь (ся)   436

осуди́ть   236

осужда́ть   236

отвести́   238

отве́тить   237

отвеча́ть   237

отводи́ть   238

отдава́ть (ся)   239

отда́ть (ся)   239

отдохну́ть   240

отдыха́ть   240

отказа́ть (ся)   241

открыва́ть (ся)   242

откры́ть (ся)   242

отлича́ть (ся)   243

отличи́ть (ся)   243

отме́тить (ся)   244

отмеча́ть (ся)   244

отнести́ (сь)   246

отнима́ть (ся)   245

относи́ть (ся)   246

отня́ть (ся)   245

отойти́   251

оторва́ть (ся)   249

отпра́вить (ся)   247

отправля́ть (ся)   247

отпра́здновать   311

отпуска́ть   533

отпусти́ть   533

отреаги́ровать   542

отредакти́ровать 543
отреза́ть 248
отре́зать 248
отрыва́ть (ся) 249
отстава́ть 250
отста́ть 250
отходи́ть 251
отформати́ровать 552
отыска́ть (ся) 534
отыскива́ть (ся) 534
офо́рмить (ся) 252
оформля́ть (ся) 252
охарактеризова́ть (ся) 487
очи́стить (ся) 534
очища́ть (ся) 534
ошиба́ться 253
ошиби́ться 253
оштрафова́ть 555

П

па́дать 254
паха́ть 255
перебива́ть (ся) 256
переби́ть (ся) 256
перевезти́ 258
перевести́ (сь) 257
переводи́ть (ся) 257
перевози́ть 258
передава́ть (ся) 259
переда́ть (ся) 259
переезжа́ть 260
перее́хать 260
пережива́ть 261
пережи́ть 261

перейти́ 268
перенести́ 262
переноси́ть 262
переночева́ть 207
переписа́ть (ся) 263
перепи́сывать (ся) 263
перераба́тывать (ся) 264
перерабо́тать (ся) 264
пересади́ть 265
переса́живаться 266
пересе́сть 266
перестава́ть 267
переста́ть 267
переходи́ть 268
пе́ть 269
печа́тать (ся) 270
пе́чь (ся) 271
писа́ть (ся) 272
пи́ть 273
пла́вать 274
плани́ровать 535
плати́ть 276
плы́ть 274
победи́ть 277
побежа́ть 3
побежда́ть 277
побере́чь (ся) 4
побеспоко́ить (ся) 5
поби́ть 6
поблагодари́ть 7
побледне́ть 8
поборо́ться 11
побоя́ться 12
побрести́ 15
побри́ть (ся) 14
повезти́ 35

пове́рить   22
пове́сить (ся)   24
повести́   32
повисе́ть   27
повоева́ть   33
повтори́ть (ся)   278
повторя́ть (ся)   278
погиба́ть   279
поги́бнуть   279
погла́дить   69
погляде́ть (ся)70
погна́ть   72
поговори́ть   71
погрози́ть   515
погуля́ть   77
подава́ть (ся)   280
подари́ть   79
пода́ть (ся)   280
подвести́   281
подводи́ть   281
подгота́вливать (ся)   282
подгото́вить (ся)   282
поде́йствовать   82
подели́ть (ся)   84
подержа́ть (ся)   85
подключа́ть (ся)   535
подключи́ть (ся)   535
подкрепи́ть (ся)   536
подкрепля́ть (ся)   536
поднима́ть (ся)   283
подня́ть (ся)   283
подожда́ть   109
подозрева́ть (ся)   536
подойти́   285
подписа́ть (ся)   284
подпи́сывать (ся)   284

подра́ться   96
подружи́ться   98
подтверди́ть (ся)   537
подтвержда́ть (ся)   537
поду́мать   99
подходи́ть   285
подчёркивать   286
подчеркну́ть   286
подъезжа́ть   287
подъе́хать   287
подыша́ть   101
поеда́ть   288
пое́сть   288
пое́хать   102
пожале́ть   104
пожа́ловаться   105
пожа́ть   107
пожева́ть   518
пожела́ть   110
пожени́ть (ся)   111
пожи́ть   113
позави́довать   116
поза́втракать   119
позва́ть   140
позво́лить   289
позволя́ть   289
поздоро́ваться   143
поздра́вить   290
поздравля́ть   290
познако́мить (ся)   144
поиска́ть   156
пойма́ть   181
пойти́   490
показа́ть (ся)   291
показа́ться   162
пока́зывать (ся)   291

покати́ть (ся) 164

пока́шлять 165

покрасне́ть 526

покупа́ть 292

покури́ть 175

полежа́ть 177

поле́зть 176

полете́ть 178

по́лзать 293

ползти́ 293

полива́ть (ся) 294

поли́ть (ся) 180, 294

положи́ть 167

получа́ть (ся) 295

получи́ть (ся) 295

по́льзоваться 296

полюби́ть 184

поменя́ть (ся) 186

поме́рить (ся) 187

помечта́ть 188

помеша́ть (ся) 189

по́мнить 297

помога́ть 298

помолоде́ть 529

помолча́ть 190

помо́чь 298

помы́ть (ся) 192

понаде́яться 194

понести́ (сь) 206

понижа́ть (ся) 299

пони́зить (ся) 299

понима́ть 300

понра́виться 208

поня́ть 300

пообе́дать 209

пообеща́ть 210

поощри́ть 301

поощря́ть 301

попада́ть (ся) 302

попа́сть (ся) 302

поплы́ть 274

поползти́ 293

попра́вить (ся) 303

поправля́ть (ся) 303

попро́бовать 339

попроси́ть (ся) 353

порабо́тать 362

порва́ть (ся) 305, 382

по́ртить (ся) 304

порыва́ть (ся) 305

посади́ть 391

посвети́ть 392

посети́ть 306

посеща́ть 306

посиде́ть 395

посла́ть 308

после́довать 396

послужи́ть 397

послу́шать (ся) 399

посме́ть 401

посмотре́ть (ся) 403

посове́товать (ся) 408

пососа́ть 414

поспа́ть 419

поспеши́ть 420

поспо́рить 421

поссо́рить (ся) 425

поста́вить 426

постара́ться 428

постаре́ть 548

постоя́ть 432

пострада́ть 433

постреля́ть (ся) 434
постро́ить (ся) 437
поступа́ть 307
поступи́ть 307
постуча́ть (ся) 438
посыла́ть 308
потанцева́ть 444
потащи́ть 445
потерпе́ть 447
потеря́ть (ся) 448
потолсте́ть 549
потороп́ить (ся) 450
потра́тить (ся) 451
потре́бовать (ся) 452
потруди́ться 453
потяну́ть (ся) 454
поу́жинать 464
поуха́живать 483
похвали́ть (ся) 488
похуде́ть 554
поцелова́ть (ся) 493
почерне́ть 494
почи́стить (ся) 495
почу́вствовать (ся) 497
пошуме́ть 499
пошути́ть 500
появи́ться 309
появля́ться 309
пра́вить 310
пра́здновать 311
преврати́ть (ся) 537
превраща́ть (ся) 537
предлага́ть 312
предложи́ть 312
предпоче́сть 313
предпочита́ть 313

предста́вить (ся) 314
представля́ть (ся) 314
предупреди́ть 315
предупрежда́ть 315
прекрати́ть (ся) 538
прекраща́ть (ся) 538
преподава́ть 316
приба́вить (ся) 317
прибавля́ть (ся) 317
прибега́ть 318
прибежа́ть 318
приближа́ть (ся) 319
прибли́зить (ся) 319
приватизи́ровать 538
привезти́ 322
привести́ 321
привлека́ть 320
привле́чь 320
приводи́ть 321
привози́ть 322
привыка́ть 323
привы́кнуть 323
пригласи́ть 324
приглаша́ть 324
приго́варивать 325
приговори́ть 325
приготовля́ть (ся) 326
пригото́вить (ся) 75, 326
приду́мать (ся) 327
приду́мывать (ся) 327
приезжа́ть 328
прие́хать 328
приземли́ть (ся) 329
приземля́ть (ся) 329
признава́ть (ся) 330
призна́ть (ся) 330

прийти́ (сь) 337

приказа́ть 331

прика́зывать 331

прилета́ть 332

прилете́ть 332

принадлежа́ть 333

принести́ 335

принима́ть (ся) 334

приноси́ть 335

приня́ть (ся) 334

присла́ть 336

присыла́ть 336

приходи́ть (ся) 337

пробега́ть 338

пробежа́ть 338

про́бовать 339

прове́рить 340

проверя́ть 340

провести́ 341

проводи́ть 341, 342

провожа́ть 342

провоци́ровать 539

проголосова́ть 539

программи́ровать 539

продава́ть (ся) 343

прода́ть (ся) 343

продемонстри́ровать 516

продолжа́ть (ся) 344

продо́лжить (ся) 344

проезжа́ть 345

прое́хать 345

прожива́ть 346

прожи́ть 346

прозвуча́ть 142

проигра́ть 347

прои́грывать 347

произвести́ 348

производи́ть 348

произнести́ 349

произноси́ть 349

произойти́ 350

происходи́ть 350

пройти́ 356

проконсульти́ровать (ся) 525

пропада́ть 351

пропа́сть 351

пропуска́ть 352

пропусти́ть 352

проси́ть (ся) 353

просну́ться 355

прости́ть (ся) 357

простуди́ть (ся) 354

простужа́ть (ся) 354

просыпа́ться 355

протестова́ть 540

проходи́ть 356

прочита́ть 496

проща́ть (ся) 357

пры́гать 358

пры́гнуть 358

пря́тать (ся) 359

публикова́ть 540

пуга́ть (ся) 360

путеше́ствовать 361

Р

рабо́тать 362

ра́довать (ся) 363

разбива́ть (ся) 364

разби́ть (ся) 364

разбуди́ть   17
разверну́ть (ся)   541
развёртывать (ся)   541
развести́   365
развести́сь   366
разводи́ть   365
разводи́ться   366
разгова́ривать   367
раздава́ть (ся)   368
разда́ть (ся)   368
раздева́ть (ся)   369
раздели́ть (ся)   370
разделя́ть (ся)   370
разде́ть (ся)   369
разойти́сь   381
разорва́ть (ся)   374
разраба́тывать   371
разрабо́тать   371
разреша́ть (ся)   372
разреши́ть (ся)   372
разруша́ть (ся)   373
разру́шить (ся)   373
разрыва́ть (ся)   374
ра́нить   375
рассерди́ть (ся)   394
рассказа́ть   376
расска́зывать   376
рассма́тривать   377
рассмотре́ть   377
расспра́шивать   378
расспроси́ть   378
рассу́живать   379
рассуди́ть   379
раста́ять   446
расти́   380
расходи́ться   381

расши́рить (ся)   541
расширя́ть (ся)   541
рва́ть (ся)   382
реаги́ровать   542
регистри́ровать (ся)   542
регламенти́ровать   543
редакти́ровать   543
ре́зать   383
реклами́ровать   544
реша́ть (ся)   384
реши́ть (ся)   384
рискну́ть   544
рискова́ть   544
рисова́ть   385
роди́ть (ся)   386
рожда́ть (ся)   386
роня́ть   387
руби́ть   388
руга́ть (ся)   389
русифици́ровать   545

С

сади́ться   390
сажа́ть   391
сблоки́роваться   511
свари́ть (ся)   20
сверну́ть (ся)   545
свёртывать (ся)   545
свети́ть   392
сгоре́ть   74
сдава́ть (ся)   393
сда́ть (ся)   393
сде́лать (ся)   83
серди́ть (ся)   394

сесть 390

сжать 108

сжечь (ся) 112

сидеть 395

симпатизировать 546

сказать 71

скомбинировать 523

скомпилировать 524

скопировать 525

следовать 396

сломать (ся) 183

служить 397

случаться 398

случиться 398

слушать (ся) 399

слышать (ся) 400

сметь 401

смеяться 402

смотреть (ся) 403

смочь 191

смутить (ся) 404

смущать (ся) 404

снижать (ся) 546

снизить (ся) 546

снимать (ся) 405

снять (ся) 405

собирать (ся) 406

собрать (ся) 406

совать (ся) 407

советовать (ся) 408

соврать 41

согласиться 409

соглашаться 409

соединить (ся) 410

соединять (ся) 410

создавать (ся) 411

создать (ся) 411

сойти (сь) 442

сократить (ся) 547

сокращать (ся) 547

сомневаться 412

сообщать (ся) 413

сообщить (ся) 413

сориентировать (ся) 533

сосать 414

сосредоточивать (ся) 547

сосредоточить (ся) 547

составить (ся) 415

составлять (ся) 415

состоять (ся) 416

сосчитать (ся) 443

сохранить (ся) 417

сохранять (ся) 417

спасать (ся) 418

спасти (сь) 418

спать 419

спеть 269

спешить 420

спланировать 535

спорить 421

спрашивать 422

спровоцировать 539

спросить 422

спрятать (ся) 359

спускать (ся) 423

спустить (ся) 423

сравнивать (ся) 424

сравнить (ся) 424

срубить 388

ссорить (ся) 425

ставить 426

становиться 427

стара́ться 428
старе́ть 548
ста́ть 427
стере́ть (ся) 430
стимули́ровать 548
стира́ть (ся) 429, 430
сто́ить 431
стоя́ть 432
страда́ть 433
стреля́ть (ся) 434
стреми́ться 435
стри́чь (ся) 436
стро́ить (ся) 437
стуча́ть (ся) 438
суди́ть (ся) 439
суме́ть 471
су́нуть (ся) 407
существова́ть 440
сформирова́ть (ся) 553
сфотографи́ровать (ся) 553
схвати́ть (ся) 441
схва́тывать (ся) 441
сходи́ть (ся) 442
счита́ть (ся) 443
сши́ть 498
съе́сть 103
сыгра́ть 147
сэконо́мить 556

та́ять 446
терпе́ть 447
теря́ть (ся) 448
толка́ть (ся) 549
толкну́ть (ся) 549
толсте́ть 549
тону́ть 449
торопи́ть (ся) 450
трансли́ровать 550
тра́тить (ся) 451
тре́бовать (ся) 452
труди́ться 453
тяну́ть (ся) 454

Т

танцева́ть (ся) 444
таска́ть 445
тащи́ть 445

У

убега́ть 455
убеди́ть (ся) 456
убежа́ть 455
убежда́ть (ся) 456
убива́ть 457
уби́ть 457
уважа́ть 458
увели́чивать (ся) 550
увели́чить (ся) 550
уви́деть 26
увлека́ть (ся) 459
увле́чь (ся) 459
угости́ть 460
угоща́ть 460
удава́ться 461
удали́ть (ся) 551
удаля́ть (ся) 551
уда́ться 461

удержа́ть (ся) 551
уде́рживать (ся) 551
удиви́ть (ся) 462
удивля́ть (ся) 462
уезжа́ть 463
уе́хать 463
у́жинать 464
узнава́ть 465
узна́ть 465
уйти́ 484
указа́ть 466
ука́зывать 466
украша́ть (ся) 467
укра́сить (ся) 467
укра́сть 171
ула́дить (ся) 552
ула́живать (ся) 552
улета́ть 468
улыба́ться 469
улыбну́ться 469
уменьша́ть (ся) 470
уме́ньшить (ся) 470
умере́ть 472
уме́ть 471
умира́ть 472
умыва́ть (ся) 473
умы́ть (ся) 473
уничтожа́ть (ся) 474
уничто́жить (ся) 474
упа́сть 254
употреби́ть (ся) 475
употребля́ть (ся) 475
упра́вить (ся) 476
управля́ть (ся) 476
урони́ть 387
услы́шать (ся) 400

успева́ть 477
успе́ть 477
успока́ивать (ся) 478
успоко́ить (ся) 478
устава́ть 479
устана́вливать (ся) 480
установи́ть (ся) 480
уста́ть 479
устра́ивать (ся) 481
устро́ить (ся) 481
уступа́ть 482
уступи́ть 482
утону́ть 449
уха́живать 483
уходи́ть 484
уча́ствовать 485
учи́ть (ся) 486

Ф

формати́ровать 552
формирова́ть (ся) 553
фотографи́ровать (ся) 553
функциони́ровать 554

Х

характеризова́ть (ся) 487
хвали́ть (ся) 488
хвата́ть (ся) 489
хвати́ть 489
ходи́ть 490

хоте́ть (ся)   491
храни́ть (ся)   492
худе́ть   554

шуме́ть   499
шути́ть   500

Ц

целова́ть (ся)   493

Щ

щёлкать   555
щёлкнуть   555

Ч

черне́ть   494
чи́стить (ся)   495
чита́ть   496
чу́вствовать (ся)   497

Э

эконо́мить (ся)   556
эмигри́ровать   556

Ш

ши́ть   498
штрафова́ть   555

Я

яви́ть (ся)   501
явля́ть (ся)   501

3 Foreign Language Series From Barron's!

The **VERB SERIES** offers more than 300 of the most frequently used verbs.
The **GRAMMAR SERIES** provides complete coverage of the elements of grammar.
The **VOCABULARY SERIES** offers more than 3500 words and phrases with their foreign language translations. Each book: paperback.

FRENCH GRAMMAR
ISBN: 0-7641-1351-8
$5.95, Can. $8.50

FRENCH VERBS
ISBN: 0-7641-1356-9
$5.95, Can. $8.50

FRENCH VOCABULARY
ISBN: 0-7641-1999-0
$6.95, Can. $9.95

GERMAN GRAMMAR
ISBN: 0-8120-4296-4
$6.95, Can. $8.95

GERMAN VERBS
ISBN: 0-8120-4310-3
$7.95, Can. $11.50

GERMAN VOCABULARY
ISBN: 0-8120-4497-5
$6.95, Can. $8.95

ITALIAN GRAMMAR
ISBN: 0-7641-2060-3
$6.95, Can. $9.95

ITALIAN VERBS
ISBN: 0-7641-2063-8
$5.95, Can. $8.50

ITALIAN VOCABULARY
ISBN: 0-8120-4471-1
$6.95, Can. $8.95

JAPANESE GRAMMAR
ISBN: 0-7641-2061-1
$6.95, Can. $8.95

SPANISH VERBS
ISBN: 0-7641-1357-7
$5.95, Can. $8.50

JAPANESE VOCABULARY
ISBN: 0-8120-4743-5
$6.95, Can. $8.95

RUSSIAN GRAMMAR
ISBN: 0-8120-4902-0
$6.95, Can. $8.95

RUSSIAN VOCABULARY
ISBN: 0-8120-1554-1
$6.95, Can. $8.95

SPANISH GRAMMAR
ISBN: 0-7641-1615-0
$5.95, Can. $8.50

SPANISH VOCABULARY
ISBN: 0-7641-1985-3
$6.95, Can. $8.95

Barron's Educational Series, Inc.
250 Wireless Blvd., Hauppauge, NY 11788 •
Call toll-free: 1-800-645-3476
In Canada: Georgetown Book Warehouse
34 Armstrong Ave., Georgetown, Ontario L7G 4R9 •
Call toll-free: 1-800-247-7160
www.barronseduc.com
Can. $ = Canadian dollars

Books may be purchased at your bookstore or by mail from Barron's. Enclose check or money order for total amount plus sales tax where applicable and 18% for postage and handling (minimum charge $5.95 U.S. and Canada). Prices subject to change without notice. New York residents, please add sales tax to total after postage and handling.

(#26) R 8/02